普通高等教育"十三五"旅游与饭店管理及会展策划与管理专业系列规划教材

总主编 刘 住

旅游公共关系

（第二版）

主 编 张昌贵
副主编 王 磊 邓军华 高 远

西安交通大学出版社
XI'AN JIAOTONG UNIVERSITY PRESS

内 容 提 要

　　本教材从公关职业分析入手，根据旅游公关职业岗位要求确定教学内容。本教材包括旅游公共关系认知、旅游公共关系调查、旅游公共关系活动策划、旅游公共关系传播、旅游公共关系实施与评估、旅游危机公关、旅游公关谈判、旅游CIS与TDIS策划、旅游公共关系专题活动组织、旅游公关人员承担的角色与素质培养等10个项目，共计31个任务。其中每一项目包括学习目标、项目分析、任务、拓展活动；每一任务包括情境设计、任务分析、任务实施、知识链接、评价与考核、思考与讨论、技能训练题。这样便于教师在教学中以实际任务驱动学生主动参与，突出知识应用与技能训练，让学生在做中学，学中会，提高应用操作能力。

　　本教材可作为高职高专旅游类相关专业的教学用书，还可作为旅游相关人员提高公共关系能力的自我训练手册和旅游公关培训教材。

第二版前言 Foreword

本书第一版于 2011 年出版以来,受到了广大教师、学生及旅游从业人员的好评。与此同时,广大读者也给我们提出了许多宝贵意见。为了适应高职高专应用型人才培养的需要,我们广泛地征求了各相关专业、各兄弟院校对该门课程的要求,在反复研讨的基础上,对第一版的内容进行了修订,增加了本教材的适用性。

本书在修订过程中,仍然坚持"理论知识和实践知识相统一、综合性和针对性相统一"的原则,体现"理念的能力本位性,内容的技能创新性,体例的项目训练性,方法的范例实践性"等特色,做到"易交、易学、易懂、易上手"。

与原教材相比,第二版教材在以下几个方面做了修改:

(1)更换了部分范例,如项目四任务一中的旅游公共关系新闻稿范例,任务三中的酒店介绍及企业文化范例,任务五中的旅游组织制造新闻范例;项目九任务四中的赞助活动范例等。

(2)修改了部分任务情境设计的内容,如项目九中的任务一"新闻发布会的组织"和任务四"赞助活动的组织"等。

(3)删去了部分内容,如删去了项目九任务三中的部分内容,删去了原来的附录一内容。

(4)对第一版中的错误及不合时宜的内容进行了修正,如对项目四任务六中网络公关的方法进行了修改,删去了不常用的方法,增加了微信营销和直播营销等方法。

本书在修订过程中,广泛征求了任课教师的意见,但因时间紧迫,修订者学识有限,仍可能存在不足之处,希望再版后,广大读者和同仁们继续不吝赐教,以便我们后续进一步修改提高。

编者

2017 年 7 月

前言 Foreword

　　2010 年 10 月,在新中国庆祝 61 岁华诞之际,世界收到一份来自中国的邀请——国家形象宣传片。这标志着中国正在全面进入国家公关时代。可以这么说,当今世界,大到国家形象,小到一个组织的一举一动,都与公共关系密不可分。公共关系在中国举办"奥运会"、"世博会"以及处理"汶川地震"与"玉树地震"等相关活动中发挥了不可替代的作用。与此同时,我国旅游企业的世贸"缓冲期"已过,国内外旅游企业同台共技,这使得原本竞争激烈的国内旅游市场更趋激烈。在激烈的竞争中,公共关系已成为旅游企业获得成功的一种重要手段。所以,全面提升旅游从业人员与管理者的公关意识与公关技能,成为旅游企业增强竞争力的有效途径,这对促进我国旅游业的高速发展也有着重要意义。

　　如何培养合格的旅游公关人才,这是一个不老的话题。结合多年旅游公关的教学经验、旅游企业的公关应用现状以及职业教育趋势,我们编写了《旅游公共关系》一书。编写的依据:教育部发布的"高等职业学校相关专业教学指导方案";编写的原则:理论知识和实践知识相统一、综合性和针对性相统一;编写的特色:理念的能力本位性,内容的技能创新性,体例的项目训练性,方法的范例实践性;努力做到:易教、易学、易懂、易上手。

　　据此,我们从公关职业分析入手,根据旅游公关职业岗位要求,以任务驱动为导向,确定教学内容。具体内容分为旅游公共关系认知、旅游公共关系调查、旅游公共关系活动策划、旅游公共关系传播、旅游公共关系实施与评估、旅游危机公关、旅游公关谈判、旅游 CIS 与 TDIS 策划、旅游公共关系专题活动组织及旅游公关人员承担的角色与素质培养等 10 个项目,共计 31 个任务。每一项目包括学习目标、项目分析、任务、拓展活动;每一任务包括情境设计、任务分析、任务实施、知识链接、评价与考核、思考与讨论、技能训练题。学习目标是该项目经过学习应该达到的知识目标和技能目标;项目分析是简要概述项目的内容、关键点与重难点以及在整个公关活动中的地位与作用;任务是具体公关活动中应该完成的知识与技能任务;拓展活动是能进一步提高学生综合素质的课外活动。情境设计是在面临实际的旅游公关问题情境下引出亟待解决的公关任务;任务分析是对需要解决的问题任务进行分析;任务实施是提出教学中解决问题的方法与步骤;知识链接是解决以上任务"所需够用"的知识;评价与考核是任务完成情况及技能评价的综合考查;思考与讨论是任务中出现的值得思考、容易混淆、可集思广益的问题;技能训练题是根据实际的教学与本地情况设计的课外实训题。通过以上教学模式的组织,突出知识应用与技能训练。建议教学中教师当好"教练"角色,组织与指导学生当好"运动员"角色,以期实现教师在教学中以实际任务驱动学生主动参与,让学生在做中学、学中会,提高应用操作能力。

I

本书由杨凌职业技术学院旅游与管理系张昌贵任主编,宁夏大学人文学院旅游系王磊、河南科技学院旅游管理系邓军华、云南经济管理职业学院高远任副主编,西京学院朱仁鹏参加编写。具体分工如下:张昌贵编写项目一、项目二、项目五、附录;王磊编写项目四、项目六;邓军华编写项目八、项目十;高远编写项目三、项目七、项目九;朱仁鹏参与编写项目五和项目九的部分内容。张昌贵对全书内容进行了修改、校对和统稿。

　　本书编写过程中,参考了大量报刊文献和网络资源,吸收了国内外公共关系学、旅游学及相关学科的诸多研究成果,在此,一并向各位专家、学者表示衷心的感谢! 作为尝试之作,加之编者学识有限,对书中疏漏不妥之处,敬请广大读者提出宝贵的建议和意见,以便今后修订完善。

编　者

2011 年 7 月

目录 **Contents**

项目一　旅游公共关系认知

学习目标

知识目标：了解公关关系发展的历史；
　　　　　理解公共关系的含义、特征、界定；
　　　　　掌握公共关系的职能、要素、工作程序、工作内容；
　　　　　掌握旅游公共关系的目标公众。

能力目标：能认知什么是公共关系；
　　　　　能认知为什么要做公共关系；
　　　　　能认知怎么做公共关系；
　　　　　能认知由谁做公共关系。

项目分析

　　公共关系学是一门发展中的综合性的社会应用学科,其应用已经延伸至政治、经济、军事、文化等各个领域,该学科以社会组织在社会公众心目中树立良好的组织形象为主线,社会组织与社会公众之间通过传播媒体进行的沟通协调贯穿始终。在现代社会中,没有公共关系意识的社会组织,不可能赢得社会公众的信赖,也不可能取得市场竞争的主动权。我国当代的公共关系最初发端于沿海地区的宾馆、饭店。当前,我国旅游业特别是国内旅游得到了空前的迅猛发展,公共关系也被旅游业深入应用,从最早运用公关的酒店,到现今广泛使用公关的景区与旅行社,无不体现公关的魅力。本项目,主要是对公关的含义、界定、职能、要素以及公关工作内容和程序等基本知识的认知;重点是正确理解公关的含义,公关的职能,公关的界定,旅游目标公众分析;难点是怎么做公关。通过以上内容的学习,认知为什么要做公共关系,怎么做公共关系,做些什么。以上内容是公共关系学习的入门知识,即对公关基础知识的系统概述,也是学习整个公共关系的纲,把纲学好了,就有了清晰的学习脉络,为学习后面各项目做好铺垫。

任务一　旅游公共关系的认知

情境设计

2008 年 CCTV 某电视节目现场

主持人：崔永元
嘉　宾：孙玉红(伟达公共关系顾问有限公司高级副总裁)
　　　　黄小川(迪思公关公司总裁)
　　　　胡百精(中国人民大学教师、博士、公共传播研究所副所长)
现场观众：大学生等观众若干

崔永元：有一个问题，你得回答一下，什么叫公关？

观众1：公关，那个如果说俗一点就是像一些公司里面，进行一些商业活动，为了达到某种商业目的，就会成立公关部，然后会派一些长得比较好看的小姐之类的公关。

崔永元：我能听出来其实你对公关这个事不怎么感冒。

观众1：还好吧。

崔永元：你看你用的全是贬义词。

观众1：对。

崔永元：好，谢谢你。这位，什么叫公关？

观众2：就是为了沟通吧，我觉得。

崔永元：你用了一些好词，我觉得。

观众2：比如说一个企业他要跟他的客户沟通，那这个就是说建立一种良好的人际关系。我觉得这个可能是公关真正的目的。

崔永元：我们个人需要不需要公关？

观众2：当然需要，因为我们每个人都生活在这种社会当中。所以说我们也需要，就是说和周围的人一起交流或者什么的。

崔永元：政府需要不需要？

观众2：政府当然需要，比如说中国跟其他国家，国与国之间也要沟通。

崔永元：谢谢你。好，你也参与一下回答这个问题。

崔永元：我问得更直接一点吧，比如你毕业以后会不会去做这个行业？

观众3：应该不会。

崔永元：为什么呢？

观众3：我觉得我不适合。

崔永元：这个行业需要一些什么样的人呢？

观众3：首先他应该就是沟通能力会比较强。

崔永元：你就很棒。真的。

观众3：谢谢，我觉得他还有就是他最重要的是有一定的那种应变的能力，面对突发情况他有一种应变的能力。

崔永元：我觉得你也很棒，你根本没有想到我到这来会问你。

观众3：是。我觉得是。

崔永元：对，但是我觉得你的回答非常好，你都不紧张。

崔永元：我给你介绍到这样一家公司做公关小姐好不好？

观众3：不好。

崔永元：这是个贬义词吗？

观众3：不是，只是我觉得可能跟我的人生理想不一样。

崔永元：我来给你介绍三位业内人士，他们都是做公关工作的，今天他们比较悲痛可能。伟达公共关系顾问有限公司的高级副总裁，孙玉红女士，欢迎她。（掌声）中国人民大学的胡百精先生，迪思公关公司的总裁黄小川先生，欢迎他们，请坐。孙女士刚才你在那个地方听到他们的回答了。

孙玉红：对。

崔永元：不是特乐观。

孙玉红：我非常感谢给我们这个机会，能够把这个公关说明一下。

崔永元：给您一点时间，23秒，给大家讲讲公关是做什么的。

孙玉红：字典上这么说的，叫作建立和传播一个人或者一个组织正面公共形象的专业工作，是一个专业工作。

崔永元：全是好听的词是吧。

孙玉红：全好听的词。

崔永元：是吧，对。胡先生就经常去给企业讲，你给大家讲一下，四个字给大家解释清楚，公关小姐是做什么的。

胡百精：首先要了解公关小姐得知道公关先生，我父亲从来都对别人讲，我是教传播学的教师，不是教公共关系的教师，因为他没办法对他的同龄人解释清楚，贴在电线杆子上面的"公关先生"这四个字，和他的儿子从事的公共关系教学工作有什么区别。

崔永元：没区别是一回事。

胡百精：那么我用一句话，一会儿如果有机会还再解释，我一直在讲公共关系是一个主体和它的利益相关者之间的对话行为。谢谢。

崔永元：黄先生您说，普通的公众是不是也具备一定的公关能力，只不过他们不知道。

黄小川：所有的人都有公关能力，但实际上我们认为公关实际上是一个人的内部和外部环境沟通的过程，大家都知道广告，广告实际上是让人家知道你，但是公关呢是让人家爱上你。

崔永元：你有没有感觉到，直到今天公众对这个公关公司，或者公关行业还有很深的误解。

黄小川：这个我是感触特别深，我们公司里面，因为我们现在在全国有400多位员工，其实有绝大多数都是女性，而且她们也是受过良好的教育，也有从国外留学回来的。但是她们有一个很大的问题，她们出去租房子的时候，她们说公关人家不租给她们，但是说是做广告的就没问题了，其实实际上就是公共关系，包括公关在咱们中国的认知确实是有一个比较明显的误区，实际上来讲就是把公关等同于广告，那其实这个也不一样，刚才我讲过，一个其实广告可能更关注的是这种创意层面，还有包括这种单一诉求，公关可能更多地在这种层面，它不一样，一个是可信度也不一样，形式也不一样，那还有一个其实，大家可能经常碰得到的，就是说把它庸俗为这种简单的关系，拉关系。

资料来源：《小崔说事》系列节目《脚步》——公关不怕难[EB/OL]. (2008-11-17). http://blog.cntv.cn/html/23/452023-174415.html.

请根据以上情境，完成以下任务：

1.讨论什么是公共关系。

2.辨析社会上对公共关系的认识误区。

3.讨论公共关系有何职能，社会组织做公关有何意义。

任务分析

公共关系是有意识、有计划的组织战略行为，公共关系工作不仅具有较高的艺术性，而且还有较强的科学性。所以社会组织在运用公关之前，必须明白为什么要做公关，如何做公关，选择什么人做公关，也即在对公关的本质认知的基础之上，再选择合适的专业人才做公关，这样才能水到渠成，否则如无源之水，无本之木。公关工作是"极少数聪明人"从事的职业，公关专业人才是智慧型人才。社会中对公关的种种认识误区，导致选择公关人员时表里不一，华而不实；并且至今公关行业还未获得社会的充分认可，正如上述情境中的胡嘉宾所言其父亲不说自己儿子从事的是公共关系教学工作，黄嘉宾说自己公关公司的女性租房都会遇到麻烦，这些说明社会上对公关行业的认识误区之深可见一斑。总之，只有真正理解了公关的本质与职能，避免其认识误区，才能开展好公关工作。

任务实施

完成任务的具体操作步骤，建议如下：

步骤一 领受任务

指导教师介绍任务的内容、要求、关键点及注意事项。全班同学4～6人分为一组，每组指定一个组长（组长可轮换），由组长负责具体任务的计划、分工与工作协调，每组取名代号（整个课程中使用），如1组某公关部或某公关公司。各小组提问，指导教师答疑，各小组正确理解任务，完成任务领受。

步骤二 分析任务

请各小组按指导教师的要求，分析任务的内容，阅读知识链接，制定完成任务的工作程序及任务分配，补充查阅其他相关资料，拟写发言稿提纲。

步骤三 实施任务

各小组具体完成情境中提出的问题，写成发言稿，有条件的做成PPT，并作好两方面准备：既作发言准备，又扮演听众，准备提问。作好预演，准备汇报。

步骤四 任务汇报

各小组根据任务的要求，在教室中汇报，各小组相互提问。指导教师及时控制汇报进程，最后进行点评与总结。

步骤五 任务总结

各小组对本次汇报要及时进行总结，形成文字材料，作为作业上交指导教师。指导教师依据该项目任务考查表，给出各小组评价综合得分。

知识链接

一、公共关系的含义及特征

（一）公共关系的定义

"公共关系"一词源自英文的public relations，缩写为"P. R."。public一词可译作"公共的"、"公开的"和"公众的"。relations则译作"关系"，是英文的复数表示。public relations的中文表述可称为"公共关系"，也可称为"公众关系"。译作"公众关系"在含义上更为直接，因为这个词的本义就是指一个组织与公众之间的关系。但传入之初，人们一直把public relations译为"公共关系"，约定俗成，故"公共关系"便被作为学科专用名词而固定下来，现已在国内广为流传，为大多数人所接受，而且"公共"一词与"私人"一词相对应，准确地表达了"公共关系"与"私人关系"的不同性质。

关于公共关系的定义，国内外比较典型的定义有以下几种：

1.管理说

美国著名公关学者雷克斯·哈罗博士（Rex L. Harlow）所提出的定义："公共关系是一种独特的管理职能。它帮助一个组织建立并维持与公众之间双向的交流、理解、认可与合作；它参与处理各种问题与事件；它帮助管理者及时了解公众舆论，并对之作出反应；它明确并强调管理部门为公众利益服务的责任;它作为社会变化趋势的监视系统,帮助管理者及时掌握并有效地利用社会变化,保持与社会变动同步;它运用健全的、正当的传播技能和研究方法作为主要的工具。"

2. 传播说

英国著名公关学者弗兰克·杰夫金斯(Frank Jefkins)认为:"公共关系就是一个组织为了达到它与公众之间相互了解的确定目标,而有计划地采用一切向内和向外的传播沟通方式的总和。"

3. 传播管理说

当代美国公共关系学术权威马里兰大学的詹姆斯·格鲁尼格教授(James E. Grunig)认为:"公共关系是一个组织与其相关公众之间的传播管理。"

4. 咨询说

国际公共关系协会于1978年8月发表的《墨西哥宣言》指出:"公共关系是一门艺术和社会科学。它分析趋势,预测后果,向机构领导人提供意见,履行一系列有计划的活动,以服务于本机构和公众的共同利益。"

5. 关系说

美国普林斯顿大学的资深公关教授蔡尔兹(H. L. Chils)认为:"公共关系是我们所从事的各种活动、所发生的各种关系的通称,这些活动与关系都是公众性的,并且都有其社会意义。"

6. 协调说

我国学者王乐夫等人,在1986年12月出版的《公共关系学》一书中认为:"维持企业的营利性和社会性的平衡就是公共关系。"

7. 形象说

我国的熊源伟指出:"公共关系是社会组织为了塑造组织形象,通过传播、沟通手段来影响公众的科学与艺术。"

8. 通俗化定义

典型的通俗化定义有如下几种:

"公共关系是创造同意的学问。"

"公共关系是为本组织向公众争取良好印象的学问。"

"公共关系就是努力干好,让人知晓。"

"公共关系就是说服和左右社会公众的技术。"

"公共关系是和气生财的秘诀。"

"公共关系就是信誉与爱心。"

"广告是要大家买我,公关是要大家爱我。"

"PR是90%靠自己做得对(do good)+10%靠宣传(tell them)。"

这些通俗化定义虽不是严格的科学定义,但简洁生动地反映了公关本质。

(二)公共关系的特征

所谓公共关系基本特征,是指公共关系与其他类型的社会关系相比较所具有的基本特点。

美国《公共关系季刊》详细罗列了公共关系的14个特征:

(1)公共关系是一个完整的职能,目的在于增进公司利益和达成其他整体的目标。

(2)公共关系并不制定政策,但可以帮助管理当局表白公司的政策。

(3)对于受公司措施影响的人们,公共关系人员注意他们的印象和可能的反应,因此,重大的措施虽然表面上与公共关系无关,但是也应先向公共关系部门咨询。

(4)行动比空言有力,所有信誉都建立在行动而非语言文字之上,但如果要让他人知悉并了解公司的行动,就得借助于语言文字。

(5)公共关系虽然是管理部门的职责,却仍然有其明确的责任范围,如果要实行这种责任,就必须配备适当的预算及人员,至于所担负的任务必须限于公司公共关系范围以内的工作。

(6)公共关系人人有责,公共关系部门的最终目标是使人人了解传播对于良好的管理是必要而不可分割的。

(7)关于公司的形象是相对的,要依据某种公众对于公司的具体要求和兴趣而定,例如,股东、金融界、政府、教育家和舆论界,就会各有各的看法。

(8)人们经常根据不完全的证据形成对公司的印象,例如公司的名称,与某一位员工通信或偶然的会晤,虽然这些都是小事,但应尽力去注意为公司争取良好的形象。

(9)因为公司是在舆论所形成的环境下运营发展的,因此任何人士所具有的访问权利均应尊重。

(10)人们通常对于了解最少的事物感到厌恶、恐惧或猜疑,如果不提出理由并加以解释,人们就会自行想象,因此透露与传播资料信息不要吝惜。

(11)不可歪曲及夸大事实,公共关系的主旨在于陈述事实,以便他人对于公司能公平评估,引起公众兴趣,进而对他们发生影响。

(12)少做做得好,比多做做不好要强。

(13)在观念的领域中,要引起特别的注意,竞争非常激烈,公共关系的一项基本任务就是要引起别人对公司的好感和兴趣。

(14)公共关系艺术成分多于科学成分,这种艺术一定要以社会科学的崭新知识为基础,对于公众对象的组成及态度要作科学的评估,对于公司本身要有透彻的认识。

二、公共关系的关键概念

(一)公共关系状态、公共关系活动、公共关系意识

1.公共关系状态

公共关系状态即一个组织与其公众环境之间客观上存在的关系状况和舆论状况。有人说:世界上有了两个人就有了人际关系,有了两个集团、组织,就有了"公共关系"。公共关系状态是客观存在的,任何组织或个人都处在一定的公共关系状态之中。它既是组织公共关系活动的基础,也是组织公共关系活动的结果。

2.公共关系活动

公共关系活动即运用传播沟通的方法去协调组织的社会关系,影响组织的公众舆论,塑造组织的良好形象,优化组织的运作环境的一系列公共关系工作。公共关系活动是组织活动的一部分,是一种特殊的组织职能。

3.公共关系意识

公共关系意识是一种影响和制约着组织的政策和行为的经营思想和管理哲学,它不仅指导着公共关系实务工作的健康发展,而且渗透到管理者日常行为的各个方面,成为引导、规范组织行为的一种价值观念和行为准则。

当人们自觉地意识到公共关系状态的客观性和公共关系活动的重要性时,便会形成特定的公共关系意识或公共关系观念或公共关系思想。

公共关系的相关意识有:

(1)形象意识。表现为主体在决策和行动中高度重视自身的声誉和形象,自觉地进行形象投资、形象管理、形象塑造,将信誉和形象视作组织的无形资产、无形财富,把树立和维护良好的组织形象作为重要的战略目标。

（2）公众意识。表现为领导者和管理者高度重视公众的利益,将公众的意愿作为决策和行动的依据,将符合与满足公众的要求作为组织的价值追求,并以此作为制定组织的经营方针和管理政策的重要原则。

（3）传播意识。表现为经营者和管理者强烈的传播意识和沟通欲望,自觉地利用一切传播的机会和传播媒介去影响公众、引导公众和争取公众,并善于运用双向沟通的方法去赢得公众的理解、信任和好感。

（4）协调意识。表现为善于调节、平衡和统一各种不同的关系、不同的利益、不同的要素,懂得"统筹""兼顾""缓冲""折中""调和""妥协"的意义和价值,努力在矛盾中求和谐,在动态中求平衡。

（5）互惠意识。表现为在交往与合作中,将平等互利、追求双赢作为处理各种关系的行为准则,将自身的发展与对方的发展联系起来,通过协助对方、满足对方来争取双方的共同利益。

（6）服务意识。表现为对他人、对社会的一种奉献精神,使自己的存在和行为给对方带来满意和方便,用服务去赢得好感和信誉。

（7）其他意识。还包括现代的"信息意识""整体意识""社会意识""竞争意识""危机意识""全员公关意识",等等。

公关人员必须具备运用这些公共关系意识来指导实践,使之成为一种指导组织行为的规范和准则,将这些意识系统化、理论化便成为现代的公共关系理论。所以,公共关系学是公共关系意识的理论表现。

(二)社会组织、公众、传播沟通

社会组织、公众、传播沟通是公共关系学中三个最基本的概念,表达了公共关系现象和活动的三个最基本的要素,简称"公关三要素"。

1.社会组织——公共关系的主体

社会组织是公共关系活动的主体,即公共关系的承担者、实施者、行为发起者,简称组织。公共关系学主要将社会组织作为传播沟通主体来进行研究。从传播主体的角度看,公共关系是一种有目的、有计划、受控制、持久的过程。

2.公众——公共关系的客体

公众是公共关系传播沟通的客体,即对象。公共关系是由组织运行过程中涉及的个人关系、群体关系、组织关系所共同构成的。这些个人、群体和组织构成了社会组织的公众环境。社会组织的公共关系工作便是针对这个公众环境进行的。

公众作为公共关系的对象,并不是完全被动的,也不是随意受摆布的。公众的观点、意见、态度、行为在公共关系过程中是一系列不断运动变化的因素。

3.传播——公共关系的手段和方式

传播是公共关系活动的手段和方式。公共关系的手段和方式包括各种人际传播、组织传播、公众传播、大众传播的形式;包括各种语言沟通、文字沟通、非语言文字沟通的方法;包括各种印刷媒介、电子媒介、实物媒介的技术。

传播既是公共关系的方式,也是公共关系的过程,社会组织与公众联结的方式、公共关系的运行机制就是传播。公共关系作为一种管理职能和经营艺术,其特点就是运用传播手段去适应环境、影响公众、树立形象。

(三)关系、舆论、形象

1.关系

"关系"指社会组织与公众之间相处和交往的行为状态,简单说就是组织与公众之间的联系。它的特定含义是:这种联系的性质和程度是衡量公共关系状态的客观标志。这种相处与交往的性质和程度,是组织的公众环境状态中比较直观的方面,也就是公共关系的"好"与"不好",从这种联系的性质和程度就可以直接判断。

2.舆论

"舆论"指公众对组织的政策、行为、人员、产品或服务所形成的看法和意见的总和,是社会上大多数人对组织的看法和意见的公开表达。这种公众意见的性质和程度同样是衡量公共关系状态的客观标志。这种舆论反映和评价的性质和程度,是组织公众环境状态中无形的方面。舆论标志着大多数社会公众对组织的基本态度和行为。

3.形象

"形象"指组织的总体特征和实际表现在社会公众中获得的认知和评价。一个组织的社会形象体现了它的社会关系状态和社会舆论状态的总和。良好的公共关系形象意味着良好的公众关系和社会舆论。

公共关系所借用的"形象"一词不局限于个别的、具体的、直观的范畴,而具有更深层的意义。

(1)"形象"其本质是信誉,重视组织形象实质上是重视组织信誉。

(2)公共关系将建设与完善组织形象的内涵放在第一位,然后才考虑构建组织形象的外观。

(3)公共关系塑造的是组织的整体形象,而不仅仅限定在个别的、具体的产品形象或人员形象。

(4)形象是公众的观念和态度受组织的传播活动影响后形成的,这种传播活动虽然也借用各种直观设计的方法和视觉效果,但不是单纯靠感官的刺激,而要靠理性的说服、靠思想的沟通、靠情感的交流去影响公众。

将以上三组概念综合起来,便构成"公共关系"的完整含义。其中"传播沟通"渗透在公共关系各概念之中,是统筹这些概念的"纲",它是贯穿公共关系理论和实务的一条基线,抓住了它就抓住了公共关系含义的本质。

三、公共关系的界定

(一)公共关系的认识误区

我国公共关系的发展已经有 30 多年的历史,但迄今何谓"公共关系",许多国人仍未透彻理解和消化,社会中仍然存在严重的认识误区,似如坚冰难融。而一些影视剧的推广更加剧了这方面的认识,如 20 世纪 80 年代的电视剧《公关小姐》风靡全国,全国掀起一股"公关热",同时让"公关小姐"这个名称广为传播,但如今"公关小姐"与"公关先生"似乎已经成为不正当职业的代名词,让人避而远之。而热播的电视剧《无懈可击——美女如云》之中公关公司美女如云的场景,可能进一步误导观众:公关职业女性化与美女化倾向。甚至,很多公关业内工作的人士,不敢告诉业外人自己的真实身份,而多半是以"广告业"来介绍自己,以免被人误解为不正当职业,这是公关行业人们认知度及认可度低的真实写照。

企业公关的十大误区

第一,企业公关可有可无。

第二,认为公关就是接待、文秘,公关行政一锅端。实际公关应该是熟悉企业,了解行业发展,把握社会发展的现代化企业管理人才。

第三,公关光图热闹,只花钱,不赚钱。成功的企业公关既能赚钱,而且能为企业增值。

第四,公关无所不能,包治百病。公关只是在传播方面起一定作用。

第五,公关就是包装。其实公关是以事实为依据的,不能改变事实。

第六,公关就是媒介关系。实际上媒介关系只是公关的一种战略手段。

第七,对媒体投入了,就应该有报道,否则就不算成功。这种观点在很多企业的公关人员当中是很普遍的。但事实上新闻报道应该以事实为基础,以新闻价值为依据。所以,发通稿已经不是非常时兴的做法,应该根据不同的需要做出相应的行为。

第八,认为公关是公关部的工作。公关并不意味着孤军奋战,公关部需要全公司的协助。

第九,认为公关就是宣传。

第十,广告比公关更加有效。

资料来源:http://finance.sina.com.cn.

通过对上述企业公关的十大误区的理解,应该对公共关系有正确的界定,不应该把本质上的公共关系与社会中对公关的庸俗化理解或片面理解,诸如"走后门、拉关系""攻关""攻官""拍马屁""公关小姐""公关先生""忍的艺术""公共关系要把通过广告、推销卖不出去的产品卖出去""吃小亏占大便宜"等,混为一谈,避免公共关系的"女性化""营销化""庸俗化"。

(二)公共关系与相关概念的辨析

1.公共关系与人际关系

人际关系指的是人们在社会实践中所形成的个人与个人之间的心理关系。公共关系指的是社会组织与其内外公众间的信息交流关系。这两者既相互区别,又相互交叉,不可简单地等同起来。

(1)两者的联系。①公共关系是从广义的人际关系演化而来,公共关系的实现离不开人际关系。公共关系有相当部分的工作需要有人际关系的基础,需要这方面工作的支持。②人际传播是公关传播手段之一,人际关系的一些方法和手段,可以帮助组织与公众有效地沟通。③公共关系知识与人际关系知识相互促进,互为补充,共同发展。

(2)两者的区别。①产生历史不同。人类诞生伊始就有人际关系,而科学的公共关系产生于现代。②产生基础不同。公共关系产生的基础主要是业缘,而人际关系产生的基础是血缘、地缘、业缘、趣缘等。③目的不同。人际关系的目的是为达到个体之间的社会交往;公共关系的目的是构建适应其组织生存和发展需要的社会环境。④涉及内容不同。公共关系涉及的内容要比人际关系丰富得多。与人际关系相比,它不但涉及个人关系,而且也涉及组织等关系。所以从活动内容来看,公共关系自然要比人际关系复杂得多。

2.公共关系与宣传

公共关系和宣传活动在一些具体的工作方式和内容上有共同或相似交叉之处。

(1)两者的联系。公共关系和宣传的关系很紧密。从根本性质上讲,它们都是信息传播活动。从活动形式、使用的工具看,它们都需要运用新闻媒介开展新闻报道,印发一些带有宣传性的简报、杂志或小册子,通过演讲等来影响公众。因此,公关活动过程中也得借助宣传的理论与技巧,引导公众行为。

(2)两者的区别。公共关系和宣传还是有本性上的区别的,其主要表现为:①形成历史不同。公关是现代社会的产物;宣传是古代社会就产生的社会行为。②活动内容不同。公关不仅要"说",还要"做";而宣传主要是"说"。③工作的准则不同。公关遵循实事求是的准则;宣传既可奉行实事求是的准则,也可以主观需要为目的。④行为特征不同。公关必须注重双向的交流与沟通;宣传偏重于单方面诱导式的影响和灌输。

3. 公共关系与广告

现今，几乎所有大的公关公司都兼做广告业务，同样，大的广告公司也兼做公关业务，逐渐趋于整合传播。所以公共关系与广告两者业务相互交叉，互有侧重，两者之间既有紧密联系，又有明显区别。

（1）两者的联系。①公共关系与广告都源于传播学，都以大众传播为主要的工作手段，都受聘于特定的雇主，向特定的公众传递特定的信息。②公关需要借助广告形式进行传播，而广告业务也需要公关思想作指导。公关工作也经常需要做广告，即所谓"公关广告"，但这种广告不是推销企业的具体产品或劳务，而是重点介绍企业的管理、人员素质、服务宗旨以及为社会承担的义务和责任、公益行为等，其目的是塑造企业的良好形象。一般商业广告需要接受公关指导，并纳入公关工作的整体战略中。一个企业的公关工作效果和成绩，也可能因一则言过其实的广告而功亏一篑。

（2）两者的区别。①目标不同。广告的目标是以最小花费在最短的时间里推销出更多的产品和劳务；公关的目标是要树立整个组织的形象，增进组织内外部公众的了解，从而使整个事业获得成功。②传播手法不同。广告的信息传播是以创造性的技巧将产品或劳务的信息撰写成文稿，设计成图案，采用夸张的手法拍成广告影视片，"引人注目"是其基本原则；而公共关系的信息传播同新闻传播方式一样，即靠事实说话，绝不能有任何虚假，"真实可信"是其基本原则。公关人员成功的诀窍，不在于运用什么文学的及艺术的传播方式，哗众取宠、耸人听闻的表现手法，而在于善于选择适当的时机，采用适当的形式，通过适当的媒介，把有新闻价值的信息及时地、准确地传递给特定的公众。③媒介关系的不同。广告基本上是属于组织自身可控制的传播工具或手段，公共关系则属于组织自身不可控制的工具或手段。④传播效果不同。广告的效果是直接的、可测量的，一项广告的效益可用产品销售量的增加、利润额的上升等指标来衡量。公关的效果与广告大不相同，成功的公关使组织具有良好声誉，组织因此而受益无穷，但所得益处往往却难以用简单的硬指标来衡量，它既是社会效益也具有整体效益。此外，公关强调长远的共同利益，其效果往往在潜移默化中产生，所以难于在短期内衡量其所带来的效益，自然就不如广告的效果"立竿见影"。⑤在组织机构中所处的地位不同。广告在企业管理中属于局部性工作，某一广告成败一般并不会对企业经营全局产生决定性影响，但公关工作却在经营管理中处于全局地位，属战略性工作。公关工作的好坏，决定组织的形象和信誉，并因此而决定组织的生死存亡。

全球最顶尖的营销战略家、定位之父——艾·里斯（Al Ries）在《广告的衰落和公共关系的兴起》（The Fall of Advertising & The Rise of PR）一书中列举了广告和公关的 14 个区别：广告是风，公关是太阳；广告是空间的，公关是线性的；广告用大爆炸的方式，公关用缓慢积累的方式；广告是视觉的，公关是口头的；广告到达每个人，公关到达某些人；广告是由自我主导的，公关是由他人主导的；广告消亡，公关永存；广告昂贵，公关便宜；广告偏爱品牌延伸，公关偏爱新品牌；广告喜欢旧名字，公关喜欢新名字；广告是滑稽的，公关是严肃的；广告没有创意，公关有创意；广告不可信，公关可信；广告维护品牌，公关建立品牌。这引起了业界的广泛关注与争议，也可能使得公关与广告这两者在竞争中，相互促进，共同塑造与维护组织品牌。

4. 公共关系与市场营销

市场营销是指工商企业为满足消费者要求，把商品和服务从生产领域和流通领域转移到消费者手中的经营管理活动。现实中，公共关系与市场营销常常被人混在一起，主要是公共关系与市场营销在工作过程中联系紧密，但两者有着本质的区别。

（1）两者的联系。公关是重要的促销策略，同时公关的许多具体活动与营销结合在一起。在一些小型组织中,公关人员既从事公共关系工作,又从事市场营销工作。在有些非营利组织和政府中,市场营销和公共关系一样,旨在建立和维护与成员、患者、捐赠者和选民之间的相互关系,甚至一些公关人员宣称他们做的是市场营销传播;更有一些人认为,公共关系只不过是市场营销中运用的战术。以上说明,在实际工作中,公共关系与营销紧密联系起来了。

(2)两者的区别。①应用范围不同。公关应用于一切组织,贯穿于企业管理的各方面、各阶段;营销主要是企业的经营活动。②任务不同。公关塑造组织形象,协调与公众之间的关系;营销的任务是销售产品和服务。③着眼点不同。公关是以社会效益为主;营销主要是经济效益。

5.公共关系与庸俗关系

庸俗关系是一种不健康的、被扭曲了的、庸俗化的社会人际关系,也就是通常所讲的"走后门,拉关系,拍马屁"等。

这些庸俗关系与公共关系没有根本的联系,但有着本质的区别:①产生的基础不同。公关是现代开放型社会的产物,庸俗关系是古代封闭型社会的产物。②本质和目的不同。公关是为组织与公众的共同利益;庸俗关系是为个人和小团体的私利。③使用的手段和方式不同。公关主要用大众传媒;庸俗关系利用不正当手段。④社会效果不同。公共关系促进社会的健康发展;庸俗关系破坏正常的人际关系,为社会诟病。

6.公共关系与游说

游说是个人或组织有目的地利用语言、文字或其他传播媒介对特定信息进行讲解、说明,以鼓动受众按照自己的意图行事的一种劝服性传播。其对象通常是立法者、政府等公共政策的制定者,较多地运用在公共事务(尤其是政治事务)之中,是政治公关中常用的一种方式。社会中也就有了游说公关(lobbying PR)之说,游说公关作为公关活动的一部分,是通过游说者的宣传,从而改变形象,获得目标公众支持,以顺利实现自己的公关目标的活动。所以,游说和公关都是通过专门的宣传为组织制造声势,树立形象,培养民意,争取选票,开拓市场。

但游说与公共关系也有明显的区别:①行为方式不同。游说重在单向"灌输",直接劝导人们怎么做,往往带有较强的劝服性色彩;而公共关系则注重双向"交流",让人们了解他人是怎么做的,继而自己决定如何行动,可谓是一种"怀柔"政策。②工作准则有所不同。游说既可能奉行实事求是的准则,也可能奉行游说者主观需要的准则;而公共关系则只能奉行尊重事实、实事求是的准则。

四、旅游公共关系的职能

在现代管理中,公共关系以树立组织的良好形象、协调组织与公众之间的关系作为主要的工作目标,围绕这一目标所开展的具体活动和工作便形成了它的职责与功能范围,即公共关系的职能。它回答了公关活动"为什么要做"、"做些什么"和"做得怎样"的问题。旅游业是服务业中的重要支柱产业,它是以提供服务设施与劳动性服务而获取利润的综合性产业,其服务质量的优劣、组织形象的好恶,将直接决定游客的购买动机和行为,因此塑造良好的组织形象成为旅游公关的首要工作。旅游公共关系工作开展过程中,应具有以下职能:

(一)收集信息,监测环境

这是旅游公共关系的首要职能,即作为组织的预警系统,运用各种调查研究分析的方法,收集信息、监视环境、防范危机、反馈舆论、预测趋势、评估效果,以帮助组织对复杂多变的公众环境保持高度的敏感性,维持组织与整个社会环境之间的动态平衡。这一职能表明旅游公共关系具有"收集情报"的作用,旅游组织中的公关部就是组织的"情报部"。

1. 旅游组织内部形象信息

旅游公共关系首先要注意内部形象的收集,收集内容主要包括游客对旅游产品和旅游组织机构两方面的印象、态度与评价等信息。其中旅游产品形象是组织形象的客观基础。旅游产品形象包括游客对旅游产品的形式、价格、质量、定位等方面的认知和评价,即旅游产品的知名度和美誉度。旅游产品主要表现为向游客所提供的服务,所以,游客在旅游过程中对服务质量的满意度,是影响旅游组织形象的关键因素,并与组织的生存命运息息相关。因此,必须优先采集这方面信息。此外,也要重视旅游组织机构形象,包括游客对旅游组织领导人、旅游组织管理水平、旅游从业人员素质等的评价信息。同时也要重视收集内部员工对旅游组织的评价信息,因为组织的危机与险境往往是内部环境造就的,所以及时发现内部管理中的问题,对于提高旅游产品质量和防范与应对危机都具有重要的预警作用。

2. 旅游组织外部环境信息

旅游公共关系还需要时刻保持对外部社会环境监测,及时为旅游组织的决策提供信息基础。监测内容包括社会的政治经济、科技文化、恐怖战争、时尚潮流、民俗民情、舆论热点、政策法规、突发事件等各方面的情报动态,特别是社会经济发展与变化趋势、旅游政策、突发事件是重点监测内容。分析以上外部环境可能对旅游组织的各种直接或潜在的影响,防范不利因素,避免危机的出现,使旅游组织与社会环境的变化保持动态平衡。

(二)咨询建议,参与决策

旅游公共关系通过各种信息的分析,提出决策建议,参与组织的重大战略决策。这一职能表明旅游公共关系具有"参谋"的作用,旅游组织的公关部就是组织的"智囊团"。具体体现在以下几方面:

1. 提供决策信息

旅游公共关系的咨询作用还表现在为决策建立有效的信息网络,提供各种社会信息,完善各种公众咨询渠道,开辟各种信息来源,包括广泛的外部信息和及时的内部信息,并根据决策目标将各种信息整理、归类、分析、概括,提供给最高管理层或各个专业部门作为决策的客观依据。

2. 提供战略目标建议

通过旅游公共关系对内部与外部环境信息的收集与分析,可为旅游组织战略目标的确定提供可行的决策建议,努力使旅游组织的战略决策目标与旅游目标公众的利益以及政策环境等因素相容。

3. 协助拟订与选择决策方案

旅游公共关系的咨询作用又表现在运用公关手段帮助决策者评价、选择和实施有关的决策方案,特别关注决策方案在经济效益和社会效益方面的统一和协调,敦促决策者重视决策行为的社会影响和社会效果。同时,调动公关手段,广泛征询各类旅游目标公众的意见,促进决策过程的民主化和科学化。

4. 提供决策效果评价

旅游公共关系的咨询作用也表现在分析、评价决策实施的旅游目标公众影响和社会后果,以及这种后果对决策目标的制约作用。运用公众网络和公关渠道,对付诸实施的决策方案进行追踪和反馈,使旅游组织能够及时了解情况,并根据反馈的情况来调整决策目标,完善决策方案。

(三)塑造形象,宣传推广

旅游公共关系在旅游组织经营管理中要履行塑造并传播形象的职责。这一职能表明旅游公共关系具有"宣传"的作用,旅游组织的公关部也是一个"宣传部"。

1.塑造形象

公共关系的根本目的是塑造良好的组织形象,所以公关工作应根据旅游组织目标设计旅游组织的整体形象,重点是旅游企业形象和旅游目的地形象的设计。在开展旅游公共关系活动过程中,要注意创造舆论、强化舆论、引导舆论,逐步树立形象、控制形象。旅游组织塑造了良好的形象就相当于创造了品牌,旅游组织形象也就成为旅游组织的无形资产,所以旅游组织应重视形象的塑造。

2.宣传推广

通过各种传播媒介,将旅游组织的有关信息及时、准确、有效地传播出去,争取公众对组织的了解和理解,提高旅游组织机构和旅游产品的知名度和美誉度,为旅游组织创造良好的社会舆论,树立良好的社会形象。旅游组织形象的塑造是一个不间断的螺旋上升过程,需要宣传推广,与目标公众不断地沟通协调,逐步完善。

(四)协调沟通,平衡利益

旅游公共关系是旅游组织与目标公众之间的一种协调沟通机制,即运用各种协调、沟通手段,为旅游组织疏通渠道、发展关系、广交朋友、减少摩擦、化解敌意、调解冲突,为旅游组织的生存、发展创造"人和"的环境,成为旅游组织运作的润滑剂、缓冲器,成为组织与内外部目标公众交往的桥梁。旅游公关重视平衡各类目标公众的利益,而不是仅仅考虑组织本身的利益,通常强调长远的利益,而不是眼前的暂时利益,这样和目标公众保持良好的利益平衡关系,旅游组织的回头客就多了,也有了长期固定的客源。所以旅游公关过程中尽量从目标公众的角度考虑问题,为目标公众之想所想,做目标公众自己都没有考虑到的"意外事",目标公众自然就会忠诚于你了。这一职能表明旅游公共关系具有"协调"的作用,旅游组织的公关部也是一个"协调部"。

1.协调内部关系,增强凝聚力

旅游组织内部关系的协调包括内部的上下级、同级、各部门、各环节之间的利益与关系的协调。内部关系协调好了,旅游组织的凝聚力就增强了,危机出现在"内部"的机会就少了,旅游组织就可以全力应对外部环境的变化了。

2.开展社会沟通,建立和谐的外部社会环境

任何组织的发展都离不开社会各方面的配合与支持。旅游组织从自身利益出发,应该注意以下几方面的问题:①要处理好各类旅游业务来往关系,诸如对旅游企业而言的游客和客户关系,原材料和物品供应关系,旅游产品的销售网络关系,交通运输部门的关系,银行信贷及股东关系等,以保证组织日常人、财、物与技术的经营运转。②要妥善处理好旅游组织与政府各职能管理部门之间的关系,诸如工商管理局、税务局、环保局、市政局、公安局、司法部门以及海关等。③还要主动建立和发展各种非业务性的社会关系,如社区关系、新闻界关系、社会名流关系、旅游社会团体关系等,尽可能扩大组织的旅游公共关系网络,广结善缘。

(五)教育引导,培育市场

旅游公共关系提高旅游组织的形象,不仅是公关传播、协调的结果,也是公关教育引导的结果。这一职能表明公关具有"教育与培训"作用,旅游组织的公关部也是一个"培训部"。公关的教育引导功能主要表现在对内和对外两方面。

1.对内部员工的教育引导

对内部员工的教育引导具体表现在素质和业务方面:培养全体员工具有主人翁精神,使每位员工真正从内心感受到自己是旅游组织的主人;进行各种公关技术、公关实务、公关专题活动的训练,使员工具有公关意识,并掌握从事旅游公共关系的基本技能。当然,在旅游组织中,重点是要说服领导接受公关思想,具有公关意识。这样,旅游组织中自上而下各管理层均具有公关意识,形成"全员公关"的局面,旅游公共关系活动就容易开展了。

2.对外部目标公众的市场培育

旅游服务中,"顾客是上帝","客人永远是对的"。当然,客人不可能都是对的,而关键是如何对其引导,尽量避免服务人员犯错误,让"上帝"开心地来,满意地走。这就要求在顾客接受服务之前,先对其进行提示或说明,以此避免或减少"上帝"做错。另外,随着科技的日新月异,旅游产品的丰富化和多样化,需要公共关系来培育市场。旅游目标公众不可能都了解那么多的新概念、新服务、新活动,如生态旅游、工业旅游、农业旅游、户外活动等,所以,需要不断对其进行相关知识、相关服务、新旅游产品等方面的教育和引导,加速培育新旅游产品的需求市场。

五、公共关系的历史

公共关系作为一种客观存在着的社会关系和社会现象有着久远的历史。不过,作为一种专门的社会职业,形成一门较为系统和完整的学科体系,至今却不过近百年的时间。

(一)公共关系的起源

公共关系作为一种职业和学科,最早产生于美国。公共关系的形成分为以下四个阶段:

1.古代时期——公共关系思想的萌芽

公元前1800年伊拉克的一则农业公告,类似于现代社会某些农业组织公共关系部的宣传资料。

在古希腊,社会对于沟通技术非常重视,并对从事这门技术的人给予很高的评价和奖酬,有些深谙沟通学问的一流演说家常常被推为首领。古罗马的恺撒能登上独裁者的宝座,那本记载着他的功绩的纪实著作《高卢战记》起了很大作用。这本书被公共关系同业工会主席李利·比诺称为"第一流的公共关系著作"。古希腊哲学家亚里士多德在他的经典著作《修辞学》一书中,详细阐述了修辞的艺术,即如何运用语言来影响听众的思想和行为的艺术。因此,西方公共关系学界认为,亚里士多德的《修辞学》堪称最早问世的公共关系学的理论书籍。

在我国古代的政治、外交、军事、经济活动中,也有许多类似的公共关系活动的成功范例。

2.巴纳姆时期——现代公共关系的发端

美国19世纪中叶风行的报刊宣传活动,被认为是现代公共关系业的"前身",可以说是公共关系的发端时期,其代表人物是巴纳姆(Phines T. Barnum)。各公司、组织所雇佣的报刊宣传员的任务,主要是编造离奇的故事以引起公众的好奇和对自己的注意。巴纳姆曾制造过一个关于黑人女奴海斯在一百年前曾养育过美国第一任总统乔治·华盛顿的"神话"。这一新闻引起了美国社会的轰动。海斯死后,对她的尸体解剖表明,海斯只不过80岁左右,并非巴纳姆所说的161岁。巴纳姆的信条是"凡宣传皆好事"。为了使自己和公司扬名,置公众利益于不顾,任意编造谎言和神话,利用新闻媒介"愚弄公众",是这一时期的显著特点。

巴纳姆

当时,这种把新闻媒介视为异己,或利用新闻媒介"愚弄公众"的现象,引起了新闻媒介的不满,报纸杂志率先刊载揭露实业界那些"强盗大王"的恶劣丑闻,形成了美国历史上著名的"清垃圾运动"(又称"扒粪运动""揭丑运动")。

在"清垃圾运动"的冲击下,企业家们按照自己的企图建成的一个个独立封闭的企业"象牙塔"摇摇欲坠。为求得生存与发展,他们被迫从修建"象牙塔"逐渐转向提高企业的透明度,开始修建"玻璃屋"。"清垃圾运动"的冲击,使工商企业意识到了取悦舆论的重要性。许多企业开始聘请懂行的人专门从事改善与新闻界关系的工作,这种人被称为"新闻代理人",他们专门为企业等委托人作宣传,在新闻媒介之间进行游说,经常与报界联系,邀请记者到企业参观采访,或为公司的政策作解释和辩护,等等。

从此,企业和外界的隔绝消除了,企业的透明度大大增加。不过,早期的新闻代理活动仍然免不了存在大吹大擂、搪塞了事、混淆视听和隐瞒欺骗的弊端。

此时,有一个人开始致力于改变这种状况。他就是被后人誉为公共关系之父的艾维·李(Ivy Lee)。

3. 艾维·李时期——现代公共关系职业化的开始

艾维·李(1877—1934)是公共关系职业的先驱者。1903年,他开办了第一家宣传顾问事务所,成为向客户提供劳务而收取费用的第一个职业公共关系人。现代公共关系职业化由此发端。

他的信条是"公众必须被告知"。在艾维·李的推动下,工商企业开始改变对公众的态度。部分企业家开始意识到,与公众关系的好坏,直接影响企业的兴衰成败,必须采取门户开放的开明经营态度和方式,与员工和社会保持良好的关系。

艾维·李作为公共关系之父,不仅首创了"公共关系"这一专门职业,而且,他提出的"说真话"和"公众必须被告知"的命题将"公共利益与诚实"带进了公共关系的领域,使公共关系这门学科从对一些简单问题的探讨上升为探求带有某些规律性的原则和方法,大大推动了这门学科的发展。

艾维·李

当然,由于时代的局限,艾维·李的咨询指导主要还是凭经验和直感而进行的,缺乏对公众舆论严密的、大量的科学调查。因此,有人批评艾维·李的公关咨询只有艺术性而无科学性。

4. 爱德华·伯尼斯时期——现代公共关系学科化的成熟

1923年,爱德华·伯尼斯(Edward Bernays)以教授的身份首次在纽约大学讲授公共关系课程,同年出版了被称为公共关系理论发展史上的"第一个里程碑"的专著——《公共舆论的形成》。在书中,伯尼斯首先详尽阐述了"公共关系咨询"这一概念,而且提出了公共关系的原则、实务方法和职业道德守则等。1928年,他写出《舆论》一书;1952年,他又出版了《公共关系学》教科书。

爱德华·伯尼斯的主要贡献在于,他把公共关系学理论从新闻传播领域中分离出来,并对公共关系的原理与方法进行较系统的研究,使之系统化、完整化,最终成为一门独立完整的新兴学科。

爱德华·伯尼斯

伯尼斯公共关系思想的一个重要特点就是他提出的"投公众所好"的主张。他认为,在一定科学理论指导下的劝说活动有着巨大的威力,因而他非常注重运用各门社会科学的研究方法和研究成果。

继爱德华·伯尼斯之后,许多公共关系的论著也相继出版。1952年,美国的卡特利普和森特俩人出版了他们的权威性的公共关系专著《有效的公共关系》,论述了"双向对称"的公共关系模式,在公共关系的目标上将组织和公众的利益置于同等重要的位置,在方法上坚持组织与公众之间的双向传播与沟通。此书不断再版,成为公共关系的畅销书,在美国被誉为"公共关系的圣经",使该书的作者成为享有声望的理论权威。至此,公共关系正式进入学科化阶段。

(二)公共关系在中国的发展

公共关系作为一种经营管理方法和一门学科进入中国,并且在理论上被认可、在实践中被运用,至今只有几十年的历史。

1.公共关系在港台

大约20世纪60年代之后,现代公共关系开始传入我国台湾、香港地区。特别是在香港地区,首先是一些跨国公司在那里设立的分公司内部建起公共关系部,聘用受过专业训练的公共关系人员从事公共关系工作,使得公共关系一开始就具有较高的发展水平。此后,各类型的企业、酒店和宾馆也都纷纷设立了自己的公共关系机构,公共关系从业人员日渐增多,本地的公共关系专业公司也纷纷建立,使得公共关系的社会影响和实际作用越来越大。

2.公共关系到内地

20世纪80年代初,公共关系首先作为一种新的经营管理方法和技术,由南向北,从东到西,在我国迅速传播。

我国当代的公共关系最初发端于沿海地区的宾馆、饭店和旅游业。这些旅游宾馆业卓有成效的公共关系活动对企业的生存和发展起到了巨大的促进作用,因而在短短几年的时间里,公共关系也开始为一些国有大中型企业所重视和采用,并在实际中显示出相当大的威力。80年代中期以后,一些较先进的中小企业也设立了自己的公共关系机构,开展了卓有成效的公共关系工作。

从此,我国的公共关系事业进入了一个蓬勃发展的新时期。自1984年至今的三十几年时间里,公共关系不仅从服务行业进入到了各种形式的企业和经济实体,而且也逐渐扩展到其他各种社会组织和行业里,诸如社会团体、科研机构、机关、学校乃至军队和党政部门,都越来越重视运用公共关系手段来保障和促进自身的发展。

同时,中国的公共关系市场逐渐形成,各种专业的公共关系公司相继发展起来。从80年代开始,在国际上影响很大的美国博雅公共关系公司、希尔—诺顿公共关系公司、爱德曼公共关系公司都相继在中国设立分公司或办事机构。1986年,我国第一家专业公共关系公司——中国环球公共关系公司在北京注册成立。许多广告公司也纷纷开拓公共关系业务。

与此同时,我国公共关系人员的教育培训已初具规模,并逐渐向规范化和系统化的正规职业教育和学历教育过渡,各种公共关系学术团体和行业协会也纷纷成立。1985年以来,全国各地分别采取不同的形式,开展丰富多彩的公共关系教育培训工作,培养出不同层次和多种类型的公共关系人才,为我国公共关系事业的健康顺利发展作出了重大贡献。从1985年开始公共关系学列入我国大学课程。1985年9月,深圳大学首先设立公共关系专科。此后,复旦大学、中山大学、清华大学、北京大学等百余所大学都开设了公共关系课程或者专科。在此基础上,1994年,经原国家教委批准,中山大学创办了我国第一个公共关系本科专业。我国公共关系教育事业已逐步走向正规化和系统化的高层次学历教育阶段。1985年,中山大学在广州成立了我国第一个高等院校的公共关系研究会。1986年12月,在上海成立了我国第一个公共关系协会。1987年5月,中国公共关系协会在北京成立。此后,各省市均相继成立了公共关系协会。1991年4月,中国国际公共关系协会也在北京成立。

除此之外,国家劳动和社会保障部为适应上述形势发展的需要,于1997年11月15日成立了中国公共关系职业审定委员会,并正式列入了《中国职业大典》,这标志着国家已正式承认公共关系这一职业;同时制定了公关人员的国家职业标准和考核规范。

总之,随着改革开放的不断深入,我国的公共关系事业取得了重大进展,公共关系在我国经济、社会甚至政治中发挥着越来越大的作用,成为推动我国现代化发展的动力。特别是 2008 年北京成功举办奥运会后,国家开始更加注重整体国家形象在国际社会的塑造与传播。

评价与考核

公共关系的认知任务完成情况及技能评价考查表

学习目标	评价标准	小组评价（50%）	教师评价（50%）	综合得分（百分制）
理论知识(20分)	对公关的含义、界定及职能认知的程度			
专业技能(20分)	能认知什么是公共关系;能辨析公共关系与相关概念的区别与联系;能认知公共关系的职能			
通用技能(20分)	具有团队协作能力;具有 PPT 制作能力			
任务完成(20分)	纸质作业、PPT 及回答任务的有效性			
学习态度(20分)	完成任务的态度、责任感			
综合评价与建议:				

思考与讨论

1. 谈谈为什么公共关系工作的根本目的是塑造组织良好形象。
2. 结合实际谈谈如何正确认识社会上对公关行业的认识误区。

技能训练题

1. 调查本地的旅游组织包括酒店、旅行社、景区、旅游局等开展公关活动的情况。
2. 调查本地的行政人员、大学生、企业人员、市民等对公共关系的认知状况。

任务二　旅游公共关系的运作

情境设计

玛丽萨(Marissa)是一位年轻的专业公关人士。玛丽萨对她的生活,特别是她的工作感到很满意。她两年前获得公共关系学士学位。后来经过一段暑期实习,她在瓦格纳爱德斯通(Waggener Edstrom)公司成功地竞聘上一份全职客户助理职务。这是一家在大西洋西北地区的公关和战略传播公司,以为微软公司做代理而出名。现在,在她工作了几乎两年后,由一名客户经理助理提升为一名客户经理。

今天是她开始新工作的第一天。她查看了一下电子邮件,仔细读了一份前天晚上的媒体监控报告,了解在过去 24 小时由媒体对她负责的微软产品有什么报道。她还要查看关于她的客户的竞争对手的传闻和报道。她先总结了一下,然后把这些内容转发给她的客户以及她所在的微软产品小组的其他成员。看了看当天的日程表,玛丽萨开始为一份新产品的发布公告准备材料。这份公告计划将在行业杂志《连线》(WIRED)上连续刊登两个月。之前,她已经和《连线》杂志的一位记者合作了几个月,这份微软的产品发布公告将作为杂志的重头文章并刊在封面上。她收集好资料,把它们拿到客户小组会议上。在这个会上,小组的成员要协调《连线》上的产品发布,使它能够与在其他行业出版物、消费类电子产品杂志和财经媒体上发表的后续文章相互配合。吃午饭的时候,她为社区图书馆的一群志愿者出谋划策。这些志愿者想为低收入家庭中那些被锁在家里的孩子组织一个暑期阅读活动。玛丽萨建议他们寻求本地企业的赞助以解决活动经费问题,并通过和市政公交服务公司合作来接送孩子去各图书馆。当她回到办公室时已有一封语音邮件在等她。《西雅图时报》(Seattle Times)的科技记者想了解本地企业对今天早上华盛顿议会听证会上传出要解除互联网管制消息的反应。玛丽萨找了一位微软公司的经理来回答该记者的问题,并解释微软对解除管制问题的长期立场。现在已是下午三点。玛丽萨开始为一位微软品牌经理整理研究资料,这位经理想知道公关能如何支持他的市场营销计划,包括广告、企业赞助、促销以及销售资料等。

就这样,在过去的六个小时里,玛丽萨完成了技术娴熟的公关从业者为他们的机构和客户要做的一系列工作。在准备那份产品发布信息公告时,她向我们展示了公关从业者如何通过战略性地利用传播手段为企业在关键受众市场中赢得有利位置,而帮助图书馆志愿者则表现了公关专业人士是如何与像企业赞助者这样的群体建立良好关系或获得共赢。最后,通过超前思维,玛丽萨能够为时报记者联系到一位精明的公司发言人,而后者解释了微软公司是如何适应变化着的社会和商业环境的,从而增强了公司的长期声誉。

资料来源:(美)拉铁摩尔,等.公共关系:职业与实践[M].朱启文,等,译.北京:北京大学出版社,2006.

请根据以上情境,完成以下任务:

1.讨论公关工作是如何展开的。

2.讨论旅游企业日常公关工作内容与定期工作内容。

3.讨论旅游企业公关部中各层级的主要岗位职责。

4.讨论旅游企业针对目标公众如何开展公关工作。

5.讨论企业已经有公关部,为什么公关工作还要交给公关公司做。

任务分析

玛丽萨一天的公关工作,反映了公关公司的主要工作内容或业务,同时也反映了公关工作是如何开展的。通过以上情境设置的任务主要就是要弄清怎么做公关工作。如何做好公共关系,首先明确做公关工作的一般程序——公关四步法:调查、策划、实施、评估,这是公关活动或公关工作的主线,按此程序,有条不紊地进行;其次明确谁需要做公关——公关工作的主体,对谁做公关——公关工作的对象,而谁又去负责实施公关工作——公关工作的组织机构;再次明确公关工作干什么,即公关工作主要有哪些工作内容,相应的公关岗位又有哪些职责;再其次明确公关工作中针对不同的目标公众应采取相应的公关技巧;最后明确公关工作的内容,可根据主体的具体情况,选择企业公关部或公关公司或两者相结合具体操作公关工作。在完成任务过程中应注意旅游业的特殊性——综合性与服务性,这样更有利于对旅游企业公关工作的把握,为后面具体公关活动的开展作好充分准备。

任务实施

完成任务的具体操作步骤,建议如下:

步骤一 领受任务

指导教师介绍任务的内容、要求、关键点及注意事项。各小组提问,指导教师答疑,正确理解任务,完成任务领受。

步骤二 分析任务

请各小组按指导教师的要求,分析任务的内容,阅读知识链接,制定完成任务的工作程序及任务分配,补充查阅其他相关资料,拟写发言稿提纲。

步骤三 实施任务

各小组具体完成情境中提出的问题,写成发言稿,有条件的做成 PPT,并作好两方面准备:既作发言准备,又扮演听众,准备提问。作好预演,准备汇报。

步骤四 任务汇报

各小组根据任务的要求,在教室中汇报,各小组相互提问。指导教师及时控制汇报进程,最后进行点评与总结。

步骤五 任务总结

各小组对本次汇报要及时进行总结,形成文字材料,作为作业上交指导教师。指导教师依据该项目任务考查表,给出各小组评价综合得分。

知识链接

一、旅游公共关系的主体——旅游组织机构

公共关系的组织机构是专门执行公关任务、实现公关功能的行为主体,是公共关系工作的专业职能机构。旅游公关广义的主体是指任何有目的、有系统地组织起来,具有特定功能和任务,具有社会行为能力的旅游组织机构,也即广义的旅游业,其是旅游相关企事业的集合体,主要包括住宿接待部门、交通运输部门、旅游业务组织部门、游览场所经营部门、目的地旅游组织部门。在旅游活动过程中,旅游业各部门的公关对象均是旅游者,但在旅游业中各部门业务相互往来过程中又互为主客体,其中旅行社、酒店和景区之间表现尤为突出。而狭义的旅游公关主体主要指专门执行公共关系职能的旅游组织内部的公关部、外部的公关公司和公关协会及相关人员。

(一)公关部

"公共关系部(Public Relations Department)"这一名称在国际上普遍采用,简称公关部。此外,在国外组织中公共关系机构的名称使用得比较多的有:公共事务部(Public Affairs Department);公共信息部(Public Information Department);传播沟通部(Corporate Communication Department);公关与广告部(P. R. & Advertisement Department);等等。在我国也有多种称谓,如公关策划部、传播企划部、市场推广部、公关宣传部、公关联络部、公关与新闻办公室、公关营销部、客户关系部,等等。

1. 公关部的地位

组织的传播沟通能力是现代信息社会的一个特点。从工作性质上看,公关部的职能是传播性、沟通性的,其职能目标和业务内容完全不同于其他的职能部门。从管理作用上看,公关部在组织总体中扮演一种"边缘""中介"的角色。

公关部负责沟通和协调经理层与其他职能部门之间的关系,以及沟通和协调各个职能部门之间的关系。它要向各个子系统提供信息,协助分析、判断和决策,并提供相应的管理沟通服务。

公关部介于组织与公众之间,对外代表组织,对内代表公众,通过传播活动保持组织与公众环境之间的双向沟通。

2. 公关部的日常工作

通常公关部主要从事四类日常工作:

(1)长期工作,主要有:组织整体形象的策划、调整、传播、评估,管理好组织形象这一无形资产。

（2）日常工作，主要有：

①监测组织环境，搜集组织内外公众的各种意见，接待投诉；

②撰写组织有关情况和活动的新闻稿、演讲稿；

③同各种传播媒介及其记者、编辑保持密切联系；

④协同影视制作方面的人员拍摄、整理、保存资料片；

⑤设计、筹划、监测组织的各种宣传品和馈赠品；

⑥注册互联网上本组织的域名，设计网络上的主页，管理电子信息；

⑦了解竞争对手的公关活动情况，并加以分析；

⑧同印刷厂保持密切联系，同主管部门、政府有关部门的人员保持联系；

⑨培训公关工作人员；

⑩同有业务来往的公关公司、广告公司保持密切来往，同公共关系社团，如公共关系协会、公共关系研究所等机构保持密切联系。

（3）定期活动，主要有：组织记者招待会；组织内部的听证会；编辑、联系印刷组织的内部刊物；参加各种管理会议，了解组织内部的管理状况；参加各种销售会议，了解组织同外界的商业联系情况；同所在社区的代表接触，关注互联网上的"虚拟社区"，同网络公众联络；关注组织行业及外部环境相关信息；协助拟写为董事会准备的组织年度经营报告；组织安排全体人员的集体娱乐活动；总结、评价公共关系活动的效果。

（4）专题活动，主要有：组织安排各种大型庆典活动；处理危机事件；筹划、安排"制造新闻"活动；组织、举办展览会；筹划、安排公关广告，协助专业人员拍摄有关组织情况的录像或影片；安排来宾参观访问，组织新产品介绍会；安排筹款、赞助活动。

以上四类工作不是截然分开的，而是日积月累、层层递进、相辅相成的。同时各组织的具体情况不同，应以适应本组织发展为标准酌情变通处理。

3. 公关部的设置模式

目前，公关部的设置主要有以下四种模式：

（1）部门隶属型。即公关机构附属于组织的某个职能部门，可隶属于传播沟通业务较集中、较繁重的部门。所以可能归属于销售部门、广告或宣传部门，归属于联络接待部门、办公室等。

（2）部门兼职型。把公关部与营销部或广告部、宣传部等工作性质相似的部门合为一体，可以精简机构，并可发挥人才一专多能的优势。但公关职能易受其他职能的干扰，不能专业化地从事公关工作。

（3）部门并列型。即公关机构与组织的其他职能部门平行排列，处于同一层次。与第一种类型相比，此种类型的公关机构在组织中地位和权力比较高，反映了公关业务在组织中的独立性和重要性。公关部门可直接参与最高层决策，并有足够的职权去调动资源，协调关系，其传播业务也比较完整。但一般来说，只有较大型的组织（如企业集团）才需要或可能这样来设置公关机构。

（4）高层领导直属型。即公关部处于整个组织系统中的第三个层次，但作为一个第三级机构，它并不隶属于哪一个二级机构，而是直属于组织的最高层领导，直接向最高决策层和管理层负责。公关部具有较大的沟通权限，可以直接与最高行政长官沟通，并代表最高行政长官与其他部门沟通，直接介入决策，同时又具有相当的独立性和自主权，而且机构比较精简灵活。

各类组织在具体设置公关工作机构的时候，必须根据自身的性质、特点、需要、规模等具体情况来考虑。目前酒店中公关部属销售部门的情况较多，直接接受销售总监的领导；而景区（除主题公园外）和旅行社设置公关部的还比较少。

4.公关部的内部分工和人员配置

公关部的内部通常分为三个方面,大致需要五类人员。

(1)内部分工。主要分对内关系、对外关系、专业技术制作三方面的工作分工。

(2)人员配备。主要分编辑、拟稿人员,调查、分析人员,策划人员,组织人员,美工等其他专门技术人员共五类工作人员。

5.公关部的优点与缺点

明确公关部的优点与缺点,既可以促进、改进工作,又可以有一个基本的尺度比较内部公关部和聘用外部公关公司进行公关工作的优劣,促进组织公关工作的进行。

(1)公关部的优点。

①工作具有连续性与稳定性。与外聘公共关系公司相比,公关部的工作具有持续性,不必每项工作都要谈判,谈价格,保证了公共关系工作持续稳定的进行。

②熟知内部情况。公关部的工作人员对内部的人员、管理工作及信息沟通状况非常了解,公共关系工作有针对性,能及时发现并处理相关问题,具有外部公共关系咨询公司无法比拟的优势,其工作更具权威性和说服力。

③经济实用。公共关系工作纷繁复杂,除了某些重大的项目活动外,还包括大量日常的外部公共关系事务,这些工作由公关部来完成,有利于节约经费开支,显然具有经济实用性。

(2)公关部的缺点。

①缺乏公正。由于公关部处于企业内部,因此不可避免地在公共关系工作中带有一定的主观色彩,如新闻稿件的撰写,从而影响企业获得公众的信任。

②阅历有限。公关部的工作一般仅局限于所属的行业,这使它与外界的交往受到一定程度的限制,或使它仅限于参加某些种类的活动,等等。这些给公共关系工作的拓展带来一定的局限性。

③缺乏专业训练。公关部的人员很有可能是从别的岗位上调过来的非专业人员,由于缺乏职业教育和训练,会直接影响企业公共关系工作的水平。

(二)公共关系公司

公共关系专业公司也称公共关系咨询公司、顾问公司,简称公关公司,是指由各具专长的公共关系专家和各种专业技术人员组成的,受客户委托为其开展公共关系活动或咨询的服务性营利性组织。公关公司是独立于组织之外的公关机构,其产生条件、工作内容与公关部是一致的,也可以说它是雇主的"院外公关部"。

知名公关公司有:奥美公关、中国环球、蓝色光标、博雅(国际)、传智整合、普纳国际、际恒公关、爱德曼(中国)、伟达、罗德公关、宣亚国际、万博宣伟、嘉利公关、信诺传播、迪思传媒、福莱国际、安可顾问、注意力、海天网联、智扬公关、凯旋先驱、灵思传播、新势整合等。

1.公关公司的经营范围

公关公司的经营范围主要包括:咨询诊断、联络沟通、收集信息、新闻代理、广告代理、推介产品、会议服务、策划活动、礼宾服务、印刷制作、音像制作、培训服务、危机管理,等等。国外的公司往往还帮助客户从事议题管理,院外游说,竞选,股东关系及劳工关系协调;参与电台、电视台节目,基金会、慈善事业工作,等等。

2.聘用公关公司的优点与缺点

(1)优点。

①观察分析问题具有客观性。作为"局外人",不受复杂的人际关系的影响,由于利益的不同,

不是客户的下级员工,不必有那么多的顾虑,可以实事求是、公正、客观地认识问题和处理问题。

②提出的建议和方案具有权威性。因为公共关系公司由专家和专业技术人员组成,专业知识和经验更加丰富,因此,更具权威性。

③信息来源更具广泛性。专业公关公司长期从事公关专业工作,建立了较为完善的信息网络,可以得到充分的信息资源帮助决策。

④公关活动整体规划的经济性。对有些活动组织内部公关部人手不够,招聘人员要增加开支,平时没有活动时又造成浪费,因此根据分工的原则聘请专业公共关系公司,从性价比和专业性角度看是非常经济合算的。

(2)缺点。

①专业咨询策划费用较高。专家咨询、专业的策划肯定比使用内部公关人员费用高。

②运作成本较高。内部调查成本高,由于是外界的公关公司,对组织内部的情况不如内部人员熟悉,因此运作时成本较高,所以,发达国家的企业往往长期聘任较为固定的公关公司。沟通成本较高,聘请公关公司总是要经过谈判、签约、续约,比领导自己的公关部沟通成本高。

③在未签约时,遇到紧急情况反应比公关部慢。要先与其沟通、签约,才能使其投入紧急事件处理之中。

(3)聘请公关顾问要注意几个问题。

①选择有专业水准及良好品德的顾问。

②信任顾问,为其提供真实准确的资料。

③与顾问保持良好的沟通与合作,定期邀请顾问出席情况分析会和决策会议。

④尊重顾问的判断意见,虚心听取忠告,不予采纳要作出详细说明。

⑤以防为主,不要出事了才急忙聘请顾问。

⑥聘请顾问应相对稳定,因为双方的合作默契需要一个磨合期。

二、旅游公共关系的对象——旅游者及相关公众

(一)公众的概念及特征

公众即与一个社会组织发生直接或间接联系,对该组织的生存和发展具有现实的或潜在的影响力的个人、群体和社会组织。"公众"这个概念涵盖了公共关系工作的所有对象,凡是公共关系传播沟通的对象都可称之为公众。因此,公众是公共关系对象的总称。"公众"这一概念不同于"人民""群众""人群""受众"等相关的概念,切勿混淆。

公众与公共关系的主体有相关的利益,公众与公共关系活动密切相关。其有如下基本特征:

(1)整体性。公众不是单一的群体,而是与某一组织运行有关的整体环境。

(2)共同性。能被称之为某一组织的特定公众,他们之间必定具有某种内在共同性,比如,共同的利益、共同的需求、共同的目的、共同的背景,等等。

(3)多样性。公众的主观意识或工作目标以及价值趋向、处事态度、处事方法等不尽相同或者完全不同,对同一问题的感受和要求是不一致的,这就导致公众的存在形式和公众层次呈现多样化。

(4)可变性。公众始终处于变化之中,主要体现在公众对象的多变和公众态度的多变。

(5)相关性。公众,总是与这个组织存在着某种利益关系。

(二)公众分类

(1)根据组织公关活动的内外对象分类,组织的公众可划分为内部公众和外部公众两类。

①内部公众,即组织内部的成员群体。

②外部公众,即组织的外部沟通对象群体。

(2)根据关系的重要程度分类,公众可分为首要公众和次要公众两类。

①首要公众,即关系到组织生死存亡、决定组织成败的那部分公众对象。

②次要公众,即指那些对组织的生存和发展有一定影响,但没有决定性的公众对象。

公共关系的资源投入必须区分轻重缓急,不应绝对地平均使用。

(3)根据关系的稳定程度分类,公众可分为临时公众、周期公众和稳定公众三类。

①临时公众,是因为某一因素、偶发事件或特别活动而形成的公众对象。

②周期公众,是指按一定规律和周期出现的公众对象。

③稳定公众,即具有稳定结构和稳定关系的公众对象。

划分临时公众、周期公众和稳定公众,是制定公共关系临时对策、周期性政策和稳定策略的依据。

(4)根据公众对组织的态度分类,公众可划分为顺意公众、逆意公众和边缘公众三类。

①顺意公众,指那些对组织的政策、行为和产品持赞成意向和支持态度的公众对象。

②逆意公众,指对组织的政策、行为或产品持否定意向和反对态度的公众对象。

③边缘公众,指对组织持中间态度,观点和意向不明朗的公众对象。

(5)根据公众发展过程的不同阶段,可以将公众划分为四类:非公众、潜在公众、知晓公众、行动公众。

①非公众,指与组织无关,其观点、态度和行为不受组织的影响,也不对组织产生作用的公众群体。

②潜在公众,即由于潜在公共关系问题而形成的潜伏公众、隐患公众、隐蔽公众或未来公众。

③知晓公众,即已经知晓自己的处境,明确意识到自己面临的问题与特定组织有关,迫切需要进一步了解与该组织有关的所有信息,并开始向组织提出有关的权益要求。

④行动公众,即已采取实际行动,对组织构成压力,并迫使组织相应采取行动的公众群体。

在公众发展的不同阶段,组织应该采取不同的公关对策。

(6)目标公众或优先公众。美国的杰瑞·A.亨德里克斯(Jerry A. Hendrix)为组织界定了以下重要公众具体分类:媒介、雇员、社区、政府、投资者、消费者和特殊公众。他认为组织须仔细认真地编写它的公众分类表格。任何特定公众,不管他们属于什么类型,都可能成为公共关系工作的中心对象。在这种情况下,这些被筛选出来的公众被称为"目标公众"或"优先公众"。现在很多国外公关学者采用"优先公众"(priority publics)来代替"目标公众"(target publics)一词。基于上述,每一个组织都可以通过调查研究来确定其各类目标公众对象。

(三)旅游公共关系的目标公众分析

1.内部公众

(1)员工公众——组织基石。员工是组织的基石。旅游组织内部公共关系必须加强员工内部的共同管理,建立多渠道的内部联系,强化信息共享和双向交流;重视与"意见领袖"的关系,诱导说服对立双方以组织或企业的全局利益为重;在旅游组织中经常开展交换立场、替对方着想的活动,创造轻松融洽的氛围,避免内部冲突;创造"家庭气氛",协调与非正式组织的关系。

(2)管理公众——支柱桥梁。管理公众是企业的中坚力量,在组织中起着承上启下的支柱作用。旅游组织内部在政策制定中融入公共关系视角,加强内部各类员工进行上下和水平沟通,实现信息共享,树立企业文化,增强组织内聚力。

（3）决策公众——核心灵魂。决策公众是组织管理的核心灵魂,是整个组织方向的掌舵人。组织管理中公关视角的融入,公关参与决策的程度,往往取决于决策层。所以旅游企业公关思想的渗透,首先应从企业最高层做起,掌握用人之道,加强组织向心力。

（4）股东公众——资金来源。股东是股份制公司或有限责任公司的出资人或叫投资人。股东已成为关系旅游企业发展命运的重要公众。

旅游组织在处理与股东公众关系时,可采取以下几个方面的措施:

①保持与股东良好的交流与沟通。充分激发股东的主人翁意识,联络股东的情感,保持双向沟通。

②重视股东利益,定期向股东通报经营状况。除年度报告外,平时如有涉及股东利益或需与股东商讨的问题,及时向股东通报。

③开好股东大会。公共关系部门应向股东发函或建议召开股东大会和举办其他联谊活动,直截了当、简明清晰、热情坦诚地表达企业的需求、意见和希望。

（5）家属公众——工作后盾。家庭在有着5000年文明的中国有着更深层次的含义,员工工作的动力很大部分来源于家庭的激励,员工很大部分回报是回馈于家庭。所以,如想员工工作得更好,没有后顾之忧,那就得多关心关心他(她)的家庭,给予足够的关心与帮助,危难时机,往往有出其不意的效果。

旅游组织在处理与家属公众关系时,可采取以下措施:①收集员工家属的基本信息,如生日、职业、家庭状况等,当然这不应涉及个人隐私,组织及时给予关心与帮助。②在组织与家庭利益冲突的时候,尽量周全考虑,多考虑家庭的实际情况。

2. 外部公众

（1）旅游者公众——顾客上帝。旅游者是整个旅游活动的中心,没有旅游者,就没有旅游业。所以旅游公关工作必须以旅游者为核心,在旅游者心目中树立良好的形象,在旅游服务过程中与旅游者建立良好的关系。

旅游组织在处理与旅游者关系时,可采取以下几个方面的措施:①塑造一切为旅游者服务的形象。②提供优质的配套服务。③对旅游者实行人性化管理。④保持与旅游者之间通畅的信息渠道。⑤及时妥善处理旅游者投诉。

（2）媒介公众——信息把关者。媒介公众也称作新闻媒介,即新闻传播机构(包括报社、杂志社、广播电台和电视台)以及新闻界人士(记者、编辑等)。新闻媒介是信息的把关者(gate keeper),传播时代的"无冕之王",其对组织信息的传播及舆论导向具有至关重要的作用。国内许多城市与景区,通过强势的公关宣传,成功打造了知名度经济,河南焦作的云台山就是其中典型的例子。

旅游组织在处理与新闻媒介关系时,可采取以下措施:①要大力支持新闻界人士的工作;②要熟悉新闻媒介的特点、理论和技术;③主动采取行动去争取新闻界的注意。

（3）政府公众——政策保障。政府关系指旅游企业与当地政府之间的沟通关系,其对象包括政府的各级官员、各职能部门的工作人员。政府是旅游企业最重要的外部环境,获得政府的支持,是企业发展的基础。

旅游组织在处理与政府公众关系时,可采取以下措施:①充分认识政府职能;②及时了解国家政策、政令、法规,帮助决策层及时、全面、准确地掌握政府的有关方针政策,从宏观上自觉接受政府的调控和指导;③主动提供组织信息,切实配合政府工作;④严格遵纪守法,正确处理国家与组织之间的利益关系。

（4）社区公众——利益相关者。旅游社区公众主要指旅游组织所在地的企事业单位、地方社团组织、当地居民等。社区是旅游企业赖以生存与发展的基本环境。旅游企业中,景区与社区的关系表现得尤为突出,社区管理成为我国景区管理中最头疼的事,社区居民经常为一些个人利益与景区玩猫捉老鼠的游戏,甚至发生严重的冲突,最后闹得两败俱伤,秦岭野生动物园、翠华山、庐山、泰山等景区都曾发生过这样的事。这不能不引起我们的关注:旅游企业必须与周边的社区保持良好的和谐关系。

旅游组织在处理与社区公众关系时,可采取以下几个方面的措施:

①与社区采取睦邻友好政策。把自己视为社区中的普通一员,通过各种方式,将本组织的宗旨、发展目标、管理状况等,传递给社区公众,让他们了解本组织,并希望与本组织友好合作。

②及时收集社区公众对本组织形象的反应,在了解社区公众看法的基础上,客观地分析本组织的外部形象。

③尽可能向社区开放本组织中的一些服务设施和娱乐设施,如洗浴设施、体育活动场所等。

④以普通公民的身份,积极参加社区的有益活动,并在适当时机进行赞助活动,如改造社区环境,发展福利事业,赞助文化和体育事业,支持办学,等等。

⑤利用适当的时机,邀请社区内的居民、企业代表、学校学生、民间社团领袖等各界人士参观本组织,或邀请他们参加联谊活动,并请他们为组织的发展献计献策,使他们能够对本组织产生良好的印象。

⑥组织应加强自身完善,不能做有损社区利益的事情,如对废水、废气、废物等的处理一定要妥善,防止环境污染。

⑦组织应在社区中树立一个"合格公民"的形象,主动承担必要的社会责任和义务,像爱护自己的家一样爱护社区,在社区的物质文明和精神文明建设方面发挥重要作用,为社区造福。

（5）名流公众——舆论代表。名流关系对象指那些对于公众舆论和社会生活具有显著影响力和号召力的社会名人,比如政界、工商界的首脑人物,科学、教育、学术界的权威人士,文化、艺术、影视、歌坛和体育方面的明星及时尚人物,新闻出版界的舆论领袖,等等。他们人数虽少,但传播作用巨大,能迅速聚焦舆论,通过他们影响舆论往往事半功倍。国内很多旅游城市、旅游景区等通过节庆活动,邀请名流,达到舆论造势,提高知名度的目的。

（6）国际公众——国际形象。国际公众主要指组织在旅游公共关系活动中面对的不同国度和不同文化背景的外国公众对象,包括对象国的旅游者、政府、媒介等。旅游业被称为窗口行业,更应在国际旅游者心目中树立良好的国际形象,并在旅游主要客源国多做公关宣传活动,吸引更多的国际旅游者,开拓好国际旅游入境市场。

三、公共关系的工作程序

公共关系是一门科学,科学的工作是有规律的,而工作程序就是工作规律的具体表现形式。组织与公众之间的双向传播与沟通是一个复杂的过程,将这个过程纳入组织管理的轨道,按照一定的程序有目的、有计划地去实施,这是现代公共关系活动专业化、职能化的特征。

公共关系工作程序的基本模式为四步法,简称公关四步法,即将整个公共关系工作过程划分为四个基本阶段:

1.公关调查——形象分析

通过环境分析、舆论分析或形象分析,确定公共关系的对象和问题。

2.公关策划——形象设计

根据公关问题确定公关目标,制订公关计划和设计公关方案。

3.公关实施——形象传播

根据公关的目标、计划和方案实施各种传播沟通活动。

4.公关评估——形象检验

根据调查、反馈的信息评估公关活动的效果,寻找新的问题,确立新的公关目标,调整原有的公关计划。

以上四个步骤相互衔接,不断循环上升,形成一个动态的环状模式,体现了公共关系工作的计划性、整体性、系统性。

四、旅游组织公关工作内容与岗位职责

旅游业中企业(事业)类型较多,主要有酒店、旅行社和景区,而酒店是最早并广泛设置公关部的一类旅游企业,所以,旅游组织公关工作内容与岗位职责,在此就以酒店为代表概述如下。

(一)酒店公关工作内容

1.酒店公关部日常工作内容

(1)及时收集酒店内外公众对酒店的各种意见。

(2)编写并向报界散发新闻稿、特写文章和照片,汇编有关的报刊目录。

(3)协同摄影制作方面的人员拍摄、整理、保存酒店的资料图片。

(4)同各种传播媒介的新闻记者和有业务往来的公司、主管部门、政府有关人员等保持紧密的联系。

(5)了解行业竞争对手的公共关系活动。

(6)承担酒店各种宣传品和赠品的设计、筹划和监制。

(7)在接待重要宾客时,应落实各项迎接和服务环节。

(8)加强信息输入,及时提供有关经营决策的信息资源,同时主动向其他部门提供信息。

(9)收集整理有关的新闻剪报、电台和电视台的播送记录,负责撰写有关反馈新闻报道和其他外界评论的报告。

(10)代表酒店接受公众对酒店的各种投诉,对客人的合理要求要尽量予以满足。

(11)培训公关部的工作人员,保证本部门工作人员的高素质、高水平。

(12)对酒店在公众中的形象作出合理的评价。

2.酒店公关部定期工作内容

(1)参加各种管理会议,了解酒店的管理状况和经营状况。

(2)参加市场营销调研活动,了解行业的竞争状况。

(3)编辑出版以旅行社、旅客为对象的对外刊物;编写并提供各种资源,诸如酒店历史、年度报告、新员工介绍等;编辑出版供酒店员工阅读的报纸和刊物,组织其他各种形式的内部传播。

(4)组织记者招待会,接待参观访问。

(5)为管理部门安排报刊、广播和电视台记者的访问。

(6)同酒店所在地区的代表接触,了解其意见。

(7)对公关部门既定目标进行分析、评估和反馈。

(二)酒店公关岗位职责

1.酒店公关部经理岗位职责

(1)执行营销部总监的工作指令,并向其负责和报告工作。

(2)具有"树立良好社会形象,创造最佳社会关系环境"公关目标和"重视形象,珍惜信誉"的公关思想。

(3)拟订酒店年度公关宣传计划,负责与各新闻单位有关媒体及相关个人保持正常联系,建立良好关系,具体负责年度公关计划的实施和落实。

(4)拟订酒店年度广告策划,负责酒店所有宣传材料的编写、摄影、录像、印制及其他宣传工作的审核,编写审核酒店广告宣传合同和文稿,并监督合同的执行,加强成本费用控制,并就有关业务向营销部总监报告和联系。

(5)参与贵宾接待工作,做好宣传报道。

(6)为酒店各部门策划酒店形象的宣传和服务项目的介绍,并按广告法则撰写广告。

(7)协调酒店与客人、政府、社区、新闻媒介之间的公共关系,并负责餐饮部、客房部有关促销活动的对外宣传,及时收集有关意见和信息。

(8)做好酒店客房摆放宣传品的审核工作,公共场所及营业场所广告、横幅、装饰的统一布置和节日的美化工作。

(9)负责酒店节假日、庆典活动的方案设计,并对方案的实施进行协调、监督。

(10)协助礼宾司及大堂副理做好 VIP 接待工作,充分发挥公关职能,严格掌握公关与"关系学"的界定。

(11)负责搜集和整理在经营过程中客人对酒店的投诉、建议和具体要求,向领导提供详尽的书面报告。

(12)负责做好长包房入住的接待工作及入住后的内部协调工作,落实各项措施。

(13)掌握公安和消防部门颁布的有关对长包房治安管理法令和防火安全法规,制作各种有关表单,对各长包房在用房和时间等方面合理安排,并配合工商、税务等国家机关加强对长包房的管理工作。

(14)做好酒店内部(营运、保卫、客房等部门)的协调工作,确保长包房的安全。

(15)负责接待来访参观的商务客户,做好酒店推销介绍工作。

(16)做好会议的组织协调工作,与餐饮、客房、营运等部门和岗位加强沟通,及时送达有关通知单,确保会议活动顺利进行。

(17)按照会议的接待顺序,在客户入店前收取定金,并确保结账工作的正确无误。

(18)会后负责搜集会议客户的意见和建议,与各部门协商并报告上级。

2.酒店公关主管岗位职责

(1)正确及时地传达上级指示文件,并遵照执行。

(2)向公关部经理报告公关部工作的真实情况,并代表公关部投诉。

(3)批阅公关部所属摄像师、美工、广告联络员提交的相关文件。

(4)主持召开公关部例会,并参加酒店有关公关工作的会议。

(5)根据酒店的总体规划,制订公关部的工作目标,上报营销部批准后执行。

(6)根据工作目标,制订公关部工作计划,上报公关部经理批准后执行。

(7)制订公关部的工作程序和流程,以及工艺程序和流程,报公关部经理批准后执行。

(8)按照工作程序和流程,以及相关规章制度的内容,制定摄像师、美工、广告联络员的岗位描述,界定其工作职责。

(9)与摄像师、美工、广告联络员进行首次和定期述职,并对其作出工作评定。

(10)向摄像师、美工、广告联络员布置工作任务,在必要情况下,向其授权。

(11)负责安排公关部公关员的培训工作。

(12)根据工作需要,调配摄像师、美工、广告联络员的工作岗位,并报人力资源部备案。

(13)及时对摄像师、美工、广告联络员在工作中的争议作出裁决。

(14)监督、检查、巡视公关部的各项工作。

(15)策划酒店的重大公关活动。

(16)树立酒店的良好形象。

(17)委托广告制作公司,制作本酒店的广告。

(18)选择媒体,发送酒店的广告。

(19)协助总经理接待重要客人。

(20)根据授权,组织酒店的各项接待和出访活动。

(21)关心摄像师、美工、广告联络员的思想、生活和待遇。

(22)完成上级授权交办的其他任务。

(23)依据程序提出与相关部门之间的工作界定意见,并报批。

(24)协调与相关部门的工作联系。

3. 酒店公关员岗位职责

(1)协助公关部主管导入企业形象识别系统,树立企业和产品形象。

(2)协助公关部主管开展公关活动。

(3)制作企业产品有关的声像记录,负责企业及产品平面广告的设计、制作。

(4)监测广告效果。

(5)协助接待客户。

(6)接受上级安排的其他公关及宣传任务。

4. 酒店美工人员岗位职责

(1)执行公关部经理的工作指令,并向其负责和报告工作。

(2)负责酒店对内对外重要活动的摄影、底片保存及归档工作。

(3)负责酒店经营活动需要的各种指示牌、广告牌、横幅、喜联、宣传品、节庆布置等美工设计和制作。

(4)负责并协助餐饮部、客房部完成餐饮、客房促销活动的美工设计和制作。

(5)掌握有关信息,做好本业务资料搜集、整理、分析、存档工作,保证设计作品的创意性和美观性。

(6)妥善保管,节约使用各类美工工具、颜料、材料,保持工作场所的整齐清洁。

(7)收集客人反映的意见及公众对宣传资料的建议,向公关部经理提出有关信息。

(8)负责公关部日常文件及资料的抄写、打印及复印工作,并撰写有关文件。

(9)协助公关部经理与各部门协调,具体落实各项公关活动的准备工作。

(10)处理公关部来往公文及信件,向公关部经理提出有关信息。

评价与考核

公共关系的运作任务完成情况及技能评价考查表

学习目标	评价标准	小组评价（50%）	教师评价（50%）	综合得分（百分制）
理论知识(20分)	对公关主体——公关部、公关公司,公关工作程序,公关工作内容,旅游目标公众的理解程度			
专业技能(20分)	能认知由谁做公共关系;能认知怎么做公共关系;能认知公共关系做些什么;能认知旅游企业公关的主要岗位职责			
通用技能(20分)	具有团队协作能力;具有PPT制作能力;具有信息收集能力			
任务完成(20分)	纸质作业、PPT及回答任务的有效性			
学习态度(20分)	完成任务的态度、责任感			
综合评价与建议:				

思考与讨论

1. 有一家宾馆新设了一个公共关系部,开办伊始,该部就配备了豪华的办公室,漂亮迷人的公关小姐,现代化的通信设备……但该部部长却发现无事可做。请思考该公关部到底出了什么问题,公关部应该做些什么。

2. 讨论哪些公关工作由公关部来做,而哪些公关工作可考虑由公关公司来做。

3. 如果你是某酒店的公关部经理,你将如何对目标公众进行公关?

技能训练题

1. 调查本地的公关组织机构有哪些,包括公关公司、旅游企业的公关部、公关协会等。

2. 调查本地主要旅游企业(酒店、景区、旅行社等)公关部门的组织机构及岗位职责。

拓展活动

成功公关第一步——塑造良好个人形象

方法简介:准备个人的服饰、仪表、才艺或技能,先在班级课堂和活动中自我展示,然后在系内或院内文体活动以及其他组织社交活动中予以展示,其他同学评价。同学之间,相互学习,相互促进,共同塑造良好职业形象。

活动目的:通过学生个人形象的塑造,培养学生个人在公众面前,特别是在陌生工作面前,表现自我个性,展示个人魅力。

项目二　旅游公共关系调查

学习目标

知识目标：掌握公关调查方案的内容与编制；

掌握问卷调查设计的内容与方法；

掌握公关拦截调查的方法与技巧；

掌握公关调查报告的内容与方法。

能力目标：能编制公关调查方案；

能设计公关调查问卷；

能依据调查方案进行实地拦截调查；

能依据调查方案与调查结果撰写调查报告。

项目分析

公共关系调查是公共关系工作人员对自己或服务的组织的公共关系状态进行的情报搜集与研究工作。调查过程的基本内容有：调查什么，即目标问题；谁去调查，即具体实施者是谁；向谁调查，即调查对象是谁；怎么调查，即寻找解决问题的方法与途径；为什么及怎么做，即分析问题产生的原因、根源及解决策略。在本项目中，主要掌握公关调查的方法、内容与相关技巧，重点掌握调查的方案、问卷的设计、调查的实施及调查报告的撰写。难点是问卷的设计、调查方案与调查报告的撰写。公共关系调查是一个过程，实践中应遵循一定的程序：即发现并确定问题，选择调查对象，选择调查方法，开展实际调查，整理调查资料，撰写调查报告。"没有调查，就没有发言权"，公共关系调查研究是公关工作程序的第一步，是组织卓有成效地开展公关活动的前提和基础。

任务一　调查方案的编制

情境设计

沿着宽敞笔直的秦岭北麓环山公路驱车西行，记者日前来到曾经在全国森林旅游市场风靡一时的太白山旅游区。

如今这里的景象让记者切身感受到阵阵"凉意"。

汤峪镇几乎看不到旅游车辆和外地自驾车，十多年前的繁华之地如今已是"门前冷落鞍马稀"。看到记者走过，一位站在路旁的餐厅伙计急忙上前招揽生意："吃饭不？这里有土鸡、山野菜！"

昔日红火的水利宾馆如今正在为生计犯愁。站在宾馆大厅苦苦等客的副总经理聂浩告诉记者："现在已是下午 6 点，我们的房客入住还是零。"

太白山宾馆总经理刘振华说，2003 年 3 月，投入 1000 万元进行改造装修，7 年间酒店基本能正常运营。过去，酒店相关接待是酒店的主收入，尽管游客数每年在减少，但经营上还说得过去，现在,除节假日,酒店平均每天仅十多间客房有人入住。刘振华向记者讲述了昔日的胜景:在太白山第一批酒店建设起来的 1992 年和 1993 年,家家生意非常火爆,游客络绎不绝,客满后酒店便出租凉席被单和长凳子供游客使用。刘振华说,8 年了,旅游区几乎没有变化,风景依旧美丽,却留不住人。过去一说汤峪,大家首先想到的是太白山。这几年蓝田汤峪飞速发展,人气极旺,现在我说是汤峪的,别人马上就说我是蓝田汤峪的人,我们觉得很悲哀。游客减少,酒店生意难做。现在我们酒店客房实行浮动价,我每天下午开车到汤峪口转一圈,观察一下旅游人数,回来之后才确定当天客房售价。

太白山旅游区有大小 30 多家酒店,当时因太白山开发而兴建,曾是西部起步最快、规模最大的休闲度假群落。然而时过境迁,物是人非,守着开发很早的美丽的国家森林公园,酒店业主和经营者们却只能日复一日地祈祷和期待太白山旅游丰碑再一次树立起来。

然而,时至今日,太白山旅游区的软硬件发展环境却远不如从前。对太白山旅游区的现状,社会各方反响强烈,区内的经营者和从业者怨声载道。

权威数据显示,太白山国家森林公园开园近 20 年,游客接待量最高峰是 2000 年,当年接待游客量是 20 万人次;次高峰是"十一五"初年的 2006 年,全年接待游客 18.52 万人次;而 2009 年全年接待游客量是 15.47 万人次,这一数字比 2000 年减少 4.53 万人次。

陕西省旅游局国内(港澳台)旅游事务处处长赵正宁,谈起太白山旅游有一肚子话要说。如今太白山的退却和沉寂,让他伤透了心,他说,河南的云台山比太白山几乎晚开发了 10 年,但最近几年云台山的接待人数至少是太白山的 10 倍以上,门票收入至少是太白山的 10 倍以上,综合收入也至少是太白山的 10 倍以上。他认为太白山旅游陷入低谷的主要原因是人、机制和政府主导方法的失衡。

公园主任张辉说,以前太白山国家森林公园作为第一批开发森林旅游的典型时,前来学习的人很多。当时,商洛市商南县准备开发金丝峡,到太白山学经验。短短几年时间,金丝峡火了,成了旅游市场上的知名品牌,太白山现在反过来要去金丝峡考查学习。看到大秦岭很多地方旅游搞得红红火火,太白山要想赶上,难题很多。

在陕西旅游特别是秦岭生态旅游突破发展的大环境下,太白山旅游区这个我国森林旅游开发的先行者却每况愈下,其中的深层次原因是什么?

有人说是县里重视不够,失去了太多发展机遇;有人说是缺乏大投入、大思路,缺少专业人才;也有人说是没有进行文化包装和专业营销,相关领导换得太勤,缺乏科学运营的连贯性。有人曾戏称:"太白山旅游业走进了怪圈,太白山的旅游梦十年未圆。"经历太白山从创业到辉煌,再到停滞不前的人们,在叹息之后又在寻找着造成这种"十年旅游梦未圆"的真正原因。

资料来源:王晓民. 一个旅游业发展典型的沉浮[N]. 中国旅游报,2010 - 05 - 30.

请根据以上情境,完成以下任务:

1. 讨论该景区出了什么问题。

2. 依据前面的讨论结果,为该景区设计内部管理以及外部竞争与游客满意度等方面的综合调查方案。

任务分析

通过公关调查,可弄清楚组织形象的具体状况,分析组织所处的环境,测量舆情民意,了解与组织行为有关的社会公众的观点、态度和反应,确立公共关系问题。该森林公园到底出现了什么问题,总体而言,是比较复杂的。应明确:首先,通过公关工作,能发现组织存在的问题,并提供决策依据。其次,通过公关工作能改善其境况吗?这不得而知。公关工作不是"灵丹妙药",不能解决所有问题,它的作用主要是帮助组织塑造良好的公众形象而已。所以公关调查的作用在于发现问题,分析问题存在的根源,并提供解决问题的方法与策略。而问题的根本解决,还得各运营部门依据公关策略,采取切实有效的战略与战术,以实际行动解决存在的问题。对该森林公园进行内部管理和外部竞争与形象的状况进行调查,不失为发现问题的好途径。游客是旅游活动的中心,游客不到公园旅游,肯定是有原因的。所以,通过调查可发现游客对该森林公园不满意的地方,也即发现了该森林公园存在的问题。那接下来,就得分析游客满意度涉及的方方面面,包括旅游活动中的六要素"吃、住、行、游、购、娱"以及内部管理等,即设计游客满意度的相关指标。景区基本情况及其他环境状况同样可以这样分析。总之,要完成一次成功的调查,必须有周详的调查方案,按计划有条不紊地实施,以求调查工作的科学性与严密性。

🔧 任务实施

完成任务的具体操作步骤,建议如下:

步骤一　领受任务

指导教师介绍任务的内容、要求、关键点及注意事项。各小组提问,指导教师答疑,准确理解任务,完成任务领受。

步骤二　分析任务

请各小组按指导教师的要求,分析任务的内容,阅读知识链接,制定完成任务的工作程序及任务分配,补充查阅其他相关资料,拟写调查内容与调查计划。

步骤三　实施任务

各小组具体完成情境中提出的问题,写成调查方案,有条件的做成PPT,并作好两方面准备:既作发言准备,又扮演听众,准备提问。做好预演,准备汇报。

步骤四　任务汇报

各小组根据任务的要求,在教室中汇报,各小组相互提问。指导教师及时控制汇报进程,最后进行点评与总结。

步骤五　任务总结

各小组对本次汇报要及时进行总结,形成文字材料,作为作业上交指导教师。指导教师依据该项目任务考查表,给出各小组综合评价得分。

📖 知识链接

一、旅游公共关系调查的内容

1. 内部基本情况调查

旅游公关人员首先应对组织内部的情况做到了如指掌。一般调查组织内部的情况会考虑从基本情况、主要优势与劣势、存在的主要问题三个方面入手。主要内容如下:

(1)旅游组织的基本条件:组织创立的时间和背景、历史沿革、重大事件、固定资产、流动资产、对社会的主要贡献等。

(2)旅游组织的理念系统:组织的理念、精神、价值观、使命、宗旨、经营方针、发展目标等。

(3)旅游组织的管理状况:管理体制、机构设置、在职人数、员工结构、素质评价;员工对本职工作、民主领导、经营思想、决策机制、方针政策、奖惩制度等的基本态度;管理层与决策层领导的工作水平、能力、作风、实绩、形象等。

(4)旅游经营状况:主要经营项目、销售情况、市场占有率、服务范围、开发项目、新产品开发能力、经营特色、目标市场、营销措施、财务状况。

（5）旅游广告与宣传：组织形象战略规划、公关广告传播及实施效果。

（6）管理制度：工作制度、程序、规范，执行状况、应用效果等。

2.外部目标公众调查

旅游公众调查有两方面内容：其一，旅游组织在外部目标公众心目中的形象；其二，特定公众的评价。旅游组织在目标公众心目中的形象可以用知名度和美誉度两个指标来衡量。应重点调查目标公众是否知道旅游组织的名称、标识、产品种类或服务内容，以及其了解的程度、范围；目标公众对旅游组织到底有什么看法，是评价高，还是评价差。

旅游组织的最重要公众就是游客，这是对旅游组织经营与决策产生最重要影响的因素。游客的调查，通常包括游客的地理分布、性别、年龄、职业、文化程度、收入水平等社会构成，旅游动机、旅游倾向、旅游心理、旅游行为、旅游消费结构等旅游行为特征，以及游客对旅游组织的知名度与美誉度、满意度等的评价。

3.社会环境调查

旅游公共关系的社会环境调查涉及内容广泛，主要有以下三个方面：

（1）国家的相关政策与法规。包括国家的中长期发展战略规划、宏观政策，与社会组织有关的政治、经济、科技、社会文化等发展变化趋势，与社会组织有关的地方政府机构和立法部门颁行的地方性法律、法规和方针政策，以及国家根据发展需要新出台的行业调整计划、新颁布的法律和法规。特别要注意旅游相关政策的出台，以及其可能对旅游业的影响。

（2）旅游行业状况与发展趋势。包括旅游行业在国民经济中的发展状况以及在我国或地区的发展状况与趋势，特别是旅游行业竞争态势与发展趋势。对具体旅游组织而言，关注本行业发展趋势，制定发展战略，是至关重要的，这也是旅游组织获得发展机遇的信息来源。通过调查当前旅游行业呈现的主要竞争态势，竞争对手的优势与劣势、经验与教训，从而找到自己各方面的参照系，消除潜在的威胁。

（3）社会问题调查。旅游业具有脆弱性，这就要求旅游公关人员随时关注社会相关问题。纷繁复杂的现实社会，社会热点、重大事件等一切社会调查的内容都在此列。引人关注的社会问题是否可以成为旅游组织借势的契机，必须经过充分的调查研究才能决策，没有积蓄和准备就容易错过良机，调查研究不到位也可能弄巧成拙。

二、旅游公共关系调查的方法

（一）根据调查对象包括的范围分类

根据调查对象包括的范围不同，公关调查可划分为：全面调查和非全面调查，具体细分如图2-1所示。

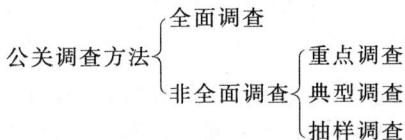

$$
公关调查方法
\begin{cases}
全面调查 \\
非全面调查
\begin{cases}
重点调查 \\
典型调查 \\
抽样调查
\end{cases}
\end{cases}
$$

图2-1　公关调查对象范围分类

1.普查

普查又叫全面调查，它是对调查对象的全体所作的无一遗漏的逐个调查。它能够取得调查总体全面的原始资料和可靠数据，从而全面又准确地反映客观事物。普查的特点决定其只适宜在较小规模的调查中应用，而较大规模的调查则不宜采用。

2.重点调查

重点调查,就是从调查总体中选出少数重点单位进行的调查。所谓重点单位,是指在总体中处于十分重要地位的单位,或者在总体某项标志总量中占较大比重的那些单位。重点调查的主要优点是:调查单位少,能够用较少的人力、物力、财力进行深入调查,从而能够较快地掌握调查对象的基本情况。因此,重点调查也是人们常用的一种调查方法。

3.典型调查

典型调查,就是在调查总体中有意识地选择一些具有代表性的单位进行的专门调查。它的目的是通过对少数有代表性单位的调查,借以揭示或推断调查总体的特征和发展变化规律。典型调查是一种比较科学又比较省时、省力、省钱的非全面调查方法,它在公关调查中得到广泛运用。

4.抽样调查

抽样调查,是遵循一定的原则从调查总体中抽取一部分样本进行调查,以此推断总体特征的一种调查方法。抽样调查与其他调查相比,具有明显的优点:准确性较高,节省时间和费用,灵活性较大。由于抽样调查具有以上优点,所以,抽样调查,尤其是随机抽样调查,已成为公关调查中运用广泛的主要调查方法,进行公关民意测验,更离不开抽样调查。

(二)根据取得调查资料的具体形式分类

根据取得调查资料的具体形式不同,公关调查还可作如下划分:文献研究、观察法、访谈法、信函调查、网络调查,如图 2-2 所示。

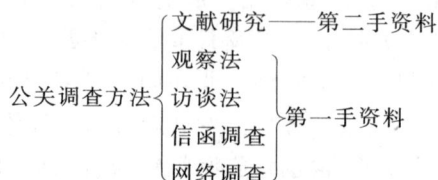

```
                       文献研究——第二手资料
                      ┌ 观察法
                      │ 访谈法  ┐
        公关调查方法 ┤         ├ 第一手资料
                      │ 信函调查 │
                      └ 网络调查 ┘
```

图 2-2 公关调查形式分类

1.文献研究

文献研究,是一种收集、分析、整理现成文献资料的调查研究方法。运用这种方法,属间接取得资料,故称为第二手资料。文献研究的优点在于利用现成的资料,节省人力、物力、财力。

2.观察法

观察法,是调查人员深入现场对调查对象的情况直接观察记录,取得第一手资料的调查方法。这种方法的特点是调查人员不直接与被调查者进行问答活动,而是凭借自己的感官和有关辅助工具来收集资料。它的优点有:直观可靠,简便灵活,可避免语言或人际间的误会和干扰。但其缺点也很明显:观察结果具有表面性和偶然性;受时空等条件限制,观察对象和范围有限,而且许多社会现象不能或不宜进行实地观察;观察结果受观察者素质影响;实地观察需花费较多的人力和时间。

3.访谈法

访谈法也称访问法,是调查人员同被调查者直接接触,通过有目的的谈话来收集资料的一种调查方法。谈话方式一般多样,既可采取个别访问的形式进行交谈,也可以采用座谈会的形式进行交谈,还可以采用电话采访的形式进行交谈。交谈时,既可以用登记式谈话形式,即按照调查者事先拟好的调查表的具体项目让被调查者一一作答,也可以采用自由谈话形式,即让被调查者随意自由谈话。

4.信函调查

信函调查,是将预先设计好的调查表邮寄给被调查者,由被调查者根据要求逐项填写调查表后寄还的一种调查方法。运用这种方法调查的区域广,成本较低。它目前广泛用于民意测验之中,是公关调查的主要方法之一。

5.网络调查

网络调查是指组织利用互联网了解和掌握相关信息的方式,通过互联网、计算机通信和数字交互式媒体,按照事先已知的被调查者的 E-mail 地址发出问卷收集信息或被调查者直接在网页上填写问卷的调查方法。网络调查具有自愿性、定向性、及时性、互动性、经济性与匿名性。与传统的调查方法相比,在组织实施、信息采集、调查效果方面具有明显的优势。优点:组织简单、费用低廉、客观性好、不受时空与地域限制、速度快。但它也有缺点:网民的代表性存在不准确性、网络的安全性不容忽视、受访对象难以限制。

网络调查法是一种新兴的调查方法,它是对传统调查方法的一个补充,随着我国互联网事业的迅速发展,网络调查的应用越来越广泛。

(三)调查对象与调查方式的相互关系

普查、重点调查、典型调查和抽样调查只是调查方式,主要用来确定调查对象的范围。收集资料的具体形式是观察法、访谈法、信函调查、文献研究和网络调查。调查方式与具体形式是相互交叉的。各种调查方式均可在某种具体形式的调查中运用;一种具体调查形式可以运用多种调查方式。同时,就各种调查方式与调查形式来看,各自都有自己的特点,也有自己的长处和不足。因此,在调查时,往往需要综合运用,相互补充。例如在普查时,还可以用典型调查来补充;进行民意测验时,可以以信函调查为主,辅之以访谈法及其他方法。至于究竟如何综合运用,这取决于调查的要求和目的,以及当时的具体情况。

(四)抽样方法与抽样过程

公关调查中,由于人力、财力和时间的限制,要想进行普遍的调查是几乎不可能的。所以,常常要进行抽样,便于以较小的投入得到较大的有效产出。

1.抽样方法的概念

抽样方法就是从调查总体中抽取样本的方法。它可分为随机抽样和非随机抽样,具体细分见图 2-3。总体是指所要调查对象的全部;样本是指从总体中抽取出来调查的那一部分。随机抽样,就是从调查对象的总体中按照随机原则抽取一部分作为样本。所谓随机原则也称同等可能性原则,必须保证总体中的每一个被抽选的对象被抽中的机会均等。对于公关调查来讲,更多的是使用随机抽样方法。

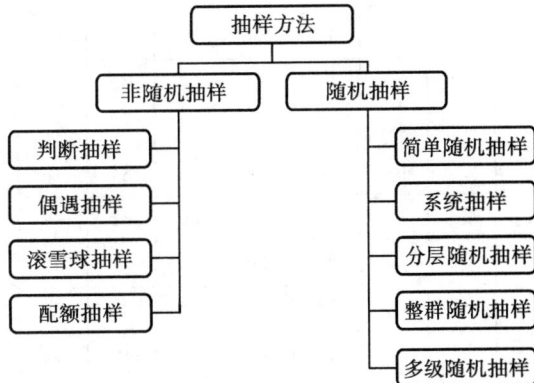

图 2-3 抽样方法分类

2.主要抽样方法

(1)简单随机抽样。它也叫单纯随机抽样,即对总体单位不进行任何组合,仅按随机原则直接抽取样本。常见的有三种:

①直接抽取法。就是从调查总体各单位中直接抽取样本。如从某课堂的学生中,直接随机选择若干学生作为样本,对他们进行调查。

②抽签法。就是将总体各单位编上序号,将号码写在纸片上,掺和均匀后,再从中抽选,被抽到的号码所代表的单位,就是样本。生活中的抓阄即如此。

③随机数表法。抽签也可以说是随机的,但真正科学的方法是使用随机数表,表 2-1 即为一个随机数表。它由计算机打出,确保各数码之间毫无关系。具体步骤是:将调查总体单位——编号;在随机号码表上任意规定抽样的起点和抽样的顺序;依次从随机号码表上抽取样本单位号码。凡是抽到编号范围内的号码,就是样本单位的号码,一直到抽满为止。例如从 800 户居民中抽出 10 户,首先对每户居民编号(三位数),从 001~800;其次,抽样起点若为"167",从第 3 行开始由上往下抽,依次产生的 10 户样本单位编号分别是:167、125、555、162、630、332、576、181、266、234。

需要说明的是,如果出现重复抽样,而调查又要求是不重复抽样,那么就得把那一个重复样去除,继续抽样到抽满为止。

表 2-1　一个随机数表

03	47	43	73	86	36	96	47	36	61	46	99	69	81	62
97	74	24	67	62	42	81	14	57	20	42	53	32	37	32
16	76	02	27	66	56	50	26	71	07	32	90	79	78	53
12	56	85	99	26	96	96	68	27	31	05	03	72	93	15
55	59	56	35	64	38	54	82	46	22	31	62	43	09	90
16	22	77	94	39	49	54	43	54	82	17	37	93	23	78
84	42	17	53	31	57	24	55	06	88	77	04	74	47	67
63	01	63	78	59	16	95	55	67	19	98	10	50	71	75
33	21	12	34	29	78	64	56	07	82	52	42	07	44	28
57	60	86	32	44	09	47	27	96	54	49	17	46	09	62
18	18	07	92	46	44	17	16	58	09	79	83	86	19	62
26	62	38	97	75	84	16	07	44	99	83	11	46	32	24
23	42	40	54	74	82	97	77	77	81	07	45	32	14	08
62	36	28	19	95	50	92	26	11	97	00	56	76	31	38
37	85	94	35	12	83	39	50	08	30	42	34	07	96	88
70	29	17	12	13	40	33	20	38	26	13	89	51	03	74
56	62	18	37	35	96	83	50	87	75	97	12	25	93	47
99	49	57	22	77	88	42	95	45	72	16	64	36	16	00
16	08	15	04	72	33	27	14	34	09	45	59	34	68	49
31	16	93	32	43	50	27	89	87	19	20	15	37	00	49

(2)等距随机抽样,又叫机械随机抽样、系统抽样。它首先是将总体所有单位按一定顺序排列起来编上序号;其次,用总体单位数除以样本单位数得抽样间隔;再次,在第一个抽样间隔内随机抽取一个单位作为第一个样本单位;最后,按间隔作等距抽样。比如,从 1000 个总体单位中抽取 50 个样本的具体做法是:首先,将 1000 个总体单位按照顺序排列,编上 1~1000 序号;其次,用总体单位数除以样本单位数,求出抽样间隔为 1000÷50=20;再次,在第一个抽样间隔即 1~20 号内,随机抽取一个单位作为第一个样本单位,假定为 7;最后,依照间隔距离依次确定样本单

位,即 27,47,67,87,…,到 50 个样本单位为止。

（3）分层随机抽样,又叫类型随机抽样。它首先将总体各单位按一定标准(如属性、特征)分为若干层(或类型);其次,根据各层单位数与总体单位数的比例,确定从各层中抽取样本单位的数量;最后,按照随机原则从各层中抽取样本。比如,从某市 400 个旅游企业中抽取 20 个企业作为样本进行调查。其具体的做法是:首先,将这 400 个企业按行业类型不同分为三类,假定旅行社 200 个,酒店 160 个,景区 40 个。其次,按各类企业在总体中所占的比重,确定其抽取样本单位的数量;其中,旅行社按比例应抽取样本企业 10 个,酒店应抽取样本企业 8 个,景区应抽取样本企业 2 个。最后,采用简单随机抽样或等距抽样方法从各类企业中抽出上述数量的样本单位。进行分层随机抽样,最关键的是分层(类)的标准要科学。

（4）整群随机抽样。前面介绍的抽样方式,都是以总体单位作为抽样单位。在实践中,当调查总体数目很大时,可以利用总体单位现成的群,以群为单位进行抽样。每抽一次就是一群,群内所有单位都是样本单位,最后利用所抽各群的调查结果推断总体。比如,在进行城市统计调查时,可以以一个企业、一个机关、一个学校为群,作为抽选单位。抽到哪一群,就对哪一群的群内所有职工进行调查。整群抽样法比较简便,适用于群间差异小,每群都具有调查总体特征的情况。

（5）多级随机抽样。它也叫多阶段随机抽样,就是把抽取样本单位的全过程分为几个阶段进行。即先抽大单位,再在大单位中抽取中单位,中单位中再抽小单位。如:从全国的旅游企业中抽取若干企业进行实测,可以按全国、省、市、县、镇、村一阶段一阶段地抽取,最后再抽选样本企业。它一般适用于大规模的社会经济情况调查。

（6）配额抽样。配额抽样也称"定额抽样",是指调查人员将调查总体样本按一定标志分类或分层,确定各类(层)单位的样本数额,在配额内任意抽选样本的抽样方式。配额抽样和分层随机抽样既有相似之处,也有很大区别。配额抽样和分层随机抽样有相似的地方,都是事先对总体中所有单位按其属性、特征分类。例如调查中游客的性别、年龄、收入、职业、文化程度,等等。然后,按各个特性,分配样本数额。但它与分层抽样又有区别,分层抽样是按随机原则在层内抽选样本,而配额抽样则是由调查人员在配额内主观判断选定样本。配额抽样的优点:适用于设计调查者对总体的有关特征具有一定的了解而样本数较多的情况下,费用不高,易于实施,能满足总体比例的要求。配额抽样的缺点:容易掩盖不可忽略的偏差。

配额抽样有两种:独立控制配额抽样和相互控制配额抽样。独立控制配额抽样是指调查人员只对样本独立规定一种特征(或一种控制特性)下的样本数额的抽样方式。相互控制配额抽样是指在按各类控制特性独立分配样本数额基础上,再采用交叉控制安排样本的具体数额的抽样方式。

3. 抽样过程

抽取样本的过程一般由以下五个步骤组成:

（1）确定调查总体。根据调查目的要求,明确调查对象的范围,即公众对象范围大小、人数多少及相关的各项指标(如性别、职业、年龄、受教育程度等)的界定。

（2）编制总体名单。总体确定后,就要把总体内所包含的所有抽样单位开列出一份清单,并给每一个单位编上号码。

（3）确定样本规模。确定样本的大小是件复杂的工作,一般来讲,在一定范围内,样本越大,其代表性越强;同时,样本越大,也越费人力、物力、财力。因此,为了既保证有足够的精确度,又能达到节约的目的,应考虑以下三个因素:

① 一般来讲,样本规模越大,抽样误差越小;样本规模越小,抽样误差就越大。但这也不是绝

对的,比如规模为 1500 个样本是最普遍的样本量,它既可用于一个城市,也可用于一个省或一个国家。其结果的准确程度和可信程度是相差不大的。

②精确度和可信度的要求越高,所需要抽取的样本规模就越大。一般允许可信度有 5% 的偏差,即采取 95% 的可信度。

③调查总体中样本单位之间的程度差异小,或调查的项目少,内容较简单,样本数就相对要小;反之,样本数则大。

(4)抽取样本。即根据以上所讲的方法进行抽样。

(5)评估样本。抽取样本后,应再检查一下样本的代表性如何,以便发现问题尽早纠正,保证调查达到预定的效果。

三、公共关系调查方案的内容

通常来说,调查方案包括以下若干项内容:

1.调查题目

调查题目一般由"组织名称+调查内容+方案"三部分组成,如:"××酒店顾客满意度调查方案"。

2.调查背景

调查背景是介绍此次调查活动是在什么情况下进行的,包括组织的历史背景、发展过程、现状及面对的问题或任务、发展方向等。

3.调查目的

调查目的是要说明为什么进行调查,通过调查要解决什么问题,实现什么指标。调查目的设定,一般应根据调查组织者(或委托者)的实际情况和需要,并结合环境的变化进行综合考虑。应注意两点:①调查目的应集中于调查组织者(或委托者)最需要解决的主要问题上。②力求避免把调查范围定得过宽,甚至把一些已解决的问题也包含进去,以免造成精力的分散。

4.调查地点

调查地点是指调查者到何处去实施调查。它通常与调查对象紧密相关。旅游活动过程中,游客的行为特征和心理特征往往受时间和地点的变化影响。

5.调查对象与内容

调查对象,也就是对谁进行调查。调查对象的确定,应根据调查目的来加以考虑,并不是调查对象所涉及的面越宽越好。同时,有些无法进行接触的个人或单位,也不宜随意列入调查对象的范畴之中。

调查内容,就是向被调查者了解一些什么问题。这是对调查目的的具体反映。须注意以下几点:①调查内容应是依据调查目的任务所设,而且调查结果容易获得;②内容的表达必须有确定的答案;③项目之间应尽量相互联系,相互照应,有某种内在逻辑关系。

6.调查进度

调查进度,是指在调查工作预定的期限内,各时间段完成额定内容的计划。一般调查前,需要制定相应的工作进度表,这是管理中的一项重要工作。

7.调查方法与分析方法

在编制总体调查方案时,应事先明确取得调查资料的方法。调查采取的方法不是固定和统一的,往往取决于调查对象和调查任务。大中型调查要注意多种方法的立体综合运用。在对调查方法进行取舍时,要遵循针对性原则、可行性原则、节约性原则和综合性原则。

分析方法即对调查所取得的资料将进行怎样的研究分析,对资料的分类、编号、分析、整理、汇总等一系列工作的开展进行明确的规定。并且,特定的一些分析方法,需要对调查内容进行特定的设计,所以调查内容设计时就要提前参考分析方法的因素,而不是到了调查结果都出来了,才考虑选择分析方法。社会调查中一般用 SPSS 软件进行统计分析。

8. 人员组织

人员组织,是实施整个调查活动的具体人员的落实与组织工作,主要内容包括调查的组织领导、调查机构的设置、人员的选择和培训、调查的工作步骤及调查的善后事务处理等。

9. 经费预算

一个调查项目能否实施,经费预算往往是关键。在编制预算时,必须进行严格细致的项目预算,并向用户或上级解释清楚,以免因一些预算细节的出入而影响调查进程。通常在一个调查项目中,实施阶段的费用仅占总预算的 40%,而调查前期的策划和准备阶段所需要的费用占总预算的 20%,后期分析报告阶段的费用占总预算的 40%。

在进行调查经费预算时,一般需要考虑如下几个方面:①调查方案设计费;②调查问卷设计费、印刷、装订费;③调查实施费用(包括试调查费用、调查员劳务费、采访对象礼品费、督导员劳务费、异地实施差旅费、交通费、误餐费以及其他杂费);④数据录入费(包括资料编码、数据的录入和整理);⑤数据统计分析费(包括统计、制表、作图及必需品花费等);⑥调查报告撰写费;⑦资料费、复印费等办公费用;⑧管理费、税金等。

以上调查内容逐步确定后,应拟订调查方案,并对这一方案进行必要的评估。首先是对调查方案的可行性进行评估,其次是对调查方案进行优劣评估。通过评估的建议,适当修改后的方案可能更具操作性。接下来,调查方案就可以实施了。

10. 附件

调查方案中涉及的相关调查表格,按序号附于其后。

四、旅游公关调查范例

杭州休闲服务市场调研方案

一、调查背景

随着人民生活水平的日益提高,人们越来越注重自己的生活质量。不仅是单单满足于物质生活,更加注重的是精神享受。在平日里,大多数人都因为工作学习的压力,而不能好好地放松、享受生活。因此,在这每个"黄金周"里,他们会选择到各地进行旅游以放松自己。而杭州作为浙江省的省会,同时具有多处有名的旅游景点及各大商场,各景点具有独特的气息也吸引了众多的游客到来。杭州的旅游市场繁荣初露端倪,各大旅游景点及各种休闲服务市场也作好了充分的准备,迎接游客的到来。

规范休闲服务市场秩序,深化诚信经营活动,构建和谐假日环境。各地休闲服务市场接待单位秉承诚信经营理念,采取措施,为广大游客提供方便、优良的服务。继续围绕"诚信旅游"开展工作,组织开展休闲服务市场秩序联合检查,净化各类休闲服务市场经营环境;结合长假休闲服务市场情况,开展个性化和精细化服务活动,创造舒适文明的消费环境。杭州休闲服务市场的各大服务场所都有自己的服务体系,他们都在不断改进以满足众多游客的不同需求,无论是人员服务方面还是设施设备方面都力求达到最好。因此对杭州休闲服务市场的了解及把握是十分重要的。

二、调查目的

1. 了解外来游客和当地市民对休闲服务市场的需求

2. 了解杭州休闲服务市场的状况

3. 了解游客和当地市民对杭州休闲市场的满意度及要求

4. 了解杭州周边休闲服务市场的状况

三、市场调查内容

(一)杭州休闲旅游市场开发战略分析

1. 总体定位

2. 战略目标

3. 国际化战略

4. 产品提升

5. 设施改善

6. 空间结构

7. 主要策略

8. 保障措施

(二)杭州黄金周休闲旅游市场整体状况

1. 杭州休闲服务市场主要热门集中地(商场、景点等)

2. 杭州黄金周交通状况

3. 杭州黄金周住宿接待状况

4. 杭州黄金周外来客流接待状况

(三)外来游客调研

1. 杭州休闲服务市场游客容量统计

2. 游客对杭州休闲服务市场偏好

3. 本地游客与外来游客人数比例

4. 外来客流来杭州游玩的目的

5. 外来客流来杭州游玩的感受

(四)杭州市民休闲生活调研

1. 杭州市民休闲旅游行为特点

2. 杭州市民对建休闲之都策略的态度

3. 杭州市民对现有休闲服务设施和项目的评价

(五)休闲服务市场状况

1. 黄金周杭州休闲市场服务人员水平(景点人员、宾馆人员)

2. 黄金周杭州休闲市场吸引客流主要采取的方式

3. 杭州黄金周休闲市场与平时休闲市场服务水平的差异

四、调查对象

(一)调查范围

1. 杭州市区国内游客集中的酒店

2. 杭州黄金周游客集中的景点

3. 杭州长途汽车站和火车站

4. 杭州本地人较多的景点

(二)调查对象

1. 酒店服务人员

2. 外来游客

3.本地市民

五、调查方法及资料整理方法

(一)主要调查方法

采用文案调研法、观察法、访谈法相结合。

1.节假日客流量:采用文案调研法

2.整个杭州状况(平常交通状况、景点集中地、接待能力、住宿状况、商场状况):文案调研法、观察法、访谈法

3.游客需求状况:观察法、文案调研法、访谈法

4.杭州黄金周休闲旅游市场状况:观察法、文案调研法

(二)资料整理方法

1.审核资料

(1)检查收集到的资料是否齐全,有无重复、遗漏;

(2)对含糊不清、记录不准的资料,及时要求调查人员辨认或复核、更正;

(3)保证记录的一致性和统一性。

2.资料分类

(1)对经过审核的资料,分别归入适当的类别,分门别类编号收存;

(2)根据调查问卷中的问题,进行预先分类。

六、调查实施计划

1.外来客流状况调查(感受、目的)

调查方式:访谈法。

访谈地点及数目:

区域	汽车东站	火车站	黄龙换乘点	之江换乘点
访谈数目	20	30	10	10

访谈时间:2007 年 10 月 5 日—2007 年 10 月 6 日(访谈人数两天平均分配)。

访谈方式:每位访谈员在所分配区域的候车室,对来杭乘客进行访谈。

访谈人员要求:①仪表端正、大方;②举止谈吐得体,态度亲切、热情,具有把握谈话气氛的能力;③具有认真负责、积极的工作精神。

2.杭州节假日交通、住宿、景点、商场相关状况调查

(1)交通状况:分配人员收听收音机听取相关电台对杭州黄金周交通状况的报道,如交通电台,并且结合收集相关的资料。

时间:2007 年 10 月 1 日—2007 年 10 月 4 日

(2)酒店状况。

①服务人员调查:

时间:2007 年 10 月 1 日—2007 年 10 月 3 日

调查方式:观察法。

行动方式:人员扮成游客对相应的宾馆进行调查并且记录他们的相关信息。

②酒店服务情况调查:

时间:2007 年 10 月 1 日—2007 年 10 月 3 日

调查方式:访问法。

行动方式:人员与酒店大堂经理进行访谈,获取关于黄金周酒店服务情况并且记录相关信息。

③酒店接待能力:资料收集。

时间:2007年10月8日—2007年10月9日

3.休闲服务市场状况

(1)黄金周休闲市场吸引客流主要采取的方式。

调查方式:调查人员对主要的游玩地点、商场等地方进行观察并记录其所采取的相关宣传手段、形式、方法等。

调查时间:2007年10月1日—2007年10月7日

记录地点:①购物商场:杭州百货大楼、浙江银泰百货、杭州大厦、西湖时代广场。②景点:西湖、宋城。③游乐场所:杭州乐园、杭州未来世界。④主要商业街:延安路和武林广场、庆春路、解放路与官巷口。

记录要求:划分不同区域,分配人员对不同区域进行调查。对调查区域进行记录、进行综合统计。

(2)平时休闲市场服务水平及其他所需信息。

调查方式:资料收集。

时间:2007年10月8日

4.工作进度安排

第一阶段:9月27日—9月30日 调研方案策划——总体方案论证及初步方案设计。

第二阶段:10月1日—10月24日 调研实施——收集二手资料及实地调查。

第三阶段:10月25日—10月30日 调研总结——统计调查资料、分析调查结果、撰写调查报告。

七、调查经费预算

外出调查路费: 200元

资料打印费: 100元

在外调查餐费: 600元

虎跑景点门票:60元

共计: 960元

八、小组成员确定及工作安排

1.小组成员

组长:张苗苗

副组长:周文杰

组员:翁芳、周吉青、王婷婷、王晶晶、陈雅、彭李李

2.工作进程安排

9月27日—9月30日 调研方案策划

10月1日—10月21日 调研实施

10月22日—10月25日 调研总结

九、附件

调查问卷、观察表、访谈提纲、记录表

资料来源:杭州休闲服务市场调研方案[EB/OL]. http://wenku. baidu. com/view/50631e60ddccda38376baf45. html.

评价与考核

调查方案的编制任务完成情况及技能评价考查表

学习目标	评价标准	小组评价（50%）	教师评价（50%）	综合得分（百分制）
理论知识(20分)	掌握公关调查内容和公关调查方案内容的程度			
专业技能(20分)	能编制公关调查方案			
通用技能(20分)	具有团队协作能力；具有信息收集能力；具有团队处理问题的能力			
任务完成(20分)	纸质作业、PPT及任务问答的有效性			
学习态度(20分)	完成任务的态度、责任感			
综合评价与建议：				

思考与讨论

思考公关调查过程中如何控制调查质量。

技能训练题

1.请为访问本地的公关组织机构包括公关公司或旅游企业公关部的主要负责人设计调查方案。

2.请为扮作游客对本地主要旅游企业(酒店、景区、旅行社等)进行的暗访设计调查方案。

任务二 调查问卷的设计

情境设计

景区相关人员完成调查方案后(接任务一)，他们又面临着另一项工作任务：具体调查内容如何设计，如何把游客满意度相关指标的内容具体化，并具有可操作性。他们又一次陷入思索之中。

根据以上情境，完成下列任务：

请为该景区设计游客满意度调查问卷。

任务分析

要设计好景区的游客满意度问卷，首先要确定满意度的指标，并且在满意度这一级指标下包含若干相应的二级指标如设施、服务、住宿等，在二级指标下可设计更细化的三级指标。经过这样逐层设计相关指标，就能全面地反映游客满意度所涉及的相关内容。在各级指标确定后，就可以具体设计各指标项目的提问内容了。各指标内容的设计应注意相应的逻辑与技巧，达到科学设计问卷的要求。

🔧 **任务实施**

完成任务的具体操作步骤,建议如下:

步骤一　领受任务

指导教师介绍任务的内容、要求、关键点及注意事项。各小组提问,指导教师答疑,准确理解任务,完成任务领受。

步骤二　分析任务

请各小组按指导教师的要求,分析任务的内容,阅读知识链接,制定完成任务的工作程序及任务分配,补充查阅其他相关资料,拟写游客满意度指标与调查内容。

步骤三　实施任务

各小组具体完成情境中提出的问题,写成调查方案,有条件的做成 PPT,并作好两方面准备:既作发言准备,又扮演听众,准备提问。作好预演,准备汇报。

步骤四　任务汇报

各小组根据任务的要求,在教室中汇报,各小组相互提问。指导教师及时控制汇报进程,最后进行点评与总结。

步骤五　任务总结

各小组对本次汇报要及时进行总结,形成文字材料,作为作业上交指导教师。指导教师依据该项目任务考查表,给出各小组评价综合得分。

📖 **知识链接**

调查表也称问卷,它是系统地记载需要调查的问题和调查项目的表式。它用来反映调查的具体内容,为调查人员询问和被调查者回答提供依据,是实现调查目的和任务的一种重要工具。一般来说,好的调查表可以使调查内容标准化、系统化,便于搜集和整理资料,能够对调查资料进行定量分析。在调查中,调查表既可以通过函寄让被调查者自己笔头作答,也可以由调查员通过访问代为填写。它运用广泛,尤其适用于大规模的民意测验。

一、调查问卷的构成

调查问卷一般由标题、调查说明、填表说明、主题内容、编号和调查实施情况记录等六部分组成。

1. 标题

每份调查问卷都应简洁明确,把调查对象和调查主题一目了然地呈现在被调查者面前。

2. 调查说明

调查说明主要包括对调查对象的称谓,用来说明组织调查的单位、调查的目的和对被调查者的回答是否保密等问题,使被调查者进一步明确调查目的,消除不必要的顾虑,理解和支持调查工作,从而接受调查。虽然只有简短的几句话,但认真组织好也不是很轻松的事。总之,调查说明应短小精悍,交代清楚,富有激发性。

3. 填表说明

这是指导被调查者应如何填表的说明部分。凡是容易引起歧义和误会的或难于理解的都应在此部分进行解释和说明;凡是调查表格比较复杂,估计被调查者难以填写的,还应予以示范。一般填写说明后面还应有致谢内容,也有问卷在问卷的最后有致谢内容,或以上两处均有致谢内容。

4. 主题内容

这是调查表的主体部分,它一般由一个个相互联系并前后有序的问题和相应的可供选择的答案组成(如果是开放型问题,则无答案部分)。在这一部分中,要根据调查的目的和任务,围绕主题确定要调查的项目,并根据事物的内在联系确定其先后次序;设计好提问的方式,并以被调查者最容易接受的语言提问;对于需要提供可供选择答案的问题,要设计好选择答案。

5.编号

为了便于分类归档,或便于电子计算机处理,一般调查表都应编号。

6.调查实施情况记录

这是调查表的最后部分,包括调查日期、时间与地点、调查人或记录人等,它的主要作用是记录调查完成的情况和需要复查、校正的问题。

当然,对于具体的调查表来说,有的部分是可以省略的,但是,调查说明、填表说明、标题与主题内容是必不可少的。

二、主题内容设计

调查表质量优劣的关键在于主题内容这一部分的设计,而整个调查表设计的困难也在于这一部分。因此,努力提高对主题内容的设计能力与技巧是十分必要的。

1.总体框架的设计

总体框架是能够指导设计问卷的提问语句和对问卷资料进行分析的一种总体思路的逻辑架构,往往采用图示法。对于一般要求高、内容比较复杂的调查表来说,为了使表中的每一个问题都有不可或缺的作用,且各个问题之间有一种内在的逻辑联系,能够对它们进行科学分类和相关分析,在设计调查表之前,都应该先设计总体框架。设计时,一般是先从调查目的出发,将调查主题逐层分解,直到可以依据这些分解的条目设计提问语句时为止;然后,按照事物本来的逻辑联系对分解的条目进行检查、调整,使分解的条目能够有序排列。

除以上要求外,为便于游客回答或填写问卷,整个问卷的结构、排版等也应注意简洁大方,避免很多问题项目集中之后给人眼花缭乱的感觉。并且整个问卷设计过程中也要考虑便于资料的整理与分析,亦即在问卷设计的过程就考虑了如何统计分析,这样整个调查过程才能环环相扣,成为一个统一的系统。

2.提问语句的设计

总体框架设计出来以后,就要设计提问语句,把每一条目变成提问语句。在设计提问语句时,要注意以下事项:

(1)注意提问的方式。提问方式有直接提问、间接提问、假设性提问等。一般来说,对于那些估计被调查者能够直接回答的项目都可以用直接提问方式设计语句,如"您家是否出国旅游过?"对于那些估计被调查者直接作答可能有顾虑的问题,一般采用间接提问方式较好。间接提问,是不直接问被调查者本人的有关情况,而是要求其回答其他人是什么情况,态度与想法。例如,向一个导游了解每月的收入,采用"您估计大多数像您这种情况的人每月纯收入会有多少?"的提问,就比"您每月的纯收入是多少?"的提问间接一些,得到的资料也可能客观一些。有时,为了全面了解情况,还可以假设某一情境或假设别人对某事物有看法而要求被调查者说出自己的想法,这种提问方式就是假设性的。如"假定您的企业破产了,您会怎么办?"此外,对于那些被调查者不敢或不愿公开作答的敏感问题,也可采用假设性提问方式。

(2)注意提问语句的确切。语句确切,指设计的语句意思表达清楚,所用概念的内涵与外延十分明确。只有语句确切,被调查者才能得到口径一致的真实材料。因此,在设计语句时,要注意对那些容易发生歧义的概念进行严格限定,表达清楚。如语句中涉及"家庭"一词,就不要用"您家有多少人"之类的笼统问句,而要对"家庭"进行限制。根据需要,可限定为"小家庭""大家庭(祖孙三代)"等。

(3)要避免出现诱导性问题。诱导性问题,是指包含某种倾向而使被调查者按其倾向作答的问题。一般用权威的话或大多数人的看法设计的问题都是诱导性问题。如"大多数游客都对旅行社工作很满意,您呢?"这样的提问一般很难得到全面的真实材料,在语句设计中是必须避免的。

(4)要以封闭式问题为主,辅之以开放式问题。所谓封闭式问题,是指设计若干可供选择的答案而由被调查者根据情况选择作答的问题;所谓开放式问题,是指不提供具体答案而由被调查者自己回答的问题。一般说,封闭式问题具有作答方便、省时省力、资料便于统计分析等优点,适用于大规模的问卷调查;但它难于取得丰富生动的资料,缺乏自发性和表现力,常常需要开放式问题来弥补不足。因此,在设计问卷时,一般应以封闭式问题为主体,同时以少量开放式问题作补充。如:您认为建国饭店提供的服务如何?您对建国饭店有何评价?开放性问题多用于探索性研究,它给调查对象较多的创造和发挥的余地,可获得较深层次或是调查者意想不到的信息,适于定性研究。但其答案非标准化,难以统计分析,需时较多,易引起拒答。

3.选择答案的设计

封闭式问题按其性质可以划分为定类、定序、定距、定比等定性问题以及定量问题。

(1)定类问题。定类问题即要求对被测定对象的性质作出分类的问题。这类问题的答案设计要注意:一是可供选择的答案要互斥;二是答案要穷尽。

(2)定序问题。定序问题即要求对被测定对象的排列次序作答的问题。对这一类问题的设计,一般采用五级或三级定序答案。五级定序答案一般采取"①极喜欢(极满意,极可靠);②喜欢(满意,可靠);③无所谓或拿不准;④不喜欢(不满意,不可靠);⑤极不喜欢(极不满意,极不可靠)"这样的基本形式。三级定序答案的基本形式是把五级定序答案中的两极端情况即①、⑤去掉后的部分,即由②、③、④构成。有时,根据需要还可以采取不平衡的做法,即偏向某一方面的答案数目多。例如,"您对某酒店公关人员的态度有何看法?非常好□ 好□ 一般□ 不好□"。这一例中,好的方面的答案数目就偏多。

一般来说,定序问题的答案有强迫性答案与非强迫性答案之分,强迫性答案如"满意,无所谓,不满意"等,要求作答者一定要表示自己的态度;而非强迫性答案如"满意,无所谓,不满意,不了解"等,因为有"不了解"一项,所以,它就不强求被调查者对某事物一定表态。在设计答案时,一般采取强迫性答案,有时,也采用少量非强迫性答案。

(3)定距问题。定距问题即要求设计出来的答案之间的顺序关系并保持一定距离。

(4)定比问题。定比问题即要求设计出来的答案之间的顺序关系成比率。在公关调查中,定比问题极少见。

(5)定量问题。在问卷调查中,人们还常常使用一种特殊类型的问卷,即量表,作为在经验层次上对社会现象进行主观评价的具有结构强度顺序的测量工具。这样在项目内容设计时就把定性问题转化为定量问题,调查数据就便于相关统计软件的统计分析了。

公关调查中常用的量表有李克特量表和语义差异量表。李克特量表一般设置为等距量表,以5点计分量表最为常用。5个计分点分别与测验中的5个等级选项一一对应,如"非常满意、满意、一般、不满意、非常不满意"可与数字"5、4、3、2、1"一一对应。语义差异量表是一种通过在两个极端的形容词之间作出选择,测量对于某一概念或事件态度、理解程度的量表,如"满意10—9—8—7—6—5—4—3—2—1不满意"。

4.主题内容编排的设计

提问语句和相应答案设计出来以后,还应对整个主题内容加以编排。编排的依据主要是总体框架。在按总体框架编排时,还应考虑:

（1）从逻辑结构上看，是否还需要调整。

（2）在照顾逻辑顺序的前提下，尽量做到先易后难，先一般性问题后特殊性问题，先封闭式问题后开放式问题。

5.调查问卷设计应注意事项

不论设计哪类问卷，提问时都应做到"十五要，十五不要"：

（1）问题要具体，不要笼统、抽象。如问："您觉得我们的改革怎么样？"这样的提问太宽泛。应问："你对这次调工资满意吗？"等等。

（2）问题要单一，不要复合杂糅。如："你父母是否喜欢我厂的老年人用品？"事实上可能是一个人喜欢，另一人不喜欢。

（3）用词要通俗、易懂，不要用公众感到陌生的词语或专业术语，也不要口语化或用土话。如："您认为游客的消费结构怎样？"显得过于专业化。应问："您认为游客的各项旅游消费比例怎样？"

（4）用词要简洁，尽量不要用形容词、副词修饰。如："您是否特别爱购物？"很多人"爱"，但不"特别爱"，选择答案时心里就拿不准了。

（5）语义要清晰准确，要尽可能用量词，尽量不要用副词。如："您是'经常'还是'偶尔'出去旅游？"对"经常、偶尔"这类副词每个人的理解并不一样。可问："您平均每月出去旅游几次？"

（6）要客观中立，不要渗入影响对方回答的观点。如："您愿意为利国利民的希望工程捐款吗？"给人的感觉是，不愿捐款就成了不支持"利国利民"了。

（7）要保护答题者的自尊与自我个性，不要提侵略性的问题。对敏感性问题应选用"释疑法"、"假定法"或"转移法"，减少答题者的内心压力。释疑法，即在问题前面写一些消除疑虑的功能性文字。如："宪法规定'中华人民共和国公民对于任何国家机关和国家工作人员，有提出批评和建议的权利'，您对您所在城市的地方政府机关主要负责人有何评价和看法？"假定法，即用一个假言判断作为问题的前提，然后再询问被调查者的看法。如："假如允许专业人员自由流动的话，您是否还愿意留在原单位工作？"转移法，即将对问题的直接回答转移到别人身上，然后再请被调查者对他人的回答作出评价。如："对于实行景区体制改革，一些人认为利大于弊，另一些人认为弊大于利，您认为哪种意见更符合实际？"

（8）选择题所列项目要互斥，不要出现包容。如："您认为这种款式最合适谁？A.男士；B.女士；C.教师；D.军人……"现实生活中，军人有男也有女，教师也包括军事院校教师，该填哪一项？随便一答，结果一定不准。

（9）问数字要准确，不要交叉。例如问年龄，应指明是周岁，并列出："A.20岁以下；B.21岁～30岁；C.31岁～40岁……"不应交叉，如："A.20岁以下；B.20岁～30岁；C.30岁～40岁……"结果20岁、30岁就出现了交叉。

（10）选择题所列项目要穷尽各种情况，不能穷尽的要加一项"其他"，不要让有些人找不到自己应填的位置。如文化程度除"小学、中学、大学"外，还应有"小学以下、中职、高职、大学以上"等。

（11）要有时间观念，要问近期之事，不要问难以回忆的事。如可问："您本月买衣服花了多少钱？"或问："最近一次买衣服花了多少钱？"不要问："您去年买衣服花了多少钱？"

（12）要将容易的问题放在前面，不要将涉及个人隐私的、比较难答的问题放在前面，尤其是涉及收入问题时一定要慎重。

（13）要有防伪检测装置，不要一概都相信，应能去伪存真、排除无效问卷。

（14）设计时智慧含量越高越好，要采用迂回战术，点到为止，潜移默化，使人不知不觉道出心愿,不要乱问。例如,想了解企业凝聚力如何,直接问未必能得到真实的答案。如果问:"你来到本企业感到自豪吗?"这样就好些。如果问:"你的亲友是否知道你在什么单位?"可能会得到更真实的回答。

(15)填答形式要越简单越好,不要让人感到吃力、烦躁,尽量少用复合式提问。这样就方便了被调查者,也节约了调查时间。在实际调查中,往往被调查者5~10分钟便可把一般的调查问卷填写完毕。

三、问卷的试调查

主题内容设计出来以后,应该认真地审查;同时还应在小范围内进行试验性调查。试调查是一个不可忽视的环节,运用问卷在小范围内(20~30人)作试调查。它有两大好处:其一,可以找出问卷中存在的问题。其二,可以测试问卷的信度与效度。信度是指问卷的可靠性与一致性;效度是指问卷的有效性和正确性,即问卷测量的问题是否有效,是否能回答调查人员想要了解的真实情况。通过试调查之后,问卷就可以印制了。

四、确定调查问卷印数

调查问卷应印多少份,可以根据研究对象的多少,回复率、有效率的高低确定。回复率是指问卷返回的比率。有效率是指符合标准的问卷的比率,用以检查问卷质量和真实可信程度。一般问卷调查有效率达50%以上,即认为调查有效。按常规,调查对象多、回复率低、有效率低就多加印些,对象少、回复率高、有效率高就少加印些。

五、调查问卷范例

杭州市旅游区服务质量调查问卷表

尊敬的朋友:

杭州是国际著名的风景旅游城市,为使杭州成为我们共同的更美好的旅游胜地,特此征求您对景区服务质量的看法。请您在认为恰当的答案前的"□"上打"√"。您的回答将有助于杭州景区服务质量的改进,同时也将提高您今后游览景区时的满意度。谢谢您的合作!

1.您的性别:□男 □女

2.您的年龄:□14岁及以下 □15~24岁 □25~44岁 □45~64岁 □65岁及以上

3.您的职业:□公务员 □企事业管理人员 □专业/文教科技人员 □服务销售人员 □工人 □军人 □农民 □离退休人员 □学生 □其他

4.您来杭州的目的(本地人不选):□观光 □度假 □探亲访友 □商务 □会议 □健康/疗养 □宗教/朝拜 □文化/体育/科技交流 □其他

5.您对杭州旅游景区服务质量的评价:

	好	较好	一般	差
景区票务服务	□	□	□	□
景区导游服务	□	□	□	□
景区信息服务	□	□	□	□
景区游乐点服务	□	□	□	□
景区餐饮点服务	□	□	□	□
景区购物点服务	□	□	□	□
景区文化娱乐	□		□	□

景区卫生状况　　　　　□　　□　　□　　□

景区游览秩序　　　　　□　　□　　□　　□

景区游览条件　　　　　□　　□　　□　　□

景区服务人员的服务态度　□　　□　　□　　□

景区服务人员的仪表　　　□　　□　　□　　□

景区服务人员的服务技巧　□　　□　　□　　□

景区服务人员的服务效率　□　　□　　□　　□

总体评价　　　　　　　　□　　□　　□　　□

6. 您认为景区服务人员为您提供服务时的神情是:□关注 □淡漠 □恶劣

7. 您认为景区内最大的安全问题是:□危险地段 □治安环境 □食品卫生 □其他

8. 您认为景区的价格和服务是否质价相符:□相符 □基本相符 □不相符 □很不相符

9. 您认为景区的服务和您的期望是否相符:□相符 □基本相符 □不相符 □很不相符

10. 您认为服务最满意的景点是(最多可选 3 个):□曲院风荷 □花港观鱼 □三潭印月
□黄龙洞 □宋城 □未来世界 □灵隐 □岳庙 □柳浪闻莺 □净慈寺 □六和塔 □满陇桂雨公园
□虎跑 □动物园 □吴山城隍阁 □孤山 □龙井山园 □中国丝绸博物馆 □中国茶叶博物馆
□胡庆余堂中药博物馆 □南宋官窑博物馆 □胡雪岩故居

11. 您认为景区服务中存在的最大问题是:□人员服务 □服务设施质量 □服务设施不足
□不能按照承诺提供游览(乐)项目 □其他(请注明)

12. 您对提高景区服务质量的建议:

_____

_____

以下由调查员填写:

调查日期:_____年_____月_____日　　　地点:_____

调查员:_____　　　　　　　　　　督导员:_____

评价与考核

调查问卷的设计任务完成情况及技能评价考查表

学习目标	评价标准	小组评价 (50%)	教师评价 (50%)	综合得分 (百分制)
理论知识(20 分)	掌握问卷调查设计的内容与方法的程度			
专业技能(20 分)	能运用问卷设计技巧			
通用技能(20 分)	具有团队协作能力;具有 PPT 制作能力			
任务完成(20 分)	纸质作业、PPT 及回答任务的有效性			
学习态度(20 分)	完成任务的态度、责任感			
综合评价与建议:				

思考与讨论

讨论如何设计一份优秀的调查问卷。

技能训练题

1.访问本地的公关组织机构包括公关公司或旅游企业的公关部的主要负责人,请设计访谈提纲。

2.扮作游客对本地主要旅游企业(酒店、景区、旅行社等)进行暗访,请设计暗访内容与标准。

3.设计一份本地旅游节庆活动的游客知名度或美誉度调查表。

4.设计一份本地酒店或旅行社的游客满意度调查表。

任务三　调查内容的实施

情境设计

经过努力(接任务二),该景区完成了调查问卷的设计,接下来他们又面临着一项重要任务要去实施:完成问卷实地调查。这让相关人员再次陷入沉思,到底该怎么完成问卷调查,又派谁去完成。

请根据以上情境,完成以下任务:

请为该景区完成问卷的调查,每组有效问卷数量不得少于50份。

任务分析

问卷的实地调查是调研过程中的关键环节,即使有好的调研方案,如果调研过程不严谨,马虎了事,同样不会有一个令人信服的调研结果,所以调研过程中一定要重视调研的严密实施。拦截调查是最常见的调查实施方式之一,其实施中也有具体而严格的要求。国外市场研究专家经常援引的一句名言:"Rubbish in,rubbish out!"(垃圾进,垃圾出!)其含义即如果调查员采集来的第一手资料谬误百出,那么无论你的抽样技术多科学、数据处理多精确、分析水平多高超,最后得出来的结论仍将一文不值。由此,一些国外著名市场研究公司都将调查员的挑选培训与管理置于其整个调查工作的第一位。实施好调查问卷的关键在于调查前要对调查人员进行培训,严格遵循调研方案的调查要求,并且也能适当灵活地处理调查中可能出现的意外。调查人员只有亲身深入调查实践,才能不断地积累体验,从而真正掌握这种调查方式。并且调查人员经过实际的调查,也为接下来的调查结果分析与报告撰写提供了良好的感性基础。

任务实施

完成任务的具体操作步骤,建议如下:

步骤一　领受任务

指导教师介绍任务的内容、要求、关键点及注意事项。各小组提问,指导教师答疑,准确理解任务,完成任务领受。

步骤二　分析任务

请各小组按指导教师的要求,分析任务的内容,阅读知识链接,制定完成问卷调查任务的工作程序及任务分配,补充查阅其他相关资料,拟写问卷调查实施计划。

步骤三 实施任务

各小组具体完成问卷调查,写成问卷调查总结,有条件的做成 PPT,并作好两方面准备:既作发言准备,又扮演听众,准备提问。作好预演,准备汇报。

步骤四 任务汇报

各小组根据任务的要求,在教室中汇报,各小组相互提问。指导教师及时控制汇报进程,最后进行点评与总结。

步骤五 任务总结

各小组对本次汇报要及时进行总结,形成文字材料,作为作业上交指导教师。指导教师依据该项目任务考查表,给出各小组评价综合得分。

知识链接

拦截调查是指调查员在户外拦截被访者,进行甄别后即可进行现场调查的调查方式。它常采用调查员在事先选定的若干地点,按一定程序和要求(如每隔几分钟拦截一位,或每隔几个行人拦截一位)选取调查对象,征得对方同意后,在现场按问卷进行简短的调查。拦截调查是一种使用简单、运用普遍的调查方法,在度假区、景区、酒店、市区的游客中心、停车场、广场等游客量较大的公共场所均可以进行这样的调查。

一、拦截调查的准备

(一)调查员的培训

1.熟悉拦截调查的操作流程

拦截调查一般要经过调查员培训、模拟及小结、正式调查、现场督导及问卷审核、问卷复核等环节。督导主要对调查人员进行实地现场操作流程及质量控制讲解,具体现场操作流程如图2-4所示。

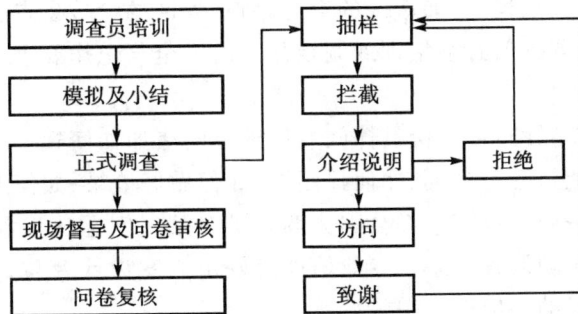

图2-4 拦截调查操作流程

2.基本素质培训

所谓基本素质培训,是指对调查员进行诸如自我介绍、应变能力、责任意识、安全意识、作业流程以及纪律与职业道德等内容的培训。这是调查员的基本素质要求,也是确保调查工作质量而对调查人员进行的基本素质培训或示范。这里主要介绍以下几个方面的基本素质:

(1)责任意识。在调查员的挑选过程中,首先应考虑责任意识。学生在实地调查过程中,常有开小差或蒙混过关的现象,出现这种责任意识不强的"坏调查员",岂能保证调查质量。笔者也曾遇到过这样的情况：一位学生在景区问卷调查过程中，一会儿忙着发短信，一会儿躲到景区某个角落，一会自己跑到其他景点逛去了，大半天时间下来，问卷完成了5份。这位学生在调查过程中心不在焉，我行我素，问卷调查的质量受到质疑，更别说数量了。在旅游实际调查过程中，较低的工作期望与舞弊成本，态度不端正、好逸恶劳，"主次颠倒"（把自己当旅游者去旅游了），等等，这些都是责任意识缺乏或不强的表现。

（2）应变能力。调查员一般要求能在复杂多变的社会环境里，独自一人解决随时可能遇到的各种意外问题，这样才能保证整个调查项目的高效率、按计划完成。为此，在调查员的培训过程中，可增加一些有关应变能力方面的测试题，对他们的应变能力进行培养。

（3）语言能力。为了避免被访者不太愿意合作，但又不太好意思拒绝调查的情况下胡乱勾填问卷，国外市场调研公司通常规定一律不允许由被访者自己填写问卷，而必须由调查员一个问题接一个问题地进行口头询问，并做好记录。因此，一个优秀的调查员必须具有清晰的口齿、流利的语言，以及简明扼要的口头表达能力。

（4）外在仪表。调查员的外表是展示给被调查者的第一印象，一个诚实、清爽的"不像坏人"的外表，往往不仅会影响到被调查者的合作态度，甚至会影响到调查质量。特别是在注重仪表的酒店和休闲娱乐的景区，这一点尤为突出。因此，良好的外在仪表，也是在挑选调查员时所必须予以重视的。

（5）职业道德。在调查中调查人员应明确调查受访者的权利和调查者的义务。即使调查是学生的课程实践，也要遵守有关职业道德。

①受访者的权利：自愿，匿名，了解调查人员的真实身份、手段、目的；对未成年人调查需经监护人同意。

②调查人员应遵守的义务：不做有损于市场调查行业声誉或让公众失去信心的举动，不探查他人隐私；不能对自己的技能经验和所代表的机构情况作不切实际的表述，不误导被调查者；不能对其他调查人员作不公正的批评和污蔑；必须对自己掌握的所有调研资料保密。

以上之外，在旅游调查过程中，如市区的交通路口、景区的险峻景点、旅游地偏僻处等容易造成一些安全隐患，所以在调查前必须培训或制定相关的安全与纪律要求。

3. 专业性培训

所谓专业性培训，是指针对某一份具体问卷所涉及的诸如如何甄选被访对象、如何统一理解或向被访者解释某些专业概念与名词、如何提问题、如何做好笔录、如何追问，以及如何自查问卷等技术性问题的培训。一般专业问卷都会因为调查员对某一问题认识深度的差异，或对某些特殊问题理解的不一致而出现调查误差。专业培训最好由方案设计者与督导共同完成，这样才能最大限度地保证培训效果的准确性与高效性。

通过培训，调查人员对问卷内容有了全面的了解，对调查过程中涉及的调查项目与可能出现的问题就有了应对之策，可以更好地指导被调查者填写问卷。

4. 模拟及小结

模拟是确保调查员培训效果必不可少的一环。问卷讲解结束，在现场进行分组模拟，由督导充当被访者，调查员依次提问，督导在模拟中会给调查员制造一些特殊情况以了解访问员对问卷的理解情况及基础培训的效果。在模拟调查结束后，督导应再对调查员进行一次集中总结，及时纠正试访中存在的问题。这样，一方面发现了问题，另一方面也锻炼了调查人员。

(二)调查资料及相关物品的准备

1.检查调查所需的资料与用具

调查时,需要带充足的问卷、几只笔和供回答问卷的硬质文件夹。这些东西虽谈不上精贵,但旅游调查中一旦紧缺,旅游地往往是很难及时买得到的,所以出发前必须检查完备,防患于未然。笔最好是油笔,不要用铅笔,这样符合大多数被调查者的习惯,并且书写清晰、流畅、快速。硬质文件夹既方便被调查者填写,又便于问卷的保存。当然,如果没有硬质文件夹,也可用带长尾夹的硬板替代。总之,在实际调查中,尽量考虑被调查者的书写方便,或许一份精致的文件夹也能激起被调查者的兴趣。

2.旅游过程中的必须物品

调查者,着装一定要整洁,如穿着带某某单位或企业标识的服装更好,这样显得正式,也能吸引游客。此外,虽然调查者主要目的不是旅游,但旅游调查中调查员往往也得携带旅游者必备的一些物品,如食品、药品等。特别是偏远高海拔的旅游地或景区,调查过程中,应备好防晒防淋的帽子、雨衣,甚至防冷防寒的棉衣。

二、拦截调查的操作

1.抽样

在游客集散地,迅速发现可能会接受调查的目标对象。选择目标对象的时机,一定要选择游览结束或返回途中的游客,切忌选择未旅游或正在旅游途中的游客,这主要是为了保证游客对调查地情况经过自己的亲身体验后有较充分的了解,游客在回答调查的问题时就有了认识基础。

具体选择的目标可分两类,一类是固定的游客,他们正在休息或休闲放松;另一类是步行中的游客,他们正在行进中。调查中尽量选择固定的游客作为调查对象,这样他(她)就有了闲暇时间准备作答。当然,对于行走中步履缓慢,神色松弛,或准备停下欣赏风景的游客也可作为调查目标对象。

2.拦截

调查员发现了目标游客,就应积极地向前询问。向前询问时,调查人员走向调查对象时应该缓步侧面迎上,切忌过快而产生误会。整个行走过程中,目光应该对准被调查者,应在被调查者右前方或左前方一步停下,准备询问。拦截被调查者时注意事项包括:

(1)不要拦截一些有特殊障碍的人,如盲、聋、哑、痴、疾者。

(2)不要拦截携带婴儿的人(除非有特殊需要)。

(3)不要拦截那些看起来很匆忙的人。

(4)不要在人们进入商店之前或他们在商店橱窗前观看时进行甄别调查。

(5)不要在商店的通道或阻碍人群通过的购物中心区域进行拦截调查。

(6)注意不要擅闯私人领地,记住要先打招呼,征求同意。

(7)拦截时不应感到歉意或不好意思,要有积极的态度。

3.介绍说明

调查者上前询问,作介绍说明情况。调查者应注意姿态,要很有礼貌地说:"对不起,打扰您一下。"也可以把自己当做游客与步行游客先攀谈,或帮助其照相等,特别是对老者可采取帮助其拿物品等爱心行为,获得亲近他们的机会,为调查做铺垫,适当时机拿出问卷,水到渠成。对于小组调查,男女组合可能是比较好的搭配,这样的组合可适合对不同性别游客的调查。笔者曾指导一位男调查员去询问一位休息的女游客,男调查员被拒绝,然后又叫女调查员去询问,女调查员的请求获得了刚才那位女游客的同意。

旅游地调查过程中,游客容易云集,但真正愿意填写问卷的游客可能极少,因为他们都忙着旅游呢,尤其大众旅游更是如此,真可谓"游客成千上万,愿意答卷者难觅"。所以,在具体询问时良好的语言与礼节技巧就成为引起游客兴趣的关键。这就需要把良好的心态、恰当的语言和甜美的微笑协调地配合在一起。开口的第一句话很重要,要有准确的称谓、致歉词与目的。可以说:"对不起先生(女士),能打扰您几分钟做一个调查吗?"

对于询问,受访者会有多种反应:

第一种反应是直接拒绝,这说明他对拦截调查很反感,向他致歉就可以结束了。

第二种反应是有礼貌的拒绝,这时对于对方的借口进行回应,比如对方说没时间,可以应对说只需一点点时间。最好还给对方看看调查问卷,以期调动兴趣。

第三种反应是对方流露出一些兴趣,会问是什么调查时要把握住机会,及时将自己的真实身份、调查的目的告诉对方,递上问卷,让对方看,并向他解释调查的内容,顺势递上笔。只要对方接过,对方接受你的调查的概率就很大。

第四种反应是对方一口答应,经过进一步询问,引发兴趣。

第五种反应是游客主动要求填写问卷,这种情况极为少见。笔者就曾遇到过,一位愤怒的游客没有地方投诉,把一切不满都发泄到问卷上,开放式问题的填写填到几乎没有填写的空间了才作罢。

不管游客有哪种反应,即便是被直接拒绝,也不能因此对被调查者产生情绪。

4. 访问

游客表示有意愿回答问卷后,调查者先要告知调查者的义务和被调查者的权利,然后开始指导问卷的回答。确认被调查者已了解被调查内容后,调查者开始记录。对于被调查者的信息资料,如姓名、年龄、住址、电话等,应小心收集,注意保密。如果他们不愿意告知姓名、年龄、电话等私人信息,要尊重他们的隐私保密权利,不能强求。对于问卷中所有问题项目,调查人员必须严格按调查技术要求全程监控,及时回答被调查者提出的任何问题。如果发现被调查者马虎了事,胡乱勾画,调查员应及时终止,该卷被列为废卷。切忌调查人员说"随便填填就行了"或"您看着填就行了"等不负责任的指导用语。

5. 致谢

被调查者问答完毕后,调查者应当浏览一遍,不要有所遗漏,如有不妥之处及时更正。此时,调查者一定要向被调查者表示感谢,如有小礼品及时赠送,如没有小礼品多说谢话,与其告别,目送被调查者离开。

三、拦截调查的质量控制

(1)调查员严格履行标准的调查技术规则,督导人员及时现场督导。

(2)调查员必须进行直接调查,不允许出现二次委托调查。

(3)调查员必须与被调查者之间良好沟通,在此基础上进行问卷调查。

(4)一般不能由被调查者自己填写。

(5)对于团队游客只能调查其中的一个人。

(6)减少被访者间的相互干扰,便于收集更多的信息。

(7)现场及时对问卷进行百分百审核,审核无误后才让被调查者离开及送礼品,便于及时补问以确保问卷质量。

（8）调查资料原则上要求调查完成后立即上交组织者，并进行审查。

评价与考核

调查内容的实施任务完成情况及技能评价考查表

学习目标	评价标准	小组评价（50%）	教师评价（50%）	综合得分（百分制）
理论知识（20分）	掌握公关调查实施的内容的程度			
专业技能（20分）	能运用实地问卷调查的技巧			
通用技能（20分）	具有团队协作能力；具有团队处理问题的能力			
任务完成（20分）	纸质作业、回答任务的有效性			
学习态度（20分）	完成任务的态度、责任感			
综合评价与建议：				

思考与讨论

1. 调查过程中，如何使游客乐意配合你的调查？
2. 问卷拦截调查过程中，你有何高招？

技能训练题

1. 访问本地的公关组织机构包括公关公司或旅游企业的公关部主要负责人，请教公关的发展及公关的入门建言等。

2. 扮作游客对本地主要旅游企业（酒店、景区、旅行社等）进行暗访，提出自己发现的问题与建议。

任务四　调查报告的撰写

情境设计

又经过努力（接任务三），该景区完成了问卷实地调查工作，接下来他们还有最后一项工作需完成：完成调查问卷的结果分析以及撰写调查报告。在欣喜之余，他们又一次陷入了沉思，如何整理分析调查问卷资料，如何向领导汇报调查结果，这些问题又摆到了他们的面前。

请根据以上情境，完成以下任务：

请为以上完成调查的问卷进行结果分析，并撰写调查报告。

任务分析

撰写调查报告是公关调查的最后程序。撰写调查报告的目的，是为制订科学的公共关系计划方案提供依据，为领导者决策提供参考，寻求领导的支持和帮助。撰写出一份具有说服力的好的调查报告，是卓有成效地进行公关调查的一个不可忽视的方面。调查报告的好坏有时甚至影响调查结果在有关决策中的作用。如何撰写好调查报告，首先应分析调查结果，再从中提炼有价值的发现,并提出建设性的建议或策略,并把这些反映于调查报告中,这样决策者才有兴趣阅读,这也是调查报告之意义所在。

任务实施

完成任务的具体操作步骤,建议如下:

步骤一 领受任务

指导教师介绍任务的内容、要求、关键点及注意事项。各小组提问,指导教师答疑,准确理解任务,完成任务领受。

步骤二 分析任务

请各小组按指导教师的要求,分析任务的内容,阅读知识链接,制定完成任务的工作程序及任务分配,补充查阅其他相关资料,分析调查结果,并拟写调查报告。

步骤三 实施任务

各小组具体完成情境中提出的问题,完成调查报告,有条件的做成 PPT,并作好两方面准备:既作发言准备,又扮演听众,准备提问。作好预演,准备汇报。

步骤四 任务汇报

各小组根据任务的要求,在教室中汇报,各小组相互提问。指导教师及时控制汇报进程,最后进行点评与总结。

步骤五 任务总结

各小组对本次汇报要及时进行总结,形成文字材料,作为作业上交指导教师。指导教师依据该项目任务考查表,给出各小组评价综合得分。

知识链接

一、调查报告的准备

调查报告的准备,主要是整理调查资料,完成调查资料的统计与分析,通过结果数据与趋势提炼有价值的结论,以此作为决策建议的依据。

一般来说,通过调查所得到的资料还比较零乱、分散,并不能系统而集中地说明问题,甚至某些资料还可能有片面性与谬误,等等。因而,在取得资料后,必须对资料进行系统科学的整理和分析。

资料的整理分析,主要包括以下工作:

1.检查核实

整理中,要检查资料是否齐全而无遗漏,是否有重复与矛盾,甚至有与事实不相符合的情况。一旦发现上述情况,要及时复查核实,并予以剔除、删改、订正和补充,即剔除错误的资料,删除重复的资料,修改订正差错的资料,补充遗漏的资料。调查中检查核实的部分工作是在收集资料时就要完成的。一边收集,一边检查核实,这样便于及时进行订正和补充。

2.分类汇编

资料经过检查核实后,为了便于归档查找和统计方便,还应按照调查的要求进行分类汇编。即:进行分类登录,然后按类摘抄、剪贴、装订、归档,以备查阅。还可将整理后的信息输入电脑,以便软件统计分析。整理资料数据要做到准确、清楚、及时,这是衡量信息资料价值的重要标准。

3.统计分析

对分类汇编的资料进行分析,作出结论。分析一般包括定性分析和定量分析。所谓定性分析,是以资料或经验为依据,主要运用演绎、归纳、比较、分类和矛盾分析的方法找出事物本质特征或属性的过程。所谓定量分析,是运用概率论和数理统计的测量、计算及分析技术,对社会现象的数量、特征、数学关系和事物发展过程中的数量变化等方面进行的描述。为了取得比较符合实际的结论,不仅要进行定性分析,而且要进行定量分析,要在定性的基础上尽量根据不同要求把资料量化,制成统计表或统计图,或计算百分比、平均值等,然后运用这些量化资料进行分析,力求对调查的事物有较深刻的认识,并把有关材料迅速提供给领导部门,作为策划的依据。

二、调查报告的撰写内容及注意事项

(一)调查报告的内容

1.扉页

扉页一般只有一页纸,其内容包括:

(1)调查报告的题目或标题。题目一般只有一句话,有时可再加一个小标题,文字可长可短,但应将调查内容概括出来。

(2)进行该项调查的机构的名称。如果是单一机构进行的,写上该机构名称即可。如果是多个机构合作进行,则应将所有机构的名称都写上。

(3)调查项目负责人的姓名及所属机构,即写清楚项目主要负责人的姓名及其所在单位。

(4)注明报告完稿日期。

2.目录或索引

目录或索引应当是列出报告中各项内容的完整的一览表,但不必过分详细。一般只列出各部分的标题名称及页码。目录的篇幅以不超过 1 页为宜。有时如果报告中图表比较多,也可再列一张图表目录。

3.摘要

阅读调查报告的人往往对调查过程的复杂细节没有或很少有兴趣,他们只想知道调查所得的主要结果、主要结论,以及他们如何根据调查结果行事。因此,摘要可以说是调查报告极其重要的一部分,它也许是读者唯一阅读的部分,所以应当用清楚、简洁而概括的手法,扼要地说明调查的主要结果,详细的论证资料只要在正文中加以阐述即可。

调查结果的摘要要简短,一般最多不要超过报告内容的 1/5,可单独一页。调查结果摘要是相当重要的报告内容,但在国内的调查报告中常被忽略,应该引起调查人员的重视和注意。摘要中应该写出关键词。

4.调查背景

调查背景部分介绍调查的由来或受委托进行该项调查的原因。说明时,可能要引用有关的背景资料为依据。背景的介绍不仅可作为调查目的提出的铺垫,还可以作为调查结论和建议的佐证,与调查结果相结合来说明问题。所以背景的介绍不一定要面面俱到,但必须与调查主题有关。

5.调查目的

调查目的通常是针对调查背景分析所存在的问题提出的。它一般是为了获得某些方面的资料或对某些假设作检验。但不论调查目的如何,调查者都必须对本调查预期获得的结果列出一张清单。

6.调查内容

根据调查目的,概述主要调查的内容项目。

7.调查方法

在这一部分中,需要加以叙述的内容包括:调查地区、调查对象、样本容量、样本结构、资料采集方法、实施过程及问题处理、访问员介绍、资料处理方法及工具、访问完成情况。

调查方法的介绍有助于使读者确信调查结果的可靠性。但在描述时要尽量简洁,把方法及采用原因说清楚即可。

8.调查结果

将调查所得资料报告出来。资料的描述形式通常是表格或图形。在调查报告中,仅用图表资料呈现出来还不够,调查人员还必须对图表中数据资料所隐含的趋势、关系或规律加以客观地描述。调查结果有时可与结论合并成一个部分,这要视调查主题的大小而定。

9.结论和建议

结论的提出方式可用简洁而明晰的语言对调查前所提出的问题作明确的答复,同时简要地引用有关背景资料和调查结果加以解释、论证。即要说明调查结果有什么实际意义。

建议则是针对调查获得的结论提出可以采取哪些措施、方案或具体行动步骤,如公关策略应如何改变,如何创建企业名牌,如何与竞争者抗衡,等等。

大多数的建议应当是积极的,要说明应采取哪些具体的措施以获得成功或者要处理哪些已经存在的问题。

10.附录

附录主要是列入可以辅助说明问题的有关资料,用来论证、说明或进一步阐述已经包括在报告正文之内的资料,每个附录都应编号。在附录中出现的资料常常包括:调查问卷、有关抽样细节的补充说明、原始资料的来源、调查获得的原始数据图表(正文中的图表只是汇总)。

(二)撰写调查报告的注意事项

调查报告不同于纯理论文章,也不同于一般的工作总结。它注意用调查资料来说明问题,用资料来支撑结论。因此,在撰写调查报告时,要坚持实事求是,资料的取舍要合理,推理要合乎逻辑,还要在结构、主题、语言上下功夫。同时,调查报告写好后要及时送交最高管理部门备案,供决策者决策时参考。

(1)要考虑读者的观点、阅历,尽量使报告适合于读者阅读。

(2)尽可能使报告简明扼要,不要拖泥带水。

(3)用自然体例写作,使用普通词汇,一般情况下尽量避免行话、专用术语。

(4)务必使报告所包括的全部项目都与报告的宗旨有关,剔除一切无关资料。

(5)仔细核对全部数据和统计资料,务必使资料准确无误。

(6)充分利用统计图、统计表来说明和显示资料。

(7)按照每一个项目的重要性来决定其篇幅的长短和强调的程度。

(8)务必使报告打印工整匀称、易于阅读。

三、旅游调查报告范例

成都市民对农家乐的消费情况的调查报告

一、调查背景

"农家农家乐复乐,不比市朝争夺恶。"800 多年前,著名诗人陆游就曾赞美过成都的乡村农家。而今,农家乐成为一种新兴的旅游休闲形式,是农民向城市现代人提供的一种回归自然,从而获得身心放松、愉悦精神的休闲旅游方式。中国农家乐起源于 1987 年成都郫县农科村的农家乐。随后,成都周边的农家乐如雨后春笋般兴起,农家乐已经发展成为成都地区重要的旅游休闲形式。成都作为全国城乡一体化试验区和示范点,其旅游形式在全国得到了大力推广。农家乐的发展,对促进农村旅游、调整产业结构、建设区域经济、加快农业市场化进程产生了良好的经济效益。

二、调查目的

通过对成都市民的随机抽样调查,了解成都地区农家乐的消费情况、经营状况和市场前景,以及成都市民对农家乐这一新兴旅游产业的认识与看法,为成都农家乐的发展提供参考依据和建议。

三、调查对象和调查单位

调查对象:成都市普通市民

调查单位:350 份(有效问卷 300 份)

调查地点:武侯区、锦江区、青羊区、金牛区、双流县、郫县、龙泉驿区等。

四、调查项目(内容)

1.被调查者的基本信息情况

2.被调查者对农家乐的认识和消费情况

3.被调查者对农家乐服务情况的评价、意见和建议

4.被调查者对农家乐市场前景的看法

五、调查方式与方法

1.问卷调查法:对成都市民进行分区域、分层次、分年龄段的随机抽样调查,以问卷调查法为主

2.采访法:对部分农家乐进行典型调查,以采访法为主

3.网上调查法:通过 QQ、E-mail、BBS 等方式对成都市民进行网络问卷调查

六、调查期限和时间安排

调查期限:3 月 28 日—5 月 20 日

时间安排:

1.前期准备工作:3 月 28 日—4 月 1 日

2.问卷调查及资料整理:4 月 2 日—4 月 30 日

3.撰写调查报告:5 月 1 日—5 月 20 日

七、被调查者的基本信息和在农家乐的消费概况

1.被调查者的年龄分布

被调查的 300 名成都市民的平均年龄为 34.3 岁,其中年龄最小的为 16 岁,最大的为 73 岁。从年龄结构上来说,各个年龄段的人(未成年人、青年人、中年人和老年人)都参与了调查,因此本调查具有很强的典型性和代表性。

年龄(岁)	20 以下	21~40	41~60	61 以上
人数(人)	17	211	66	6
比重(%)	6	70	22	2

2.被调查者的性别比例

性别	人数（人）	比重（%）
男	159	53
女	141	47
合计	300	100

3.被调查者的月收入情况

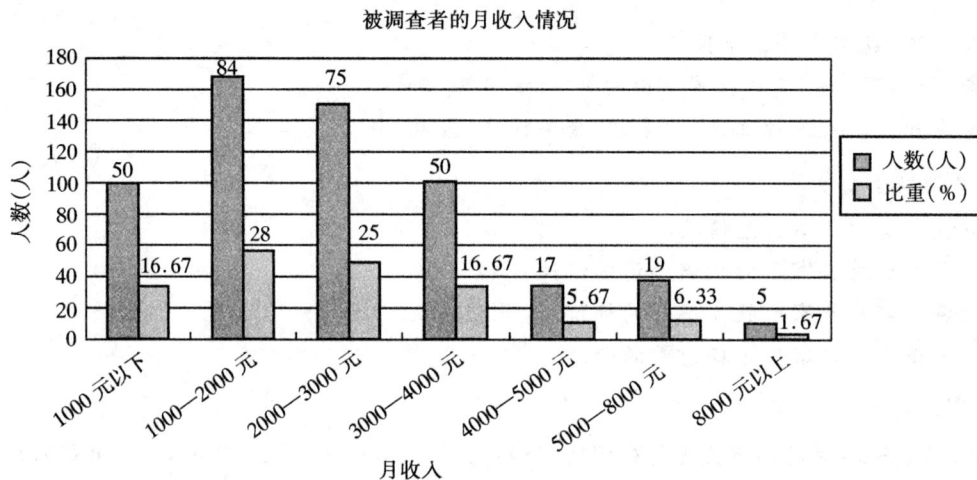

被调查者的月收入情况

被调查的成都市民的平均月收入为2239元,最高月收入为15000元,最低为零收入,月收入在4000元以下的占多数。

4.被调查者的职业分布情况

农家乐调查对象的职业分布表

职业分类	人数（人）	比重（%）
国家机关和社会管理人员	9	3
专业技术人员	67	22.33
办事人员和有关人员	9	3
商业、服务业人员	110	36.67
农林牧渔、水利生产人员	10	3.33
生产、运输工人及有关人员	29	9.67
警察、军人	4	1.33
其他	62	20.67
合计	300	100

5. 农家乐在成都地区的普及性

在被调查的成都市民中,90%以上的人都去过农家乐,只有极少的一部分人没去过。由此可看出,农家乐消费在成都地区具有极高的普及性,它已经成为成都人经常光顾的休闲消费场所,是成都人生活的一部分。

6. 成都农家乐消费的相关人群

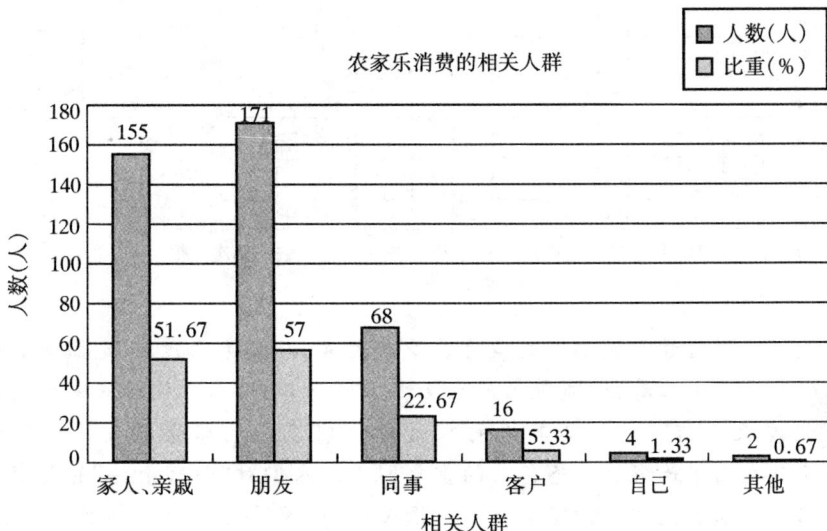

农家乐消费的相关人群

从统计数据可知,在此次被调查的人群中,与家人、亲戚一起去农家乐的有155人,占总人数的51.67%;与朋友一起去农家乐的有171人,占57%;与同事一起去农家乐的有68人,占22.67%;与客户一起去农家乐的有16人,占5.33%;自己一个人去农家乐的有4人,占1.33%;与其他人(除家人、亲戚、朋友、同事、客户和自己以外的人)一起去农家乐的有2人,占0.67%。综上可知,在与消费者一起去农家乐消费的相关人群中,朋友最多,其次是家人、亲戚,第三是同事,第四是客户。自己一个人去农家乐或与其他人(除家人、亲戚、朋友、同事、客户和自己以外的人)去农家乐的人所占比例最小。

7. 成都市民在农家乐的消费频率

在成都市民去农家乐消费的频率调查中,每周去农家乐消费一次以上的有19人,占被调查者总人数的6.33%;每月一两次的人有82人,占27.33%;每半年一两次的人有88人,占29.33%;一年去一两次的人有55人,占18.33%;平均一年都达不到一次的人有56人,占18.66%。综上可知,在被调查的成都市民中,每月和每半年在农家乐消费一两次的人最多,占总人数的56%,超过了半数;其次是一年去一两次和平均一年都达不到一次的人,占总人数的38%;每周去一次以上的人最少。

8. 成都市民去农家乐的主要消费目的

在去农家乐消费的人群中,参加婚庆、节庆、生日 party 等活动的最多,占34.67%;其次是度假,占26%;第三是吃饭,占17.67%;第四是观赏,占14.33%;商务、会议、购物和其他则较少。综上可知,参加宴庆、吃饭、观赏是成都市民去农家乐消费的主要目的。

9. 成都市民所看重的方面

68%的人最看重的是环境和空气质量,30%的人看重饭菜质量,21%的人看重服务态度,19.33%的人看重娱乐项目,还有15%的人看重特色服务,而看重住宿条件的人只占4%。由此

— 61 —

成都市民在农家乐的消费频率

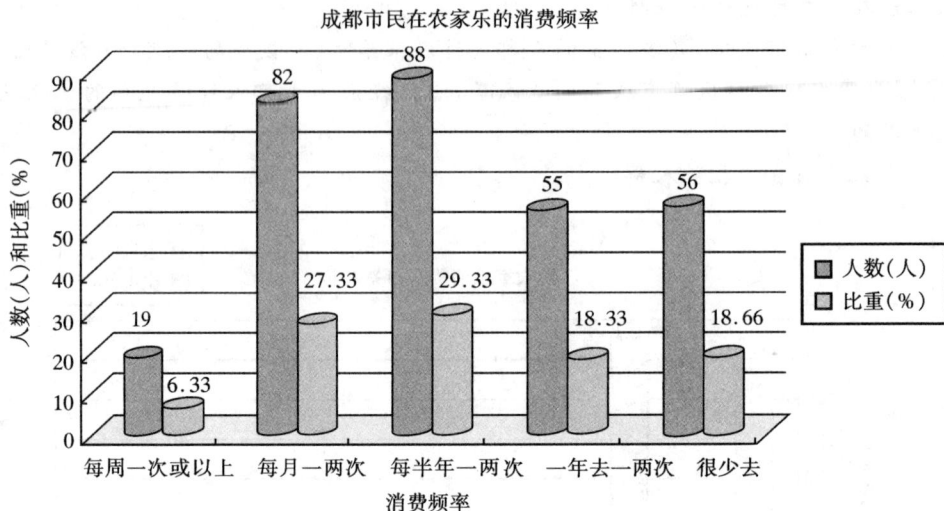

可见,环境、空气和饭菜质量是成都市民最为看重的因素,而服务态度和娱乐项目也是成都市民较为看重的两个方面。不难看出,随着物质生活水平的不断提高,人们对农家乐的环境和空气质量的要求已经超过饭菜质量。位居其次的则是看重农家乐的服务态度,它占到了总人数的21%,可见,服务态度仍然是影响服务行业的重要因素。人们对"住宿条件"的要求仅有总人数的4%,这说明人们对农家乐提供的住宿服务不是很关注,原因是大多数人都不在农家乐住宿。

10.成都市民在农家乐的消费水平

在农家乐消费的人群中,大多数人的消费水平处于中等(30～70元/人),占总人数的67%,其中:45%的人都处于30～50元/人,22%的人处于50～70元/人,11%的人则居于70～100元/人的中等偏上水平,而只有8%的人属于高消费人群,消费水平在100元/人以上。此外,低消费水平的人群也不居少数,占到了总人数的13%。可见,目前农家乐的消费人群中,中等消费水平和低消费水平的人占主体地位,高消费水平的人所占比重较小。

11.成都市民对农家乐服务价格的评价

绝大多数的人认为当前农家乐的服务价格比较适中,此评价占所有评价的73%;13%的人认为其价格偏贵,8%多的人认为价格便宜;此外,6%的人则对其价格水平的高低持不清楚的态度,原因可能是此类人对价格问题不关注或不敏感,也可能由于此类人去农家乐的次数较少,对农家乐的价格不了解。可见,绝大多数的人对当前农家乐的消费价格可以接受。

12.成都市民对农家乐的整体满意度

在被调查的人群中,23%的人对农家乐的整体服务满意,74%的人感觉一般,只有3%的人表示不满意。以上数据说明,农家乐的整体服务水平是能够让消费者接受的,但还有待提高,因为消费者的满意度还不高。

农家乐在服务上还有很多不足与缺陷,需要进一步加强和改善。针对这样的情况,农家乐经营者要立足于当前,加强市场调查与分析,关注消费者的消费需求和倾向,引进成功的酒店管理模式,加强内部职工的培训。同时还要注重提高农家乐的生态环境和饮食的质量,发挥自身的特色,打造出自己的品牌优势。此外,农家乐还应注重吸收一些先进的服务方式,丰富农家乐的内容,以更多、更好、更新的方式来满足消费者的需求。

13.成都市民倾向于的休闲娱乐项目

从调查数据可知,大部分成都市民最倾向于的休闲娱乐消费形式是茶馆,占了总数的

36.7%;其次是倾向于去公园或游乐园的人,占34.7%;倾向于去农家乐消费的则排第三位,占20.7%;第四位是出外旅游,而酒吧、电影院、KTV、咖啡馆、健身房等则占很小的比例。对于农家乐来说,茶馆是它的一个强劲的竞争对手;公园虽然作为一种公益性的休闲娱乐场所,但也会间接地影响农家乐的消费市场;而游乐园、传统旅游也会成为农家乐的另外两个强劲对手。

八、农家乐消费的影响因素

影响消费者在农家乐消费的因素有很多,但总体可以分为两大类:自身因素和外部因素。自身因素包括:消费者的年龄、性别、学历、职业、收入、时间等;外部因素包括:农家乐的服务质量、服务价格、服务设施、特色、环境、空气等。

1.年龄因素

各年龄段的人都首选与朋友、家人和亲戚同去农家乐,且每次在农家乐的消费额主要集中在30~70元/人之间,但40岁以上的人比40岁以下的人去农家乐的频率要高。

2.性别因素

无论男性还是女性,都会首选与家人、亲戚和朋友一起去农家乐,男性在农家乐的消费频率比女性高,消费水平也普遍高于女性。无论男性还是女性,消费水平都主要集中在30~70元/人之间。

男性更多地会选择和朋友去农家乐,其次是家人、亲戚。而女性,则更喜欢与家人、亲戚一起去,其次是朋友。二者与同事去的比例差不多。其他情况所占比例很少。总体而言,无论男性还是女性,都会首选与家人、亲戚和朋友一起去农家乐。

3.收入因素

收入的高低是影响消费者在农家乐消费的重要因素,高收入人群在农家乐中的消费额比低收入人群较高一些,但又不是绝对的,但消费水平多处于30~70元/人之间,从这一角度来说又具有一致性。

4.学历因素

不同学历的人在农家乐中的消费水平是不同的。学历越高,在农家乐中的消费档次(即消费水平)越高,但这不是绝对的,小学和初中学历的人也有消费在100元/人以上的。初中和初中以下学历的人在农家乐中的消费多在50元以下/人,而高中及高中以上学历的人则主要集中在30~70元/人之间。

5.职业因素

国家机关和社会管理人员的消费频率和消费档次都最高,农林牧渔、水利生产人员、生产工人、运输工人以及其他类人群的消费频率和消费档次都最低,其他职业人群则处于中等水平。

6.服务质量和价格因素

服务质量和价格是影响农家乐消费的重要因素,消费者对农家乐的价格敏感度较高,对服务质量的要求也较高。

7.环境、空气因素

环境和空气是消费者去农家乐消费最为关注的因素,对农家乐的经营起着举足轻重的作用,是农家乐经营成败的关键因素之一。

8.品牌特色因素

有无特色已经越来越成为消费者选择农家乐消费的重要因素。现在,农家乐在成都郊区有很多家,但真正具有特色的却不多,农家乐的经营应打造品牌效应,以品牌优势来制胜。

九、成都市民对农家乐市场前景的看法

统计数据表明,44%的人对农家乐市场前景看好,并表示在条件允许的情况下有意愿投资;

而不愿意投资的人只占总人数的 14%;但仍有 42% 的人对农家乐的前景持不确定的态度,这个比重是比较大的。综上所述,将近一半的人对农家乐的前景看好,不看好的只有极少的一部分,但处于中间状态的较多,这说明农家乐的服务还有待提高、改进。

十、当前农家乐存在的问题

1.食品质量和卫生问题突出

2.安全隐患突出

3.交通不便,停车位不足

4.服务人员素质较低

5.不注重环境保护

6.经营特色不明显

7.服务设施和项目不完善

8.服务不够人性化

9.价格不合理

10.乡村气息不足

11.服务不够规范化

12.品牌意识缺乏

十一、建议和对策

1.饮食方面

搞好饮食的质量和卫生,严格执行卫生部门的要求;注重菜的品种多样化和本地化。

2.安全方面

农家乐景区的安全问题应引起高度重视,经营者应增加安全设施,配备安保人员,防范狗、猫等动物对人的伤害,保护好消费者的人身、财产安全。

3.交通方面

确保农家乐附近的交通畅通无阻,开辟更多的停车位,方便消费者的出行。

4.服务方面

对服务人员进行全面的规范化培训,提高服务人员的素质和修养,树立顾客至上的理念,提高服务的档次和水平;加强农家乐基础服务设施建设,增加娱乐服务项目,针对不同类型的消费者采取不同的营销策略,满足不同消费者的不同需求。

5.环保方面

经营者应注重农家乐的环境保护工作,保护好农家乐内部的环境和周边的环境,为消费者营造一个舒适的环境;禁止捕杀和出售国家明令禁止的野生动物,把经济效益与社会效益相结合。

6.特色方面

打造属于自己的特色,向农家乐消费中注入当地的文化元素,营造一种文化气息——力求做到"人无我有,人有我优"。

7.价格方面

农家乐在定价时不能完全以成本为导向,还应根据消费者的实际收入情况来定。了解消费者的不同收入层次和消费需求,通盘考虑定价策略。还可以实行价格差别策略,在淡季时降低价格,旺季时提高价格,根据农家乐的容量控制消费者的数量,保证服务质量。

8. 本土化方面

农家乐是乡村旅游的重要组成方面,乡村气息是农家乐的核心,经营者应充分挖掘乡村风格的元素,让都市人能够真正感受到乡村田园的生活气息。

9. 品牌意识方面

经营者要树立起品牌意识,创造与众不同的品牌形象,为农家乐的长远发展奠定坚实的基础。

10. 其他方面

农家乐经营者应着眼于与消费者密切相关的朋友、家人、亲戚这三类人群,从"亲情""友情"两个方面入手,设置有关亲情、友情的主题服务项目,加强市场宣传,实施情感营销战略。农家乐经营者还应维持好老顾客和消费频率较高的顾客市场,刺激消费频率较低的顾客市场,实现经济效益。

资料来源:成都市民对农家乐的消费情况调查报告[EB/OL]. http://wenku. baidu. com/view/a7e01722192e45361066f5cd. html.

评价与考核

调查报告的撰写任务完成情况及技能评价考查表

学习目标	评价标准	小组评价 (50%)	教师评价 (50%)	综合得分 (百分制)
理论知识(20分)	掌握调查报告的内容的程度			
专业技能(20分)	能撰写调查报告			
通用技能(20分)	具有团队协作能力;具有团队运作信息收集能力;具有团队处理问题的能力			
任务完成(20分)	纸质作业、PPT,调查报告的质量			
学习态度(20分)	完成任务的态度、责任感			
综合评价与建议:				

思考与讨论

如何更好地整理与分析调查资料。

技能训练题

请为任务三技能训练题中的访问和暗访结果撰写调查报告。

拓展活动

全员公关——团队车轮

方法简介:全体学员利用报纸、胶带、剪刀等道具,制造一个首尾相连的履带,所有学员站到履带上前进,向终点进发。

活动目的:协作能力;个人与团队的关系;奉献精神:在团队中你如何奉献自己,并达到团队所期望的高度,来实现自己的理想。

项目三　旅游公共关系活动策划

学习目标

知识目标： 了解旅游公关活动策划的地位、作用及基本原则；

理解旅游公关活动策划的基本程序和步骤；

掌握旅游公关活动策划的方法和技巧；

掌握旅游公关活动策划文案编制的原则、结构及写作要点。

能力目标： 能根据旅游组织公共关系目标做好策划前期准备工作；

能运用旅游公关活动策划的基本技巧与要点；

能根据具体工作情境编制旅游公关活动策划方案。

项目分析

旅游行业关联性比较强，各类旅游组织的类型和性质也有较大差异。因此，旅游公关活动与其他行业公关活动相比具有工作涉及面广、对象多样化、工作内容复杂等特点。为了确保头绪繁杂的公关活动取得理想的效果，必须在活动开始实施前，认真研究、科学分析、充分发挥创造力，对行动方案进行谋划和设计，这个过程就是旅游公关活动策划。具体而言，旅游公关策划就是在旅游公关调查的基础上，整理分析调查信息，设计实现目标的各种公共关系战略、专题活动方案，从中进行择优决策，并最终形成旅游公关活动策划方案，作为公关活动的实施指导、依据和规范。从这些公关工作可见，旅游公关活动策划是旅游组织公关工作承上启下的一个中心环节，是整个公关活动成败优劣的关键。本项目的重点是掌握旅游公关策划的基本程序和技巧、旅游公关策划方案的结构和写作技巧；项目的难点是旅游公关策划的内容构成和创意设计、旅游公关策划方案的正文部分写作。在活动策划过程中，旅游公关人员必须开动脑筋，胸怀大局，抓牢细节，运用创造力和想象力，开拓性地工作。

任务一　旅游公关活动的策划

情境设计

2008 年 8 月，昆明"博物馆之城"战略开始实施。至 2012 年底，昆明市的各类博物馆总量已达到 112 个，"博物馆之城"战略已初见雏形。在这 100 多个博物馆里面，民营博物馆约占总数的1/4。但是，部分民营博物馆由于地理位置隐蔽、宣传不够，导致知名度低，参观人数少，逐渐陷入"不吆喝、不热闹"的境地。在当地政府开始探索民营博物馆的发展与运营模式，主动扶持和保障博物馆运营的同时，部分民营博物馆也开始积极行动起来，努力展现自己的魅力。王先生经营着一家颇有当地特色的竹文化博物馆，但受关注度一直不是很高。随着 5·18 世界博物馆日即将到来，王先生计划着与当地的文化、教育机构合作，举办一些活动，积极地宣传自己的特色展品，突显竹文化亮点,希望打造出一家大众喜闻乐见的特色博物馆来。

请根据以上情境,完成以下任务:

请帮助王先生在世界博物馆日这天策划一次公关宣传活动。

任务分析

旅游公共关系活动策划是在公共关系调查的基础上进行的,主要是通过对公共关系活动的公众、主题进行分析,对公共关系活动的形式和方法进行构思和设计。它既是对以前公共关系工作的总结和评估,又是下次公共关系活动科学规划的开始。在策划工作中,公关工作人员必须遵循一定的策划基本原则和程序,审时度势,发挥创造力,提出创意和构思,在认真论证、修正、完善后,形成主题鲜明,形式独特,措施具体,有较强科学性、艺术性和可行性的方案。

任务实施

完成任务的具体操作步骤,建议如下:

步骤一　领受任务

指导教师解读材料,引导学生关注任务关键点及注意事项。小组成员针对材料或任务提问,指导教师答疑,完成任务领受。

步骤二　分析任务

请各小组成员讨论材料,阅读知识链接和教材范例,分析任务核心、难点,制定完成任务的方法和方式,向指导教师汇报。

步骤三　实施任务

小组负责人组织同学讨论,指导教师调动讨论气氛,观察了解各组进程,引导各组讨论方向。

步骤四　任务汇报

学生以 PPT 形式呈现讨论结果,要求简洁明了。完毕后,其他同学提问评论,小组负责人负责解答。最后,指导教师点评总结。

步骤五　任务总结

各小组修正完善讨论结果,以书面形式上交指导教师。指导教师依据该项目任务考查表,给出评价综合得分。

知识链接

一、旅游公共关系策划的功能和作用

(一)保证公共关系活动的前瞻性和针对性

旅游公关策划一般都以客观的公众分析为前提,以最好的活动效果为目标。通过策划,旅游公关人员能更加全面地收集公众信息,掌握开展公共关系活动的主客观条件,从而确保活动方式服从于组织目标,帮助组织实现既定的公关目标和任务。

(二)增强公共关系活动的艺术性和有效性

公共关系策划是公共关系价值的集中体现。通过策划,旅游公关人员能整理创意思路,全面调动知识链接,汇聚集体智慧,将公共关系与广告、营销手段结合起来,从而能避免单凭经验和主观随意性而造成的工作失误,杜绝混乱和不必要的浪费。

(三)增强公共关系工作的计划性和系统性

旅游公关工作自始至终都应该是一种有计划、有规律的活动。只有通过科学的策划,旅游组织才能合理选择公共关系活动的目标和对象,确定有效的活动具体方式和传播手段,把握最佳的

传播时机,合理地分配和使用经费,使公共关系工作步步到位,井然有序,有计划、有步骤地完成。

(四)促进旅游组织整体工作

公关策划是公共关系理论和实践之间的一个重要节点。做好策划工作可以使旅游组织公关工作的理论和实践相互促进、共同提高,向新的深度和高度拓展。此外,旅游公关策划工作需要综合利用各类资源关系,实际上也是对旅游组织各方面工作的一个全面审视和检验,也是培养人才的一个优质平台。总的来说,利用好公共关系策划活动的机会,不断调整和完善组织工作方式和思路,可以整体促进旅游组织的工作。

二、旅游公共关系策划的基本原则

旅游公共关系策划的原则是旅游公共关系活动客观规律的理性表现,是策划实践活动的概括和总结,也可以说是公共关系策划的价值观念。要使公关策划过程更加科学合理,形成的方案更加符合实际,旅游组织应该遵循以下几个原则:

(一)求实原则

公共关系是建立信誉、塑造形象的艺术,也是以事实为依据的科学。遵循求实原则意味着在旅游公关策划中应注意以下几点:

首先是获取真实可靠的信息。在收集和分析信息时,旅游公关人员要努力做到客观、真实、全面、公正,保证所搜集到的信息真实准确,使公共关系策划的目标确定和行动方案的选择都建立在掌握事实的基础之上。否则,组织会由于失真的信息对工作产生错误估量,使决策走向歧途。

其次要如实地传播信息,向公众说真话。一个组织说一次谎话可能不会被公众抓住,还可能会为组织带来暂时的效益。但我们须知,在传播媒介社会监督作用日益加强的今天,想长久隐瞒事件的真相是不可能的。对处于不利情况的旅游企业组织来说,求实原则更显重要,企图掩盖真实情况的公关策划,最终只能弄巧成拙。

旅游业是整个社会经济活动系统的子系统,其运行离不开大系统的规则制约,因此求实的原则也意味着公关策划人员必须保证策划活动符合组织的现实状态和社会生活的真实情况,必须考虑到我国国情、省情、地情,不能脱离地方与时代的经济背景而孤立地作策划,更不能饥不择食,抛弃道德底线搞恶俗炒作。

(二)系统原则

旅游业本身就是一个系统,旅游组织具有多层次和多类型,功能和隶属关系也呈现多面性和多元化,具有很强的综合性和整体性。因此,旅游公共关系策划应该按照系统的观点和方法予以谋划统筹,对系统中各组成要素全盘考虑,并且要与外部环境协调起来。

当然,系统性原则意味着要塑造良好形象,改善公众关系不是一蹴而就的,需要坚持不懈地开展一系列的公共关系策划工作。如果把公共关系策划作为一种短期战术行为,每一次公共关系策划事件都是孤立的,相互之间没有关联,那么等于每一次策划都是从头开始,无法形成公共关系活动成果的积累。

(三)科学性原则

首先,旅游公共关系策划需要综合运用公共关系规律、谋略以及各种学科综合知识,在专门的策划和管理机构的指挥和调度下,将公共关系目标细化到具体的人员,对即将开展的公共关系工作进行周密的谋划和设计。

其次,公共关系策划有其科学的工作程序,有必须遵循的指导性策划原则,这些都使公共关系策划不是即兴发挥,而是科学化、规范化的工作,需要合理控制进度、科学预算经费、规范分配资源。

再次,公共关系活动策划不提倡"个人英雄主义",优秀的活动策划方案往往都是集体的智慧结晶。决策的集体化在更大程度上能保证策划方案的科学性和可行性,尤其是一些公共关系战略方案或大型的主题活动的策划,更是要求企业领导、公关人员、外部智力,甚至目标公众的共同参与,集思广益,取长补短。

(四)创新性与可行性统一原则

旅游市场需求的多样化及市场竞争的白热化,促使众多旅游企业共同面临一个很急切的课题——创新。旅游公关策划活动作为旅游公共关系活动的核心和关键,必须将创造性作为策划的灵魂,通过辩证的思维过程,打破传统,别出心裁,使公共关系活动生动有趣,开拓新的境地,并使之产生别具一格、标新立异的结果。

一次成功的公共关系策划必须是一次创造性劳动。严格地说,不会有两个完全相同的旅游公共关系策划。公共关系人员必须凭借创造性素质,挖掘出蕴藏于日常工作之中而又出人意料之外的、非常规的、非常知的做法与举措。

当然,创造性不是为了创造而创造,一味地标新立异。过于倚重某个灵光突现的点子时代已经过去,一个有新意的公共关系活动策划的目标必须是可实现的,程序是可行的,范围是力所能及的,手段和方法是可利用的。其实,创新性和可行性本来也是一组矛盾,当这一组矛盾解决之时就是公共关系策划成功之时。

(五)计划性与灵活性结合原则

每一次旅游公共关系活动都是一次"现场直播",人、财、物的配备协调都具有较强的计划性。所以,行动方案一旦确定,在实施中就应尽量保持其稳定性。但是,由于旅游组织的条件特征和外部环境是处在不断变化中的,如果在实施公关活动中过于教条,不与实际相结合,就很难把策划方案落到实处。因此,在策划活动方案时,应该从最坏处着想,从最好处入手,使方案要具有充分的回旋余地和灵活的补救措施。

当然,我们强调的灵活性是指积极的而非消极的灵活性。积极的灵活性就是在公关活动中备有多种方案和预防措施,一旦态势有重大变故,能够不乱方寸、有备无患地作出灵活的应变。而消极的灵活性则是指降低可能实现的目标,各方面都"留一手",结果是以闲置甚至浪费资源为代价,来增强所谓的"灵活性",这是绝对不可取的。

三、旅游公共关系活动策划程序

旅游公关策划程序是公共关系人员通过调查研究和综合分析,确立公共关系目标,制订公共关系计划方案的过程。由于策划者的用意、思路及策划的内容等方面的差异,旅游公共关系策划的层次、内容、程序与方法也不尽相同。从实用性角度出发,旅游公共关系策划程序一般可分为六个阶段:

(一)确定目标与公众

1.确定目标

公关策划的目标是指旅游组织通过公共关系活动希望达到的形象状态和理想标准。在前期的公共关系调查发现组织存在的现实或潜在问题后,要解决的问题实际就成了公关策划的目标。公共关系目标既是策划活动的出发点和归宿点,在公共关系活动中从始至终都起着定向导航的作用,同时也是衡量和评估公关策划效果的标准。公共关系策划目标一般可分为以下几种:

(1)塑造全新形象。旅游组织在新成立、开辟新市场、推出新产品和新服务时,要通过公共关系策划活动来加深公众对形象的感知,提高知名度。

(2)优化形象。当旅游组织内部环境发生变化,或政治环境、经济条件、公众观念、社会风气变更时,必须积极通过公关活动,提升和优化形象,使之与内外部环境相适应。

(3)矫正形象。当旅游组织由于各种主客观原因出现形象下降或受损时,也需要通过策划公共关系活动来控制影响、缓和矛盾、矫正失误、提高声誉、恢复与改善形象。

对策划目标的确定要注意两点:

首先,公共关系策划目标应明确、具体,指向必须清楚,任务和要求应该具体化,避免抽象的概念和空泛的口号。这样才能使各级公关工作人员明确自己的责、权、利,避免造成各种误解。另外,目标最好是可以通过数据来计算的,可以量化的。

其次,公共关系目标要合理,即具有可行性和可控性。确定公关目标要考虑到自身的人、财、物等基本条件。同时,所确定的目标要有一定的弹性,考虑突发因素对实施计划的影响,以防备情况发生变化时能够灵活应变。

2. 确定公众

旅游组织的公众有多种类型,他们是与旅游组织有着某种共同利益并与组织的特定工作产生互动效应的社会群体。确定了目标公众,才能确定公共关系活动的程序和重点。但是,不同的公众具有不同的经济条件、价值观念、利益要求、文化修养、生活习惯,公共关系活动要面对所有目标公众是不现实的。因此,组织需要根据活动目标和主题来确定公众,公众的确定越有针对性和科学性,公关活动实施的效果也就越好。

确定公众一般可以按两个步骤进行,首先是整理公众对象的权利要求,分析他们对组织所持的态度和权利要求,使其作为策划活动的目标和出发点。以一般旅游企业为例,其公众权利要求如表3-1所示。

表3-1　公众权利要求

与公众关系	公众的权利要求
员工	良好的工作条件;合理的工资福利;拥有培训进修机会;和谐的人际关系;工作安全感、成就感;参与企业管理、决策机会;等等
股东	了解旅游企业运行状况,有权了解旅游组织账目;参与股份表决,利润分配;有权转让股票;等等
游客	合理的消费价格,良好的旅游服务;必要的消费教育和指导;完善的投诉接受和处理渠道;等等
竞争者	社会或行业竞争活动准则;平等竞争机会和条件,竞争中相互协作;等等
社区	旅游直接、间接就业机会;社区环境、秩序保护;当地文化、传统传承;地方建设人、财、物支持;等等
政府	遵守法律、政策;承担法律义务;公平竞争
媒介	开放的新闻环境;真实的新闻消息;新闻职业尊严;等等

在确定公众的大致权利要求后,要找出各类公众权利要求的共同点和共性问题,作为制定公共关系活动目标的基本内容。对于不同公众的特殊权利要求,应该选择与组织生存发展密切相关的内容,作为公关工作的重心。

(二)成立策划组和组织策划会

1. 成立策划组

实践证明,一项公共关系策划方案能否成功,策划者的组成极为关键。尤其在进入知识密集时代,在组织内外部条件复杂多变的情况下,协同作业成为现代旅游公共关系活动策划的必由之路。在实践中,公关策划人员多由与策划目标密切相关的5~12人组成。小组的理想构架是成员的知识结构、能力、特长等方面形成互补,各个成员能在策划中独立承担某一部分的策划内容,或能很好地配合某一问题,保证策划成果浑然一体、无懈可击。一般来说,策划组的基本人员构成可分为几大类:①方法学者——策划领域的专家;②设想产生者——旅游行业领域的专家;③分析者——旅游专业领域的高级专家;④演绎者——具有较高逻辑思维能力的专家。

2.组织策划会

策划小组的工作程序大致是个人首先整理、研究相关的资料,将初步成果向其他成员通报交流;大家经过初次交流后,知识互补,进行更成熟、综合的思考;最后召开策划讨论会,将各人的成果汇总,或由大家形成多个方案,进行综合择优。在这个过程中,重点要求对策划会精心筹备,认真执行,保证会议效果。具体来说要做好以下几项工作:

(1)会前准备。确定会议主题,通知会议时间、地点,使策划者作好心理与材料上的必要准备;布置好场地,安排好座次。如果专家远道而来,还要安排人员提供周到的服务,安排好生活起居。

(2)会中组织。会议主持人在此过程中的作用十分关键,作为策划项目的负责人,在会议进行中必须注意控制会议进度、节奏,把握讨论方向,引导脑力激荡,调节会场气氛,维持会议秩序。

(3)会后总结。在会后,主持人、记录者、相关人员应该整理归纳会议记录,归纳总结会议讨论问题,然后进行全面技术性分析、可行性论证。在形成书面报告后,送决策者优化选择。

(三)设计主题和活动形式

1.主题设计

郑板桥曰:"作诗非难,命题为难。题高则诗高,题矮则诗矮。"旅游公共关系活动的主题是指连接公共关系所有项目,统筹整个活动的思想纽带和核心,可以说是活动的主线和灵魂。但是,主题只是公共关系活动的立意,并不等同于公共关系活动的目标,而是为表现和实现公共关系目标服务的。

公共关系活动主题的表现形式是多种多样的,最常见的是文字表达,可以是一句简洁的口号,也可以是一个陈述或是一种表白。除此之外,活动主题还可以通过标志物、吉祥物、代言人、主题曲等形式推出。无论形式如何,公关活动主题都要求意义明确,新颖别致,切合实际。一般来说,提炼和确定主题应该注意以下问题:

(1)主题与公关目标要有一致性。确定主题必须先对具体的旅游公关活动性质有基本的认识,使活动主题和组织公关活动目标保持统一,否则会造成公众对整个活动的认识偏差,导致公共关系效果错位,降低活动的感染力和影响力。

(2)主题要有实效性,便于传播。这要求旅游组织一是把握社会"热点",借势顺势,广泛收集分析社会信息,"赶上"或"堵截"国家社会主要政策或热点问题。二是要求主题独特新颖,便于记忆,易于解读,不会出现歧义,表述语言要有文采、有语感、有美感、有"灵"感。三是要分析了解公众心理特点,考虑地域文化特征、公众价值观、审美情趣。例如,2009年是广东省试行国民旅游休闲计划的开局之年,全省"五一"假期有百余项以国民旅游休闲计划为主题的旅游文化娱乐活动。这一系列活动的主题确定为"粤游粤精彩"。巧妙地利用"粤"与"越"的谐音,很好地突出了"广东人游广东"的主题。

(3)主题要有稳定性。主题是公关活动的"眼",确定后应该贯穿公共关系活动始终,不得随意改变。对于某些大型公共关系活动,可能存在多个主题,但必须确立主题之间的主次关系,避免公众产生感知混乱。

(4)主题要具备客观性。旅游公关活动的主题,必须要遵守国家相关政策和行业规则,不碰"高压线"。例如,在2008年奥运会期间,国家旅游局就曾正式下发通知,要求各旅游企业严格遵守《奥林匹克标志保护条例》的规定,不应自行使用奥林匹克标志组织任何庆祝"2008中国奥运旅游年"的活动,不应擅自使用"北京奥运,相约中国"的口号。另外,客观性原则还要求拟定的活动主题应该积极向上,体现时代气息,商业化气息不可太浓厚,也不要主观性太强。

2.活动形式设计

旅游公共关系活动的主题总是要借助一定的形式来表现,具体的活动形式大致可分为以下几类:①以信息传播为主的宣传性活动,如新闻发布会、展览会、股东大会、文体演出等。②以建立社会关系网络为目的的交际活动,如招待会、联谊会、茶话会、沙龙等。③以社会性、公益性为主的社会型活动如赞助活动、捐赠活动、慈善活动、重大纪念活动等。

在设计以上旅游公共关系活动形式时应注意考虑以下因素:

(1)针对性。公共关系活动项目要符合组织的性质和特点,要注意保持各项目的连续性,以利于积累成果,使每一个项目都成为表现、烘托主题的有用要素。

(2)合理性。公共关系策划人员要按照活动开展的顺序和内容,合理地编排各项目的活动时间和内容搭配,使之弛张有度。

(3)适应性。活动项目要考虑到一定的弹性和适应性,可以根据环境适当调整。例如,2010年,广西百色市计划在4月底举办布洛陀民俗文化旅游节。但是,在4月初,西南各省的旱情日益加重。为了适应抗旱的形势,活动组在开幕前五天对旅游节活动内容进行了"三减两加",即:取消开幕式、文艺晚会、圣女池摔跤等与抗旱形势不相宜的活动,增加了抗旱救灾捐赠、抗旱救灾科普知识宣传活动。

(4)新颖性。公共关系活动项目要具有新颖特色,能充分吸引公众的注意力,引起公众的兴趣,给公众留下深刻的印象。

(四)媒介策略和时机选择

1.媒介策略

要使活动达到预想的公共关系效果,旅游组织必须了解各种媒介的优、缺点,优选搭配组合媒体资源,形成优势互补的整合性效果。具体操作可参考以下思路:

(1)选择媒介类型。即根据旅游公关目标、公众对象接受信息的模式和特点来选择媒体,使活动方式与传播对象之间形成良性的传播渠道。如一个旅游集团要面向政府、企业股东、顾客来传播自己重组、上市等信息时,可以选择旅游类报纸杂志、网站、旅游卫视等专业媒介,或者各种媒介的旅游类版块、财经版块为传播平台。

(2)选择具体媒介。公关人员要收集媒体信息、分析不同媒介的权威性、影响力、报道特色、发行传播量、覆盖范围。同时还要考虑是否具有媒体的联系渠道,是否能够约请等问题。完成上述调研分析后,应该列出一个媒体分析名单。

(3)搭配组合媒介。这是媒体传播成功的关键。公关策划人员要本着经济适用原则,根据企业实力和公共关系活动预算,选择搭配恰当的媒介。在选择、组合媒体时,必须了解媒体特点,知道媒体的所思所求,量身定做提供"新闻",同时也要理解媒体在一些传播上的不便,少做一些"互相为难"的事情,把事情想在媒体前面。

值得一提的是,互联网目前已进入中国主流媒体行列,且影响力在不断提升,使得公共关系活动策划范畴有了一个质的扩展。对网络媒体的选择,应该做到共性与特性并重,定性与定量结合,重点考察其覆盖人群、注册用户数、点击率、回帖率、意见领袖参与度、网络媒体定位、目标用户特征等指标。另外,还要考察网络媒体对信息的管理能力,在保证目标用户覆盖的基础上,最大限度地减少干扰信息的影响。

2. 选择时机

《兵经百篇·速字》说："难得者时也，易失者机也。"策划者应该善于无机则创机，有机则乘机，见机则借机，因势利导，才能利用时间条件保证策划活动的顺利开展。

（1）常规时机。这类时机常见的有固定节日、重大纪念日和其他有规律的节假日。由于这类常规性时机知名度高，受众面大，社会各界都重视，往往成为旅游组织塑造、发展良好形象的上佳选择。具体而言，旅游组织可利用的常规时机有：常规国家法定节假日，重大纪念日；国际节日，如9·27世界旅游日，5·18国际博物馆日；重大文体活动、会议、展览日；旅游节庆活动、少数民族节日；名人、伟人诞辰、忌日。

（2）组织自身时机。组织的自身时机是指旅游组织在发展经营过程中，对企业具有重大影响或重大意义的时机。具体的时间点则会因企业特点而不同，一般可利用的时机有：组织工程奠基、落成、开业、乔迁、周年庆之时；组织更名、改组、转产、合并时；组织股票上市之时；新产品、新项目、新服务、新技术推出之时；组织获得高等级荣誉时；各种可引起公众关注，例如酒店销售额、景区游客接待量达到一个大的整数之时；组织出现失误或受到公众误解之际。

（3）偶然时机。偶然时机，是指在组织发展过程中出现的偶发性、突发性事件。公共关系人员只要具有强烈的公共关系意识，又善于观察发现，就可以不失时机地借用这些事件策划公共关系活动。偶然得到的机会，常常是一种真正的大好机会，充分利用它，能获得意想不到的效果。

选择时机要注意：首先，公共关系活动要与这些时机有直接或间接的联系，才能取得好的效果。与节日毫无关系的活动不但不能借势，反而会被节日分散公众注意力。其次，时间的选择必须考虑公众参与时间的可行性，有利于公共关系目标的实现。再次，时机选择应该考虑当地的民风民情、宗教信仰、民族感情，注意把握公众的心理时机，避免公众产生逆反、排斥心理。例如，国难日是"九一八"，从数字上看很"吉利"，但每年都有各类组织因在这一天开展不合事宜的公关活动而受到舆论批评。最后，注意避开恶劣天气，也就是说，策划工作人员要学会关注天气预报。

（五）预算经费

任何一项完整的公关活动策划方案必须包括公共关系活动经费的预算，这既是公共关系策划的题中应有之意，也是论证、审定活动方案的重要依据。

1. 预算公共关系活动经费的重要性

（1）保证活动方案的可行性和现实性。对公共关系活动经费进行预算，可以明确各项目的轻重缓急，做到心中有数，使公共关系活动方案做到全面兼顾，避免被动。另外，还可以给公共关系活动费用的分配提供一个坐标系，使钱花在刀刃上，保证公共关系活动经费按计划支出，防止透支或以权谋私现象发生。

（2）保证将公共关系工作纳入正轨。根据具体的经费预算，旅游组织可以合理安排工作人员，选用恰当的活动方式和传播媒介，可以将公共关系的计划方案具体化，形成"时间—经费—活动"一览表，保证各项具体任务的完成，避免因陷入"财政陷阱"而使方案无法实施。

（3）便于活动效果评估。公共关系活动方案实施完毕后，可以根据公共关系活动的效益同成本预算之比来检测评估公共关系活动的花费是否值得，并且可以考核预算内各个项目之间的分配比例是否合理，为以后评估公共关系工作提供比较科学的依据。

2. 公共关系活动费用的基本构成

（1）大宗项目费用。大宗项目费用指实施旅游公共关系活动中相对独立的、大宗的项目开支，包括交通运输费、印刷品制作费、咨询费、赞助费、专项调查费、宴会或餐饮支出、广告支出费等。

（2）设施物资费用。设施物资费用主要依据公共关系活动应用的手段而定,包括视听器材、展览设施、文具、纪念品、礼品及布置场地物品所需的费用,以及用于宣传方面的开支,如摄影、录像、宣传品印刷、展示费用等。

（3）人员支出费。人员支出费包括公共关系工作人员和其他参与活动人员如名人嘉宾、外聘专家、文体演员、礼仪人员的工资、奖金、补贴。

（4）不可预算的费用。这部分费用指因突发事件调整、改变方案所产生的费用,以及其他不可抗因素导致的不可预算开支。一般来说,在预算总额已定的情况下,应当计提一定比率(比如5%～10%)的机动经费,以备计划不周或出现偶然事件而造成经费紧张。

3．公关策划经费的预算方法

（1）经费包干法。经费包干法是指组织按常年的公共关系活动情况核算出一定量的经费,作为公共关系策划之用,或是有单项的活动计划,可专项拨给经费。一旦划定了经费,就不宜再增补或删减,而由组织的公共关系部门或公共关系人员在本职范围内使用,此法编制预算速度较快,但有时难免陷入盲目性。

（2）比例抽成法。比例抽成法是指按旅游企业的正常收入,从宣传经费、行政经费和其他经费中取一定的百分比作为公共关系策划费,用于开展公共关系活动。使用这种方法,经费预算明确,但缺乏弹性。

（3）目标估计法。目标估计法即按组织确立的工作目标(总目标或若干分目标),逐项列出细目,计算出所需经费。

（六）策划方案论证和审定

公共关系人员在进行策划时很可能会提出若干个活动方案,即初始方案。为了最有效地实现公共关系目标,必须要对这些拟订方案进行论证优选,即预测性地评估风险,预测效果,比较优选审定,最终决定活动方案。这一过程既要听取专家的意见,也要听取有关公众的意见,从各方面论证策划方案的可行性。

不同旅游组织的公关活动策划方案的论证内容及侧重点因组织不同可能差异很大,但一般应包括以下内容:

（1）对公共关系目标进行分析,判定目标是否明确,能否实现以及对实现组织目标的意义。

（2）对项目的必要性进行论证,判断该策划应否付诸实施。

（3）对方案技术可行性进行分析,包括人、财、物协调到位情况,项目实施进度,预算合理性等。

（4）分析执行公关活动时可能发生的潜在问题和障碍,讨论减少和补救失误措施。

（5）对预期结果进行综合效益评价,有的方案要经过反复论证。

公共关系活动方案经过论证后,必须以书面报告——策划书的形式报相关领导审核和批准。策划方案一经审定通过,便可组织实施了。

四、旅游公关策划范例

一次经典的旅游公关策划

2009年1月9日,澳大利亚昆士兰州旅游局一份招聘大堡礁看护员的广告吸引了全世界的目光。该旅游局建了一个名为"世上最好的工作"的招聘网站(www.islandreefjob.com),面向全球招聘大堡礁看护员。活动的参与方式非常简单,没有学历要求和工作限制,只要所有18岁以上的人通过YouTube提供一段60秒内的英文求职视频即可。

据昆士兰旅游局介绍,成功应聘的岛屿看护员将自2009年7月起驻大堡礁哈密尔顿岛6个月,薪水共计15万澳元(约合人民币70万元),旅游局向看护员提供免费海景房住宿、看护员所在国至澳往返机票、岛上交通费等。而看护员的职责较为轻松,主要负责喂鱼、照看鲸,探访大堡礁附近的诸多岛屿,亲身体验各种探险活动,包括扬帆出海、划独木舟、潜水、海岛徒步探险等,同时还需把自己的经历以文字、照片和视频的方式记录下来,每周更新博客并不断接受媒体采访。

在金融风暴席卷全球、大量工厂裁员、人心惶惶的时候,这份高薪工作迅速吸引了全球无数人的眼球,在四十天的报名期内吸引来自全球200个国家近3.5万人竞聘,其中包括503名中国人。在活动开展以后,美国《纽约时报》、英国《独立报》、中国中央电视台、路透社、美联社等媒体都对其进行了"不遗余力"的报道。而如此火爆场景促使活动主办方推波助澜地采取了全球投票选举的方式选出"最受关注的前50位选手"。而投票者的邮箱都会不定期地收到来自大堡礁的问候。历经数月层层选拔,34岁的英国小伙本·绍索尔拔得头筹,获得大堡礁岛屿看护员一职,成为世界瞩目的公众人物。最终人选公布后,多家电视台,包括中国中央电视台都自费到澳洲拍摄最后的竞争。

昆士兰州旅游局执行总裁安东尼·海斯说,"世界最佳工作"引发的眼球效应不会因为公布获胜者结束,"媒体将花费数月时间追踪绍索尔的博客,进入大堡礁宣传大使角色,而这将成为一个年度事件"。他还强调:"这次活动很大程度上依靠的是公共关系和社交网络活动,关键环节都在网上展开。"例如,中国是澳大利亚五大客源国中唯一保持增长的市场,所以招聘网站的中文版本就设有大陆简体、澳门繁体、香港繁体三种。结果是仅在2009年4月份,中国前往昆士兰的游客数量已达到2008年全年人数的总和。

昆士兰州旅游局公共关系项目经理尼可(Nicole)女士说,大堡礁尽管久负盛名,但因为随着海洋升温以及游客增多,大堡礁的珊瑚虫一度濒临灭绝。经过休养生息,大堡礁生态环境得到了恢复,知名度却已大不如从前。而2008年一场金融危机也使旅客量大减。于是,昆士兰州旅游局管理层以及驻世界各地办事处负责人齐聚总部会议室,通过这样一个精心策划的活动来推广大堡礁,影响消费者。她说:"这项旅游公共关系策划活动,我们筹划了3年,经费预算总计170万澳元,其中还包含了护岛人15万澳元的薪水。"然而据全球各媒体对此事报道的版面大小或时间长短计算的公共关系价值,"最好的工作"已经带来了超过1亿澳元的收入。

当地旅游局承认活动旨在提升大堡礁的国际知名度。这次活动预计投入170万澳元,但目前这项活动带来的公关价值已经超过7000万美元,咨询当地旅游的旅客也络绎不绝。"2009戛纳国际广告节"上,昆士兰旅游局推出的"世界最好的工作"策划活动一举收获了三项大奖——最佳公共关系类大奖、最佳网络广告大奖、最佳直效类大奖。

这次活动为什么如此成功呢?其实首先是它抓住了经济危机中人们对于好工作的渴望心理,其次在具体的活动组织上还巧用了一些小技巧:

第一,将宣传的主战场转向更好观测消费者反应的渠道,例如搜索引擎的广告,BBS等SNS社区。在这次活动中,人们口口相传的力量在其中起到了重要作用,通过YouTube以及各类专门针对比赛的BBS、博客,旅游局能迅速了解到人们的反应,并且旅游局通过不同版本的申请网站对目标客户市场的反应进行监测。这样就可以随时调整改进自己的方案。随着经济环境的不断变化,消费者的心态也在不断发生变化,这些新媒体渠道不仅廉价,而且更能帮助企业及时把握消费者的细微变化,迅速作出反应。

第二,宣传的娱乐性和新闻性很重要,但更要与产品相联系。以"全球最好工作"为题的确吸引眼球,连BBC、福克斯、中央电视台都开辟专栏介绍该项目。但这并不意味着新闻或是新闻营销是万能的,它们要与产品紧密联合才能迅速达到效果,比如人们为了参加应聘,必须主动搜寻大堡礁的信息,而超女活动等,参加超女选秀或投票并不一定要研究或购买一盒蒙牛酸酸乳。因此在经济危机中,娱乐和新闻虽然受到欢迎,但也费时费力,而且品牌效应转化为消费者的直接购买还需要一定时间,因此必须把宣传与产品紧密联系,在短时间内启动消费者的购买欲。

第三,重视市场细分,抓住核心消费者的同时,也要扩大消费者的参与面。"全球最好工作"的职位竞聘要求没有学历、年龄、地区等限制,仅仅要求有热情、有娱乐性、有展示能力的欲望、一年相关经验,并且申请职位只需要拍摄60秒的自我介绍视频。这样宽泛的条件在增加了挑选人才范围的同时,也起到了免费广告宣传的效果。当然,扩大客户面并不意味着忽略核心客户。比如这次招聘中,虽然面向的是广大人群,但中国作为重中之重的客户,自然也受到了额外的待遇,比如海选的官方网站仅中文版本就分为内地简体、澳门繁体、香港繁体三种,昆士兰旅游局甚至在北京进行了现场招聘。面对销量下降,许多企业推出了门槛更低的低端产品或品牌,从而面对了更广泛的客户,但这时如果还进行整体营销,对高端、低端客户都缺乏吸引力,通过扩大目标市场有利于销量的提升,但提升利润,还应该关注那些核心消费者。

第四,宣传既具备长期性,也兼具灵活性。以组织活动为形式的营销往往热了一阵就过去,而"全球最好工作"不仅选拔期和工作合同期都是6个月,他们从未承诺这是个长期的职位,而且这种方式也给旅游局留下了余地,这意味着在6个月选拔期结束后可根据市场反应决定是否进行下一轮选拔,而且旅游局今后可以持续不断地进行选拔活动。

评价与考核

旅游公共关系活动策划任务完成情况及技能评价考查表

学习目标	评价标准	小组评价(50%)	教师评价(50%)	综合得分(百分制)
理论知识(20分)	掌握旅游公关策划的原则、方法和基本流程、步骤的程度			
专业技能(20分)	能组织策划会;能根据公关目标,策划公关活动			
通用技能(20分)	具有团队合作能力;具有良好的语言表达能力			
任务完成(20分)	PPT制作水平;工作完整性、问题解决有效性			
学习态度(20分)	完成任务的态度;角色工作任务责任感			
综合评价与建议:				

思考与讨论

1. 创新是公共关系策划中的一个重要原则,你认为在旅游公共关系活动策划中应该如何开发和利用创新思维?

2. 旅游公关活动策划会中,如何运用头脑风暴法来达到集思广益的目的?

技能训练题

请观察你能接触到的本地区各类旅游组织及企业近期举行的旅游节庆、会展等活动,尝试整理其活动项目内容及流程,归纳出活动策划的亮点和不足。

任务二　旅游公关活动策划方案的编制

情境设计

恒元酒店是 H 市成立比较早的酒店，截至今年已经开业整整十五年了。酒店经营效益在前几年一直都不错，但是，这几年在本市开业的酒店越来越多，竞争日益激烈。作为本市酒店业的老前辈，恒元酒店也感受到了市场的压力，急欲通过一系列活动的开展来扩大市场影响，强化市场形象。在下个月，H 市即将被国家旅游局授予"最佳旅游城市"的称号，这是该市旅游业届的一件大事。恒元酒店管理层都认为这个时段是展开公关宣传的好机会，于是打算在下个月策划一次公关宣传活动。酒店各部门领导针对此次活动召开了好几次讨论会，明确了活动的主要内容、主题、所需经费，但在一些细节方面的东西还没有敲定下来。最后，总经理决定由酒店策划部的同事编制一份细致的活动方案，来指导这次活动的具体实施。

请根据以上情境，完成以下任务：

请为策划部的人员编制一份公关活动策划方案。

任务分析

旅游公关活动方案经过论证后，必须形成一份完整的公共关系策划方案的书面报告，即公关策划方案，也叫公关活动策划书，是表明要取得预期结果必须采取什么行动的实务指南。

编写公关策划方案是旅游公关策划工作的最后一道程序，也是开展公关实务活动前必须做的一项工作。公关策划方案在实施前都要上报公关主管领导审核和批准，在操作中可以方便计划制订者随时查看项目进展，在活动结束后则能有效地对公关结果进行评估。当然，一项清晰完备的公关活动策划方案也是旅游组织建立完整工作档案系统的重要部分。

正因为公关策划文案在公关策划活动中的重要性，它已经成为公关实务操作中最常用的文案之一，也是公关人员国家职业资格统一鉴定"中级技能"部分重点考核的内容。学会撰写公关策划文案，是一名合格的公关人员必须具备的基本功。在上述情境中，必须认真了解恒元酒店开展活动的背景和目标，结合范例来完成工作任务。

任务实施

完成任务的具体操作步骤，建议如下：

步骤一　领受任务

指导教师解读教材情境，引导学生关注关键点。小组针对材料或任务提问，指导教师答疑，完成任务领受。

步骤二　分析任务

学生阅读知识链接和教材范例，分析任务核心、难点，明确完成该任务的方法，向指导教师汇报。

步骤三　实施任务

小组负责人组织同学讨论，指导教师调动讨论气氛，观察了解各组进程，引导各组讨论方向。

步骤四　任务汇报

每组提交一份策划活动方案，并制作成 PPT 向全班展示。其他同学提问评论，小组负责人负责解答。最后，指导教师引导大家讨论比较各组方案的重合和差异之处，指出各组的亮点和不足。

步骤五　任务总结

各小组完善修正讨论结果,将策划书上交指导教师。指导教师依据该项目任务考查表,给出评价综合得分。

知识链接

一、旅游公关活动策划方案的结构及内容

一般来说,旅游公关活动策划方案可分为三个部分:封面、序文及目录,正文,附件。

(一)封面、序文及目录

1.封面

一般来说,公关活动策划方案应专门制作封页。格式要规范,力求简单、凝重、大方、典雅,紧扣主题。封面可以图文并茂,如用组织的标志做眉头、背景等。如果是涉外活动,要在允许的情况下尽量精美。封面要注明:

(1)标题。标题应有组织的名称、活动的内容、活动方式及文种。标题字号稍大于正文,居中排列。其表现大致形式有两种:第一种是"事由+文种"。如"××酒店开业10周年纪念活动策划书"。第二种是"主标题+副标题"。主标题是公关活动主题,副标题即常用策划方案名称。如"心动十月,梦连你我——××景区枫叶品赏会策划方案"。

(2)编号和版记。编号的作用主要是便于存档和查找,一般标注在策划书标题右上角。方案可以根据内容的重要程度或保密程度编号(如分为秘密、机密、绝密等),也可根据本组织方案管理的既定分类编号。另外,还应在标题下括号注明策划方案的版记,如"草稿""讨论稿""征求意见稿""修订稿""实施稿""执行稿",等等。

(3)落款。落款应注明制作策划方案的单位名称及日期,加盖公章。一般还要注明总策划、策划总监、策划督导和策划人员的名字及身份等。

2.序文及目录

序文应该列在策划方案的最前面,涵盖策划活动的要点,是策划方案的精华。序文要简略地介绍旅游组织策划这份文案的特定背景和公关目标。这样才能说明开展公关活动的迫切性和意义所在,同时引出后面的具体策划内容(方案),使读者能在最短的时间内评审计划并作出判断。

策划方案的目录具有导读、检索功能,使人读后能了解策划方案的全貌。目录只需一页即可,一般不列在方案的页码标注的范围以内。

(二)正文

策划方案的正文一般可以按活动概述、活动方案和效果预测三个层次展开。

1.活动概述

活动概述包括活动背景分析、目标、主题、参与者。

(1)活动背景分析。背景分析的目的主要是让审批者、领导、方案实施者了解这次活动要解决什么问题及其鲜明的记忆点是什么。背景说明中可以将重点放在公关活动的环境分析上,用SWOT法作详细的描述。必要时,应该对前期的公关调查的对象的代表性、方法的科学性以及结论的可行性作简单明了的分析。

旅游公关活动背景分析的撰写,并无固定的套路,可视活动的不同性质而定。如一项公益型公关活动的策划方案,与一项品牌推介型公关活动的策划方案书,其背景分析的撰写重点就有所不同:前者强调社会热点和公众需要,后者着眼于市场竞争态势和企业拓展需要。但一般说来,公关活动背景离不开两大块内容:一是社会、公众和市场需要,二是组织自身发展需要。

【范例】

随着生活节奏的加快，传统的过年方式发生了变化，利用春节假期出游群体在不断扩大，以致春节黄金周市场的营销，成为旅游业一年中重要的和新年第一场必争的战役。××是"中国民间剪纸之乡"，宣传和推广××剪纸是提升××旅游目的地的重要内涵，弘扬民间剪纸文化更是我们的责任。2017年是"鸡"年，我们将在景区推出一系列与"鸡"有关、互动性和趣味性强的春节过年活动，并将"鸡"以剪纸的形式来表现，使景区休闲与当地特色文化有机结合。借景区平台传承民间文化，用地方文化丰富景区内涵，相辅相成，相得益彰。

（2）活动目标。在陈述活动目的要点时，要用简洁明了的语言描述活动核心构成、策划的独到之处及由此产生的意义（经济效益、社会利益、媒体效应等）。目标要具体化，要具有重要性、可行性、时效性。

（3）活动主题。活动的主题要求文字简练，具有唯一性和原创性，具有感召力，易于传播和记忆，能够反映活动的整体特色和优势，并体现其独特性、差异性，成为活动的理念识别。

【范例】

"金色花海、真美汉中"（2017中国最美油菜花海汉中旅游文化节）

"沐心之城·川乐之旅"（2017四川省第八届乡村文化旅游节）

"福佑邛池鱼满仓"（2016中国·凉山西昌邛海开海节）

"让心灵起舞，让梦想起飞"（第十一届苏州（沙家浜）国际风筝节）

（4）活动参与者。旅游公关活动的参与者往往是多个单位依据某种特定关系组合形成的团队。在策划方案上必须一一列出活动参与方的名称以示尊重，更重要的是可以明确不同参与者的义务和权益。一般来说，公关活动参与者大多可以分为以下几类：

①主办方：活动实际主持者，负责提供经费、工作人员，监管项目的进程，完成项目的进行。活动的收益归其所有。

②承办方：主办方通过"投标"等手段选择出来的具体承担工作者，需完成主办方的项目要求，并按约定条款获得相关利益。

③协办方：活动项目比较复杂时，由承办方选择的协助工作的单位，向承办方负责。

另外，在相互有利的条件下，还有一些社会集团会对活动提供资金、产品、设备、设施和免费服务等支持，可将它们列为"赞助单位"，如果冠以企业名称，则为"冠名单位"。

同时，在参与者的名单上，还要注明支持媒体单位名称以及到场领导、主要代表、嘉宾的全名和头衔、职称。

2.活动方案

这是旅游公关活动策划方案的核心和"重头戏"，也是具体公关活动的创意体现和水平检验，是对前面的战术进行激活处理。从某种意义上说，公关活动实施方案就是公共关系活动在文本上的预演。

公关活动的实施一般分若干阶段，每个阶段都要将活动时间、场地、人物、物资调度等要素进行动态的组合。一般来说，很多公共关系活动策划极富创造性，体现的是一种个性化的策划艺术，很难予以规范，也难纳入一般的方案中介绍。但是，作为活动，它总有"序曲""高潮""善后"的共性。具体来说，一个完整的公共关系活动计划包括如下三个步骤：

（1）准备步骤。该步骤主要是公共关系活动正式实施前的一系列工作，包括：确定活动的主要内容、方式和基本要求；明确项目负责人、参与者及其分工职责；撰制活动程序表或进度表；落实所需设施设备，装饰活动场地；联系、落实出席活动的名人政要及媒介代表；编写经费预算；通过有关媒体营造气氛。表3-2为某酒店十周年店庆活动中的一个名为"欢聚一堂"活动的材料准备清单。公关策划准备活动的细致性和复杂性从中可见一斑。

表3-2 "欢聚一堂"活动材料准备清单

序号	名称	数量（个）	费用（元）	制作要求	负责人
1	爆破惊喜卡	800	160	1.美观、值得收藏，印酒店标识 2.有方阵编号、序列号	杨××
2	气球	40	40	1.红色、大　2.打气筒、外贴字 3.不漏气　　4.由后勤组悬挂	杨××
3	结尾牌	9	45	80cm×60cm 白底红字	杨××
4	节目单	800	160	红色、厚纸、印酒店标识	杨××
5	乒乓球	30	10	大号，上写0～9号码	王××
6	抽奖箱	3	50	40cm×50cm×60cm，精致、上有字体	王××
7	涂鸦牌	12	240	60cm×60cm，内有槽，有足够颜料	王××
8	隔断	5	250	180cm，隔音、简易、坚固	王××
9	托盘	3	30	不锈钢，半径15cm	王××
10	鲜花	15	450	百合，康乃馨	李×
11	木棍	1	10	150cm，蓝色外皮，上有"祝您幸运"	李×
12	纸花炮	20	60	安全	李×
13	撒花	1	10	大包	李×
14	证书	20	100	厚，皮料，咖啡色	李×
合计				1615 元整	

(2)实施步骤。该步骤又分为两个阶段：前一阶段为"接待序曲"，其主要工作为：有关人员到位准备活动；分发宣传资料与公关礼品；检查活动场地的有关设施。后一阶段为"传播高潮"，其主要工作为：开始正式程序；通过人物、媒介、现场展示等方式传播组织信息；进行必要的反馈、沟通；媒介录制、传播信息，制造必要的高潮气氛。这部分工作可以按照时间的先后顺序排列，绘制实施时间表，有助于方案推进及核查。

(3)善后步骤。即公关活动高潮结束后的有关工作：招待、欢送来宾；与少数公众进行深度沟通；整理、恢复活动场地；检查媒体传播活动信息情况；经费核算。

以上各工作步骤，仅是就一般常规公共关系活动而言。这一部分的写作需要周到，表现方式要简洁明了，不必过分详尽地去加以描述渲染，也不要给人以头绪繁多杂乱或干涩枯燥的感觉。值得指出的是，在做以上工作时，可适当加入统计图表、进度控制表等，如可以利用甘特图直观地表明任务计划在什么时候进行，以及实际进展与计划要求的对比，并择其要点以文字说明。

3.经费预算

旅游公关策划的经费预算要有总目和细目的开支，防止漏项。凡是与公共关系策划活动有关的开支都应列入表中，否则预算是不准确的。

公关活动经费预算书一般以图表的形式将预算的列支、计划和分配详尽地表示出来，既方便核算,又便于将来查对。其格式及内容视不同业务需要所涉及的项目具体拟定。一般直栏分为项目、开支内容、费用和负责人等,横栏为项目的明细分类,如市场调研费、设施材料支出、人员支出、媒体费用、促销与公关费等。预算方案后一般还附加一段说明文字,对预算的内容进行解释。表3-3为某景区周年庆典活动场地布置及材料预算表。

表 3-3　场地布置及材料预算表

项目名称	规格	单位	单价（元）	数量	总价（元）	方式	备注
礼仪队		位	120	20	2400	租用	女性 统一着装
司仪		位	1600	2	3200	租用	市电视台
萨克斯		位	580	1	580	租用	男性
歌手		位	500	4	2000	租用	男性 女性
舞蹈		位	400	6	2400	租用	劲舞
舞台	11m×8m	m²	20	88	1760	租用	主体钢木结构
背景架	11m×6m	只	1000	1	1000	租用	主体钢结构
主背景布	11m×5m	m²	15	55	825	租用	
音响	1600W	套	2000	1	2000	租用	220V 电源控制
冷焰火		组	80	30	2400	租用	220V 电源控制
彩虹门	长:18m	座	300	1	300	租用	220V 电源控制
条幅	宽:0.7m	条	50	50	2500	买断	广告布 丝网印刷
世纪礼炮		门	160	20	3200	租用	主体钢结构
签到用品		套	200	2	400	租用	高档签名册 笔墨等
植物 花卉		株			1500	租用	1.2m 高
路口喷绘		块	200	3	600	买断	
灯笼		对	160	1	160	买断	红色
金布		卷	200	1	200	买断	
托盘		只	5	20	100	买断	金色
工作牌		张	8	40	320	买断	
藤蔓					2000	买断	
指示牌	休息亭		30	4	120	买断	
交通费					3000		
不可预计费					5000		
合计	人民币 37965 元整						

4.效果评估预测

旅游公共关系活动效果评估预测就是对公关活动方案实施的预期结果进行综合效益评估。预测的主要内容包括:

(1)本方案中各活动项目是否能够顺利开展。

(2)本次公关活动在社会上会产生什么影响,大众传媒和社会各界对本次公关活动会有什么样的评价和看法。

（3）活动开展后，能否使目标公众和其他公众在接受组织信息的基础上，记忆和认同这些信息，形成有利于组织的看法、态度或行动。

（4）活动开展后，对组织的工作会有什么促进，会使组织的公关状态在哪些方面有改善。

（三）附件

策划方案的附件一般指有关的背景资料，主要是给策划的参与者和审查者提供决策参考。附件的资料不能太多，不能喧宾夺主，应择其要点而附之。这部分内容不一定每份策划方案都需要，应根据具体情况而定。重要的附件通常有：前期调查结果及分析；类似项目与竞争对手的情况；活动筹备工作日程推进表；有关人员职责分配表；经费开支预算明细表；活动所需物品一览表；场地使用安排表；其他注意事项等。

在附件中，如果文字不能或不宜说清事物时，可以选择一种简便有效的表现形式，即图表。由于图表简明醒目，而且制作、填写起来也比较方便，往往能够直接专注重点，更明确地显示材料相互关系，使信息的表达鲜明生动。

二、旅游公关策划方案编制要求

（一）文字简洁准确

公共关系策划方案对各方面内容的说明和叙述应该简洁，文字不要太多，篇幅不要太长，能说明问题就行，要力求简洁、明确、具体。在策划方案论证中，策划人员的论述要简洁明快，语气肯定。如涉及外文，更要注意专业词汇准确性。

（二）内容表述写实

公关策划的内容一定要完整，即使是细节性内容，也应有专门项目加以表述。在策划书的写作过程中，应该避免主观想法，切忌出现主观类字眼，不能用含糊其辞、模棱两可的语言，如"可能""也许""大概"等。因为策划方案没有付诸实施，任何结果都可能出现，策划者的主观臆断将直接导致执行者对事件和形势产生模糊的分析。

（三）结构条理明细

活动策划方案必须保证内容的系统性。对于大型公关活动项目，方案应分层次出台，主要分两个层次：方案框架文本和行动细则方案。可以借助数字序列分层次、分步骤安排写作结构，标识出公共关系活动策划方案的内容顺序。

（四）表达专业规范

方案的遣词造句要符合旅游行业习惯和规范，要使用行业熟悉的语言，所涉及的术语要规范，不能想当然地使用一些行业比较陌生的词语；排版和制作要美观大方，印刷讲究，尽量不要出现错别字和其他印刷错误；活动策划书的制作风格和档次要与旅游组织、机构的品牌与声誉相符，不能让人产生不好的联想。

三、旅游公关活动策划方案范例

蚕虫王植桑牧马山　古蜀国建都瞿上城

——2009 首届中国成都古蜀农耕文化旅游节筹办及宣传策划方案

主办：双流县人民政府

承办：双流县旅游局

策划：成都今日圣火传媒策划有限公司

目录

任何一个城市都有它不同的特点和优势,城市的自然风光是基础、历史文化是灵魂,因此缺少历史文化的城市就等于没有灵魂。一个城市的发展除了有好的环境优势、交通优势、资源优势外,同样要有文化优势,用好文化这张牌,达到真正意义上的"古蜀农耕文化发祥地——双流"是我们认真思考并策划推广的真正目的。

要不断深入地挖掘和展现瞿上城古蜀农耕文化之发源、树立双流在全国农耕文化研究和旅游开发领域的主导地位,依托双流"国际空港",打造"古蜀农耕文化发祥地"的旅游品牌,现筹划创办"2009首届中国成都·古蜀农耕文化旅游节",并将其打造成在国际华人圈具有相当知名度的、国内著名的旅游节庆活动和双流对外交流的主要窗口,为双流的生态旅游发展注入更多的文化内涵和经济效能,以此带动全县旅游事业再上一个新的台阶。

第一部分:组织领导

为了成功策划和举办"2009首届中国成都·古蜀农耕文化旅游节",将由成都今日圣火传媒策划公司于2009年5月10日前完成"旅游节筹办和宣传策划旅游方案细则",由双流县委、县政府及双流县旅游局于2009年5月底组建和成立"2009首届中国成都·古蜀农耕文化旅游节"筹备委员会。筹备委员会下设办公室(办公室人员由县级各委办、旅游局相关领导及"今日圣火传媒策划"相关策划人员共同组成)和由县级领导及旅游局负责人担任组长的十个专业组,具体负责"2009首届中国成都·古蜀农耕文化旅游节"的各项筹备工作。

一、节庆活动名称及组织构架

1.活动名称

"2009首届中国成都·古蜀农耕文化旅游节"

2.推广主题旅游方案

蚕虫王植桑牧马山、古蜀国建都瞿上城

3.活动主题

古蜀农耕文化发祥地——魅力双流因文化而绚丽

4.活动时间

2009年8月1日—2010年2月28日

5.活动地点

(1)双流县体育中心(节庆活动开幕式和主题活动)。

(2)牧马山"蜀魂浮雕"前(蜀风牧山文化休闲旅游体验活动)。

(3)"亚洲第一湿地公园"内(动感白河运动休闲体验活动)。

(4)永兴水景枇杷沟(锦绣东山乡村田园旅游体验活动)。

6.主办单位:双流县人民政府

7.承办单位:双流县旅游局

8.协办单位:双流县各部、委、办、局,双流县各乡镇人民政府,双流县城乡园林绿化管理局,双流县电视台,双流县新闻中心,双流县黄龙溪风景区管委会,双流县锦绣东山生态旅游走廊管

委会,双流县牧马山开发区管委会

9.活动策划与执行:成都今日圣火传媒策划有限公司

二、主题活动策划

1."2009首届中国成都·古蜀农耕文化旅游节"开幕式

(1)10名旅游节形象大使高举会旗,伴随着大型歌舞进入主会场。

(2)双流县长主持开幕式并介绍嘉宾。

(3)旅游节组委会主任、双流县委书记致辞。

(4)四川省委书记(或成都市委书记)宣布旅游节开幕。

(5)有奖征集双流城市旅游推广语和《蜀魂》创作佳品颁奖仪式(征集《蜀魂》歌词,并拟请著名作曲家谷建芬为其谱曲,并在"同一首歌"晚会中邀请著名歌唱家杨洪基或廖昌永演唱)。

时间:2009年8月1日晚20:00—20:30时

地点:双流县体育中心

2.探秘农耕文化发祥、双流唱响"同一首歌"(正在与央视联系)

为了成功举办"2009首届中国成都·古蜀农耕文化旅游节"、营造浓厚的节日活动氛围、让更多的双流市民参与到这项节庆活动中来,我们期望借助中央电视台的品牌栏目旅游项目策划方案——"同一首歌"这个平台,让双流这个古蜀农耕文化的发祥地走向全国、扬名海外,以实现双流旅游的快速发展。"同一首歌——走进双流"大型演出活动将在首届"成都国际古蜀农耕文化旅游节"结束后进行,它将是双流县历年来举办的各类文艺活动、论坛活动中最盛大的一次,也是双流人生活中的一件喜事。(备选方案:欢乐中国行——走进双流)

时间:2009年8月1日晚20:30—22:30时

地点:双流县体育中心

3.中国·双流文化休闲旅游发展高端论坛

本次论坛将邀请国家、四川省、成都市和双流县各级领导,中国著名的经济学家,旅游界的学术权威,各行业精英,外国旅游者以及国内旅游者代表等作为嘉宾,共享先进的管理、营销经验,共享大量中外旅游的客户资源,宣传双流的旅游形象。论坛活动还将邀请知名经济学家、旅游专家、业界精英作精彩演讲;请双流领导人、经济学家与普通旅游者对话;请双流县旅游局相关领导向与会者介绍双流休闲旅游、黄龙溪古镇旅游等先进经验,商讨双流旅游在未来如何发展。

本次论坛还将同时开展"中国·双流文化休闲旅游展览会""中国·双流休闲旅游项目招商洽谈会""中国·双流休闲旅游产品交易会"等双流旅游的深度营销活动。

时间:2009年8月2日上午10:00—12:00时 下午15:00—17:00时

地点:双流县

4.蜀风牧山文化休闲旅游体验活动启动仪式

(1)不断深入地挖掘和展现旅游活动策划方案瞿上城古蜀农耕文化之发源、树立双流在全国农耕文化研究和旅游开发领域的主导地位,依托双流国际空港,打造"瞿上城古蜀农耕文化发祥地"的旅游品牌。

(2)整合黄龙溪丰富的历史、人文、自然生态资源优势,引进国内外类似旅游强镇先进理念、模式,加速将黄龙溪打造成离成都最近的集会议、休闲、度假、康乐于一体的天府古镇旅游休闲度假核心区。

时间:2009年9月1日上午10:00—12:00时

地点:牧马山"蜀魂浮雕"前

体验活动参考:①古蜀农耕文化之"寻根之旅";②黄龙溪古镇自驾游;③重建蚕虫祠、模拟复建瞿上城。

5.动感白河运动休闲体验活动启动仪式

依托国际网球赛事中心、国际高尔夫俱乐部、县体育中心、谢非联俱乐部等优质资源,努力把运动休闲旅游业培育成为全县旅游业发展的龙头,开发国际(国内)网球赛、国际高尔夫挑战赛,以及国际(国内)足球邀请赛等赛事及活动。

时间:2009 年 10 月 1 日上午 10:00—12:00 时

地点:"亚洲第一湿地公园"内

体验活动参考:①举办群众参与的网球选拔赛(邀请前来双流旅游的游客和双流百姓参加);②举办"空港杯"国际高尔夫挑战赛(邀请明星参赛)。

6.锦绣东山乡村田园旅游体验活动启动仪式

依托锦绣东山自然生态景观,融文化入田园,打造国际乡村旅游目的地,大力发展乡村旅游,丰富农事体验活动,拓展户外运动项目,办好特色旅游节会,跟踪报道南湖蓄水工程一期建设,力争将大林翠湖梨乡、三星杨梅基地、永兴水景枇杷沟打造为全国农业旅游示范点,加快融入"两湖一山"精品旅游度假区。

时间:2009 年 11 月 1 日上午 10:00—12:00 时

地点:永兴水景枇杷沟

体验活动参考:①整合全县的"每月一节"的乡村旅游节庆活动;②创办"环东山自行车拉力赛";③邀请央视 7 套节目来举办"我们的新农村——走进双流"活动。

第二部分:宣传造势

本策划方案细则将以古蜀农耕文明的底蕴和地域特色为生命力,深入挖掘被誉为"蜀魂"的瞿上城古蜀农耕文化精髓,从双流文化旅游的研究入手,紧扣"瞿上城古蜀农耕文化发祥地"为代表的双流厚重的历史文化这个主线,以"文化田园"理念整合包装一批亮点旅游项目,通过景观小品和项目设施把文化融入乡村田园中,营造一种文化氛围,游客通过自己的视觉、听觉、触觉、味觉和嗅觉来感受,让川西文化精髓在孕育它的土壤里焕发新的生机与魅力。

为了营造旅游节舆论氛围,本方案将重点突出"古蜀农耕文化发祥地——双流"这个节庆活动主题,明确策划出"从双流厚重的历史文化和古蜀农耕文明的底蕴,以及站在旅游消费者和市民的角度,关注双流的旅游资源和旅游环境"这个旅游方案宣传重点。在此基础上制订了详细的宣传工作实施方案和配档表,对旅游节实施全方位、多角度、多层次的立体宣传活动。

一、对内宣传

(1)由筹委会向全县人民发出旅游节筹备工作《倡议书》,(将《倡议书》在双流县电视台连续播出)号召全县人民积极行动起来。

(2)依据本次活动主题,在今年 8 月节庆活动开幕之前,举办并揭晓"双流城市广告推广语"的有奖征集旅游项目策划方案活动,采用电视、报纸、调频广播、互联网等形式全方位推广,并邀请著名专家学者评定、遴选出佳作 50 件,在县内各大宾馆、景区、车站、主要街道及干线公路路口等重要位置,悬挂宣传条幅 120 条,制作大型宣传画 10 处。

(3)在双流电台、电视台设立专题和专栏,对举办文化旅游节的意义、筹备情况进行及时报道,并报送中央及省市媒体播放;在窗口网站中开设文化旅游节的网页,准备大量的文字通稿、图片、音像资料,方便各媒体下载报道,同时发动更多的旅游网站和娱乐网站对本次旅游节进行链接宣传。

(4)在《双流新闻》节目后打出节庆活动倒计时字幕和宣传标语口号；制作30秒的形象宣传片在县电视台连续播出；定期向居民及过境客商发送旅游节宣传短信；在成都及全县的交通要道设置户外广告牌，在公交车、城乡客车和城市出租车上张贴宣传广告，营造浓厚的全民办节氛围。

二、对外宣传

1.电视媒体宣传策划

旅游卫视、四川文化旅游频道、成都电视台、双流电视台等四大电视传媒将在首届文化旅游节期间携手隆重推出《古蜀农耕文化发祥地——双流》10集大型系列报道，同时套拍30秒城市旅游品牌广告片和8分钟双流旅游品牌宣传片，从而全方位地推介双流旅游。

(1)拍摄制作。

10集大型系列报道《古蜀农耕文化发祥地——双流》，将通过专访相关领导和社会科学及旅游方面的专家学者、历史遗迹的探述、旅游景点的采风和社会群众的采访等，全方位地反映双流发展文化、休闲旅游的情况。（计划拍摄制作一集便播出一集，播出时间选定在首届旅游节期间，播出周期为一月）

(2)拍摄内容：

《古蜀农耕文化发祥地——双流》之《4000年的守望》（第1～2集）

《古蜀农耕文化发祥地——双流》之《蜀风牧山》（第3～4集）

《古蜀农耕文化发祥地——双流》之《动感白河》（第5～6集）

《古蜀农耕文化发祥地——双流》之《锦绣东山》（第7～8集）

《古蜀农耕文化发祥地——双流》之《国际都市》（第9～10集）

2.平面媒体宣传策划

(1)媒体选取：《中国旅游报》、《成都日报》、《天府早报》、《华西都市报》、《双流报》等。

(2)宣传内容。在党报上，从双流厚重的历史文化和古蜀农耕文明的底蕴来阐释双流县委、县政府"以科学发展观为导向，深入挖掘瞿上城古蜀农耕文化精髓，服务于双流旅游业的发展"，讲述双流之文化旅游、休闲旅游；在商业报纸上，以旅游消费者和市民的角度，关注双流的旅游资源和旅游环境。五大传媒从"古蜀农耕文化发祥地——双流"这个同一主题，从不同角度以纪实文学的形式隆重推出双流旅游专版。

3.网络媒体宣传策划

在 www.winshuangliu.gov.cn 上设立门户网站，开展网上新闻发布、网上招商等活动，重点推出与本次节会相关的宣传内容，介绍瞿上城古蜀农耕文化之发源，以及双流丰富的旅游资源优势和古蜀农耕文化，并与腾讯网和中国旅游网等网站进行链接，刊发旅游节相关信息，形成整体宣传强势。

三、嘉宾邀请

结合往年节庆活动和其他省市举办类似节庆活动的经验，我们就邀请范围、邀请方式、邀请对象和时间安排等方面，进行了深入研讨，在征求多方旅游方案意见的基础上，拟定出邀请嘉宾统计表。计划邀请包括国家及省、市党政领导，文化界、演艺界名人、专家学者，国内知名书画家，以及各级新闻媒体记者约300余人。

第三部分：活动资金的筹集和物品设计

本策划案将坚持"政府推动、市场运作、社会参与"的原则，力求把旅游节办成社会多方参与、全民招商引资、企业产品宣传促销的群众性节日。

（1）制订市场化运作和企业赞助、门票出售、自愿捐助等多种形式筹集办法,策划设计协办权（20万元）、冠名权（10万元）、有偿赞助（5万元）、专用产品赞助（5万～10万元）、专刊宣传赞助（500元～1万元）、网络广告（1000元）、无偿捐助等7种形式,明确回报办法和实施步骤。

（2）广泛动员筹资。自6月1日起,在双流电视台黄金时段连续播出旅游项目推广方案《"2009首届中国成都·古蜀农耕文化旅游节"筹资办法说明》,动员我县各大企业踊跃参与支持办节,展示企业形象,向社会宣传企业品牌。同时,抽调县直和筹委办人员分成5个联络组,与一些重点企业进行广泛联系和沟通。

（3）精心设计文化节专用物品。制订物品设计方案,积极开展"2009首届中国成都·古蜀农耕文化旅游节"办公用品、纪念品、门票、邀请函、文化衫等专用物品的设计和制作,并制定相应的物品设计、制作计划表。

（4）对"2009首届中国成都·古蜀农耕文化旅游节"举办期间主要街道、广场等重要活动场所所需彩虹门、升空气球进行现场设计,并与管理部门和广告公司进行联系,确保节庆活动所需。

第四部分：深入推进

1. 统一思想,提高认识

筹委办将多次组织全体工作人员和各工作组,集中学习《"2009首届中国成都·古蜀农耕文化旅游节"总体工作方案》、专项工作组实施方案和县委、县政府领导关于举办"2009首届中国成都·古蜀农耕文化旅游节"的讲话、指示精神,领会实质,明确要求,统一思想,提高认识。

2. 健全制度,明确责任

筹委办将制定办公、考勤、财务、接待、文印、车辆管理、卫生等一系列规章制度,明确各工作组的任务目标,严肃工作纪律和请销假制度,各工作组将工作任务层层细化、量化,分解到人,真正做到责任明确、分工负责、认真落实。

3. 强化协调,密切配合

牢固树立一盘棋的思想,高度重视组与组之间、领导与同志之间的沟通与协调,团结一致,互相配合,形成一个务实高效的战斗集体。同时,筹委办强化调度督导,每周召开一次全体人员会议,每两天召开一次组长工作调度会,及时通报情况,查找不足,整理思路,解决问题,并及时向县委汇报工作。

第五部分：活动经费预算

一、"2009首届中国成都·古蜀农耕文化旅游节"开幕式及晚会

1. 舞台搭建、音响、特效（烟雾、焰火等）22万元

2. 聘请央视主持人、杨洪基（备选）

3. 聘请节目编、导及演艺人员等6万元

4. 服装、道具、现场氛围营造3万元

二、"探秘农耕文化发祥地、双流唱响同一首歌"大型文艺晚会

1. 邀请"同一首歌"剧组及演艺明星300万元

2. 所有节目的编、导、演及音乐制作、多媒体制作10万元

3. 邀请杨洪基（或廖昌永）演唱《蜀魂》（备选）

4. 服装、道具等2万元

5. 台下：礼仪、桌椅、装饰等3万元

三、电视媒体费用

旅游卫视、四川文化旅游频道、成都电视台、双流电视台等四大媒体联合摄制的 10 集系列片《古蜀农耕文化发祥地——双流》，每集 5 分钟，套拍 30 秒广告片，拍摄含导演、演职人员、设备租赁及后期制作费用 98 万元。

四、平面媒体费用

中国旅游报刊登纪实文学《古蜀农耕文化发祥地——双流》(一个整版) 18 万元

成都日报刊登纪实文学《古蜀农耕文化发祥地——双流》(两个整版) 13 万元

天府早报刊登纪实文学两篇(两个整版) 13 万元

华西都市报刊登纪实文学两篇(两个整版) 13 万元

五、新媒体费用

成都交通调频广播电台开办《古蜀农耕文化发祥地——双流》电话互动栏目(半个月)

制作费用 10 万元

短信：3 次成都主城区全覆盖 3 万元

VIS 系列：吊牌、请柬、手提袋、礼品包装等 2 万元

六、其他

会场氛围营造(三角旗、马刀旗、指路牌、拱门、气柱、气球、鲜花等) 2 万元

车辆租用(预计大型客车 20 次、中型客车 15 次) 3 万元

注：总费用预计为：521 万元

第六部分：安全预防应急方案

一、安全保障

活动全程必须将安全作为重心来抓，本案是安全框架方案，相关细案由主办方全面规划：

(1)旅游节组委会是活动的安全最高指挥机构。

(2)旅游节开幕式和"同一首歌"大型文艺晚会现场与主会场，安排 5～10 名警察和 100 名治安联防队员维持秩序；以政府主管部门负责人牵头，组建以 15～30 名以上"志愿者"为主的安全巡视组，在活动现场及周边巡视，消除隐患。

(3)旅游节开幕式、"同一首歌"大型文艺晚会，恳请由县交警负责现场及周边的交通管制和交通疏导、消防现场待命支援。

(4)活动现场成立救护中心，现场安排 1～2 辆救护车，确保有 5 名专职医务人员值班，县医院作预留性紧急手术准备。

二、应急管理

(1)流动厕所：在开幕式和大型综合旅游方案文艺晚会活动中，考虑现场观众较多，应增设流动厕所。

(2)应急通讯：开幕式和大型综合文艺晚会现场，请求中国移动应急通讯车到现场驻勤。

(3)停电：事先要特备应急电源、发电机等，确保现场设备的运转。

资料来源：中国古蜀农耕文化发祥地——双流[EB/OL]. (2009 - 05 - 05). http://cmrs. lingd. net/article - 2540054 - 1. html.

评价与考核

旅游公关活动策划方案的编制任务完成情况及技能评价考查表

学习目标	评价标准	小组评价（50%）	教师评价（50%）	综合得分（百分制）
理论知识(20分)	掌握策划方案的结构、特点和写作要点的程度			
专业技能(20分)	能编制单项活动策划方案			
通用技能(20分)	具有图表资料整理能力；具有组织讨论活动能力			
任务完成(20分)	PPT制作水平；工作完成完整度			
学习态度(20分)	认真积极程度；独立思考能力			
综合评价与建议：				

思考与讨论

1. 旅游公关活动在场地选择方面该注意哪些因素？

2. 在编制单项策划活动和综合策划活动（系列策划活动）时，策划方案上会体现出哪些差异？

技能训练题

近年来，许多旅游企业、组织在举行公关活动时常常采用"社会征集"的方式，通过各种媒体向社会大众有奖征求吉祥物、主题口号、策划方案等创意。请你在网络上搜索此类活动，投稿应征。同时总结"社会征集"方式的优、缺点。

拓展活动

做一个有创意的公关人——解扣

方法简介：参加者围成一圈（人数为奇数，去除首饰等），每人双手一上一下伸展（所有人同一个手上下），站好后伸手去拉住隔壁一人的手（一个方向一人）。活动中任何人的手不得松开，否则将被处罚。全体参加者双手相握后，开始想办法最终恢复成单圈手拉手（相邻两人左右手相牵）。注：如果人数是双数，变成两个圈。

活动目的：团队分工合作、思维方式拓展。

项目四 旅游公共关系传播

学习目标

知识目标：掌握新闻稿的结构与写作技巧；

掌握内部刊物的编撰要求；

了解对外宣传册设计的方法和技巧；

掌握公关广告的特点与要求；

掌握制造新闻的方法；

理解网络公关的方法。

能力目标：能撰写旅游公共关系新闻稿；

能编排内部刊物；

能初步设计对外宣传册；

能制作公关广告；

能运用制造新闻技巧；

能应用网络策划公关活动。

项目分析

传播是公共关系的三大要素之一，是社会组织联系公众的"纽带"和"桥梁"，是现代公共关系的核心内容。没有现代传播技术的产生，也就不会产生现代公共关系，没有传播的理论指导，公共关系的实务活动也难以有效进行。在公共关系发达的美、英等国，往往将公共关系教学和研究纳入传播学范畴，视传播学为公共关系学的理论基础。他们培养的公共关系人员要求熟知传播学知识，精通传播技巧，尤其是大众传播方面的经验。旅游业是以旅游资源(吸引物)为凭借、以有形或无形的服务为手段的与人打交道的行业，其产业的兴旺很大程度上取决于信息的传播沟通是否到位和有效。有效的传播与沟通才能在旅游组织与广大公众及旅游者之间建立起良好的合作关系，并为各方利益的实现架起互惠互利的桥梁。传播沟通意识的强弱，传播沟通技能的掌握及娴熟应用不仅影响旅游公共关系工作的成效，而且也是旅游这一综合性产业相互依托、相互促进的关键环节。本项目的重点在于掌握不同类型旅游公共关系传播的特点，能够分析其优劣势。难点在于有的放矢，采取相对比较合适的旅游公共关系传播的方式，并且付诸实践。旅游公共关系工作必须高度重视和认真研究传播问题，必须熟悉和全面掌握旅游传播的基本理论和应用技能。

任务一 旅游公关新闻稿的撰写

情境设计

H 酒店即将于 2017 年 9 月 8 日正式营业，2017 年初酒店的主体建筑和内部装修都已完工，员工招聘工作也在有条不紊地进行着。时尚简约的外观和富丽堂皇的内部设施令酒店管理者都感到十分满意,但与此同时,一些新的问题出现了。其中,如何提升酒店的知名度就是摆在公关部王经理面前的首当其冲的难题……

请根据以上情境,完成以下任务:

为扩大 H 酒店的知名度,撰写公关新闻稿。

任务分析

文字传播是旅游公共关系传播的重要组成部分,是旅游组织对外宣传、对内沟通的重要手段。通过上述任务的完成,可以让我们更好地理解公关新闻稿在旅游组织中的作用,同时提升我们对新闻稿的驾驭能力。

任务实施

完成任务的具体操作步骤,建议如下:

步骤一 领受任务

指导教师介绍任务的内容、要求、关键点及注意事项。各小组提问,指导教师答疑,准确理解任务,完成任务领受。

步骤二 分析任务

请各小组按指导教师的要求,分析任务的内容,阅读知识链接,制定完成任务的工作程序及任务分配,补充查阅其他相关资料,做好新闻稿准备工作。

步骤三 实施任务

各小组具体完成情境中提出的问题,撰写新闻稿。

步骤四 任务汇报

各小组根据任务的要求,相互传阅各自的成果,以供各小组相互学习,发现问题。指导教师及时控制汇报进程,最后进行点评与总结。

步骤五 任务总结

各小组根据老师和其他小组同学提出的意见和建议及时对各自的成果进行修改,将定稿以作业的形式上交指导教师。指导教师依据该项目任务考查表,给出各小组评价综合得分。

知识链接

一、旅游公共关系新闻稿的撰写技巧

在市场竞争中,旅游组织一定希望新闻媒介能经常播发有关本组织的报道,而新闻媒介也把旅游组织看成获取新闻资料的重要场所。因此,旅游组织要与新闻媒介建立良好的关系,并经常被媒介关注,就必须主动向新闻媒介提供有新闻价值的稿件或素材。

旅游组织可提供的新闻素材:新的旅游产品的开发、问世;旅游组织新设施、新工艺的使用;旅游组织经营方式的重大改变;旅游组织在提高服务方面的新举措;旅游组织首脑或高级管理人员的更换;旅游组织的开业、扩建、合并、创业周年纪念等。

旅游组织撰写新闻稿就是运用相关信息和传播技巧来刺激公众,以期引起公众的注意。所以,新闻稿件的撰写人应熟知新闻传播的一般技巧。

1. 注重文字内容的刺激性

一般而言,文字表述越浓缩越新鲜,便越容易引起受众的注意,尤其是新闻的标题是新闻写

作的"点睛"之笔,新闻内容能否引起受众的注意,标题的好坏能起决定性的因素。

2. 注重文字形式的对比度

文字总是通过一定的排列形式出现的,这种排列形式对受众的注意也是至关重要的。如:加框加边、不同的颜色、字体字号的变换等都会影响受众的注意。

3. 注重文字出现的频率

当同一内容以同一形式或不同形式反复出现时总会引起人们的注意,但一定要注意再现的频率,无休止的重复会引起受众的反感,产生负面效果。因此,重复应有限度,这种限度应以传播是否已经引起人们的注意为准。

4. 注重文字结构的变换

撰写新闻稿件时,同一内容可以用不同的文字结构来表述,而不同的文字结构会产生不同的文字传播效果。所以,有时要变换文字结构才能取得好的传播效果。

5. 注重文字的语言声调

由于汉字具有音乐性,比较适宜于朗读,因此,在文字传播中它具有其他文字不具备的优点。稿件书写出来,固然是供人看的,但也是让人读的。一篇朗朗上口、抑扬顿挫的文稿常常令人回味无穷、难以忘怀。

6. 注重文字的通俗性

汉字数量众多,这既增加了其表达功能,但同时又造成了难读难认的问题。因此通俗易懂、言简意赅是撰写稿件的一个要领。

7. 注重创造信息的意境

汉字的丰富表现力使人们能够通过文字本身再现客观对象的声音、色彩、形状,甚至人们身临其境时的味觉、嗅觉、触觉等。因为受众在接受文字传播的信息时具有双重性,一是直接获知信息本身的内容,二是间接感知传播者的学识修养、人品人格。当二者交互共鸣时,文字传播才会产生最佳效果。

除此之外,文字的精练、准确、实用,汉语的对仗、排比等具有艺术感染力的修辞都是新闻稿件中文字传播的技巧。

二、旅游公关新闻稿的撰写方法

通常来说,新闻稿的撰写一般包括六个步骤,如图 4-1 所示。

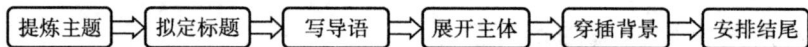

提炼主题 → 拟定标题 → 写导语 → 展开主体 → 穿插背景 → 安排结尾

图 4-1 新闻稿写作流程图

(一)提炼主题

新闻主题是指新闻事实所体现的中心思想或基本观点,是作者通过客观事实所要表现的主观意图,也是写作过程须臾不可偏离的核心。因此,主题是一种思想、一种观点,是主观的东西。在以客观报道为基本特征的新闻报道中,主题不可能脱离客观事实而单独存在。它是隐藏在事实背后的一种无形的意见,是贯穿新闻全篇的一根红线,是新闻的灵魂和统帅。

1. 选择主题的原则

(1)思想性。新闻的主题必须要具有较高的思想性,即选那些符合事物发展方向、对社会有影响、对实际工作和社会生活具有普遍指导意义的主题。新闻主题要符合党和国家的大政方针,符合法律、道德的标准,并能在公众中间产生积极的影响。

(2)时代性。新闻的主题要符合时代发展的要求,紧紧把握时代的脉搏,反映现实社会人们普遍关注的焦点和热门话题,展现时代精神风貌。

2.提炼主题的要求

(1)主题明确。主题明确是指作者对新闻所报道的人或事,要有鲜明的态度,提倡什么,反对什么,赞成什么,批评什么,应当清清楚楚,毫不含糊。否则下笔千言,主题模糊,使读者不知所云。

(2)主题集中。主题集中是指新闻主题要单一,抓住要点,把中心思想写深写透,切忌贪大求全。一则新闻只能有一个主题,写作时要始终围绕一个中心展开思路,把好钢用在刀刃上。所谓"开口要小、挖掘要深、小题大做",都说明了这个道理。否则什么都想报道,结果什么也讲不清。

(3)主题深刻。主题的提炼过程,实际上是作者对新闻事物的认识由感性上升为理性的一个飞跃的过程。如果准确地达到了对新闻事物全体的、内部规律的、完整的认识,抓住了事物的本质,那么,这个主题就深刻了。如果只停留在事物的表面现象上,那就只能就事论事,束缚于这样或那样的局限性之内,看不出事物的真正价值和它的普遍意义。

3.提炼主题的方法

(1)切合受众需要。如果提炼的主题离实际很遥远,曲高和寡,阳春白雪,这样的提炼肯定有问题。提炼主题时一定要摆正主题与事实的关系,坚持实事求是,一切从实际出发。因此,认真仔细地研究受众的客观需要,找到能令绝大多数读者感兴趣的"兴奋点",是提炼主题的第一步。

(2)把握事物特征。主题是寓于具体的新闻事实之中的,要提炼一个好的主题,必须对所报道的事物作一番周密细致的分析研究,找出其鲜明的个性特征。否则,作者只能一味地重复那些虽然没错但人所皆知的"现成话""老套话",提炼的只能是没有个性、没有特点和新意的"老主题",所写的也只能是"有你不多,没你不少"的陈词滥调。

(3)融入时代背景。任何新闻报道,总是离不开一定的时代。如果一则新闻主题虽然符合受众的需要,也具有题材特有的新鲜性,却是与时代不契合的,那么可以说,对这个主题的提炼是失败的。因此,作者必须把报道的题材融入广阔的时代背景之中,在广阔的时代背景中给新闻事件找到合适的位置。

(二)拟定标题

一则新闻能否吸引眼球,打动读者,标题往往起着很大的作用。俗话说"题好文一半",一个好标题,常常会为一则新闻增色添辉,达到画龙点睛的效果。

1.标题的构成

一般而言,新闻的标题由主题和辅题两部分构成。

(1)主题。主题也叫正题或大标题,是标题中最受人注意的部分。它既是新闻主题思想、中心内容的主要表达,也是标题的核心和骨干。

(2)辅题。辅题主要用来辅助主题,起到引导、补充、说明、解释主题的作用。辅题不能脱离主题而独立存在,一般字号较主题小。辅题又包括引题和副题两部分。

①引题,又称肩题、眉题或上辅题。其位置在主题之前,用以交代背景和原因,或者用以说明主题的意义,或者以渲染、鼓动、含蓄、抒情、讽刺等手法,加强主题的气氛和力量。文字要少于副题,宜简短,以一行为宜,常用对联式。

②副题,又叫次题、子题或下辅题。其位置在主题之后,常用来进一步说明、补充、解释主题,用的是次重要事实,或者需要强调的观点,使主题更加完整。

2.标题的分类

在新闻写作中经常使用的标题有以下三类:

(1)多行标题。即标题在三行或三行以上,一般引题、主题和副题齐全,表明新闻内容较重要。使用多行题要注意,主题和辅题之间必须体现内在的逻辑关系,形成一个有机整体,而且引、主、副三者各司其职,避免各自的功能"串位"。

(2)双行标题。双行标题指引题和主题兼用,或主题和副题兼用,不包括双行主题。

(3)单行标题。单行标题指只有一条主题。它简洁地反映了新闻的中心内容,要求具体、鲜明、醒目、易记。

(三)写导语

导语是指以简练而生动的文字表述新闻最重要内容,具有启发性或诱引力的开头部分。在新闻写作中人们常把5W1H(何时、何地、何事、何人、为何及如何)作为新闻六要素,缺一不可。因此,"5W1H"也成了设计导语所选用的基本"材料",以呈现新闻内容之梗概。早期的导语写作是六要素俱全,但不免文字多,句子长,重点难以突出。现代的导语写作中,不必硬性规定要把六个新闻要素统统塞进导语中,而应该根据每则新闻的特点,从六要素中挑选一二个最重要的、最能激发人们兴趣的要素,突出地写入导语,其余的要素可以放到后面各个段落分别叙述。

(四)展开主体

导语之后便是主体。主体是由导语引出来的,是紧承导语之后被展开的新闻主要段落。有了它,新闻才显得完整和充实,主题才有可能得到具体的揭示和深化。主体展开常见的结构方式有以下几种:

(1)以事实的重要程度为顺序展开。就是把重要、新鲜的事实安排在主体的最前面,次重要的东西放在稍后段落里,最次要的放到最后,依次形成一个"倒金字塔"的结构形式。

(2)按时间顺序展开。即新闻主体按事物的自然发展、时间先后来安排材料。这种结构方式,往往导语部分已简要交代了事实梗概或结果,主体部分则按照事件发展的先后顺序展开,层层推进,脉络清晰,比较清楚地反映出新闻事实的始末。

(3)按空间顺序展开。这种结构方式是指将发生在一定时间内、不同地点的新闻事实,按横向空间顺序展开,就像电视镜头一个画面接一个画面地扫描过来。

(4)按逻辑顺序展开。即按事物的内在联系和规律来组合材料,展开主体。事物发展都有其内在的逻辑,材料与材料之间或是因果关系,或是并列关系,或是递进关系,主体结构便按这些逻辑脉络展开。

(五)穿插背景

新闻背景是对新闻事件发生的历史、环境及原因的说明,解释事件发生或人物成长的主客观条件及其实际意义,为烘托和发挥新闻主题服务。常见的背景材料可分为六类:

(1)历史背景。历史背景是指与新闻事实相关的历史事实、历史观点,或与新闻事件相关的历史状况、新闻事件发展变化的过程等。如果说新闻事实是"后果",历史背景便是"前因"。在背景材料中,这一类背景最常见。

(2)社会背景。社会背景是与新闻事实有关的社会环境的材料,是用以挖掘和交代新闻事实与其他事实的联系,渲染一定的社会环境。许多事物的新闻价值往往在与同类事物的比较中显现出来,或在一定的社会环境中,才体现出它的真正价值。

(3)人物背景。新闻报道往往不能脱离人物的活动。当新闻中出现读者不熟悉的新人物,或者过去熟悉,由于时间久了印象不深、近况不明的人物时,就需要用到人物背景。人物背景主要介绍人物的概况,包括主要经历、社会关系、过去的主要事迹等。

(4)事物背景。事物背景是指着眼于对新闻事物本身的说明。

(5)知识背景。知识背景是指与新闻事实有关的,主要用以开拓读者视野、增长见识的资料,一般对事实的展开和主题的表达起到补充和辅助作用。

(6)地理背景。地理背景是对与新闻事实有关的某一处地理位置和地理环境的介绍,常在风光、旅游等新闻报道中使用。

(六)安排结尾

新闻的结尾是指新闻的最后一个段落或最后一句,它也是新闻结构布局中颇为重要的组成部分。新闻结尾的表现形式千姿百态、多种多样。下面提供几种常见的结尾形式。

1.总结式

在结尾处对新闻的内容加以小结,点明事实的意义,加深读者印象。写作方法上,既可以单纯对新闻事实作归结,也可以对事实进行适当评论。

2.提问式

由新闻的事实加以延伸或"借题发挥",在结尾提出值得深思的问题,让人掩卷长思。一般都采用反问的手法,强化问题的力度。

3.背景式

在新闻结尾安排一些与新闻事实相关的另外的背景事实,目的是增加新闻的信息量,或让背景事实与主体事实形成对比。

4.描写式

在结尾时用描写手法,呈现一个场景或一幅画面,使读者读完新闻留下鲜明的印象,难以忘怀。

5.呼吁式

针对报道的事实,在新闻结尾提出呼吁,目的是引起读者和社会的重视,使问题得到解决。

6.引语式

结尾引用人物精辟的话语,既总结全篇,点出主题,又可增强现场感和可读性。

7.预见式

当一件复杂的事物刚发生时,许多读者往往不太了解其背后蕴含着什么或预示着什么。新闻主体叙述完此事,在结尾中指出事物的内在联系,预见事物的发展趋势,可以帮助读者理解新闻事实。

三、旅游公共关系新闻稿范例

在创建中华丽转身——西峡成功创建国家5A级景区纪实

2014年11月28日,在国家旅游局官方网站公布的新一批国家5A级旅游景区中,南阳市西峡伏牛山老界岭·恐龙遗迹园旅游区上榜。作为河南省唯一入选的景区,它填补了南阳市国家5A级景区的空白。

一个地处伏牛山腹地的深山小县,如何历经"破茧成蝶"的艰难蜕变,实现旅游产业华丽转身?

生态为本,培育绿色名片

"水墨龙乡、生态西峡",西峡用青山绿水印染出一张精致的旅游名片。

高达76.8%的森林覆盖率、号称"世界第九大奇迹"的恐龙蛋化石群、地处"长江黄河分水岭"的老界岭和素称中国北方漂流中心的鹳河漂流……西峡的生态旅游资源得天独厚。

早在十年前，西峡就确立了"生态为本、文化为魂"的旅游发展理念，打响"水墨龙乡、生态西峡"的品牌，突出"生态休闲游"和"恐龙文化游"两大主题。推出了山、水、龙、园大环线和休闲健身游、地质景观游、科普观光游、冬季健身游、文化观光游、工业观光游、农业观光游、田园风情游8条特色线路。

积蓄了十余年的发展能量，西峡"创A"底气十足：游客接待量年均增幅在20％以上，旅游综合收入占GDP的比重超过10％，全县已建成开放了以"名园""名山""名漂"为代表的特色景区16个，其中4A级景区4个、3A级景区4个、国家级水利风景区1个、国家级工业旅游示范点1个。

以老界岭、恐龙遗迹园"捆绑"创建5A为标志，西峡从操作层面详细确定了"创A"时间表和路线图。

县政府先后出资800余万元，聘请北京大学、同济大学等国内一流旅游规划专业机构编制了《西峡旅游发展规划》；按照5A级景区创建标准要求，斥资440万元聘请北京江山多娇规划设计院高标准、高质量编制了《河南西峡伏牛山老界岭·恐龙遗迹园旅游区创建国家5A级旅游景区提升方案》。

投资2.6亿元，实施公共信息导向工程、星级旅游厕所工程、旅游道路升级工程、旅游综合服务工程等一系列旅游产业提升工程；投资1.6亿元，实施鹳河湿地公园、鹳河大道升级改造和城区主次干道及公园游园的美化、亮化、绿化工程；投资1.5亿元，对311、312国道百公里旅游通道房屋进行立面改造，实现了"绿、洁、畅、亮、美"……目前，该县已累计完成投资20多亿元，实施重点旅游项目30多个。

提升服务，丰富核心要素

"和西峡旅游合作近三年，没接到过一个游客投诉。"陕西省中天旅行社经理张俭说。

体验过"西峡游"的游客，对西峡细致入微的服务印象深刻。

（1）开通24小时值班热线。开创南阳旅游行业管理先河，开通旅游服务24小时热线电话，热线电话号码在各旅游企业公示，投诉处理满意率达100％。

（2）推行游客跟踪服务。在全县景区、旅行社推行"旅游服务质量征求意见卡"，要求每团一卡，按月回馈，及时整改，并将意见卡使用情况纳入年终考核。每年的旅游旺季面向社会征集旅游青年志愿者，在主要路口设立30个旅游咨询服务台，为游客提供咨询、引导服务。

（3）推出"关注细节，微笑服务"。在景区沿途设置温馨提示牌、导向牌，增设休息座位，恐龙遗迹园景区开通残疾人通道及老年人"爱心通道"。老界岭避暑山庄在原有金管家致辞、夜床服务的基础上，推出盛夏夜床送绿豆去火汤等人性化项目。

与"5A"创建同步提速的，是西峡旅游的综合效益。2014年1至9月，旅游区接待游客66.1万人次，同比增长25.9％；门票收入3900多万元，同比增长35.4％；旅游综合收入2.5亿元，同比增长23.6％。特别是2014年"十一"黄金周期间，旅游区累计接待游客15.6万人次，最大单日游客接待量突破3万人次。

资料来源：杨文甫，封德.在创建中华丽转身——西峡成功创建国家5A级景区纪实[N].南阳日报，2014-12-05.

评价与考核

旅游公关新闻稿任务完成情况及技能评价考查表

学习目标	评价标准	小组评价（50%）	教师评价（50%）	综合得分（百分制）
理论知识（20分）	掌握旅游公关新闻稿结构与写作技巧的程度			
专业技能（20分）	能编制旅游公关新闻稿			
通用技能（20分）	具有发现新闻事件的能力；具有新闻分析能力；具有新闻写作能力			
任务完成（20分）	旅游公关新闻稿			
学习态度（20分）	积极主动、创新性强、认真严谨			
综合评价与建议：				

思考与讨论

1．旅游公共关系与传播有哪些关联，相互有哪些作用？
2．公共关系新闻稿与普通新闻稿有什么区别？

技能训练题

以某旅游组织为主题，自找素材，写一则500字左右的短新闻稿件。

任务二　旅游组织内刊的编写

情境设计

2017年9月8日H酒店正式开业，但很快就招致一些投诉，这些投诉大多集中在酒店员工的服务水平与态度方面。因为酒店几乎全部是新员工，他们对酒店的文化与服务标准的理解不够深入。于是，如何加强与新员工的沟通，宣传酒店的文化与价值观，是酒店管理者十分关心的问题，尤其令公关部王经理很是头疼……

请根据以上情境，完成以下任务：

为加强与员工的交流，编写组织内刊。

任务分析

旅游组织内刊是旅游公共关系传播的重要组成部分，是旅游组织对内沟通、宣传的重要手段。通过上述任务的完成，可以让我们更好地理解组织内刊在旅游组织中的作用，同时提升我们对其的驾驭能力。

任务实施

完成任务的具体操作步骤,建议如下:

步骤一 领受任务

指导教师介绍任务的内容、要求、关键点及注意事项。各小组提问,指导教师答疑,准确理解任务,完成任务领受。

步骤二 分析任务

请各小组按指导教师的要求,分析任务的内容,阅读知识链接,制定完成任务的工作程序及任务分配,补充查阅其他相关资料,做好组织内刊的准备工作。

步骤三 实施任务

各小组具体完成情境中提出的问题,编撰组织内刊。

步骤四 任务汇报

各小组根据任务的要求,相互传阅各自的成果,以供各小组相互学习,发现问题。指导教师及时控制汇报进程,最后进行点评与总结。

步骤五 任务总结

各小组根据老师和其他小组同学提出的意见和建议及时对各自的成果进行修改,将定稿以作业的形式上交指导教师。指导教师依据该项目任务考查表,给出各小组评价综合得分。

知识链接

一、组织内部刊物的种类

所谓内部刊物是指组织自身创办以内部成员为对象,不向社会公开发行的定期刊物。具体有以下几种:

(一)内部通讯

内部通讯主要传递组织内部政策、经营管理情况、各种动态、好人好事等,旨在与各成员交流信息,增进成员对组织的了解,激励员工做好本职工作。

(二)专业性杂志

这种专门性刊物,主要刊登特写文章、专论,以业务方面内容为主,供组织内各专业人员阅读。目的是加强业务人员的交流,互通信息,共同提高业务水平。

(三)报纸或简报

它们主要发表新闻、短篇文章、图片、组织的最新动态及通告等内容,周期短、反应快,常以周报、双周报、月报等形式出现。报纸在式样上是按照正规报纸的模式办的,除了没有正式的刊号不能公开发行销售,印刷周期也不太固定外,在内容和编排格式上几乎没有什么不同。报纸一般采用小报规格,即4开对折。选择4版还是8版视稿件多少而定。主要注意以下几个内容:

1. 报头

报头由报纸名称、日期、编号、主办者四部分组成。报纸名称一般是旅游组织名称缩写后加一个"报"字,也有用产品品牌替代组织名称的。

2. 版面内容

第一版以新闻为主,刊登本组织新闻及本行业动态,兼发评论。其他各版,除了某些重要栏目如"员工心声""新人新作"等相对固定外,其他可以比较灵活。

3. 周期

尽管由于稿源、经费等方面的限制,很少有定期或短期出刊的,但为了报纸的正式性,办报人应该尽可能缩短办报周期,至少办成月报。

(四)销售简报

为把握销售动态,销售经理与营销员之间常以销售简报的形式定期交流,一般一周一期。除此之外,销售简报还可向组织其他部门及其有关成员分送,供其了解其经营管理状况。

二、组织内部刊物的作用

(一)内刊是组织树立形象的旗帜

组织内刊对外"开放",面向组织内部及对外赠阅发行,作为展示组织自身形象、组织文化及对外沟通交流的平台,可对外树立良好组织形象,提升组织知名度,提升组织品位和品牌,获取可观的社会效益。

(二)内刊是组织团结、教育、激励员工的有效手段

内刊使组织决策更加透明、吸引员工参与组织管理;内刊是一个培训课堂,把来自内外、上下的信息与知识汇集起来,传播给全体员工;内刊是一个表现员工思想和才华的舞台,发现先进人物、典型经验,并在组织中宣传与推广;内刊是全体员工的精神园地,可丰富员工生活,激发员工工作热情。

(三)内刊是组织文化的有效载体

组织报纸或杂志以它特有的方式把那些组织文化的符号,比如组织精神口号、行业规范条文,融入小品、故事或快板等人们喜闻乐见的文字段落中,时间长了,就在不知不觉中化作员工的力量,组织文化的魅力也就显示出来了。

三、内部刊物的编写与发行

(一)内部刊物的编写

1.人员

按工作职责划分,要维持一个内部刊物的正常运转,需要有文字编辑、美术编辑、记者、通讯员四类人员。与此同时,要成立一个由秘书、公关员、营销人员等3~5人组成的兼职编委会,外加一支人数众多、分布在各部门的通讯员队伍。

2.内容

可以参照板报和宣传栏的内容,适当增加其他内容。在突出主题的基础上,可以考虑根据不同文化层次的读者的需要,尽量用读者喜闻乐见的形式多刊登一些轻松、富有知识性的内容,以提高内部刊物的可读性。

3.读者联系

应该建立"读者信箱",通过激励措施引导员工积极投稿,反映对改进内部刊物的建议,反馈对新闻报道的意见。

4.编写程序

一期报纸或者杂志,从酝酿到印制出来,需要经过以下几个环节:召开编委会,确定主题,安排组稿任务、通讯员采写、催稿、汇总,对选用稿件进行审稿、核实材料、排版、校对、印制。

(二)内部刊物的发行

在内部刊物的传播范围问题上,可能会有人认为既然是"内部"刊物,就不适宜对外发行。这实际上是认识上的一种偏差。这里的"内部",指的是"未经注册登记的"、"非正式出版的",而不是"不能对外发行"的同义语。内部刊物的发行对象包括:员工、股东、客户、上级部门及对外免费发送。

四、旅游公共关系对内部刊物的要求

1. 与员工之间的"双向沟通"

内部刊物既要明确它的编辑方针,确立为全体内部员工服务的意识,及时地将重要的组织内部情况向全体内部员工通报。同时,又要及时有针对性地反馈员工的各种思想、情感以及他们的诉求。

2. 以"全员公关"的思想去办内刊

内部刊物不是针对少数员工或者个别部门的刊物,而应面对全体员工。要尽可能地动员全体员工来关心和支持自己的报刊。

总之,组织内部刊物对实现有效沟通和协调员工关系,起着重要作用,它是内部公关的重要媒介。广州白天鹅宾馆的《白天鹅之家》、花园酒店的《花园之声》都是很好的内部刊物。

五、旅游组织内部刊物范例

太平洋国际饭店内刊策划方案

一、办刊宗旨

坚持宣传国家的方针政策,围绕增强企业凝聚力,突出企业精神的培育,以凝聚人心、鼓舞斗志,把为公司的发展鼓与呼作为工作的出发点,融会贯通公司领导的经营决策意志,并将其准确地传达到每一个员工的心坎上去;倾听员工的心声,并毫不保留地反馈到公司领导班子中来;让它在公司各级领导与全体员工之间、领导与领导之间、员工与员工之间,架起心灵沟通的桥梁;让它成为员工了解公司发展动态及社会各界了解公司的窗口。

二、办刊目的

贯彻企业文化,推动企业文化建设。通过内刊的不断宣传和潜移默化的影响,使太平洋的企业文化越来越为更多的人熟悉、认同和遵守;加强企业内部沟通,增强企业凝聚力。

三、办刊机构

主管单位:太平洋国际饭店

主办单位:饭店行政部

承办单位:饭店营销部

编辑出版:内刊编辑部

四、推荐刊名:《太平洋国际饭店》《今日太平洋》

五、办刊风格

亲切性:来源于身边,事件亲历,贴近生活,数据准确。

可读性:图文并茂、大方醒目、文字精练、文章精髓。

沟通性:建立互动平台,沟通劳资双方。

史料性:记载企业发展历程。

六、主要内容

(1)宣传党和国家的方针政策、饭店饮食业法律法规。

(2)发布集团和公司重大经营决策、发展大计、工作举措、新规定、新政策等。

(3)及时报道集团公司的最新动态新闻。

（4）及时反映员工思想动态。

（5）及时报道集团公司内部先进事迹、工作创新事例。

（6）客观反映集团公司管理上的薄弱环节、存在的问题。

（7）企业文化的提炼、整理及宣传。

七、栏目设置

1. 卷首寄语

2. 新闻中心

（1）公司新闻：刊登集团公司近期发生的新闻事件，亦可转载外界媒体上刊登的关于我公司的新闻报道类文章。

（2）行业简讯：刊登行业内重大的或与我公司相关的新闻信息、法规。

3. 专题报道

就近期关注热点事件予以深刻报道、解读、分析，撰写综合性文章。

4. 明星风采

介绍为太平洋旅就业业努力工作的人物，包括一线员工、管理人员。

5. 文化家园

员工放飞青春、抒发心声的文化园地，刊登员工的原创文章、书画作品等。

6. 百家论坛

（1）公司各部门中高层管理者对企业管理的心得、体会。

（2）员工意见、建议及总经理答复。

（3）转载企业经营管理、市场营销类的经典文章及案例。

7. 生日榜

公布下月过生日的员工名单，并刊登老总的生日祝福语。

8. 补白

刊登经典的幽默笑话、寓言故事、名人名言及生活百科知识。

9. 征稿启事

刊登征稿信息，为下期内容作准备。

八、操作方法

1. 稿源渠道

（1）采编人员：组建内刊编辑部，必须有专职的采编人员。公司的活动、会议新闻由采编人员采写，采编人员不方便旁听的会议由会议记录员提供材料或是直接采写供稿，再由主管领导核定。公司的会议新闻、重大活动要及时告知采编人员跟进报道。因为如果采编人员不到现场的话，新闻内容就很难写出现场感，可读性、准确性和信息含量都会降低。

（2）通讯人员：每月按规定供稿。确定好公司的通讯人员名单，争取得到公司主要领导的支持。每个通讯员每月至少供稿两篇。制定相应的奖惩制度。

（3）员工约稿：员工约稿每月定期向员工发出约稿通知，至少三次。制定稿费标准。版面文章尽可能多地使用员工的稿件，减少选编资料。对每篇来稿合理安排版面。企业内刊作为企业文化的重要载体，它将会给企业文化披上彩色的面纱，给企业发展、企业管理、企业员工注入新鲜的血液和活力，成为宣传企业、树立企业形象的文明窗口。

2.发行渠道

本单位员工、总公司、政府有关部门。

3.发行方式

免费派送和寄阅。

4.出版周期

暂定为月刊,每月下旬出版;如果有必要,可以缩短为半月刊。

5.出版时间

每月 25 日—28 日。

资料来源:太平洋国际饭店内刊策划方案［EB/OL］. http://wenhu. baidu. com/view/691687d8d15abe23482f4d93.html.

评价与考核

旅游组织内刊任务完成情况及技能评价考查表

学习目标	评价标准	小组评价（50%）	教师评价（50%）	综合得分（百分制）
理论知识(20分)	掌握旅游组织内刊的编撰要求的程度			
专业技能(20分)	能编制旅游组织内刊			
通用技能(20分)	具有信息收集、处理能力;具有普通文稿写作能力			
任务完成(20分)	旅游组织内刊编写的质量			
学习态度(20分)	积极主动、创新性强、认真严谨			
综合评价与建议:				

思考与讨论

不同类型的旅游组织分别适合办哪种形式的内刊?

技能训练题

以班级或学院为单位,编写一份内刊。

任务三 旅游组织对外宣传册的编制

情境设计

通过公关新闻稿的撰写和发布,H 酒店的知名度虽然在一定时期内得到了提升,但随着时间的推移,新闻已变"旧闻",H 酒店现急需一种能够持续扩大酒店知名度的公关手段,于是 H 酒店公关部王经理又有了新的任务……

请根据以上情境,完成以下任务:

为 H 酒店编制一份对外宣传册。

任务分析

　　旅游组织对外宣传册是旅游公共关系传播的重要组成部分,是旅游组织对外宣传、提升知名度的重要手段。通过上述任务的完成,可以让我们更好地理解组织对外宣传册对旅游组织的影响和作用。

任务实施

　　完成任务的具体操作步骤,建议如下:

　　步骤一　领受任务

　　指导教师介绍任务的内容、要求、关键点及注意事项。各小组提问,指导教师答疑,准确理解任务,完成任务领受。

　　步骤二　分析任务

　　请各小组按指导教师的要求,分析任务的内容,阅读知识链接,制定完成任务的工作程序及任务分配,补充查阅其他相关资料,做好对外宣传册的准备工作。

　　步骤三　实施任务

　　各小组具体完成情境中提出的问题,编撰对外宣传册。

　　步骤四　任务汇报

　　各小组根据任务的要求,相互传阅各自的成果,以供各小组相互学习,发现问题。指导教师及时控制汇报进程,最后进行点评与总结。

　　步骤五　任务总结

　　各小组根据老师和其他小组同学提出的意见和建议及时对各自的成果进行修改,将定稿以作业的形式上交指导教师。指导教师依据该项目任务考查表,给出各小组评价综合得分。

知识链接

　　对外宣传册是组织对外展示的窗口,是组织的"名片",在对外宣传上起着至关重要的作用。任何一个希望开展公共关系的旅游组织都应该有一套介绍自己、宣传自己的宣传资料。

　　除了广告之外,公众在接触组织生产的产品或提供的服务之前,首先接触到的就是组织的宣传资料。在旅游组织中旅行社运用这一手段相对较多,是一项日常的公共关系工作。旅游组织借助这种方式把自身的形象推向社会,而公众则通过宣传资料来了解组织的大体情况。

　　宣传册包含的内涵非常广泛,对比一般的书籍来说,宣传册设计不但包括封面、封底的设计,还包括环衬、扉页、内文版式,等等。宣传册设计讲求一种整体感,对设计者而言,尤其需要具备一种把握力。从宣传册的开本、字体选择到目录和版式的变化,从图片的排列到色彩的设定,从材质的挑选到印刷工艺的求新,都需要做整体的考虑和规划,然后合理调动一切设计要素,将他们有机地融合在一起,服务于内涵。

一、宣传手册的内容

(一)组织领导人的致辞

　　组织领导人的致辞往往被安排在整份宣传资料的首页或最前列部分,目的是增加它的权威性,并使公众产生亲近感。由于组织领导人是代表该组织的最高权威,因此,其致辞应体现真诚和亲切的态度,各个词语、标点都是字斟句酌,精心考虑。组织领导人的致辞主要是以自己的眼光来客观地评价自己的组织,不能妄自菲薄,也不要妄自尊大。

(二)组织的历史和现状的简介

　　任何组织都有它成长和发展的经历,在宣传资料中,应将组织的发展过程作概况式的回顾,并对它的现状作出清晰的描述,使读过宣传资料的公众对组织的脉络有个提纲挈领的认识。为了使人们更确切地了解组织自身在同行中的地位,如适当加一些与同行业组织的比较对照文字或图表,则更易令人信服,效果也要比单纯的自我宣传好。

【范例】

华住酒店集团,是国内第一家多品牌的连锁酒店管理集团,在中国360多个城市里已经拥有3000多家酒店和60000多名员工。自2005年创立以来,华住已经完成全国主要城市的战略布局,并重点在长三角、环渤海湾、珠三角和中西部发达城市形成了密布的酒店网络。2010年3月26日,"华住酒店集团"的前身"汉庭酒店集团"(NASDAQ:HTHT)在纳斯达克成功上市。目前,华住位列《Hotels》公布的全球酒店集团排名前10位,旗下汉庭酒店连续四年荣登BrandZ最具价值中国品牌100强。

自2014年起,华住酒店集团与雅高酒店集团形成长期战略联盟,共同开辟在华酒店业务。在交叉合作后,使全球超过1亿忠诚会员,能够接触到全球7000多家酒店——涵盖高端市场的美爵、禧玥,中端市场的诺富特、美居、漫心、CitiGO、全季、宜必思尚品、星程,以及经济型市场的宜必思、汉庭、怡莱和海友,满足从高端到平价、从商务差旅到休闲度假的个性化需求,并专注于移动互联时代的服务革新。

(三)对本组织企业文化或自身优势的说明

如今的旅游组织更加重视企业文化的建设,而每一个组织都会有一些自身的优势和特色,宣传资料为强化公众的印象,引起公众的兴趣,非常有必要将此内容引入。

【范例】

华住酒店集团

愿景:成为世界级的伟大企业。

使命:成就美好生活。

价值观:求真、至善、尽美。

企业文化:一群志同道合的朋友一起快乐地成就一番伟大的事业。

(四)联系方式

宣传资料的一大功能便是向公众提供本组织的信息,使他们一册在手,尽悉全貌。为此,在宣传资料的制作中,还应包括向公众准备的各种联系方法、内部机构分工图、联系人姓名等。

二、宣传册设计的几大要素

(一)文字

文字作为视觉形象要素,它首先要有可读性。同时,不同的字体变化和大小及面积的变化,又会带来不同的视觉感受。文字的编排设计是增强视觉效果,使版面个性化的重要手段之一。在宣传册设计中,字体的选择与运用首先要便于识别,容易阅读,不能盲目追求效果而使文字失去最基本的信息传达功能。尤其是改变字体形状、结构,运用特技效果或选用书法体、手写体时,更要注意其识别性。

字体的选择还要注意适合诉求的目的。不同的字体具有不同的性格特征,而不同内容、风格的宣传册设计也要求不同的字体设计的定位:或严肃端庄,或活泼轻松,或高雅古典,或新奇现代。要从主题内容出发,选择在形态上或象征意义上与传达内容相吻合的字体。

在整本的宣传册中,字体的变化不宜过多,要注意所选择的字体之间的和谐统一。标题或提示性的文字可适当地变化,内文字体要风格统一。文字的编排要符合人们的阅读习惯,如每行的字数不宜过多,要选用适当的字距与行距。也可用不同的字体编排风格制造出新颖的版面效果,给读者带来不同的视觉感受。

(二)图形

图形是一种用形象和色彩来直观地传播信息、观念及交流思想的视觉语言,它能超越国界、排除语言障碍并进入各个领域与人们进行交流与沟通,是人类通用的视觉符号。

在宣传册设计中,图形的运用可起到以下作用:

(1)注目效果。有效地利用图形的视觉效果吸引读者的注意力。这种瞬间产生的强烈的"注目效果",只有图形可以实现。

(2)看读效果。好的图形设计可准确地传达主题思想,使读者更易于理解和接受它所传达的信息。

(3)诱导效果。猎取读者的好奇心,使读者被图形吸引,进而将视线引至文字。图形表现的手法多种多样。传统的各种绘画、摄影手法可产生面貌、风格迥异的图形、图像。尤其是近年来电脑辅助设计的运用,极大地拓展了图形的创作与表现空间。然而无论用什么手段表现,图形的设计都可以归纳为具象和抽象两个范畴。具象的图形可表现客观对象的具体形态,同时也能表现出一定的意境。它以直观的形象真实地传达物象的形态美、质地美、色彩美等,具有真实感,容易从视觉上激发人们的兴趣与欲求,从心理上取得人们的信任。尤其是一些具有漂亮外观的产品,常运用真实的图片通过精美的设计制作给人带来赏心悦目的感受。因为它的这些特点,具象图形在宣传册的设计中仍占主导地位。另外,具象图形是人们喜爱和易于接受的视觉语言形式。运用具象图形来传达某种观念或产品信息,不仅能增强画面的表现力和说服力,提升画面的被注目值,而且能使传达富有成效。需要注意的是,具象图形、图像的选择、运用要紧扣主题,需要经过加工提炼与严格的筛选,它应是具体图形表现的升华,而不是图片形象的简单罗列、拼凑。

抽象图形运用非写实的抽象化视觉语言表现宣传内容,是一种高度理念化的表现。在宣传册设计中,抽象图形的表现范围是很广的,尤其是现代科技类产品,因其本身具有抽象美的因素,用抽象图形更容易表现出它的本质特征。此外,对有些形象不佳或无具体形象的产品,或有些内容与产品用具象图形表现较困难时,采取抽象图形表现可取得较好的效果。抽象图表单纯凝练的形式美和强烈鲜明的视觉效果,是人们审美意识的增强和时代精神的反映,较之具象图形具有更强的现代感、象征性、典型性。抽象表现可以不受任何表现技巧和对象的束缚,不受时空的局限,扩展了宣传册的表现空间。

无论图形抽象的程度如何,最终还是要让读者接受,因此,在设计与运用抽象图形时,抽象的形态应与主题内容相吻合,表达对象的内容或本质。另外,要了解和掌握人们的审美心理和欣赏习惯,加强针对性和适应性,使抽象图形准确地传递信息并发挥应有的作用。

具象图形与抽象图形具有各自的优势和局限,因此,在宣传册设计的过程中,两种表现方式有时会同时出现或以互为融合的方式出现,如在抽象形式的表现中突出具象的产品。设计时应根据不同的创意与对象采用不同的表现方式。

(三)色彩

在宣传册设计的诸要素中,色彩是一个重要的组成部分。它可以制造气氛、烘托主题,强化版面的视觉冲击力,直接引起人们的注意与情感上的反应;另一方面,还可以更为深入地揭示主题与形象的个性特点,强化感知力度,给人留下深刻的印象,在传递信息的同时给人以美的享受。

宣传册的色彩设计应从整体出发,注重各构成要素之间色彩关系的整体统一,以形成能充分体现主题内容的基本色调;进而考虑色彩的明度、色相、纯度各因素的对比与协调各关系。设计者对于主体色调的准确把握,可帮助读者形成整体印象,更好地理解主题。

在宣传册设计中,运用象征色及色彩的联想、象征等色彩规律,可增强传达效果。不同种类的商品常以与其感觉相吻合的色彩来表现,如食品、电子产品、化妆品、药品等在用色上有较大的区别;而同一类产品根据其用途、特点还可以再细分。如食品,总的来说大多选用纯度较高,感觉干净的颜色来表现;其中红、橙、黄等暖色能较好地表达色、香、味等感觉,引起人的食欲,故在表现食品方面应用较多;咖啡色常用来表现巧克力或咖啡等一些苦香味的食品;绿色给人新鲜的感觉,常用来表现蔬菜、瓜果;蓝色有清凉感,常用来表现冷冻食品、清爽饮料等。

在运用色彩的过程中既要注意典型的共性表现,也要表达自己的个性。如果所用色彩流于雷同,就失去了新鲜的视觉冲击力。这就需要在设计时打破各种常规或习惯用色的限制,勇于探索,根据表现的内容或产品特点,设计出新颖、独特的色彩格调。总之,宣传册色彩的设计既要从宣传品的内容和产品的特点出发,有一定的共性,又要在同类设计中标新立异,有独特的个性。这样才能加强识别性和记忆性,达到良好的视觉效果。

(四)编排

宣传册的形式、开本变化较多,设计时应根据不同的情况区别对待。

页码较少、面积较小的宣传册,在设计时应使版面特征醒目;色彩及形象要明确突出;版面设计要素中主要文字可适当大一些。

页码较多的宣传册,由于要表现的内容较多,为了实现统一、整体的感觉,在编排上要注意网格结构的运用;要强调节奏的变化关系,保留一定量的空白;色彩之间的关系应保持整体的协调统一。

为避免设计时只注意单页效果面不能把握总体的情况,可采用以下方法来控制整体效果:

首先,确定创作思路,根据预算情况确定开本及页数;并依照规范版式将图文内容按比例缩小排列在一起,以便全面观察比较,合理调整。

其次,找出整册中共性的因素,设定某种标准或共用形象,将这些主要因素安排好后再设计其他因素。在整册中抓住几个关键点,以点带面来控制整体布局,做到统一中有变化,变化中求统一,达到和谐、完美的视觉效果。

评价与考核

旅游组织对外宣传册任务完成情况及技能评价考查表

学习目标	评价标准	小组评价(50%)	教师评价(50%)	综合得分(百分制)
理论知识(20分)	掌握旅游组织对外宣传册设计的方法的程度			
专业技能(20分)	能编制旅游组织对外宣传册			
通用技能(20分)	具有分析能力;具有普通写作能力;具有普通文稿设计能力			
任务完成(20分)	旅游组织对外宣传册设计的质量			
学习态度(20分)	积极主动、创新性强、认真严谨			
综合评价与建议:				

思考与讨论

1. 旅游组织对外宣传册为何要包含组织文化的相关内容？
2. 选择几个不同类型的旅游组织对外宣传册进行比较分析。

技能训练题

为某旅游组织设计一份对外宣传册。

任务四　旅游公关广告的设计

情境设计

如今，H 酒店在当地已小有名气，但 H 酒店的管理者仍不满足于现状，他们希望在扩大酒店知名度的同时能够提升酒店的美誉度，于是再次将这一重任交给了公关部的王经理。

请根据以上情境，完成以下任务：

为 H 酒店设计一则公关广告。

任务分析

公共关系广告亦称组织形象观念广告或声誉广告，公共关系的目标是树立组织的良好形象，具有长期性的特点，与此对应的公共关系广告的目的也着眼于长远利益。公共关系广告的宣传方式也具有长期性，其商业色彩较淡，一般要系列化、整体化和经常化，社会色彩较浓。通过上述任务的完成，可以让我们更好地理解组织公关广告对旅游组织的影响和作用。

任务实施

完成任务的具体操作步骤，建议如下：

步骤一　领受任务

指导教师介绍任务的内容、要求、关键点及注意事项。各小组提问，指导教师答疑，准确理解任务，完成任务领受。

步骤二　分析任务

请各小组按指导教师的要求，分析任务的内容，阅读知识链接，制定完成任务的工作程序及任务分配，补充查阅其他相关资料，做好公关广告的准备工作。

步骤三　实施任务

各小组具体完成情境中提出的问题，设计公关广告。

步骤四　任务汇报

各小组根据任务的要求，相互传阅各自的成果，以供各小组相互学习，发现问题。指导教师及时控制汇报进程，最后进行点评与总结。

步骤五　任务总结

各小组根据老师和其他小组同学提出的意见和建议及时对各自的成果进行修改，将定稿以作业的形式上交指导教师。指导教师依据该项目任务考查表，给出各小组评价综合得分。

知识链接

一、旅游公共关系广告的含义

旅游公共关系广告是以增进公众对旅游组织的整体了解,扩大知名度,树立良好形象为目的的广告形式和活动。通俗地讲其是公共关系与广告的结合,以广告的形式而开展公共关系工作的一种方式、方法。广告本身是一种传播活动,即广告具有公共关系的性质,那么在广告中有意识地引入公共关系,就形成了公共关系广告。比如下列一些广告词:

美好的明天,从今晚长城开始! ——长城宾馆

千帆竞发扬子江,万冠云集新世界! ——新世界酒店

挽卿手、共白头、阳光酒店誓千秋! ——阳光酒店

文化圣地,度假天堂——山东

天天乐道 津津有味——天津

活力广东 心悦之旅——广东

这些广告犹如一股清风,给人耳目一新的感觉,它不以创造商业利润为目的,而是通过间接方式提高旅游组织知名度,树立旅游组织良好形象,为旅游组织带来更长久深远的影响,这类广告就是旅游公共关系广告。

二、旅游公共关系广告的作用

1.塑造旅游组织形象

这是旅游公共关系广告最基本的作用,通过公共关系广告使公众对旅游组织有好感。

2.强化旅游组织品牌

旅游公共关系广告着重宣传旅游组织的品牌,使品牌以同一形象在相当长的跨度内重复出现,给公众造成深刻印象。

3.体现旅游组织宗旨

旅游公共关系广告通过宣传旅游组织的精神理念、组织文化、服务宗旨和公众态度等,使公众加深对旅游组织的了解。

三、旅游公共关系广告的类型

旅游公共关系广告的具体类型较多,我们按照与旅游组织是否有直接的联系为标准,将旅游公共关系广告分为与旅游组织有直接联系的公共关系广告和与旅游组织本身没有直接联系的公共关系广告两大类。

(一)与旅游组织有直接联系的公共关系广告

1.组织广告

这类广告主要是向公众全面介绍旅游组织的价值观念、企业文化、管理哲学、政策方针、企业精神等。其对内产生凝聚力,对外产生号召力,使旅游组织形象连同它的观念、口号深入人心。目的在于增进与公众之间的感情,树立起良好的组织形象,其特点是总体性、概括性和全面性。

2.解释广告

此类广告是就旅游组织某一问题说明事实、消除误解、表明态度的公共关系广告。

3.实力广告

此类广告大多以介绍社会组织的规模、实力为主,具体内容包括组织的规模、员工人数、利润及纳税额、获奖情况等,并配之以旅游组织的标识。

4.祝贺广告

旅游组织对新开业或举行庆典的单位，以同行的身份刊登广告以示祝贺，体现旅游组织欢迎竞争、广结良缘的胸怀及与受贺组织携手合作、共同繁荣的愿望。这种广告的做法通常是向受贺单位赞助广告费，并在该单位庆典广告上署名祝贺。

(二)与旅游组织本身没有直接联系的公共关系广告

1.公益广告

公益广告是以倡导和维护公共生活秩序和公共道德准则为内容的公共关系广告。其体现旅游组织为社会公众服务、为社会尽责的意识。

2.响应广告

响应广告是旅游组织为寻求公众的理解和支持而对政府的某一措施或社会上某一重大活动表示响应的公共关系广告。其表明旅游组织善于从全局的角度考虑问题。

3.赞助广告

赞助广告是旅游组织凭借自己的实力，积极参与社会活动、推进社会公益事业发展的公共关系广告。旅游组织可赞助文化、体育、教育、社会福利、公益事业等。

4.致歉广告

此类广告用于旅游组织在行为出现一定失误时，公开向公众承认错误，表示歉意。组织在社会活动中发生失误，应该主动地向公众陈述事实真相，不隐瞒真相，不推卸责任，明确表示组织敢于承担社会责任，并提出改进措施，这样，才能求得公众的支持与谅解，也会获得公众更大的认可与支持等。

5.深度广告

此类广告的版面是以新闻通讯、报告文学的形式出现，以第三者的角度对组织发展的历程、科学的决策、雄厚的实力、取得的成绩、对社会的贡献等进行深度的报道。此类广告的可读性强，以事实和情感打动公众，可以给公众留下深刻的印象，故所取得的效果相当理想。

四、公共关系广告文案

广告文案是广告的一个有机组成部分，其设计水平对旅游组织公共关系活动的开展起到举足轻重的作用。广告文案属于文字传播，其最大特点在于它的简短，通常只有一个标题或一句话。公共关系广告的目的不是向公众推销其产品或服务，而是唤起公众对组织的兴趣、树立组织形象，从而使公众与组织合作，因此广告文案设计的主旨要符合以下几个要求：

1.准确规范、点明主题

准确规范是广告文案中最基本的要求。要实现对广告主题和广告创意的有效表现和对广告信息的有效传播。首先，要求广告文案中语言表达规范完整，避免语法错误或表达残缺。其次，广告文案中所使用的语言要准确无误，避免产生歧义或误解。再次，广告文案中的语言要符合语言表达习惯，不可生搬硬套，自己创造众所不知的词汇。最后，广告文案中的语言要尽量通俗化、大众化，避免使用冷僻以及过于专业化的词语。

2.简明扼要、言简意赅

广告文案在文字语言的使用上，要简明扼要、精炼概括。首先，要以尽可能少的语言和文字表达出广告产品的精髓，实现有效的广告信息传播。其次，简明精炼的广告文案有助于吸引广告受众的注意力和迅速记下广告内容。最后，要尽量使用简短的句子，以防止公众因繁长语句所带来的反感。

3.生动形象、表明创意

广告文案中的生动形象能够吸引受众的注意,激发他们的兴趣。有关资料表明:文字、图像能引起人们注意的百分比分别是 22% 和 78%;能够唤起记忆的百分比,文字是 65%,图像是 35%。这就要求在进行文案创作时采用生动活泼、新颖独特的语言的同时,附以一定的图像来配合。

4.动听流畅、上口易记

广告文案是广告的整体构思,对于由其中诉之于听觉的广告语言,要注意优美、流畅和动听,使其易识别、易记忆和易传播,从而突出广告定位,很好地表现广告主题和广告创意,产生良好的广告效果。同时,也要避免过分追求语言和音韵美,而忽视广告主题,生搬硬套,牵强附会,因文害意。

5.形式不拘、生动有趣

广告文案的语体样式是可以多样的,诗歌、快板、对联、顺口溜甚至是谜语形式都可以。

五、旅游公关广告范例

文化品牌传播大手笔 河南形象绽放 CCTV

在 CCTV-1《新闻联播》后的 A 特段位有一支美轮美奂的河南形象广告片。河南省形象在 CCTV-1《新闻联播》后黄金段位的强势亮相,是政府形象及旅游品牌传播的第一次,更是开创了文化品牌结合旅游品牌组合传播的新模式。

在以"文化河南,壮美中原"为主题的广告片中,突出表现了河南作为中国传统文化发源地的人文特征和思想底蕴;不是孤立地表现自然景观,而是溶情于景,以大写意的手法描绘河南文化、地理融汇天成的形象。在此片中,河南省委、省政府"旅游立省""文化强省"战略中圈定重点打造为国际化旅游精品和国际旅游目的地的少林寺、龙门石窟、云台山、殷墟等景区品牌逐一亮相,另有信阳鸡公山、焦作云台山、安阳林虑山和新乡万仙山等 10 个精品景区展露新姿,河南美景绽放央视,旅游品牌攻势逼人。据悉,本轮央视广告战将强势集结央视 5 大频道 12 个栏目,将新版广告片到年底前分三波进行密集投放:9 月 10 日起《朝闻天下》《环球财经连线》《新闻 30 分》《晚间新闻》《海峡两岸》《经济信息联播》《中国财经报道》等 7 档栏目首发第一波,到年底前连续投放;于 24 日亮相的央视黄金资源时段"新闻联播后 A 特段"和《国际时讯》广告作为第二波直接为国庆假期"添柴添火";第三波投放将从国庆后开始到年底,在第一波栏目基础上,《探索发现》《国宝档案》《中国文艺》等栏目将持续投放。这是河南省旅游第一次在央视进行如此大规模的投放,声势浩大,引爆旅游行业广告战。

央视多年来一直是政府、国内外旅游机构和各旅游品牌的主力传播阵地。河南省旅游结盟央视,打响旅游品牌的品牌战役,无疑将从旅游品牌推广从各区域"地面渗透"上升为央视权威媒体的"空中进攻"。按照央视广告部在 2010 年"央视黄金资源招标会"上介绍,央视目标是建设"国际一流媒体",构建包括电视、手机电视、国家网络电视等传统媒体和新媒体优势互补的全方位传播平台,并通过"新闻立台"强化媒体话语权,并通过"整合、优化和创新"为品牌进行传播服务。河南力推旅游业发展,根据河南旅游立省战略,全省重点打造沿黄古都旅游带、南水北调中线生态观光带、嵩山禅武文化旅游区、南太行山水生态旅游区等 7 个大型旅游区,以及丝绸之路起点游、少林太极功夫游、中华皇城古都游、华人寻根祭祖游、黄河文明生态游等 10 条国内旅游线路,以及启动文化产业作为推动经济发展的"绿色引擎",将开封市、登封市、禹州市、淮阳县、新县、浚县、宝丰县、镇平县、濮阳、信阳鸡公山作为首批 10 个"文化改革发展试验区",全面推进文化旅游产业的发展。河南省委书记徐光春曾说,只要把文化和旅游穿上"连体衣"、作好融合,就一定能叫响独具特色的中原文化旅游品牌。那么新版"文化河南,壮美中原"广告片,整合资源打响品牌,就是对于河南大力发展文化旅游产业的完美阐释。

据统计,河南省旅游2009上半年逆势增长总收入超933亿元,同比增长21.2%。中国旅游研究院发布的国庆黄金周旅游市场预测报告中,河南省将迎来过千万的游客,是全国为数不多拿到"千万游客"订单的旅游省份之一,赢取国庆黄金市场,之前拉开的两波央视广告投放可谓功不可没。

2010年,借着上海世博会的东风,中国旅游业将迎来更大的发展机遇。结盟央视,与中国最强势的传播品牌站在一条战线上,将央视的传播优势转变为河南的品牌优势才是"未来之道"。2010年,央视广告打出为品牌服务的口号是"2010,看我,看中国",那么河南旅游结盟央视,龙腾中原,将延伸这条广告的内涵,成就"看我,看中国,看河南"的壮美宏图。

资料来源:覃莉.文化品牌传播大手笔 河南形象绽放 CCTV[EB/OL]. (2009 - 09 - 25). http://www.wowa.cn/Article/85287.html.

评价与考核

旅游公关广告相关任务完成情况及技能评价考查表

学习目标	评价标准	小组评价(50%)	教师评价(50%)	综合得分(百分制)
理论知识(20分)	掌握旅游组织公关广告的特点与要求的程度			
专业技能(20分)	能设计旅游公共关系广告			
通用技能(20分)	具有广告分析能力;具有普通广告写作能力;具有创新能力			
任务完成(20分)	旅游公关广告设计的质量			
学习态度(20分)	积极主动、创新性强、认真严谨			
综合评价与建议:				

思考与讨论

旅游公共关系广告与普通的广告有哪些区别?

技能训练题

为某旅游组织设计一则公关广告。

任务五　旅游组织制造新闻

情境设计

经过H酒店王经理的不懈努力,酒店的知名度和美誉度均较以前有了较大的提升,但时间长了,公众逐渐对H酒店产生了"审美疲劳",客户开始逐渐流失,面对这一情况,酒店管理者认为有必要在恰当的时候制造一些新闻事件,从而引起公众的持续关注。

根据以上情境,完成以下任务:

请为 H 酒店制造一次新闻事件。

任务分析

制造新闻是公关人员在真实的不损害公众利益的前提下,有计划地策划组织举办具有新闻价值的活动和事件吸引新闻界和公众的注意和兴趣,争取被报道的机会,并使本组织成为新闻报道中的主角,以达到提高组织知名度的目的。制造新闻,运用好了,它与公共关系广告、促销有异曲同工之妙,甚至效果比以上手段更为明显,而且相对而言,费用更为低廉。当然与以上几点相比,新闻策划也有一定难度、一定特点,需要策划人员具有较高的素质,特别是综合素质,如新闻知识,要懂新闻,而在具体操作上,比广告更为复杂,所以一般更慎重一些。

任务实施

完成任务的具体操作步骤,建议如下:

步骤一　领受任务

指导教师介绍任务的内容、要求、关键点及注意事项。各小组提问,指导教师答疑,准确理解任务,完成任务领受。

步骤二　分析任务

请各小组按指导教师的要求,分析任务的内容,阅读知识链接,制定完成任务的工作程序及任务分配,补充查阅其他相关资料,做好制造新闻的准备工作。

步骤三　实施任务

各小组具体完成情境中提出的问题,制造新闻。

步骤四　任务汇报

各小组根据任务的要求,相互传阅各自的成果,以供各小组相互学习,发现问题。指导教师及时控制汇报进程,最后进行点评与总结。

步骤五　任务总结

各小组根据老师和其他小组同学提出的意见和建议及时对各自的成果进行修改,将定稿以作业的形式上交指导教师。指导教师依据该项目任务考查表,给出各小组评价综合得分。

知识链接

一、制造新闻的含义和特点

制造新闻又称"策划新闻""媒介事件",是旅游组织为达到公共关系目标,通过巧妙的策划与安排,由人为引发的可引起戏剧性或轰动效应的事件并有意引起舆论和新闻媒介的关注与报道的公共关系活动,是一种无偿利用大众传媒进行公共关系宣传的活动方式,具有较高的新闻价值。一位记者曾说:"狗咬人不是新闻,人咬狗才是新闻。"这道出了新闻的特点,而制造新闻更是如此,让人在"无意"中感觉"自己连想都没有想到,而现在有人做到了"。所以,制造新闻一直是公关与营销界所推崇的传播方法之一。

与一般新闻比较,制造新闻具有以下特点:

1.表面的偶然性

制造新闻不是自发的、偶然产生的,而是经过公关人员精心策划安排的。一般性新闻是在事物发展变化中自然而然发生的,而制造的新闻是经过公关人员精心策划出来的。一般而言,新闻传播的主动权不在公关人员方面,而在新闻界人士方面,公关人员精心策划出来的新闻事件,因为奇特、有趣,具有较高的新闻价值,同样能引起新闻界人士的兴趣和跟踪追击,并加以报道,达到提高组织知名度的目的。

2.极强的迎合性

制造的新闻比一般新闻更富有戏剧性,更能迎合新闻界及公众的兴趣。要成功地制造新闻事件,吸引新闻界人士的注意和兴趣,就要使新闻事件更富有戏剧性,更具有新、奇、特的特点,要求公关人员独具匠心,富于创造。

3.极高的性价比

制造新闻因其具有极强的新闻性,可以吸引媒体广泛的主动传播与转载,所以,这样就可以减少许多广告与营销费用,即以较低的成本明显提高组织的社会知名度和美誉度,表现出极高的投入与产出比。

二、制造新闻应遵循的原则

新闻媒介的新闻宣传所具有的权威性、广泛性是任何社会组织在公共关系活动中不容忽视的,这是一种不必支付费用的宣传,其形式最易为公众及组织本身所接受。如新闻报道、专题通讯、经验介绍、记者专访等。但是,这种宣传难度较大,并且有很大的局限性,它要求公共关系人员具备吸引新闻媒介的本领,必要时还可以"制造"一些新闻,以供新闻界报道。这里所说的"制造新闻"并不是说要公共关系人员凭空捏造一些新闻来欺骗公众,而是要遵循新闻报道工作的客观规律,寻找公众关注的"热点",使社会组织的活动与公众最为关心的事物相结合,产生新闻价值,吸引新闻媒介前来报道。比如近几年河南有关媒体对河南省焦作旅游资源的频频报道,在业内掀起了"焦作现象""云台山现象"的热门话题,可以说当地旅游形象的迅速崛起无不与借助新闻媒介的传播有关。而且经过精心策划制造出的新闻更具影响力和轰动效应,因此,公共关系人员应善于把握时机,有计划有组织地策划公关事件或推动引导事件的发展使其具有新闻价值。"制造新闻"在实际操作中应遵循以下原则:

1.以事实为基础的原则

策划新闻虽然带有浓厚的人为色彩,但它却并不是旅游组织无中生有、无事生非、编造事实欺骗舆论,而是旅游组织真实地去做某一件事情,真的"制造"出来,并从中挖掘出新闻价值点,然后吸引新闻媒介和公众的注意和兴趣,争取新闻媒介的广泛报道。

2.遵循新闻要素的原则

策划新闻必须突出事件的新闻价值,只有具有新闻价值的事件才可能被新闻媒介所关注和报道。一般来说,一个人或一件事只要具备了"新、奇、特"三个新闻要素,就很有可能成为新闻事件,并被新闻媒介所捕捉。

3.巧选时机的原则

策划新闻必须巧妙选择时机,旅游组织策划新闻要产生良好的社会效果,就要善于把握好新闻发布的时机,争取最大限度地提高和发挥新闻的社会影响力。

三、旅游组织策划新闻事件的常用方法

策划新闻是旅游组织相对比较经济、有效地扩大组织影响的公共关系活动,是一种运用智力进行的创造性劳动,它必须依靠旅游组织公共关系人员广博的知识、丰富的想象力和敏锐的洞察力,其常用方法可归纳如下。

(一)结合社会政治、经济、文化生活中的重大活动去制造新闻

一般来说,各个时期的重大中心活动,是公众普遍关心的问题,最容易引起公众的兴趣,借此机会制造新闻能够产生广泛而深刻的影响。如:在北京申奥期间,能够与申奥有关系的活动就会

引起公众与新闻媒介的注意。当时,我国的许多旅行社都推出了"我到北京看奥运"的旅游线路,不仅扩大了知名度,产品在市场中的占有率也大幅提升。

(二)与盛大节日或纪念、庆典活动相联系制造新闻

旅游组织可以在传统的元旦、春节等节日期间搞一些具有新闻价值的公益活动,也可以利用开业或获得荣誉等纪念日策划公关事件进行新闻宣传,还可以利用教师节、重阳节、护士节等具有更深刻意义的节日制造新闻。

(三)与权威人士或社会名流相联系制造新闻

组织不妨借名人之"势"来制造新闻,开展公共关系活动,开拓广阔市场。旅游公关人员在策划公关活动时,可借助名人的社会地位和影响来提高活动的新闻价值,从而起到事半功倍的效果。如北京长城饭店策划的里根访华答谢宴会的新闻事件,无形中大大提高了长城饭店的知名度和美誉度。通常,我们可借助那些人们普遍崇拜的人物或社会名流,以及"追星族"们追逐的各类明星等,通过赠送、邀请参加活动、给予荣誉头衔等手段,来扩大旅游组织的社会影响,提高知名度和美誉度,从而使自己的组织与明星同辉。比如一家饭店的周年庆典,既可以成为新闻,也可能办得默默无闻。如果饭店能邀请到知名人士参加,同时举行记者招待会,发布饭店已取得的成果及为社会所作的贡献,那么这个庆典就有可能成为新闻。

(四)抓住"新、奇、特"来制造新闻

旅游组织要想宣传自己,引起社会公众的注意,树立形象,被动地等待新闻媒介报道,是远远不够的。而且,一些平平淡淡的事情,也难以引起新闻界的兴趣。只有匠心独具地抓住那些有新意、奇特的活动和事件,赋予普通事件以奇特的色彩,才能引起新闻界和社会公众的注意。

(五)与媒体合作搞活动,提高在媒介中出现的频率

经常与电视台、广播电台、报社、杂志社等新闻部门联合举办各种活动,提高组织在新闻媒介中出现的频率。特别值得一提的是,公关人员要与新闻界人士交朋友,尊重他们的职业习惯和职业尊严,对新闻界朋友不论其单位、个人名气大小,一律热情接待,不能因是小报记者就遭冷落。作为一个旅游公共关系人员,与新闻界人士交恶是所有愚蠢行为中最愚蠢的。一个得不到新闻界人士信任和好感的公关人员,对任何组织都毫无用处,甚至是有害的。如果能够得到记者、编辑的信赖,这将是一个公共关系人员所拥有的最重要的财富。因为,只有良好的新闻界关系才会给旅游组织带来大众传播的机会和好处。

四、制造新闻的策划步骤

(一)市场分析

要做一个新闻策划,必须先对策划对象所在行业及相关情况有深入的了解。比如,行业的历史、行业的现状、行业发展的新特点、相关的法律配套等。了解得越详细,掌握的信息越多,就越有可能从中挖掘出有价值的新闻点。

(二)确定宣传目标

对新闻策划来说,主要需要确定的是宣传的范围和宣传的目标人群。宣传目标影响着后面新闻点的策划、媒体的选择和预算的编制等步骤。如果宣传范围只是地域性的,那么媒体只需选择地方性媒体就可以了,预算也会比作全国性宣传低得多。如果选择是针对年轻白领的,那么策划的新闻事件必须能吸引他们的关注。

(三)策划"新闻点"

这一步,需要策划出能达到宣传目标的"新闻点"。策划"新闻点"一般可以运用"借势"或"造势"两大基本方法。

借势,即借助外部的条件和环境进行策划,如借助比组织更受人们关注的各种事物,与组织即将进行的公共关系营销活动结合起来,从而把新闻界及公众的关注点转移到本企业方面,收到良好的效果。

造势,是指组织新闻策划者通过巧妙思维,利用某一看来微不足道的契机,为组织与公众间关系的建立与发展造出一个有利趋向和势头来。

(四)选择媒体

新闻策划都是通过媒体的传播来完成的,因此媒体的选择非常重要。一般根据产品的特性和宣传目标来选择媒体。

(五)编制预算

作宣传,要衡量投入产出比,对预算做到心中有数。制造新闻,每个个案的实施费用往往会根据具体的策划而有所不同,因此应采用"目标任务法"来预算。先确定一个制造新闻的目标,然后估算出要达到这一目标所需的费用,包括新闻事件实施费用和新闻发布费用,这两项费用相加就是一次新闻策划的总费用。

(六)策划的实施与控制

好的新闻点策划之后,面临的是如何实施与控制,使策划效果充分表达出来。当然这需要公关人员具有较强的媒体运作和控制能力。

(七)策划效果衡量

一般来说,新闻策划的效果可以通过以下几个标准来衡量:

(1)刊登播出数量。在策划实施后统计媒体刊登播出的新闻数量,衡量是否达到原先设定的目标。

(2)刊登播出质量。刊登播出质量主要指篇幅、字数、播出时间长度、刊登的版面、播出的时间段、企业和产品的名称是否出现、产品性能是否介绍等事先设定的目标。

(3)市场反应。市场反应包括两个方面:一是销售业绩,只需对策划实施前后实际的市场销售情况作出比较,就可以分析出策划是否推动了销售;二是看企业或产品的知名度是否提高,这需要在策划前后各做一次问卷调查。

(4)采用"比较法"。比较法就是与其他竞争产品的市场表现进行比较,从而对新闻策划的效果作出评估。

五、旅游组织制造新闻范例

沙坡头高价悬赏　为景区吉祥物骆驼征集全新"卡通形象 & 艺名"

近年来,随着《爸爸去哪儿》的热播,作为热门综艺节目第一季第三期的取景地的沙坡头,一下吸引了所有人的目光地。2017年1月9日,沙坡头景区为景区吉祥物骆驼征集卡通形象和艺名。

骆驼是沙漠里重要的交通工具,因它能够忍耐艰苦的沙漠环境,长途跋涉,被称之为"沙漠之舟",远古游牧民族视之为"天赐神物"。

寻找沙漠的美是一个过程,在寻找的过程中,骆驼便成了必不可少的伴侣。沙坡头骆驼因其浓密的睫毛、双重的眼帘、高挺的驼峰、厚实的脚掌等可爱的造型和温顺的性格受到了广大游客的喜爱。沙坡头骆驼属于东亚阿拉善双峰驼,因其高大雄壮而闻名。毛色分为棕色和白色两种,白色骆驼是中国内蒙古阿拉善双峰驼毛色基因发生变异后所形成的一个特殊类群。因为骆驼长相奇特,它有"十二不像"的称号,比如老鼠的胆子、牛的蹄子、老虎的威风、兔子的嘴巴、龙的脖子、蛇的眼睛、马的耳朵、羊的头、猴子的毛、鸡的大腿、狗的嗅觉、猪的尾巴。

骆驼作为沙坡头景区的代表吉祥物,为了进一步提升景区的品牌知名度,树立全新的企业形象,港中旅(宁夏)沙坡头景区特向全国征集吉祥物骆驼卡通形象和名称的原创设计,具体内容如下:

一、活动详情

(1)征集内容:吉祥物骆驼名字、卡通形象设计图。

(2)表现形式:要求所设计的吉祥物骆驼形象,必须为卡通或动漫,并贴合沙坡头景区文化和沙坡头骆驼的特点。

(3)时间节点:

1月10日—2月28日(网络海选):通过各大网络平台进行海选;

3月1日—3月5日(专家组评选):通过专家组评选出排前30名的设计作品;

3月6日—3月15日(网络公开评选):通过"宁夏沙坡头"微信公众平台对专家组评选出的30个设计作品进行网络公开投票,评选出最终的前5名。

二、征集要求

(1)卡通形象外形简洁、形象贴切、构思精巧;具有识别性、独特性、创意性和可观性,易于推广。

(2)设计作品必须为原创,投稿人请提供JPG格式图片,分辨率在300dpi以上,以A4幅面白底绘制,并附带300字以内文字说明,包括设计意图、创作理念、作品含义以及作者姓名和联系方式。

(3)请投稿人自行保留未合并图层的高分辨率或矢量格式的原始设计稿,以便后期修改与审核。

三、参赛方式

通过邮箱投稿参赛,邮箱地址:××××××@qq.com。

四、免责声明

(1)参加此次吉祥物骆驼卡通形象原创设计征集活动的作者,必须提供自己的原创作品,不得侵犯第三方的著作权等权利。如有抄袭或盗用他人作品,一切法律后果由作者本人(单位)承担。港中旅(宁夏)沙坡头旅游景区有限责任公司和发布征集活动的各网络平台均不负任何责任。抄袭或盗用他人作品一经发现,立即取消其参赛资格。

(2)作品必须符合内容健康、积极向上的原则。

(3)港中旅(宁夏)沙坡头旅游景区有限责任公司有权使用最终获选的吉祥物骆驼卡通形象原创设计的参评作品。所有征集作品所有权均归港中旅(宁夏)沙坡头旅游景区有限责任公司所有,并有权复制和无偿使用。

(4)最终入选的吉祥物骆驼名称、卡通形象设计,港中旅(宁夏)沙坡头旅游景区享有包括著作权在内的一切法律权利,有权对此设计进行延伸设计并应用于相关产品和领域。

五、奖项介绍

根据最终的"投票评选"结果选出前5名:

第一名 创意奖(1名)12000元

第二名 优秀奖(1名)5000元

第三名 鼓励奖(1名)3000元

第四名 参与奖(2名)价值500元的沙坡头景区门票

资料来源:http://www.spttour.com/meizai/news/2017/0109/3667.html.

评价与考核

旅游组织制造新闻任务完成情况及技能评价考查表

学习目标	评价标准	小组评价（50%）	教师评价（50%）	综合得分（百分制）
理论知识（20分）	掌握制造新闻的方法的程度			
专业技能（20分）	能制造新闻			
通用技能（20分）	具有普通写作能力			
任务完成（20分）	酒店制造新闻的质量			
学习态度（20分）	积极主动、创新性强、认真严谨			
综合评价与建议：				

思考与讨论

普通新闻与制造新闻有哪些区别？制造新闻有哪些特点？

技能训练题

结合社会"热点"问题，为某旅游组织制造新闻。

任务六 旅游组织网络公关

情境设计

在王经理的策划下，H酒店顺利开展了一系列的公关活动，充分体现公关部"外塑形象、内强素质；外求发展，内求团结"的作用，但在网络飞速发展的今天，王经理依然感到酒店的公关工作仍然有潜力可挖，于是他又将工作重点聚集到了网络公关这一新的领域。

根据以上情境，完成以下任务：

如何运用网络公关的手段塑造H酒店的形象？

任务分析

新经济时代，互联网和移动互联网正逐步成为公共关系操作中最重要的传播工具之一，网络传播也应运而生。该任务要求学生学会运用网络技术合理开展公关活动。

任务实施

完成任务的具体操作步骤，建议如下：

步骤一 领受任务

指导教师介绍任务的内容、要求、关键点及注意事项。各小组提问，指导教师答疑，准确理解任务，完成任务领受。

步骤二　分析任务

请各小组按指导教师的要求,分析任务的内容,阅读知识链接,制定完成任务的工作程序及任务分配,补充查阅其他相关资料,做好网络公关的准备工作。

步骤三　实施任务

各小组具体完成情境中提出的问题。

步骤四　任务汇报

各小组根据任务的要求,相互传阅各自的成果,以供各小组相互学习,发现问题。指导教师及时控制汇报进程,最后进行点评与总结。

步骤五　任务总结

各小组根据老师和其他小组同学提出的意见和建议及时对各自的成果进行修改,将定稿以作业的形式上交指导教师。指导教师依据该项目任务考查表,给出各小组评价综合得分。

知识链接

"网络传播"是近年来广泛出现于传播学中的一个新名词。它是相对三大传播媒体即报纸、广播、电视而言的。网络传播是指以多媒体、网络化、数字化技术为核心的国际互联网络,是现代信息革命的产物。网络传播是以计算机通信网络为基础,进行信息传递、交流和利用,从而达到其社会文化传播目的的传播形式。网络传播融合了大众传播(单向)和人际传播(双向)的信息传播特征,在总体上形成一种散布型网状传播结构,在这种传播结构中,任何一个网结都能够生产、发布信息,所有网结生产、发布的信息都能够以非线性方式流入网络之中。同时,网络传播具有人际传播的交互性,受众可以直接迅速地反馈信息,发表意见。而且,网络传播突破了人际传播一对一或一对多的局限,在总体上,是一种多对多的网状传播模式。网络传播有三个基本的特点:全球性、交互性、超文本链接方式。

一、网络公关的概念

互联网在我国的快速发展为现代公共关系提供了新的思维方式、策划思路和传播媒介,网络公关作为一种新的网络传播手段应运而生。网络公关(PR on line)又叫线上公关或 e 公关,它利用互联网的高科技表达手段营造组织形象。目前,"e 公关"概念虽然在美国刚刚兴起,但中国公关业也不甘人后,此概念在"2000 年中国国际公共关系大会"上成为热门话题,到 2001 年则开办了"中国公关网",而组织自身的公关网络更是如雨后春笋般生长起来,中国公关业和组织有了自己的门户网站和宣传平台,可以以最快捷的速度向国内外交流组织的信息。

二、网络公关的方法

(一)BBS 传播

BBS 的英文全称是 bulletin board system,翻译为中文就是"电子公告板"。BBS 最早是用来公布股市价格等类信息的,当时 BBS 连文件传输的功能都没有,而且只能在苹果计算机上运行。实际上,现在的 BBS 大大突破了这个概念。现在大多数网站的 BBS 就像现实生活中的公告板一样,用户除了可以进入各个讨论区获取各种信息以外,还可以将自己要发布的信息或参加讨论的观点"张贴"在公告板上,与其他用户展开讨论。

旅游爱好者会因为共同的兴趣而聚集在各大门户网站、大型论坛社区的旅游板块和一些旅游论坛里面,会对相关的话题与网友进行相互的讨论和分享。在讨论的过程中,往往会分享在某酒店住宿的体验或是去某个景区的感受,当然,这样的感受和体验有美妙的也有糟糕的。因此,旅游组织应密切关注各大论坛关注度较高的帖子,及时消除负面影响,扩大对组织正面报道的范围。

(二)新闻媒体传播

虽然可以在 BBS 大规模推广宣传旅游组织,扩大影响,但仍有大部分网友会对 BBS 中提及的旅游组织的知名度产生质疑,他们会通过搜索引擎来查询,BBS 当中所说的是否可靠,此时新闻稿的力量和影响力就会体现出来。新闻稿发布在大型门户网站上面,在权威的第三方媒体平台上发布关于旅游组织的相关信息。同时借助门户网站的知名度和强大的流量来提升品牌的曝光程度。新闻稿被搜索引擎收录,对于旅游组织的品牌知名度会有极大的提升。比如:撰写新闻稿发布在 4 大门户网站的相关频道(新浪、搜狐、网易、新华)。

(三)问答平台传播

问答平台信息发布,是目前对于潜在公众的比较好的一种宣传方式。通过在百度知道、新浪爱问、天涯问答、搜狗问问等问答平台发布相关的信息,将旅游组织的概况以及知名度做一个准确的定义,并在搜索引擎上面取得一个非常好的排名,有利于扩大旅游组织的知名度。如在百度搜索引擎上输入:"××旅游组织怎么样"、"知名的××旅游组织有哪些"等相关信息,在回答里面能够及时出现××旅游组织,从而可以达到搜索营销的目的。

(四)博客(微博)营销

博客(微博)作为网络时代展现组织和个人的主要平台,已经深得广大网民的信赖。合理利用这个平台,可以使旅游组织的知名度更加深入人心。从大型门户网站建立专博,在博客(微博)上发布关于该旅游组织的相关文章。把旅游组织的品牌在一些圈子中宣传出去,从而达到提升品牌、获取潜在受众群体的作用。

(五)SNS(social network site)营销

根据"六度分割理论"而产生的 SNS 社区,通过"熟人的熟人"进行网络社交拓展,成为口碑传播的绝佳地带。在 SNS 社区内,朋友圈内关系往往真实度很高,非常可靠,互相之间不存在所谓"网络假面",因此,比较容易实现实名制;SNS 基于人传人联系网络,一传多,多传多,利用网络这一低廉而快速的平台,信息传播的速度会非常快,这又使得口碑营销的成本进一步降低。选择 SNS 社区传播,可以迅速提高旅游组织的知名度。

(六)IM(instant messaging)营销

互联网可以不分时间、空间的限制,将各种不同爱好的人都相聚在某些地方,对自己感兴趣的话题和问题进行讨论。其中网络即时通信工具,把此类用户进行非常精准的细分。IM 营销又叫即时通信营销,是旅游组织通过即时工具帮助组织推广产品和品牌的一种手段,常用的主要有两种情况:

第一种,网络在线交流,一般大型旅游组织的网站都会有即时通信在线,这样潜在的客户如果对产品或者服务感兴趣自然会主动和旅游组织联系。

第二种,中小旅游组织可以通过即时通信工具,比如:QQ 等,发布一些产品信息、促销信息,或者可以通过图片发布一些网友喜闻乐见的表情,同时加上旅游组织要宣传的标志。

(七)微信营销

微信(micro message),是由腾讯公司开发的移动文字和语音消息的通信服务,用户可以通过朋友圈分享自己的所见、所闻、所思和所感,用语言、图片或者视频实现即时分享。微信互动性强、信息共享迅速便捷,利用微信这个新平台开展旅游宣传已经成为共识。

微信营销是借助微信这一平台进行的产品宣传、活动策划、品牌包装、市场信息搜集等一系列的营销活动。旅游企业可通过企业公众号、服务号、订阅号等开展公共活动。

(八)直播营销

数据表明,2016年旅游行业共有超过40个平台分别在映客、虎牙、芒果TV、门户网站合作超过300次直播,比2015年增加8倍。"直播+旅游",打破传统平台只能靠图片和文字对旅游这种个人体验项目描述上的单一感,而加入直播那种身临其境、所见即所得的当下体验感,突破了时间和空间的限制。

网络公关与传统公关有着不可分割的联系,就如同网络与现实一样具有一种相辅相成、相互依存的关系。如今的网络公关还包括:危机公关、舆情监测、网络活动、网络媒体、网络广告,等等。网络公关行业已经慢慢向行业化、专业化、整体化发展。在未来的网络时代里,网络公关将成为旅游组织公关体系中不可或缺的一部分。

三、旅游组织网络公关范例

喜来登中秋月饼网络推广纪实

作为喜来登酒店集团在海口开设的唯一一家酒店,海口喜来登不管是在硬件还是服务质量上,都是海口顶尖的酒店。而在中秋节日前,海口喜来登酒店推出台湾口味喜来登"玉宫"月饼,这是其第一次推出自己的月饼。为了推广这个月饼产品,更是为了强化海口喜来登品牌形象,海口喜来登携手天涯社区,策划了一个"200盒月饼送给谁?请您出个主意"活动,通过在海口版发帖,说明海口喜来登的概况,详细介绍了"玉宫"月饼的情况,图文并茂地推介了这个活动。其中在活动中设置了一个非常互动的环节,帖子内嵌入问题有奖问答及月饼宣传图片等,通过制造话题,展开有奖投票,激发网友的参与积极性,广泛传播海口喜来登的品牌。网友只要参与投票,指出自己认为应该送给谁,留下身份证等联系方式,就有机会获得海口喜来登送出的月饼,并可获邀一起去送上自己的祝福。

活动在社会中取得了很大反响,截至活动结束,在海口版的主帖总共有2421人次点击,174篇回帖,193人参与了网络投票。其中82位网友建议送给社会福利院孤寡老人,49位网友建议送给社会福利院,25位网友建议送给下岗人员,4位网友建议送给可爱的军人,8位网友建议送给革命烈属,9位网友建议送给敬业的警察,6位网友建议送给革命老红军,6位网友建议送给贫困大学生,2位网友建议送给自己……

同时,为感谢193位网友的投票支持,抽取了20位幸运者,给他们送上海口喜来登的中秋节日祝福。完成网络的互动传播沟通同时,我们响应网友的意见,从9月30日开始,截至10月5日中秋节前,海口喜来登、天涯社区、海南在线与天涯网友"志愿海南"群体一起,陆续送给了海口和文昌的孤寡老人、孤儿、革命烈士家属、节日期间在一线工作的新闻媒体记者和工人等这些社会最需要的人及最可爱的人,同时送给"志愿海南"部分月饼,拿出来拍卖,用作贫困山区的捐书活动。

线上线下多重热烈反响,多方共赢喝彩。活动在网络和社会上引起了较大的反响,天涯的网友在天涯城市海口版及志愿海南等相关版块陆续发表了"(最甜的月饼送给了谁)十一长假,爱心在行动";"金秋佳节送温情,国贸小组爱心行动";"节前送温暖,志愿海南网友慰问海口孤寡老人";"双节送温暖志愿者献爱心"等帖子回应参与本次活动,同时活动也吸引了传统媒体的关注,海南电视台等当地媒体对活动进行了报道,应该说,这是一个非常好的互动关系活动,既拢聚了网友的心,表达了网友的爱心,满足了网友的精神需求,也给网友带来了一些经济利益,也扩大了海口喜来登品牌知名度,极大增强了海口喜来登的品牌美誉度,协助海口喜来登漂亮地完成了一起公关活动。同时还增加了天涯网友的用户黏性,给天涯带来了一笔经济收入;还满足了政府公众所希望看到的公益慈善活动,弘扬了扶贫助人的精神理念,为打造和谐社会贡献了自己的一点力量……这是一个共赢的互动活动,也是一种共赢的深度形象塑造手法。

资料来源:喜来登中秋月饼网络推广纪实[EB/OL]. http://bbs.chinapr.com.cn/forumdisplay.php?fid=45.

评价与考核

旅游组织网络公关相关任务完成情况及技能评价考查表

学习目标	评价标准	小组评价（50%）	教师评价（50%）	综合得分（百分制）
理论知识(20分)	掌握网络传播及网络公关的方法的程度			
专业技能(20分)	能通过网络公关的不同方法开展旅游组织的公关工作			
通用技能(20分)	具有计算机应用能力;具有普通软件操作能力			
任务完成(20分)	酒店网络公关策划方案的质量			
学习态度(20分)	积极主动、创新性强			
综合评价与建议:				

思考与讨论

与传统的传播手段相比,网络传播有哪些优势?

技能训练题

为某旅游组织制作一份网络公关方案。

拓展活动

做一个有团队意识的公关人——有轨电车

活动简介:两块木板就是一双鞋子,全组队员双脚分别站在两块木板上,双手抓住系于木板上的绳子,向指定的方向行进。

活动目的:提高队员组织、沟通和协作的能力和技巧,提升团队的领导艺术和技巧,提升人力资源的合理分配和运用,培养人处理事情时良好的计划性和条理性,培养队员集体荣誉感、为团队勇于奉献的精神。

项目五　旅游公共关系实施与评估

学习目标

知识目标：了解公共关系实施的意义、特点和原则；

掌握公共关系实施方案的内容；

理解公共关系效果评估的程序、标准和方法；

掌握公关评估报告的内容。

能力目标：能编制公关活动实施方案；

能组织公关活动并进行现场管理；

能撰写公关活动评估报告。

项目分析

公共关系实施是在公共关系策划被采纳以后，将公关策划所确定的内容变为现实的过程，这是公共关系工作中最复杂、最多变的环节。"三分策划，七分实施"，只有把优秀的公关策划方案付诸实施，才能为组织塑造良好的社会形象，影响公众舆论，优化组织环境。公共关系评估是根据特定的标准，对公关计划、实施及效果进行检查、评价，从中发现问题，判断其优劣，及时修订计划，进一步调整和完善组织形象的过程。公关评估是公共关系工作程序的最后一步，它在整个公关过程中具有重要的总结与升华作用，并对后续公关工作的开展具有重要的借鉴意义。在本项目中，主要掌握公共关系实施的原则，制订公共关系计划方案，公共关系实施中的障碍及排除；掌握公共关系效果评估的程序、方法，撰写公关评估报告。重点是制订公关活动实施方案，公共关系实施中障碍的排除，撰写公关评估报告。难点是公共关系实施中现场管理及障碍排除。公关活动方案的实施是公共关系活动的中心环节，而效果评价是公共关系活动的总结，这两个过程是"公共关系四步工作法"中的第三、第四个环节，这对整个公共关系工作的完成及后续工作的开展都具有重要意义。

任务一　旅游公共关系实施方案的编制

情境设计

1.本地某旅游企业（景区、酒店、旅行社等）为了增进业内联系，加强相互合作，提高在业内的知名度和美誉度，正准备组织一次对外参观宣传的活动。

2.某院（系）为了增进本地高校学生之间的联系，互相学习，共同提高，并提高本学校的知名度和美誉度，正准备组织一次对外参观宣传的活动。

请根据以上情境，完成以下任务：

1.讨论公关活动的实施要注意哪些问题。

2.请组织班内学生参观某旅游企业,并与该企业员工进行交流活动;或邀请本地相关院校学生参观本校(或互访),并进行交流活动。请根据实际情况,选择一个公关活动情境,为其制订公关活动实施方案并付诸实施。

任务分析

公关活动的实施是公共关系活动的中心环节,这是解决公关问题、调整公众关系的实战阶段,这也是公关活动中一个最为关键的环节,决定着组织的公关目标最终能否实现。"谋事在人,成事在天",一个优秀的公关方案的充分实现,需要"天时—地利—人和",如果其中一个要素出现差错,往往都可能导致方案的失败。公关方案里的内容是理论中的,而方案的实施是现实中的,理论与实践始终都是有差距的,常常会出现各种障碍或问题,公关人员要及时防止各种问题的出现,防患于未然,处理好各种障碍,做好现场管理,使公共关系活动得以顺利实施。

任务实施

完成任务的具体操作步骤,建议如下:

步骤一　领受任务

指导教师介绍任务的内容、要求、关键点及注意事项。各小组提问,指导教师答疑,各小组正确理解任务,完成任务领受。

步骤二　分析任务

请各小组按指导教师的要求,分析任务的内容,阅读知识链接,制定完成任务的工作程序及任务分配,补充查阅其他相关资料,拟订公关活动实施方案。

步骤三　实施任务

各小组具体完成情境中提出的问题,写成发言稿,有条件的做成 PPT,并作好两方面准备:既作发言准备,又扮演听众,准备提问。作好预演,准备汇报。

步骤四　任务汇报

各小组根据任务的要求,在教室中汇报,各小组相互提问。指导教师及时控制汇报进程,最后进行点评与总结。

步骤五　任务总结

各小组对本次汇报要及时进行总结,形成文字材料,作为作业上交指导教师。指导教师依据该项目任务考查表,给出各小组综合评价得分。

知识链接

一、公共关系实施的特点和原则

公共关系实施是指对公共关系创意策划实施的策略、手段和方法设计,并进行实际操作与管理的过程。公共关系的实施是解决公共关系问题和实现公共关系目标的重点环节。只有通过扎实、有效的实施工作,才能直接、实际、有目的地解决公关问题。

2008 北京奥运开幕式 29 个大脚印创意的实现

蔡国强作为 2008 北京奥运开闭幕式视觉特效总设计师,其创意作品 29 个大脚印给世界留下了深刻的印象。然而,这个优秀的创意变为现实,确实经历了不同寻常的经历。大脚印创意出来之后,其实施效果直到 2007 年 12 月还没办法出来。最大的问题就出在:物理原则——它是中心向外爆炸的,肯定是要满出来的,满出来就等于是一团,根本跟脚印没关系。奥组委那边有人来打招呼了,说这个方案一直没通过,又碰上公安部担心,整条中轴线布满了炸药在安全控制上很难。所以要赶快来解决这个问题，不然这个脚印可能要撤了。一片哀歌，四面楚歌。因为这个方案要动用的警力很多，至少一千多个警力来控制整条马路。而且这条是北京的主动脉，你要用一两天布置那些炮，人家怎么过？假如在天空爆炸还好，不爆炸掉下来再爆炸，周围全是文物单位，有联合国的文化遗产，故宫啊，很多医院啊，加油站，都在马路旁边。所以这个方案看起来行不通。正当陷入困境时，北京一位研究者陈言文，帮助开发出一种照明弹，从地面发射后，在150米的高空结束，没有二次爆炸，发射方法采用膛压式，利用发射膛的压力进行调节，在速度上改变发射以实现效果。蔡国强团队所面临的问题，也因此迎刃而解。

(一)公共关系实施的意义

公共关系的实施，其重要性足以和策划比拟，从某种意义上讲，甚至比策划重要。一个完美无缺的公共关系策划，如果不付诸实施，而是束之高阁，那么，它就是毫无意义的纸上谈兵。实施的失败，不仅不能实现计划目标，有时还可能使计划中想要解决的问题更加恶化，甚至完全与计划目标背道而驰。实施过程是制订公共关系新的计划的依据，对后续方案的制订具有重要的借鉴与指导意义。

(二)公共关系实施的特点

1.动态性

公共关系活动实施是由一系列连续的活动构成的过程，是一个目标与实际需要不断变化、不断调整的互动过程。不断地改变、修正或调整原定的策划方案、程序、方法、策略等是实施活动中不可避免的正常现象。

2.创造性

公共关系实施过程不仅是对原策划方案进行艺术的再创造，也是不断丰富公共关系实务经验的过程。很多很好的创意，但是由于操作设计或者没有，或者不够，往往在操作过程中出现很多的问题，影响了原创的精神，影响了原创的水平。实施人员应掌握：①要抓住一些静态的事件、突发事件，进行新闻策划。②要善于多角度思维，逆向思维。③要不落俗套，勇于创新。

3.影响性

公共关系活动实施所产生的影响主要表现在以下两个方面：首先，策划实施的方案，会对众多的目标公众产生深刻的影响。其次，公共关系策划方案的实施有时会对整个社会的文化、习俗产生一定的影响。

4.情感性

公共关系实施的过程实际上是一种组织与公众的情感交流过程。因此，公共关系实施人员必须了解、利用公众的情感倾向和情感要求。重视情感投资，力求以情感人、以情动人、以情服人。重视情感交流，这是公众的需要，也是公共关系的生命根基。

5.严密性

公共关系实施是一项很严密的工作过程。组织大型活动的过程中，成功与失败的机会只有一次，你错就是错了，永远错了。在现实中，很多活动由于我们组织过程中管理不善而导致策划人员、组织人员甚至领导坐牢，大型活动很容易出危险、出问题。有这样的案例，报纸上经常报道，哪个活动由于管理不善造成死人的事故；某个城市一个灯会因为安全问题没有做好，发生了事故，踩死十几个人，这就要市长承担责任了。

(三)公共关系活动实施的原则

1.目标导向原则

目标导向原则是指公共关系人员必须严格按照既定的公共关系策划方案开展实施工作，并在实施过程中,不断将实施结果与目标要求相对应,找出差距,发现问题,及时解决,务必实现目标。

2.控制进度原则

控制进度原则就是必须按照公共关系实施方案中各项工作内容实施时间进度的要求,随时检查各项工作内容的完成进度,及时发现滞后(或超前)的情况,搞好协调与调度,使各项工作内容按计划协调、平衡地发展,并确保按时完成。控制进度的原则要求作好预测和及时发现各种可能影响实施工作进度的因素,针对关键原因采取有效的预防和应急措施。

3.整体协调原则

这是指在公共关系实施过程中,要使各项工作内容之间达到和谐、合理、配合、互补和统一的状态。公共关系实施是一项系统工程,各项工作只有有机配合才会达到整体最佳。各自为政,相互矛盾,只能增加内耗。严重时必然导致公共关系实施的失败。整体行动的一致,保证实施活动的同步与和谐,做到统一指挥、统一行动,才能提高工作效率与效果。

4.反馈调整原则

反馈调整原则是指通过监督控制及时发现公共关系实施中的方法偏差甚至错误,并及时进行调整与纠正。由于各种因素干扰,或由于实施人员的素质问题,不按照既定工作方法实施的情况时有发生。由于策划设计错误,或由于实施环境突然发生变化,原来设计的实施方法无法操作,这些都是实施中的严重问题。要建立一种灵敏的监督反馈机制,快速发现问题征兆,并立即采取有效措施调整实施方法。

二、公共关系活动中的障碍及排除

尽管公共关系实施方案是经过认真论证的,但由于实施主体、客体和实施环境存在着许多意想不到的障碍,通过对实施方案的实施障碍因素进行调查,进一步了解、认识实施障碍,以寻找和设计排除障碍因素的途径和方法。

1.公共关系方案障碍

公共关系方案的障碍,这是公共关系实施的最大障碍。方案的不足或缺陷对于实施是致命的,相当于"先天不足",甚至边实施边修改方案,将会给方案的实施带来巨大的困难或挑战。方案的障碍主要包括:目标障碍、创意障碍、预算障碍等。

(1)目标障碍。公关目标可能出现的情况主要有:是否切合实际并能够实现;是否具有可行性和可控性;是否体现所期望的结果;是否是实施者职权范围内所能完成的;完成期限是否合适。排除目标障碍的根本方法是要求策划部门修正目标并使之正确、明确和具体。

(2)创意障碍。公共关系策略、点子可能出现的情况主要有:不符合公众心理需要和行为规律;传播力、感染力、冲击力和吸引力不够,难以打动公众之心;目标公众和竞争对手不明确;针对性不强;策略与点子之间难以耦合(存在矛盾或相互关系不密切);可操作性差,实施风险大。减少创意障碍,提高公共关系策略、点子的质量,关键在于提高策划素质,充分利用组织内外策划专家,集思广益,应用创造技法。特别需要注意的是,如果公共关系调查工作失误,依据错误的调查结论来做公共关系创意,这样的策略、点子必然也是错误的。

(3)预算障碍。这主要表现为:经费预算不当,造成公共关系实施经费短缺或节余。应充分调查开支标准,反复测算,并留有充分余地。实际运作中,只要是实事求是的,又是必要的,提供充分的论据,追加经费也是应该的。当然,有时也会出现节余现象,但大量节余一般很少见,虽说不成为实施障碍,但预算偏差太大,也说明预算不准确。

2.实施方案障碍

这主要包括:工作内容实施方法不正确;各种工作内容之间配合不好;实施时机决策失误;工

作进度安排不科学;预算分配不合理;实施组织不健全,人员配备不合理;实施制度不完善、不具体。公共关系计划实施方案要由具有实施经验、实施能力强、管理能力强、责任心强、忠诚的公共关系人员来设计,要多征求各方面意见,力求实施方案科学、适用、有效、节约。

3. 实施人员障碍

这是来自于实施人员的职业素质、管理水平等问题与失误所造成的实施困难或险境。这主要包括实施人员没有工作热情,职业道德素质差;工作不负责,违反运作规程;技能水平欠佳;心情不愉快,身体状况差;工作人员之间关系紧张,工作不配合不协调。排除来自于实施人员的障碍,关键是选择有经验有责任心的实施人员并进行严格培训,建立一套有效的激励机制和约束机制。

4. 传播沟通障碍

公共关系活动方案的实施过程实质上就是传播沟通的过程。在实施过程中,往往会因为语言、习俗、观念、心理等差异而产生各种沟通障碍。

(1)语言障碍。不同国度、不同民族之间的沟通会遇到语言上的障碍;同一国度、同一民族因地区的不同造成语言的不同,也会出现沟通的障碍;语意不明也会出现沟通的障碍。

(2)习俗障碍。不同的社会习俗、不同的审美习俗都会造成沟通中的误解,使沟通不能顺利进行。

(3)观念障碍。观念是一定社会条件下人们接受、信奉并用以指导自己行动的理论和观点,观念对沟通有巨大的作用。封闭观念排斥沟通,极端观念破坏沟通。

(4)心理障碍。心理障碍指人的认知、情感、态度等心理因素对沟通造成的障碍;迷信权威会使人接受虚假的信息,造成沟通障碍。

(5)组织障碍。传递层次过多造成信息失真;机构臃肿造成沟通缓慢;条块分割造成沟通不畅;沟通渠道单一造成沟通信息不足。

排除沟通障碍的主要方法有:一是正确选择沟通方式和渠道;二是灵活运用传播媒介。

5. 突发事件障碍

对公共关系活动的实施干扰最大的莫过于重大的突发事件。一类是人为的纠纷危机,诸如公众投诉、新闻媒介的批评、不利舆论的冲击等事件。另一类是不以人的意志为转移的灾难危机,诸如地震、火灾、水灾、空难等。此外,这些突发事件,有时表现为现场意外,往往是因现场组织管理的缺失或不周,产生秩序混乱,从而引发现场突发事件。这些重大的突发事件对公共关系活动的实施干扰极大,如果不善于处理突发事件,那么不但会使整个公共关系活动策划方案难以实施,甚至会影响本组织的生死存亡。

三、制订公共关系实施方案

公共关系实施方案的制订要求:策划创意要一目了然;执行方式、操作步骤一定要详尽明晰;费用预算、分摊比例、存货备货等要准确核实;各项准备工作要充分;可能出现的意外尽量考虑到并设预案。公共关系实施方案的具体内容,一般包括以下方面内容:

1. 活动目的和对象

(1)活动目的。对公关活动目的进行阐述:开展这次活动的目的是什么,市场现状如何,是打击竞争对手,是新产品上市,还是提升品牌认知度及美誉度。只有目的明确,才能使公关活动有的放矢。

(2)活动对象。公关目标公众是针对每一个人还是某一特定群体,活动控制在多大范围内,哪些人是公关活动的主要目标,哪些人是公关活动的次要目标。这些选择的正确与否会直接影响到公关活动的最终效果。

2.活动方式和目标内容

(1)活动方式。这一部分主要阐述活动开展的具体方式。有两个问题要重点考虑:一是以政府做后盾,还是通过媒体来宣传自己? 二是组织单独行动,还是和经销商联手? 或是与行业内企业联合举办? 和政府或媒体合作,有助于借势和造势;和经销商或行业内企业联合可整合资源,降低费用及风险。

(2)目标内容。具体公共关系目标的实施,往往要做很多的工作,包含大量的工作内容。需要建立目标指标体系,通过指标的细化,便于逐级逐项完成目标任务。一个具体活动叫作一个活动项目,这是一级活动项目。一级活动项目又可分解为若干个二级活动项目,二级活动项目同样可分解为若干个三级活动项目,直到不能分解为止。而最小的一级指标就是不能再分解的工作内容。

例如:克兰罗尔爱美奖学金计划 10 周年庆祝活动共有 6 个一级活动项目:征募赞助委员会成员、奖学金获得者近况调查及评选 10 佳获奖者、500 家事业昌盛的公司调查、工作与家庭问题专题研讨、午餐庆祝会、新闻专访。对"午餐庆祝会"可以分解为"会议筹备"和"会议材料准备"2个二级活动项目。对"会议筹备"又可进一步分解为"策划会议议程""确定主持人发言人""邀请嘉宾""选择会场""布置会场""会前宣传""会议物资采购"等三级活动项目。

3.采用方法

这是指公关工作内容的操作方法。从理论上讲,完成一项工作内容的具体方法很多,但实践中可应用的方法往往是有限的。公共关系实施采用的方法主要有:

(1)线性排列法。在公共关系实施过程中,为了使目标导向的原则得到正确的运用,人们常常采用线性排列法和多线性排列法,将所有公共关系行动和措施按先后顺序有机排列组合起来,然后再加以实施。线性排列法是按公共关系行动、措施的内在联系为先后顺序逐一排列出来,一步一步地向目标迈进。多线性排列法是将几个行动同时展开、共同向成功迈进的排列方法。

(2)甘特图实施法。甘特图是对简单项目进行计划与排序的一种常用工具。甘特图(Gantt chart)是在 20 世纪初由亨利·甘特开发的。它基本上是一种线条图,横轴表示时间,纵轴表示要安排的任务,两条用颜色标识的横线分别表示在整个项目执行期间计划和实际任务完成情况。甘特图直观地表明任务计划在什么时候进行,以及实际进展与计划要求的对比。它能使管理者先为项目各项活动做好进度安排,然后再随着时间的推移,对比计划进度与实际进度,进行监控工作,调整注意力到最需要加快速度的地方,使整个项目按期完成。

(3)纵横协调法。一类是纵向协调,一类是横向协调。纵向协调是指上下级之间的协调。为了保证此类协调的效果,须注意以下几点:第一,上级部门对下级部门要有充分的了解;第二,上级部门提出的新行动措施不可在下级部门毫无思想准备和组织准备的情况下突然付诸实施;第三,实施方案中的主要目标和措施必须告知下级部门及全体实施人员;第四,下级部门必须实事求是,如实反映情况。横向协调是指同级部门或实施人员之间的协调。横向协调通常采用当面协调、文件往来等形式沟通信息,从而达到协调的目的。协调的目的,是要使全体实施人员在认识和行动上取得一致,保证实施活动的同步与和谐,提高工作效率,减少或杜绝人力、财力和物力的浪费。

(4)反馈分析法。反馈分析法在操作上可以利用"测试工作法"。步骤是:选择测试对象;设计测试方案;进行测试;总结测试结果。

4.实施时间、地点及进度

(1)实施时间和地点。公关活动的时间和地点选择得当会事半功倍,选择不当则会费力不讨好。在时间上尽量让目标公众有空闲参与,在地点上也要让游客方便,而且要事前与城管、工商等部门沟通好。不仅发动公关战役的时机和地点很重要,持续多长时间效果会最好也要深入分析。持续时间过短会导致在这一时间内无法实现舆论的强烈反响;持续时间过长,又会引起费用过高。

(2)实施进度。确定公共关系实施时间后,对各项公共关系实施工作内容所需的时间进行规定并进行日历进度安排。必须保证在所确定的开始时间启动有关工作,在结束时间完成操作。实施时间进度安排,要充分估计各种因素的干扰,要留有余地,最直观的时间进度安排方法是拟出时间进度表。

5.媒体配合方式

一个成功的公关活动,需要全方位的媒体宣传配合。选择什么样的媒体创意及表现手法,选择什么样的媒介宣传,这些都意味着不同的受众抵达率和费用投入。

6.活动实施流程

活动实施流程分三部分:前期准备、中期操作、后期延续。

(1)前期准备。

①实施人员安排。公共关系的实施主体有三种:组织内部公共关系部(或相关部门)、公共关系公司和公共关系社团。不管是哪种操作主体,都必须建立项目公共关系实施机构,配备得力的实施人员。在人员安排方面要"人人有事做,事事有人管",无空白点,也无交叉点。谁负责与政府、媒体的沟通,谁负责文案写作,谁负责现场管理,谁负责礼品发放,谁负责顾客投诉,要各个环节都考虑清楚,否则就会临阵出麻烦,顾此失彼。实施人员的素质与能力十分重要,优秀的实施人员不仅能顺利完成工作任务,而且能完善实施方案的不足,修改实施方法。一定要责任到人,确定每项工作内容的负责人,并进行工作内容的相应分工。公关项目顺利开展实施,事先进行WBS(work breakdown structure,工作任务分析结构图)和甘特图的编制是十分必要的。WBS在于明确人员的具体分工,甘特图在于监控活动具体进展。

例如:某公司在10日举行的大型公关策划活动的WBS简图以及甘特图见图5-1和表5-1(具体人名为虚拟)。

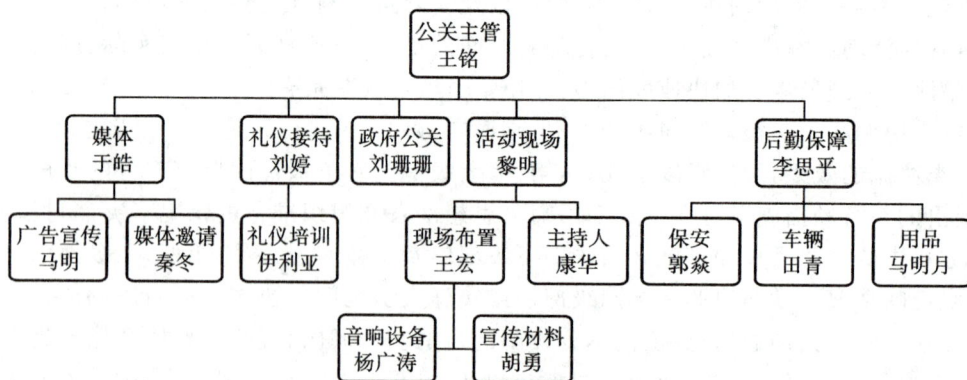

图5-1 大型公关策划活动的WBS简图

②物资准备。在物资准备方面,要事无巨细,大到车辆,小到螺丝钉,都要罗列出来,然后按单清点,确保万无一失,否则必然导致现场的忙乱。

③试验方案。尤为重要的是,由于活动方案是在经验的基础上确定,因此有必要进行必要的

试验来判断公关活动工具的选择是否正确,刺激程度是否合适,现有的途径是否理想。试验方式可以是询问目标公众,填调查表或在特定的区域试行方案等。

表 5-1　大型公关策划活动工作任务甘特图

项目	责任人	1日	2日	3日	4日	5日	6日	7日	8日	9日	10日	11日	12日
公关活动	王铭	▨	▨	▨	▨	▨	▨	▨	▨	▨	▨	▨	▨
媒体	于皓									▨	▨	▨	▨
广告宣传	马明	▨	▨	▨	▨	▨	▨	▨	▨				
媒体邀请	秦冬			▨	▨	▨	▨	▨	▨				
礼仪接待	刘婷									▨	▨	▨	
礼仪培训	伊利亚					▨	▨						
政府公关	刘珊珊	▨	▨	▨	▨					▨	▨	▨	
活动现场	黎明									▨	▨	▨	▨
现场布置	王宏												
主持人	康华												
音响设备	杨广涛												
宣传材料	胡勇					▨	▨	▨	▨	▨	▨		
后勤保障	李思平						▨	▨	▨	▨	▨		
保安	郭焱								▨				
车辆	田青												
用品	马明月												

④实施人员培训。在公共关系方案实施之前,对实施人员进行一定培训是很有必要的。这种培训的主要内容是实施工作制度教育和操作方法指导。特别要其遵守的特殊规定、容易违反的规定应进行重点说明与强调。注意实施涉及的许多关键细节,这些细节往往决定公关活动成功与否。如执行人员的岗位职责及细分、音响灯光、外围布置、舞台搭建、舞台布景、人员到位,等等,这一切都是对现场控制的有效保障,只有细致的规划才能保证对现场的有效控制。

(2)中期操作。中期操作主要是建立规章制度和现场控制。

①建立规章制度。纪律是战斗力的保证,制度是方案得到完美执行的先决条件。为了对公共关系实施人在各项公共关系实施工作中的行为进行约束与管理,根据公共关系实施的具体情况,制定出各项公共关系实施的工作制度。就某一项公共关系活动而言,其实施具有一定的特殊性,应据此制定出特殊的工作制度作为补充。这些工作制度涉及:职业道德、信息保密、经济关系、行政关系、分工协调、交际形象与礼仪规范、请客送礼、奖罚机制、危机处理、差旅出勤。

②现场控制。现场控制主要是把各个环节安排清楚,要做到忙而不乱,有条有理。同时,在实施方案过程中,应及时对公关活动的范围、强度、额度和重点进行调整,保持对公关方案的控制。良好的现场控制将确保公关活动的顺利进行和成功开展,否则现场失控可能会带来负面影响,甚至产生突发事件。

演出现场的失控

一次,中央电视台"心连心艺术团"于某地慰问演出,现场观众约10万。到晚会开始前,观众依次入座,这时意外出现了:一些老同志们把学生方队的位置占据了,顿时队伍秩序大乱。相关单位年轻人去请老同志们挪挪位置,没有成功,单位领导去请也没有成功。前面的队伍没有自己的位置,后面的队伍浩浩荡荡往前进。晚会时间就要开始了,急得主持人大吼:"再不往后退,就叫防暴警察了"。相关单位领导在台上只得要求前进的队伍原地就座,原设计的队伍方阵只能作罢。在一片混乱中,晚会按时开始了,精彩的节目让整个场地很快安静了下来。晚会进行到中场,演员下台和观众握手,这时意外又发生了:前排的观众站起来,争着与演员握手,这场景,演员一阵惊愕;后面的观众见不到表演者,开始叫喊,甚至有人开始用手中的矿泉水瓶子往前砸,这一示范,立即引起更多观众往前砸矿泉水瓶子,刹那间,矿泉水瓶子在夜空的灯光下飞舞……后来,晚会节目的播放用的只是剪辑。

现场控制的关键是现场协调和对应急事件的处理,人员的临时缺席,物料的故障,内容的变更,节目的调整,小到一个灯光的处理,大到整个机构的调整,可能出现的现场变故,等等,都是公关实施人员随时将要面对的。而好的公关执行团队,在后期的现场控制中将发挥重要的作用,对整个公关活动的成败起着关键性的作用。

(3)后期延续。后期延续主要是媒体宣传的问题,对这次活动采取何种方式,在哪些媒体进行后续宣传,相关媒体是如何报道的,公众舆论反应如何,等等。

7.经费预算

公共关系策划方案中的经费预算是进行公关实施预算分配的依据。一般说来,公共关系策划工作中的经费预算只做到较大指标项目的概预算,也只能做到这一级预算。因为,详细工作内容及其工作方法尚未策划设计出来,所以不可能做到具体预算。公共关系实施工作预算分配的结果应表述于公共关系实施时间进度表右侧,这样一目了然,便于了解与管理。需要提醒的是,公共关系策划中的较大指标项目经费预算(或总体经费预算)是留有余地的,一般需要留下5%~10%的备用经费,目的是防止意外工作增加或策划不周遗漏工作而造成经费不足。

8.办理审批手续

根据《中华人民共和国行政许可法》第29条规定,公民、法人或者其他组织从事特定活动,依法需要取得行政许可的,应当向行政机关提出申请,待取得有关部门批准后方可实施。

广州市一个单位做了一个敬老活动,这个活动找了很多赞助单位,他觉得有权做这个活动,在自己的场地上做敬老活动,安排不错,有很多文艺节目演出,还有很多赞助单位送给老人家的礼品,最后放烟花给他们看,结果"请来了"三个公安局,民航公安厅,还有广州的两个公安局。为什么?那是飞机航线,飞机航线上放烟花无论如何都是弥天大罪,因为他没有审批,也缺乏了解民航管理的规范,结果带来很多麻烦,搞得赞助单位很不高兴,要写检讨。

一般常见的活动,需要报批的行政机关主要以文化、公安、环卫、消防四个部门居多,其他的行政机关出现机会比较少。具体情况如下:

(1)关于向地方文化部门报批。申报时提交的文件有:演出申请书;与演出相关的各类演出合同文本;演出节目内容材料;营业性文艺表演团体的演出证。

(2)关于向公安部门报批。为了保证各项活动的正常进行,维护社会治安与公共安全,保护公民、法人和其他组织的合法权益,公民、法人和其他组织在举办活动之前必须报县级以上公安部门申请批准。申报时必须提交以下文件:活动方案和说明;活动安全保卫工作方案;场地管理者出具的同意使用证明;申请人身份证明及无违法犯罪记录等。法律、法规和规章规定须经有关部门批准的活动,应当同时提交有关批准文件。

其中,活动安全保卫工作方案主要包括:活动的时间、地点、人数、规模、内容及组织方式;安全工作人员情况、数量和任务分配、识别标志;场地建筑和设施的消防、安全情况;入场票证的管理、查验措施;场地人员的核定容量;迅速疏散人员的预备措施。

(3)关于环卫部门的审批。环卫部门方面,主要是针对户外的一些横幅、竖幅等与市容和环境有关的宣传方面的审批。其他的详细规则可到环卫部门咨询。

(4)关于消防部门的审批。消防部门主要是针对活动场所的消防设施和措施进行审查,像户外的空飘、气球等方面也属于消防的审查范围。另外,在各种活动中的舞台或展位搭建方案包括效果图、平面图、电路图等都要经过主办单位或消防部门的审批。

在这里需要说明的是,有些申报手续是需要提供场地、人员等相关合同的,所以在程序的先后上并不固定,可以根据实际情况作出适当的调整。为了保证活动的顺利开展,并依法维护各方的正当权益,在联系相关事务时一定要签订合同。

9.意外防范

每次活动都有可能出现一些意外。比如政府部门的干预、公众的投诉,甚至天气突变导致户外的公关活动无法继续进行,等等。必须对各个可能出现的意外事件作必要的人力、物力、财力方面的准备。

多哈亚运会开幕式三大意外

第15届亚运会开幕式于2006年12月1日晚在多哈举行。开幕式虽然非常精彩,但其中却发生了三大意外。

第一大意外:老天变脸没想到下雨

多哈下雨的概率极小,一年最多下不了5场雨,但是亚运会开幕式这几天就已经下了4场。而更令人没想到的是,开幕式当天早晨就阴云密布,下午开始下雨。人们寄希望老天赏脸,谁知雨越来越大,到6点钟,风大雨猛,5000名记者和全场4万多观众全变成"落汤鸡"。晚7点,开幕式正式开始,雨居然临时停了,人们都说老天爷开了眼。

第二大意外:马蹄打滑火炬差点出险

点火仪式是开幕式最激动人心的时刻。亚运圣火经卡塔尔亚洲百米冠军曼索尔之手,最终传递到卡塔尔王室成员、卡塔尔马术队队长阿勒萨尼手中。身穿白袍的阿勒萨尼骑在一匹黑色阿拉伯骏马上,手举火炬转身,向高高的看台斜坡冲去。那匹被称为"英雄之马"的骏马,在跑上第一层高台时很正常,但冲到距离顶端还差几米时,镜头中,人们发现在湿滑的斜坡上马蹄突然打滑,在距顶部20米左右,马险些摔倒。阿勒萨尼拼命策马,马在艰难地迈步。人们的心提到嗓子眼,假如马滑倒,人摔下,后果将不堪设想!

第三大意外:故障突生天坛"胎死腹中"

演出时场内风力达到三、四级,这显然打乱了导演们的部署。在"亚洲奇迹"一幕中,本来应该有6块巨大的皮影布出现在场内,但不知发生了什么故障,象征中国历史和文化的天坛,却没有从盒子里升起来。按照计划,那上面应该出现被灯光投影出的中国历史上诸多名人。为了掩盖这个失误,本来应该出现的印度泰姬陵也没有亮相,给人造成本来就是4片布的印象。然而,大风中,升在空中的4块幕布变成"风帆",一块幕布被吹上天,表演者临时将应该展示的内容取消。

由于雨大风急,表演中还临时取消了不少有创意、难度大的场面。比如:在第一幕"采集珍珠"表演中,本来应该有高空飞船和高空采珠者的精彩镜头,但由于这些表演要在钢索上进行,导演只好忍痛割爱。另外,在"婚礼"一幕中,本来有一个巨大的金属皇冠在天上运行,但由于怕发生意外,这一精彩镜头也与观众无缘。

10.效果预估

预测这次活动会达到什么样的效果,以利于活动结束后与实际情况进行比较,从刺激程度、公关时机、宣传媒介等各方面总结成功点和失败点。

公关活动实施的草案制订后,一般都要形成文字书面材料。之后,制订者首先要对其实行优化,即加强方案中的优点,克服方案中的缺点;其次要对其进行论证,检查其中每个环节是否有较大的可靠性,方案实施后能否带来较高的效益,如发生意外情况有没有备用措施可用;最后,要呈交最高决策者对计划方案进行审核批准。

四、公共关系活动实施范例

杭州"公交周及无车日"活动实施方案

为积极响应国家建设部发出"开展城市公共交通周及无车日活动"的倡议,鼓励政府机关、企事业单位和市民,尽可能选用步行、自行车、公共交通等交通方式出行,减少对小汽车的使用和依赖,促进城市公共交通优先发展,提高城市居民对发展公共交通认识水平,制订本方案。

一、指导思想,宗旨原则

(一)活动依据

以《国务院办公厅转发建设部等部门关于优先发展城市公共交通意见的通知》(国办发〔2005〕46号)和建设部、国家发展和改革委员会、财政部、劳动和社会保障部《关于优先发展城市公共交通若干经济政策的意见》(建城〔2006〕288号)文件精神为指导,减少城市空气污染,改善交通状况,促进身心健康和城市公共交通的良性发展,进一步推动公交优先的发展战略,打造节约、环保型城市为目的。

(二)工作目标

进入全国参与公交周无车日活动城市前列,提高市民绿色交通意识,充分体现杭州市民文明素质。

(三)活动宗旨

推进公交优先、缓解城市交通压力、改变城市交通观念、改善城市空气质量、唤起市民的环境保护意识。

(四)活动原则

健康、有序、平稳、参与、高效。

二、组织机构和活动方式

(一)组织机构(具体成员和工作职责略)

(1)领导小组。

(2)领导小组办公室。

(3)交通管理组。

(4)公交保障组。

(5)宣传与公共关系组。

(6)技术保障组。

(7)督察组。

(8)萧山、余杭两区根据各自情况,负责区域内的活动方案及实施。

(二)活动方式

基本方式:政府主导,部门负责,社会参与。

(1)根据制订的工作计划,宣传和公关组在领导小组领导下,负责分解和委托各项公益性活动任务。

(2)各级政府和政府主管部门,根据工作计划,各自负责自身的工作任务。

(3)充分发挥各有关部门、社会团体、大专院校的社会作用,积极组织和承担部分公益性活动。

(4)充分发挥各新闻媒体的新闻报道、与市民交流沟通媒介作用,做好宣传工作,组织市民参与沟通活动,组织相关公益性活动。

三、活动计划

(一)活动时间

(1)公交周无车日实施时间为2007年9月16日—9月22日。

(2)活动筹备、相关活动组织,以及评估总结时间为2007年1月—10月。

(二)活动阶段

总体分四个阶段组织实施:

(1)筹备阶段,1月—6月上旬。主要完成各类活动方案编制工作,包括编制总体技术方案、交通管理方案、公交保障方案、宣传与公关方案、技术评估方案。

(2)宣传阶段,6月上旬—9月中旬。主要组织实施各类宣传活动、主题活动、公益性、市民沟通等活动。同时实施交通管理、公交保障和技术评估方案相关筹备工作。

(3)实施阶段,9月中旬—9月下旬。公交周无车日实施阶段,实施交通管理、公交保障方案,开展数据监测和技术评估工作。集中开展各类主题、公益性、宣传报道活动。

(4)总结阶段,9月下旬—10月上旬。主要活动是新闻发布会、公布技术评估结果、新闻媒体报道社会评价、举办报网意见征询活动,为下一年度作准备、表彰。

(三)活动范围

此次活动实施范围涉及老城区各辖区范围,以及萧山、余杭两区自行组织活动范围。老城区活动实施范围具体边界为:北至留祥路(不含)—石祥路(不含),东至石桥路(含)—天成路(含)—新塘路(含),南至钱江路(含)—之江路(不含),西至古墩路(不含)—西湖景区隧道(含)内侧区域。不含中河上塘高架。

根据警力条件设置一定缓冲区域,减少可能的社会矛盾,将以上区域划分为严格控制和一般控制两个区域:北至环城北路(含)—天目山路(含)—西溪路(含),西至西湖景区隧道(含),东至环城东路(含)—江城路(含),南至万松岭(含)—南山路(含)—虎跑路(含)—梅岭路(含)为严格控制区。该区域范围在无车日禁止市区私人小汽车通行。其余区域以引导、劝导为主。

(四)车辆控制与管理

(1)公交周车辆控制。省、市、区等各级机关和相关企事业单位非生产营运小型客车限制出行,要求一半车辆入库封存,禁止上路。省、市、区等各级机关、相关企事业单位的工作人员私人小汽车停驶50%,由各单位负责落实。

(2)无车日(9月22日周六)车辆控制。省、市、区等各级机关和相关企事业单位非生产营运小型客车除保留10%应急用车,其余入库封存,禁止上路通行。

(3)外地车辆(包括本市萧山、余杭)、各类特种车辆、非小型客车、生产运营车辆不在控制范围内。

（4）公交周无车日期间，督察组负责监督各单位执行情况。

（五）公交保障

（1）完善、优化既有公交线路。根据现状存在问题，进一步完善线路布局，优化既有公交线路，延长公交服务时间，提高导乘等服务水平。

（2）新增公交线路。根据交通需求预测，分析既有公交运力（结合公交运营计划班次和实际运营班次），增加活动配套线路，保证运能储备。

（3）以准点、快速、通达为目标，结合客流走廊、实际道路条件，实施包括公交专用道路、公交专用道、路口公交专用道、交叉口公交优先信号、加快建设快速公交2号线等公交优先措施。

（4）充分利用黄金周换乘系统和办法，公交周实行黄金周换乘模式。同时，根据工作计划，选择具备条件区域推出临时停车换乘点。其中，组织实施汽车城停车换乘点，并开通汽车城—汽车北站免费公交专线。

（5）研究推出优惠换乘举措。创造条件，研究实施"双零"（零距离、零手续）换乘、免费换乘措施，减少市民出行成本。

（6）加强公交宣传和应急保障，公开无车日电话，及时了解和解决市民需求和投诉。做好公交车辆保障预案和应急保障预案，确保活动期间的交通保障。

（7）制订应急预案，满足活动期间各类公交需求（如政府大型活动、世界杯女子足球赛等）。

（六）宣传互动

（1）新闻发布会。①活动方案经领导小组认同后，择时举办新闻发布会公布活动初步方案征求市民意见；②公交周无车日活动媒体沟通会；③7月份举办新闻发布会公布正式方案；④活动结束后举办新闻发布会，公布技术评估结果。

（2）交流互动。筹建活动网页，并与政府和相关公交、媒体网站链接。活动各工作组成员、记者在固定网页与市民、网民进行日常性沟通交流，听取意见，答疑解惑。

（3）活动信息公告。①9月14日公交周活动信息公告；②活动过程中相关数据公告；③公交周期间各类主题活动、公益性活动公告等。

（4）无车日电视直播。由杭州电视台综合频道在9月22日组织现场直播节目。

（七）公关活动

采取开放性举办活动方式，欢迎社会中介组织、大专院校学生会、新闻媒体参与计划活动项目，自行组织相关项目。

（1）公交周启动仪式。召开新闻发布会，对各方案进行公示，启动公交周活动。

（2）设计活动标志物、主题口号、纪念章等。

（3）开展"每月少开一次车"活动倡议。启动"骑行杭城"系列主题活动，每次确定主题，身着宣传文化衫，分送宣传海报。

（4）选定杭州无车日代言人，刊、牌发布公益广告。

（5）编制杭城步行导游图，组织"行走杭城"系列活动，包括走运河等沿河休闲道路、走杭城景观道路、毅行风景区山路、今日步行上班等活动。

（6）志愿者系列活动。成立公交志愿队伍，组织杭州各类志愿者队伍，开展系列公益性活动，全面展示杭州志愿者活动风貌。

（7）市委、市政府领导择时参加骑车、步行、乘坐公交车活动。

（8）9月22日开展志愿者劝导活动，组织相关政府工作人员参加，主要活动区域在一般控制区。

（9）利用无车路段开办跳蚤市场，丰富活动内容。

（10）组织大型商场举办专题活动。

（11）发挥各类学会、协会等社会中介组织举办系列讲座、论坛、展示会。

（12）确定政府主管部门负责组织"公交规划""城市慢行系统规划""公交优先绘画"等主题活动。

（八）技术评估

1. 目的

量化出行总量、客运结构变化趋势，验证是否达到活动目标；及时发现道路既有交通设施，尤其是公交设施存在的不足；分析评价社会经济的影响程度，反映日常生产生活受影响程度；客观反映市民对活动的任知、认可程度。

2. 调查内容

交通出行量调查、主要交通设施负荷度调查、社会影响调查、市民认知、认可程度调查、环境点测试对比。

（九）工作要求

（1）吸引媒体广泛参与和宣传，充分尊重市民知情权、参与权和建议权。

（2）政府官员应带头采用小汽车以外的其他交通方式。

（3）以公交周名义举办的各类相关活动，必须符合公交周无车日活动宗旨，并主动向活动组织领导小组办公室通报。

（4）采取必要的交通管制措施。

（5）活动结束后，在公共交通周及无车日活动框架下组织活动的单位进行总结并予以表彰。

资料来源：杭州"公交周及无车日"活动实施方案[EB/OL].（2007-08-04）.http://www.jnepb.gov.cn.

评价与考核

公共关系实施方案的编制任务完成情况及技能评价考查表

学习目标	评价标准	小组评价（50%）	教师评价（50%）	综合得分（百分制）
理论知识（20分）	掌握公关实施的障碍及排除和公关实施方案的内容的程度			
专业技能（20分）	能组织实施具体活动；能进行活动现场管理；能编制公关实施方案			
通用技能（20分）	具有团队协作能力；具有团队处理问题的能力			
任务完成（20分）	纸质作业、PPT,活动实施有效性			
学习态度（20分）	完成任务的态度、责任感			
综合评价与建议：				

思考与讨论

1. 思考公关实施过程中如何排除障碍。

2. 讨论如何编制一份优秀的公关活动实施方案。

请设计并实施与本地的旅游企业或院校进行联谊活动。

任务二　旅游公共关系评估报告的撰写

情境设计

通过一番努力,各小组已经组织班内学生参观了某旅游企业,并与该企业员工进行了交流活动;或组织本地相关院校学生参观本校(或互访),并进行了交流活动。

请根据以上情境,完成以下任务:

1.讨论公关活动的实施过程中,总体效果如何,哪些内容值得称道,哪些内容有待完善。

2.请为此公关活动的实施效果撰写评估报告。

任务分析

公共关系评估是"四步工作法"的最后一步,对公共关系活动起着总结、衡量和评估的重要作用。它在实质上是对组织形象的新评价,它要检测组织形象是否发生了预期的变化,差距何在。因此,它不仅涉及对已完成的公共关系工作的总结,而且还涉及组织今后公共关系具体目标政策和行为调整。由于公共关系评价,组织的公共关系成为有计划的持续性工作。由于公关工作的可塑性和弹性,对公关工作进行衡量和评估存在一定困难。公共关系评估涉及公共关系全过程的所有内容,复杂程度和难度比较大,要取得成功,应该对以下问题进行较深入的研究:评估的意义、评估的内容、评估的程序、评估的方法和评估报告的撰写。所以,必须建立科学的公共关系评估评价指标体系,对其进行综合评价,这样就能有效地对实际的公关活动进行中肯的评价,不会因人而异导致较大的评估偏差。

任务实施

完成任务的具体操作步骤,建议如下:

步骤一　领受任务

指导教师介绍任务的内容、要求、关键点及注意事项。各小组提问,指导教师答疑,各小组正确理解任务,完成任务领受。

步骤二　分析任务

请各小组按指导教师的要求,分析任务的内容,阅读知识链接,制定完成任务的工作程序及任务分配,补充查阅其他相关资料,拟定公关活动实施效果评估报告。

步骤三　实施任务

各小组具体完成情境中提出的问题,写成发言稿,有条件的做成PPT,并作好两方面准备:既作发言准备,又扮演听众,准备提问。作好预演,准备汇报。

步骤四　任务汇报

各小组根据任务的要求,在教室中汇报,各小组相互提问。指导教师及时控制汇报进程,最后进行点评与总结。

步骤五　任务总结

各小组对本次汇报要及时进行总结,形成文字材料,作为作业上交指导教师。指导教师依据该项目任务考查表,给出各小组综合评价得分。

知识链接

一、公共关系评估的意义和标准

公共关系评估是对整个公共关系活动全过程的评估,也是对公共关系活动的每一阶段、每一项目的考核评价。它可以伴随着公共关系工作的进展,根据要求随时评估。它与我们平常所说的总结或反思有些类似,但公共关系评估不是一般性的总结,而是一种具有特定标准、方法和程序的专门研究活动。

(一)公共关系评估的意义

公共关系评估是对公共关系工作进行全面深入的研究,它在公共关系实践活动中起着不可低估的作用。公共关系评估的重要作用表现在:公共关系评估是改进公共关系工作的重要环节;是开展后续公共关系工作的必要前提;是鼓舞士气、激励内部公众的重要形式;是领导人重视公共关系工作的重要依据。

(二)公共关系评估的标准

1.背景材料是否充分

在准备阶段,公共关系活动尚未正式开始,尤其是公共关系活动对环境的影响尚未产生,因此,公共关系效果很难确定。评估的主要任务实际上就是检验前几个程序中拥有资料是否充分和分析判断的准确性,重点是及时发现在分析中被遗漏的、对项目有影响的因素。

2.信息内容是否正确充实

如果说第一个问题谈的是材料的充分性,那么第二个问题强调的是信息的合理性。对信息内容的分析,可以利用剪报、宣传品以及广播讲话录音和原稿。这种评估分析的结果,可以作为进一步审定或提高计划与战略、改进方案实施过程的重要参考资料。

3.检验信息的表现形式是否恰当

其重点是信息表现形式是否合理、新颖,是否能达到引人注目、给人以深刻印象的要求。具体包括文字语言的运用、图表的设计、图片及展示方式的选择等。

二、公共关系评估的程序、内容和方法

全面的公共关系效果评估工作,可以分解为诸多方面分别加以研究,然后具体分析各自的绩效,最终形成评估成果报告。

(一)公共关系评估的程序

评估工作是对公共关系活动的策划方案、实施及效果进行分析总结。作为一项完整的工作过程,评估过程可概括为五个基本步骤。

1.设立评估统一目标

即对评估的用途和目标达成一致,评估目标是用比较来检验公共关系计划与实施的结果。统一的评估目标,可以减少在评估研究中出现的不必要的劳动,减掉无用的材料,提高评估的效率与效果。在公共关系部门内部取得对评估目标的一致意见后,应取得组织最高管理者的认可并将评估过程纳入公共关系计划之中。

2.选择合适的评价标准

公共关系活动的目标说明了组织期望达到的效果。应针对不同的活动形式和目标,确立评

估标准,如果是以改善自身形象、提高美誉度为目标开展的公共关系活动,评估应该将公众对组织的认识、态度的变化作为评估标准。评价标准选择后,应从可观察与测量的角度将目标具体化,即分解目标,目标分解还可以使公共关系计划的实施过程更加明确化与准确化。

3.确定获取数据的最佳途径

获取评估数据的途径和方法并不是唯一的,获取评估数据的途径和方法取决于评估的目的和标准。抽样调查、实地实验或活动记录都可以成为获取数据的好方法。保持完整的计划实施记录是评估数据的基本来源。这些资料能够充分反映公共关系人员的工作方式和工作效果,尤其重要的是反映计划的可行性程度,哪些策略是有效的,哪些策略是无力的或者无效的,哪些环节衔接比较紧密,哪些环节还有疏漏或欠缺。

4.及时报告评估结果

及时上报评估结果可以保证组织管理者及时掌握情况。这应该成为一项固定的制度,它的作用一方面可以保证组织管理者及时掌握情况,有利于进行全面的协调;另一方面也可以说明公共关系活动在持续地保持与组织目标相一致及其在实现组织目标过程中的重要作用。

5.运用评估结果

把评估的结果运用到公共关系工作的调整上,会使问题的确定和分析更加详细、精确,确保下个周期的公共关系活动更为有效。公共关系活动的每一个周期都要比前一个周期表现出更大的影响力,这是运用前一个周期评估的结果对后一个周期进行调整的缘故。

(二)公共关系评估内容

1.公共关系工作程序评估

公共关系工作程序评估,就是要对公共关系工作的各个步骤的合理性作出客观的估价。公共关系评估是一个连续不断的活动,一旦进入公共关系工作过程,评估活动也就开始了。评估研究内容及要点如下:

(1)调查研究过程评估。评估要点有:①公共关系调研的设计是否合理;②公共关系工作信息资料的搜集是否充分、合理;③获得信息资料的手段是否科学;④公共关系调研对象选择是否具有典型性、代表性;⑤公共关系调研工作组织实施的合理程度;⑥公共关系调研的结论分析是否科学;⑦信息的表现形式是否恰当。

(2)计划制订过程的评估。评估要点包括:①各项准备工作、沟通协调工作是否充分;②计划目标是否科学;③计划实施的总体安排、步骤是否可行;④日程安排如何。

(3)实施过程的评估。评估要点包括:①信息内容准确度如何,信息表现形式如何,信息发送数量如何;②信息被传媒采用的数量如何,质量如何;③接收到信息的目标公众有多少,成分如何,和组织关系有多大;④注意到该信息的目标公众数量。

(4)实施效果的评估。评估要点包括:

①了解信息内容的公众数量。即对开展公共关系活动前后公众对组织的认识、了解和理解等变量进行比较。例如,在公共关系活动开展前后,对同一组公众进行重复测验。或者在一组公众当中开展公共关系活动,而在另一组公众当中不开展这项活动,然后将两组测验结果加以比较。这种方法也可用于所有实施效果评估的项目之中。另外,在沟通活动结束后,了解公众观点和态度的变化也可采用这种方法。

②改变观点、态度的公众数量。这是评估实施效果的一个更高层次的标准。因为"态度"所涉及范围很广,内容丰富而复杂,而且不容易在很短时间内发生变化。评价一个人的态度,要根

据一段时期内他在所有有关问题上的立场和观点,而不能仅凭一时一事判定一个人的态度发生变化与否。态度与观点和知识的关系大致是这样的:态度的变化可能随着知识与观点的变化而变化;在一个人知识与观点未发生变化的情况下,也可能发生态度变化。

③发生期望行为与重复期望行为的公众数量。人们行为的改变受到多种因素的影响,如同态度与知识、观点的关系一样,行为同知识和观点之间也在一定条件下发生联系。这里有一点是可以肯定的:行为发生变化的人们在行为发生改变之前,肯定接受了某些信息或在某些方面被说服了。在掌握了发生期望行为的公众数量之后,还应该注意了解重复期望行为的公众数量。

④达到的目标与解决的问题。这个评估标准是公共关系活动效果评估的最高标准。公共关系计划目标的实现,可以表现为取得理想的选择结果,筹措资金的数额达到预期指标,立法方面取得胜利,等等。有时,公共关系活动产生的结果并非完全与计划目标相一致,但是这些结果同样是积极的,可以认为是达到计划目标的其他表现方式。在这种情况下,这些结果也应该作为评估公共关系活动效果的根据。

⑤对社会经济与文化发展产生的影响。这种影响要同其他因素一起共同起作用,并在较长时间里以复杂的、综合的形式表现出来。因此,对这种影响效果的评估并非是公共关系人员所能完成的。这是留给社会学家和心理学家的题目。这里涉及这个问题,主要是为使公共关系活动效果评估的理论体系完整化,并引起人们在思想上认识这个问题。对于那些通过自己的职业行为履行社会责任,并对社会经济及文化的发展产生积极作用的公共关系人员,后人将给他们以公正的评价。

2.各类型公共关系活动评估

按公共关系活动形式可把公共关系划分为日常公共关系活动和专项公共关系活动。按公共关系计划制订时间的长短,可把公共关系划分为年度公共关系活动、长期(三年至五年)公共关系活动。评估内容及要点如下:

(1)日常公共关系活动效果评估。评估内容要点包括:组织的全员公共关系运作;领导者内外部公共关系活动的开展情况;全体员工的公共关系意识和行为表现;组织的各部门在经营管理各环节上的公共关系投入;公共关系网络;内部公共关系协调状况;日常的组织沟通;人际协调;组织的外部公共关系;知名度、美誉度;公共关系人员的工作状况;公共关系人员与领导工作配合和沟通等方面。

(2)专项公共关系活动效果评估。评估内容要点有:项目的计划是否合适;其目标与组织总目标、公共关系战略目标是否一致;项目的目标是否已经实现;传播沟通策略、信息策略是否有效;公共关系协调状况如何;对公众产生哪些影响;组织的形象有何改变;项目预算是否合理;组织管理工作成效如何。

(3)年度公共关系效果评估。其包括如下内容要点:年度公共关系计划目标是否实现;年度公共关系计划方案是否合理;实现状况如何;年度内日常公共关系工作成效如何;年度内单项公共关系活动的类型、数量及成效分析;年度公共关系经费预算使用情况及合理化研究;内外部公共关系的开展和成效;公共关系机构与公共关系人员的绩效;组织的公共关系应变能力等。

(4)长期公共关系活动效果评估。其包括某一长期公共关系项目及公共关系长期工作的成效分析,它是一个总结过程,需要将日常工作评估结果、专项活动评估结果、阶段性工作评估结果一并吸收进来,进行系统分析,从而获得一个总的结论。另外,还包括对公共关系活动的经历进行客观评估。同时,应将前几种公共关系活动效果评估的内容要点加以归纳整理和分析研究。但是,要特别注重公共关系战略的得失问题、公共关系变动规律问题、公共关系与经营管理的关系问题等。

3. 公众关系状态评估

对主要公众关系状态进行评估研究,旨在通过各类公众关系的变化来评估以往公共关系工作的成效。公众关系状态分析应分两步进行:内部公众关系与外部公众关系。

(1)内部公众关系评估。内部公众关系评估的内容要点是:组织的政策在沟通中被全员接受的程度;员工的士气;组织的凝聚力;组织中的各种工作关系处理情况和趋势;双向沟通带来哪些生机和活力;影响员工关系的因素测评;沟通渠道需作哪些改进;传播策略及目标有何欠缺;公共关系贯通于各种经营管理活动的各个环节中有否障碍等。

(2)外部公众关系评估。外部公众关系评估的内容要点是:消费者关系评估,看清消费者的态度、行为变化特点,评估组织对消费者关系的传播沟通及人际协调方面的工作成效;媒介关系评估,看其态度冷漠还是热情、积极支持与否,采取何种沟通策略及成效;社区关系评估,了解各类社区公众对自己及有关活动的看法;政府关系评估,了解政府的支持情况、组织与政府的沟通效果,政府关系的沟通协调策略等。

4. 公共关系机构工作绩效评估

对公共关系活动分项评估与对机构的工作绩效进行评估,便于清点公共关系机构人员的工作效率、实际能力、策略手段等。定期对此作出评估分析,对改进机构工作效率和提高水平很有帮助。评估主要包括以下几个方面:市场营销分析;广告研究;新闻宣传;专题活动;管理绩效。

5. 传播沟通的评估

传播沟通的评估要点有:信息制作的评估;信息曝光度的评估研究;传播沟通效果评估。

上述各类公共关系评估,在内容上互有交叉,区别只是评估的角度不同。公共关系评估工作可视需要,选取其中一类或几类进行。

(三)公共关系评估的方法

评估本身是一项研究工作,需要采用各种各样的研究方法。

1. 专家意见法

专家意见法又称"德尔菲(Delphi)"法,是一种综合专家意见,就专门问题进行定性预测的方法。稍作修改即可用于不易量化的公共关系效果的评估。其步骤是:

(1)由主持人拟好调查评估项目,并给出评价标准。如公众舆论的变化可分为呈好转、略好转、原状、略恶化、恶化五个标准。

(2)邀请专家若干名。一定要聘请那些知识丰富、熟悉情况的专家。

(3)请专家们匿名、独立地就拟定项目发表意见。若意见分散,则将上一轮意见汇集整理,反馈给每一位专家,请他们重新发表意见,直至意见趋于一致。

(4)汇总出能代表大多数专家意见的结论,作为专家集体对公共关系活动的评判。

2. 民意测验法

民意测验法(Public Opinion Poll)在公共关系评估中运用较为普遍。这种方法的基本做法是,按抽查法的要求,在选定的公众群体中,选择一定数量的测验对象,用问卷、表格等方式,征求他们对指定问题的意见、态度、倾向,再作出统计、说明,分析公共关系活动的效果。

3. 公众意见征询法

公共关系人员通过与公众代表的对话,征询广大公众的意见和观点。这种方法又可分作"公众代表座谈会"和"公众询问法"两种。前者可以制度化,并有效地控制与会者的代表性;后者则是以口头、电话等方式,就固定问题,随机地向被询问者提问,然后将公众意见汇集、整理,形成综合意见。

4. 实验法

这种方法的实质是,利用事物、现象间客观存在的相互关系,通过调节某个变量(如公共关系活动前后,某个企业的声誉),测定另一些量(如产品销售量、订货量)的增减。实验法可以在经历和未经历公共关系活动的两组公众之间展开。实验法的关键在于,在确保实验对象代表性的同时,尽可能缩小实验范围。

5. 组织活动记录法

在组织实施公共关系活动前后,坚持在组织的日常活动中,记录有关标志和指标的变化。全面、准确的活动记录是重要的效果评估资料。例如学校的报考人数,企业的产品销售额,宾馆的投宿人数,机关的出勤率都属组织活动记录范围。进行评估,要依据记录的资料,选择一定的标准进行比较,然后得出评判结论。

6. 传播审计法

这种方法是通过大众传播媒介发布的本组织的统计分析,评估组织公共关系信息传播情况。通过以下指标和方法,我们可以概略地了解公共关系信息传播的效果。

(1)定量分析。

①沟通有效率。它是指沟通有效数与沟通信息总数之比,可用下列公式表示:

$$沟通有效率 = (沟通信息总数 - 无效数) \div 沟通信息总数 \times 100\%$$

②公共关系信息传播速度。传播速度指标是单位时间内传播的信息量,或一定的信息量传递所需要的时间。单位时间内传播的信息量越多,或一定信息量传递所需要的时间越短,说明传播速度越快。其公式如下:

$$R = 传播信息量 \div 传播的时间$$

在这个公式中,R 值越大,传播速度就越快,传播效率就越高。传播速度是评价传播效果的一个重要指标。

③视听率。这是通过测定大众传播媒介传播的公共关系信息来得到公共关系工作效果的方法。视听率就是实际视听人数与某一调查总人数的比例。用公式表示:

$$视听率 = 实际视听人数 \div 调查总人数 \times 100\%$$

④知名率。知名率是指掌握公共关系信息的人数与某一被调查总人数之比。用公式表示为:

$$知名率 = 掌握公共关系信息的人数 \div 被调查人数 \times 100\%$$

(2)定性分析。新闻媒介报道迅速,感觉灵敏且有很大的影响力。经常进行新闻分析,就可以从新闻媒介关于本组织的报道中评估公共关系活动的效果。新闻分析的主要内容有:

①报道的篇幅和时数。篇幅越大,出现频率越高,时数越多,引起注意和兴趣的程度就越高。这是从"量"上判断。

②报道的内容。报道中,对组织的成就、发展情况报道越多,效果就越好,在公众中树立起组织的良好形象的可能性也越大。这是从"质"上分析。

③新闻媒介的层次和重要性。所谓层次高、重要的媒介是指那些级别高,发行量大,覆盖面广,具有权威性,影响力强的新闻媒介。这些媒介发表对组织有利的报道,往往比其他媒介更利于提高组织的知名度和美誉度。

④新闻资料的新闻价值。对新闻资料是正面报道还是反面报道,是全面报道还是摘要报道,

是重点报道还是一般报道,是醒目的版面还是次要的版面,这些差别均会使报道效果不同。

⑤报道的时机。报道的时机是否及时、适时,是否能恰好配合组织的实际发展,迟发的新闻报道有时不仅无益,反而有害。

⑥记者、编辑的反应。记者、编辑对于所提供的资料是否满意,如资料是否及时,是否容易编发,是否需要较大的改动,是否适合报刊的要求。

三、公共关系活动评估报告的撰写

公共关系评估报告是提供给组织的一种正式的公正性文本。它是通过文字、图表或相应的其他形式来体现开展公共关系工作的成绩、经验、教训、建议等评估工作成果的形式,具有业务性强、理论性强、经验性强等特点。

1.意义

评估小组将公共关系评估报告提供给管理层,可以作为他们统筹管理和作出新决策的依据;送达各职能部门,可以作为各部门改善工作的参考;提供给全体员工,可以使员工了解外界的评价,提高士气,改善行为。通过撰写评估报告,社会组织对公共关系过程与绩效可以总结过去,积累经验;着眼未来,克服缺点;指向未来,指导工作。

2.基本原则

公共关系评估报告除了要遵循科学性、公平性、真实性等原则外,还要符合针对性、完整性、及时性、客观性、独立性等原则。

3.公共关系评估的内容

(1)评估的目的及依据。主要说明为什么要进行公共关系评估,通过评估解决什么问题,评估所依据的文件等。

(2)评估的范围。明确公共关系评估的范围,突出重点,利于评估结果的使用。

(3)评估的标准和方法。说明评估的标准或具有可测量的具体化的目标体系,以及评估过程所采用的方法。比如直观观察法、问卷调查法、比较分析法、文献资料法、传播审计法等。

(4)评估过程。简要说明评估过程是怎么进行的,分哪些阶段。

(5)评估对象的基本情况。必须明确评估对象的本身情况,包括活动或项目的名称、开展时间、实施的情况与特点等。

(6)内容评估、分析与结论。写明被评估的公共关系活动、工作或项目的内容,对运行与执行以及效果、效益进行分析,进而得出客观、公正的结论。

(7)存在问题及建议。根据实际情况,有针对性地提出问题,并提出有利于解决问题的建设性意见。

(8)附件。附件主要包括附表、附图、附文三部分。

(9)评估人员名单。它包括评估负责人、评估人员的姓名、职业、职务、职称等。有时为了利于咨询,评估人还需把电话、通信地址、邮政编码等写明。

(10)评估时间。由于公共关系活动处于动态的状态下,不同时间评估所得的结论会不同。因此,评估报告书必须写明评估时间或评估工作开展的阶段。

4.评估报告的格式

公共关系评估报告通常由标题和正文两部分组成。标题的格式可以多样化。有文件式的,如"关于××的评估报告",以标题内容点明是什么样的总结;有揭示式的,由一个句子或词组揭示这个评估报告的主题或其最主要的方面;也可以是正副题式的,由副题具体点明是什么内容性质的评估报告。

(1)封面。内容包括评估书或项目的题目、评估时间以及保密程度、报告书的编号等。题目要反映出评估的范围和对象,排版应醒目、美观。

(2)评估成员。评估成员反映哪些人参加了评估工作,负责人是谁。

(3)目录。目录用来方便阅读报告书的人。

(4)前言。前言反映评估任务或工作的来源、根据,评估方法、过程以及其他特别需要说明的问题。

(5)正文。评估报告的正文,尤其是全面性评估报告的正文,一般都有以下几个部分:

①基本情况概述。这是公共关系评估报告的开头部分,也称前言。这一部分的写法,或概述公共关系工作的全貌、背景;或说明总结工作的指导思想和公共关系的成果;或将公共关系的主要成绩、经验、问题扼要提出来,先给人以总的印象,作为下文的铺垫。

②成绩与经验的论述。这是公共关系评估报告的主体,其具体的写法可以是先写成绩后讲做法、经验,也可以把两者揉在一块写,做法、经验中讲成绩,或成绩中加做法、经验。

③问题与原因的论述。总结公共关系活动中存在的缺点和问题,分析其原因,提出可供吸取的教训。

④今后努力方向。主要是针对公共关系活动中存在的问题,从经验教训及有关规律性的认识中,提出今后应发扬什么、克服什么,采取哪些措施,向什么方向努力,达到什么目的。无论是全面性总结还是专题性总结,这一部分的内容都是不可忽视的。

(6)附件。附件是对正文内容的详细说明和补充,是正文的证明材料。

(7)后记。后记主要说明一些相关的问题。比如报告书传播的范围,致谢人员及相关单位等。

5. 撰写公共关系评估报告应注意的问题

要求执笔人客观、公正、全面,要求报告书可读、简洁、明了。在写作过程中应注意以下问题:

(1)定量与定性相结合。评估结论是定性的,但必须用定量的指标作说明。

(2)建议与策略具有可操作性。只有切合实际情况的建议才具有可操作性。

(3)语言准确、精炼。切忌用太多学术词汇,让读者难以理解。

(4)结论客观具体。所有的结论应该找到相应的材料证明。避免使用模糊语言。

(5)记叙性和说理性相结合。实践情况的记叙是必须必要的,但不是简单回顾和全面罗列,必须侧重于分析评价,揭示成绩和失败的原因。

总之,只有从大量的实践材料中归纳出具有指导意义和值得借鉴的东西,才能够发挥指导今后公共关系实践的作用,这样的评估报告才是合格的、有价值的。

四、公关效果评价范例

"华夏银行"老年登山健身活动效果评估报告书

一、引言

2000年10月6日(农历九月初九),由华天形象中心策划的"华夏银行"老年登山健身活动在英雄山成功举办,本活动得到了老人们和社会各界的一致好评,取得了良好的社会效应和宣传效果。

达到了活动的预期目标:借"九九老人节"开展老年活动之际,拉近华夏银行与老年人的关系,初步建立华夏银行关爱老年人生活,关注老年事业的企业公益形象。锁定老龄群体,为华夏银行在老人群体当中发展个人金融业务奠定良好的基础。

二、效果评估

1.从组织策划方面看：定位准确、专业，活动安排周密，有层次

农历九月初九，是我国传统的重阳节，又是登高节，人们把重阳登高的风俗看作免灾避祸的活动，而且在人们心目中，双九又是生命长久、健康长寿的意思，因此人们又把重阳节称作"老人节"。我们选择在重阳节举办老年登山活动，可谓顺应民意，准确地把握了时机，体现了华夏银行尊老、爱老、敬老的初衷。

整个活动的策划安排专业、周密，而且有层次。

第一，从树立华夏银行的公益形象出发，专为老年人举办活动，扮演"欢乐使者"的角色，丰富老年人的晚年生活。

第二，造声势引发社会大众和新闻媒体对此次活动的关注，制造了新闻兴奋点，老人们也非常踊跃。活动当天定好8：00集合，而老人们积极性很高，有的早早就来到现场等候，有的还是从济钢倒车赶来，令我们感动。

第三，活动准备充分。我们早在国庆放假之前就把活动所需的物品准备齐全；活动当天，全体工作人员在早上6：00天刚蒙蒙亮时，就开始布置现场了，作了充分的准备。

第四，整个活动以调查问卷为凭证，使活动有秩序，一切尽在把握之中。

第五，邀请了山东省人大常委会、山东省企业管理协会等处的领导作为嘉宾，邀请了山东卫视《开心假日》节目主持人晓君作为主持人，为整个活动增光添彩。

第六，组织了老年筷子舞、扇子舞、新疆舞、秧歌、老年迪斯科等优美欢快、丰富多彩的文艺节目，充分展现了老人们的朝气和活力。节目结束后，老人们意犹未尽，觉得还没跳够呢，希望以后再有这样的机会。

2.从实施方面看：整个活动安全有秩序

活动过程中没有出现任何意外，我们准备的药箱和医务人员都没有派上用场。整个活动从收问卷、发纪念品、登山、领奖，直到活动结束，秩序井然。老人们老当益壮、兴高采烈，他们的朝气和活力，深深地感染了在场的所有人，禁不住为老人们的精彩表演一次又一次的鼓掌。老人们高兴而来，满意而去。

英雄山风景区经营科李科长说："以前在我们广场举办的活动都乱糟糟的，你们这次活动组织很好！秩序井然，热闹隆重……"

3.从宣传方面看：取得了良好的宣传效果，得到社会各界的一致好评

（1）老人们一致夸华夏银行想得周到，感谢华夏银行为老人们提供了这么一个好机会——增进了朋友间的友谊，又认识了许多新朋友。而且通过登山活动锻炼了身体，也更多地了解了华夏银行。

（2）英雄山管理处的领导认为这次活动是他们这里有史以来搞的最成功的一次，而且希望我们经常来举办活动，以使他们也得到提高。

（3）社会效应——引起了各新闻媒体的关注。《齐鲁晚报》头版头条报道了这次活动，"我们还年轻！"正是"华夏银行登山健身活动"的完美写照。《经济导报》《联合日报》也有相关的报道，济南电视台、山东卫视台也录制了专题，在《今晚20″》作了播出。通过这次活动，通过各大媒体的宣传报道，拉近了华夏银行与老年人的关系，建立了华夏银行关爱老年人生活，关注老年事业的企业公益形象，为华夏银行在老人群体当中发展个人金融业务奠定良好的基础。

资料来源："华夏银行"老年登山健身活动效果评估报告书［EB/OL］. http://blog. sina. com. cn/s/blog_502ed0b301009kz6. html.

评价与考核

公共关系评估报告的撰写任务完成情况及技能评价考查表

学习目标	评价标准	小组评价（50%）	教师评价（50%）	综合得分（百分制）
理论知识(20分)	掌握公关评估的意义、程序、标准,公关评估的内容、方法,公关评估报告的内容的程度			
专业技能(20分)	能运用公关评估的方法;能撰写公关评估报告			
通用技能(20分)	具有团队协作能力;具有团队处理问题的能力			
任务完成(20分)	纸质作业、PPT,任务问答有效性			
学习态度(20分)	完成任务的态度、责任感			
综合评价与建议:				

思考与讨论

1.如何对公关活动进行科学评估?

2.如何编制一份优秀的公关活动评估报告?

技能训练题

请对本地或所了解的旅游企业所实施的公共活动进行评估。

拓展活动

做一个聪明的公关人——智慧塔

方法简介:全体成员在不发出声音的前提下,于15分钟内,用报纸和透明胶带在地上搭一个塔,要求越高越好。

活动目的:发现企业增长过程中的"关节";高度和稳固是相互矛盾的吗;企业文化在员工之间的强大黏合力;"纸与纸的黏合处",业务与业务之间的衔接是很重要的。

项目六　旅游危机公关

学习目标

知识目标：掌握危机、旅游危机、旅游危机公关的概念；
　　　　　了解旅游公关危机产生的原因及特征；
　　　　　掌握旅游危机公关预警系统的制定方法；
　　　　　掌握旅游危机公关处理过程；
　　　　　掌握旅游危机公关处理过程中的传播沟通方法。

能力目标：能够及时发现潜在的旅游危机；
　　　　　能在危机发生时找到危机产生的根源；
　　　　　能建立危机公关预警系统；
　　　　　能运用公共关系的相关知识有效地处理旅游危机；
　　　　　能在危机发生时与媒体、公众进行良好的沟通。

项目分析

旅游业的繁荣发展给旅游目的地带来了巨大的经济、社会、文化以及生态效益。然而，由于旅游活动在空间上的异地性和时间上的暂时性，以及在运行进程中呈现出的高关联度的综合特征，导致了旅游业对环境的高度依赖。作为一个比较脆弱和敏感的产业，旅游业很容易受各种危机事件的影响而产生波动，这种波动在造成经济损失的同时，还可能对旅游目的地的形象、社会与环境发展等产生消极影响，并破坏目的地旅游业的正常、有序发展，从而在一定范围内引发旅游危机。随着时代的变化与旅游业的发展，旅游危机的产生原因也日趋复杂，且绝大多数危机有可能在以后的时间内多次重复发生，可以说，危机无时无刻不在威胁着旅游业。本项目要求重点掌握旅游危机公关预警系统的建立方法，旅游危机公关的处理过程以及处理过程中的传播沟通方法。难点在于旅游危机公关处理过程中方式、方法的具体运用，以及危机公关处理过程中的传播沟通手段的有效实施。如何在旅游危机到来之前未雨绸缪？如何在危机到来之时处之泰然？如何在处理旅游危机时游刃有余？这些问题的提出令本项目的学习变得非常有意义。

任务一　旅游危机公关预警系统的建立

情境设计

2008年5月12日，汶川发生了里氏8级的大地震。从地震发生到6月初，汶川地震就造成四川旅游业损失达624亿元，相当于2007年四川省全年旅游总收入的一半。在这场突如其来的灾难面前，整个四川旅游业都受到了重创，旅行社也不例外。××国际旅行社就在此次灾难面前束手无策、损失惨重。灾难发生后旅行社高层对下一步该如何做没有任何想法，以至于整个企业乱作一团。痛定思痛,灾难过去后,旅行社高层开展了认真的反思,一致认为虽然无法阻止危机的发生,但可以未雨绸缪、有效规避风险,于是建立自己的危机公关预警系统便提上了议事日程。

请根据以上情境,完成以下任务:

1.面对随时可能发生的危机我们应该如何防范?

2.请为××国际旅行社制定一套旅游危机公关预警系统。

任务分析

危机产生的原因不尽相同,有些是可以预测、防范和规避的,有些则是无法避免的,比如说地震、海啸等人力所不能抗拒的因素。但无论如何我们都应做到未雨绸缪、防微杜渐,旅游危机公关预警系统正是基于上述目的而建立的,它既可防患于未然,也可以在危机发生后做到有的放矢、从容不迫地应对、解决危机。本任务要求学生能够为不同类型的旅游组织建立相应的旅游危机公关预警系统。

任务实施

完成任务的具体操作步骤,建议如下:

步骤一 领受任务

指导教师可根据所学内容与学生具体特点介绍任务的内容、要求、关键点及注意事项。各小组提问,指导教师答疑,各小组正确理解任务,完成任务领受。

步骤二 分析任务

请各小组按指导教师的要求,分析任务的内容,阅读知识链接,制定完成任务的工作程序及任务分配,补充查阅其他相关资料,拟建立旅游危机公关预警系统。

步骤三 实施任务

各小组具体完成情境中提出的问题,以报告的形式完成旅游危机公关预警系统,有条件的做成PPT,并作好两方面准备:既作发言准备,又扮演听众,准备提问。作好预演,准备汇报。

步骤四 任务汇报

各小组根据任务的要求,在教室中汇报,各小组相互提问。指导教师及时控制汇报进程,最后进行点评与总结。

步骤五 任务总结

各小组对本次报告要及时进行总结,形成文字材料,作为作业上交指导教师。指导教师依据该项目任务考查表,给出各小组评价综合得分。

知识链接

塞翁失马焉知非福,福兮祸所伏,祸兮福所倚。我们每天都生活在一个危机四伏的世界,大到一个国家,小到一个家庭,危机可谓无处不在、无时不有。对于旅游业而言,由于外部环境的变化或内部经营管理的不善,随时都有可能陷入各种危机之中。面对危机海尔总裁张瑞敏认为应该保持"永远战战兢兢,永远如履薄冰"的态度。比尔·盖茨告诫他的员工"我们离破产永远只有十八个月"。没有危机意识的个人,将随时面临困难;没有危机意识的企业,将随时面临经营的困境。

著名企业危机管理与公关专家奥古斯丁先生说:"每一次危机的本身既包含导致失败的根源,也孕育着成功的种子。"诚然,危机的发生将给旅游业带来巨大的灾难和惨痛的损失,但同时也会催生新的发展机遇。危机是危险也是机遇,危险与机遇就像幸福与灾祸一样,如同硬币的两面。为了尽可能地转危为机,首先,要认识、了解危机的特征、类型,引发危机的原因。这也是有效开展危机管理、减少危机危害程度的前提和基础。其次,在此基础上在旅游组织中建立旅游危机公关预警系统。

一、旅游危机

旅游危机通常是由各种不确定的因素或者突发性的重大事件(如自然灾害、急性传染病、战争、恐怖袭击、各类安全事故以及经济危机等)所引发的,并且往往会导致旅游业遭受重大的损失以及长时间难以彻底根除的后续消极影响。从国际上看,一些突发事件如金融危机、美国"9·11"事件、非典疫情、欧洲连环爆炸案、印尼巴厘岛爆炸案、印度洋海啸等都给世界和部分国家或地区的旅游业带来严重影响。从国内来看,一些突发性事件也冲击着中国旅游业,如"2003年非典疫情""2008年春南中国雪灾"等,给中国旅游业造成了巨大损失。这些突发事件引发的旅游危机以及对旅游业乃至经济社会生活所造成的冲击,越来越引起人们的关注。

(一)旅游危机的含义

世界旅游组织对旅游危机的定义为:"影响旅行者对一个目的地信心并扰乱继续正常经营的非预期性事件。这类事件可能以无限多样的形式在许多年中不断发生。"

旅游业危机按照所能波及的空间范围,可以分为企业旅游业危机、区域旅游业危机、国家旅游业危机以及国际旅游业危机四大类型。其中区域旅游业危机则是针对那些对一座城市或一个较大区域内的旅游业产生明显影响的旅游业危机,如区域内发生的突发性事件所造成旅游目的地出现的旅游危机。如2010年玉树地震引发的旅游危机。从管理的角度出发,按引发危机的主导风险因素的来源不同,可以将旅游业危机划分为旅游业受波及引起的危机、旅游业内部的危机两大类。旅游业受波及引起的危机,是指发生在其他行业里的危机产生的负面影响波及旅游行业、使旅游业客源骤减、目的地形象受损的危机,如战争、金融风波等。旅游业内部的危机,是指发生在旅游业运营的范围内、直接对游客或旅游从业人员发生威胁、影响旅游活动的危机,如饭店火灾、旅游娱乐设施发生意外等。

(二)导致旅游危机产生的原因

1. 灾害性事件

灾害性事件主要是指一些人类无法预期的自然灾害的发生、流行疾病的暴发等。灾害性事件会导致旅游者的安全需要无法满足,从客观上降低了进行旅游活动尤其是长线旅游的可能。比如2005年印度洋海啸和2008年"5·12汶川大地震"都属于自然灾害事件,灾害的发生往往会破坏交通干线,大大降低旅游通道的通达性,对旅游活动的行程将会产生无法预料的影响。

2. 社会性事件

社会性事件是指那些破坏旅游客源地和目的地社会安定,并对旅游者的生命和财产安全构成威胁的政治、战争和重大国际关系事件,比如:拉萨"3·14事件"、2010年香港游客在菲律宾遭劫持事件等。社会性事件不仅削弱旅游者的旅游动机,增加旅游阻力,而且由于政府会采取相应的限制措施,对旅游通道的通畅产生影响,也就是增加了客源地和目的地之间的经济距离(即往返于客源地和目的地之间所需要的时间和费用),提高旅游成本,从而对旅游活动产生影响。

3. 经济性事件

根据马斯洛的需要层次理论,人的生活和安全需要属于低层次需要范畴,而旅游者的旅游动机则通常是出于一种较高层次的需要。旅游客源地的经济发展状况决定了旅游产生地居民的生活水平达到何种程度,也就是决定了他们具有多大的经济能力供出行者进行旅游。比如1997年的亚洲金融危机和 2008 年发生的世界金融危机。这些经济灾难虽然具有偶然性,但却会破坏旅游客源地的经济发展平衡,甚至影响当地居民的基本生活需求,使高层次的旅游动机无法产生。

(三)旅游危机的类别

近年来,随着可能引发旅游业危机的风险因素的不断增加以及危机表现形式的多样化,旅游危机的分类方法也呈现出多样化的趋势。从危及旅游业发展的危机事件的动因、成因及影响范围的综合方面来看,危机事件可分成不同类型、不同性质的危机事件,对旅游业造成负面影响的范围、形式和程度也就不同。认清危机事件的性质、类型对采取正确措施来预防和应对十分重要。

根据发生旅游危机的成因可以将旅游危机主要分为以下类型:

1. 来自生态方面的危机

来自生态方面的危机既包括自然灾害,也包括人为因素引发的生态危机。其主要有气象性灾害如洪水、暴雪、冰雹、台风,地质性灾害如地震、山体崩塌、滑坡、泥石流等重大灾害引发的危机。

2. 来自社会方面的危机

来自社会方面的危机主要指在人类社会活动中出现的一些突发事件引发的旅游危机,如公路、水运、铁路、民航等旅游交通事故,影响或中断城市正常供水、供电、供气等城市社会事故,通信、信息网络、特种设备等安全事故,纵火、抢劫、凶杀等刑事犯罪,以及重大环境污染和生态破坏事故引发的危机。

3. 突发公共卫生危机

突发公共卫生危机是指各种对人类健康带来巨大危害的突发性疾病引发的旅游危机。其包括突然发生、造成或可能造成游客健康严重损害的重大传染病(如传染性非典型肺炎、禽流感、鼠疫、霍乱、血吸虫等)、群体性不明原因疾病、重大食物和职业中毒、重大动物疫情,以及其他严重影响游客健康的事件引发的危机。

4. 来自政治方面的危机

来自政治方面的危机主要包括发生战争、政变事件、恐怖袭击事件、经济安全事件、影响较大的针对性破坏事件以及规模较大的群体性事件等引发的危机。

5. 来自经济方面的危机

来自经济方面的危机主要是由于宏观经济发生波动,如金融危机等形成经济衰退乃至产生经济危机,进而对旅游需求和旅游供给产生巨大冲击。其包括经济停滞或下降、股市下跌、汇率重大变动等。

6. 来自旅游行业自身的危机

来自旅游行业自身的危机主要是指发生在旅游业营运的范围内,直接对旅游业或旅游从业人员发生威胁,影响旅游活动的重大事件,如重大旅游交通事故、大型活动造成人员伤亡事故、饭店发生火灾、旅游设施产生意外事故以及旅游企业发生财力危机等。

(四)旅游危机的特征和影响

1. 旅游危机的特征

旅游危机产生的原因多种多样,影响范围和持续时间不同,但旅游危机也有一些共同特征,掌握旅游危机的特征可以使我们更好地掌握规律和应对旅游危机。

(1)突发性。旅游业是一种敏感度很高的产业,自然、经济、社会环境出现的"非常态状"都可能成为引发旅游危机的诱因。因此,旅游危机往往是在人们意想不到、没有作好充分准备的情况下突然爆发的。相对于常态的发展状况而言,旅游业危机是一种超出常规的突发性事件,表现为在短时间内给旅游业及相关行业造成措手不及的一系列的、连环性的破坏,甚至使它们陷入混乱、跌入低谷。

(2)危害性。由于旅游产业关联度很高,涉及食、住、行、游、购、娱等许多产业,因此旅游危机往往会对经济社会带来很大的影响。同时,由于危机本身所具有的涟漪效应,常常会引发其他不同类型的危机,导致该危机的危害性被进一步放大和延续。

(3)紧迫性。由于危机的"多米诺骨牌效应",当旅游业危机真正爆发以后,会以非常惊人以及出人意料的速度发展和演变,并引发一系列的后续问题。如:旅游企业生存环境的明显恶化、虚假信息的广泛传播以及公众人心浮动,常常会导致受到冲击的各个旅游组织面临着反应时间有限的突出问题。在此状况下,决策者如果无法在巨大的压力下用尽可能短的时间作出最终的决策,不仅会使解决危机的最佳机会稍纵即逝,而且将导致一系列短时间内难以彻底根除的消极影响。它要求我们在第一时间里迅速应对、决策和化解。

(4)双重性。危机集"危险"与"机遇"于一体,旅游危机的双重性表现为危险与机遇并存,危机在对旅游业造成各种直接或间接的消极影响的同时也蕴含着前所未有的发展机遇,危中有机。如果处置得当,往往有"来得快"和"恢复快"的双重性。因此,当危机爆发时,要看到不利的方面,更应高瞻远瞩,充分认识到这种困难局势之中所包含着的发展机遇,把握机会,在逆境中取得突破,在危险中求得生机,变坏事为好事,化危险为机遇。

(5)全球性。离开惯常环境是旅游活动的三大特征之一,随着人们社会、经济、生活联系日益国际化,全球化的客源越来越成为旅游目的地的追求和未来发展的趋势,国际范围内的人员流动与交流是旅游目的地在国际竞争中成功的必备条件。绝大多数危机事件发生的一个重要原因就是全球化的结果,而大多数危机的影响效果也是全球性的,因此旅游危机的发生、发展及影响也完全超出了发生地的范围,在世界某地方发生的危机往往会迅速产生一种全球效应影响到全球的旅游业。

2.旅游危机的影响

分析旅游危机的影响可以使我们采取正确的措施来应对旅游危机,消除不利影响,并尽快恢复正常的旅游业态。旅游危机的影响主要表现为对旅游者的影响、对旅游企业的影响、对旅游产业的影响和对旅游目的地的影响。

(1)对旅游者的影响。旅游者作为旅游活动的主体,对旅游危机的反应最为敏感,最为直接。旅游危机对旅游者的影响主要表现为旅游需求的下降和旅游信心的损害。由于危机可能会影响正常的生活,使旅游者会对旅游目的地的安全失去信心,导致旅游者改变旅游行为,如停止或推迟旅游活动、寻求替代性旅游等。然而,这种影响具有短期性和可逆性,在旅游危机结束后,会较快地恢复到常态,甚至会出现新的旅游机遇。

(2)对旅游企业的影响。旅游企业是旅游产品和旅游服务的提供者。旅游危机对旅游企业的影响主要表现为旅游企业由于旅游者减少而出现营业停顿或下降,旅游设施和供给能力大量闲置,使旅游企业面临较大的经营困难。由于旅游生产和消费的同一性、旅游产品的不可储存性及旅游设施的难以转换性,旅游企业有相当大的经营风险,如果旅游危机持续较长时间并且没有扶持政策,旅游企业将面临生存危机。

(3)对旅游产业的影响。旅游业是一个关联度很强的产业。旅游业危机不仅直接造成旅游市场的严重下滑,也会波及影响到相关行业和产业的经济效益和社会效益,影响到旅游产业在一个时期内的持续稳定健康发展。

(4)对旅游目的地的影响。旅游地发生旅游危机会使目的地形象或声誉受到负面影响,导致旅游吸引力和旅游人数下降、竞争力削弱,并在一定程度上影响到旅游目的地经济社会生活等各个方面。如果危机处置不当,将对旅游目的地产生长远的负面影响。

二、旅游危机公关预警系统

应对旅游危机,美国著名行政学家奥斯本"使用少量钱预防,而不是花大量钱治疗"的观点值得我们借鉴。"凡事预则立,不预则废。"危机事件的产生虽有其突发性、人力不可控制性的一面,但是,就多数的危机来说,又都是可以"预见"的,在一定程度上是可以避免的。一般而言,除了一些自然灾害、车船失事等非人为突发的危机事件外,大多数旅游危机事件都有一个潜伏期,在这个过程中,无论如何隐蔽,总有一些先兆表现出来。因此,旅游组织应根据可预见性,树立危机意识,采取积极而明智的策略,制定出一套预防危机、对危机事件反应的规章制度。这是危机的预防的最重要手段,其核心是善于监测和积极反馈信息。

(一)旅游危机公关预警系统概述

旅游危机公关预警系统,就是采用定量与定性相结合的方法,对危机的诱因及危机的征兆进行事先的监测与评判,并由此发出危机警示的管理活动。一般而言,旅游危机公关预警系统主要由危机监测、危机评估、危机预报、危机预控四个子系统构成(见图6-1)。

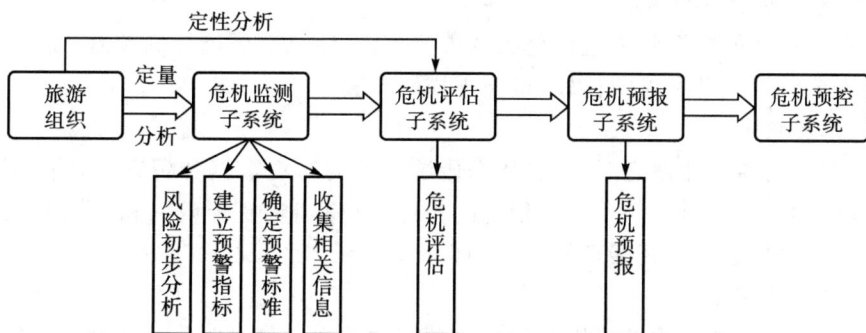

图6-1　旅游危机预警系统

定量分析要求旅游组织在对各种风险因素进行初步分析的基础上,根据自己的实际情况,将容易引发危机和潜在影响较为严重的风险因素确定为监测对象,并建立相应的预警指标体系,并针对不同的指标确定不同的预警标准,在通过各种渠道收集相关信息的基础上,对危机的危险程度进行评估,一旦危险程度超过预警标准,就发出危机预报,并立即着手开展危机预控。风险初步分析、建立预警指标、确定预警标准、收集相关信息等工作由危机监测子系统完成,危机评估子系统和危机预报子系统完成相应的危机评估和危机预报工作。

对于定性分析而言,从表面上看起来似乎跳过了危机监测阶段而直接进入危机的评估阶段,但风险初步分析、建立预警指标、确定预警标准、收集相关信息等过程隐含在有关专家丰富的经验和长期的实践中,表现为专家对危机管理的各种隐性知识的熟练运用,因此,危机监测工作实质上已由旅游组织的系统转变为专家的独立实践。

(二)危机监测子系统

危机监测子系统的职能在于:通过对危机诱因、危机征兆的严密观察,收集整理反映危机迹象的各种信息或信号。旅游组织应通过各种渠道,对主要的危机诱因、危机征兆进行全程的监测。

1.风险的初步分析

对于旅游组织而言,存在着各种各样的风险。不同的风险危险性程度不同,有些风险的释放会对旅游组织造成严重的后果,对于这些风险旅游组织无法承受或者难以承受;而有些风险则影响程度较小,对于这些风险能够承受;而还有一些风险与收益存在着很强的正相关性,高风险往往与高收益并存,对于这一类型的风险,如证券投资、新产品开发等,许多旅游组织往往愿意承受。对于旅游组织的危机公关预警系统而言,重点针对的是第一种类型的风险。因此,为了有效地开展危机预警,旅游组织有必要对其所面临的各种风险进行初步分析。

2.预警指标的建立

在确定了危机预警的监测对象之后,应针对不同的监测对象建立相应的预警指标。预警指标的设计应遵循以下一些原则:

(1)科学性。所选择的预警指标应能有效地反映旅游组织的真实运营情况,数据来源确凿,资料准确,便于操作。

(2)概括性。预警指标应具有较高的概括性,应尽量避免内容重复的指标。

(3)系统性。导致危机的诱因既可能是外部因素,也可能是内部因素。通常,众多的危机诱因往往交互影响、交互作用,为准确地、灵敏地开展危机预警,要求各项预警指标相互联系、相互补充,构成一个有效的指标体系。

(4)可比性。孤立的指标对于危机公关预警而言意义不大,所选择的预警指标应具有较强的可比性,既便于旅游组织开展纵向比较,也便于横向比较。

3.预警标准的确定

在选定了具体的指标体系之后,需要依据旅游组织的历史数据和资料以及行业的平均水平确定各项指标的预警线。对于一些难以量化的指标,也应确定便于识别和判断的预警线。是否超过这一预警线,是判断是否开展危机预报的标准。

4.相关信息的收集

广泛收集相关的信息是旅游组织进行危机预警的前提。信息收集的途径既包括传统大众媒体、互联网、利益相关者的抱怨与批评等外部渠道,也包括旅游组织的财务数据、内部的沟通与报告等内部渠道,旅游组织对外部环境及内部经营管理开展的专项调查也是信息收集的有效途径。

(1)传统大众媒体。报纸、杂志、电视、广播等传统大众媒体是旅游组织收集危机相关信息的重要渠道。应特别关注以下一些方面的内容:旅游组织在公众心目中具有何种形象;公众对旅游组织的产品和服务持何种态度;国家法律和政策有无不利于旅游组织的变化;经济周期处于哪个发展阶段,对旅游组织有何影响;自然条件的变化是否对旅游组织构成威胁;旅游组织的竞争对手现状、实力、潜力及发展趋势如何;同行业旅游组织所普遍遇到的焦点问题是什么。

(2)互联网。数据显示,截至 2016 年 12 月底,我国网民规模达到了 7.31 亿,互联网普及率达到 53.2%。手机网民用户达到 6.95 亿,在整体网民中的占比达到 95.1%。互联网的蓬勃发展,不但大大强化了旅游组织有效信息的获取手段,而且使信息搜寻和传输费用显著降低。几大门户网站、传统媒体的网络版以及旅游业的有关专业网站成为旅游组织收集危机相关信息的重要渠道。利用关键词通过搜索引擎展开搜索也是有效的危机信息收集方式。

(3)利益相关者的抱怨与批评。顾客、竞争者、股东、员工、供应商、经销商、社区居民等的抱怨与建议以及政府部门与相关社会团体的批评与警告,需要引起危机管理小组的重视。如果对这些利益相关者的意见听之任之,往往可能引发一场大的危机。从积极的角度认真去倾听利益相关者对旅游组织的抱怨与批评,是收集危机信息的重要渠道,是有效预防危机的基础。许多旅游组织危机预防的成功实施,就建立在对利益相关者的意见高度重视的基础上。

(4)财务数据。对各项财务数据进行计算和分析可以发现旅游组织许多潜藏的问题,对旅游组织危机进行有效的监测。旅游组织应重视财务比率分析,对常用的财务比率,如速动比率、流动比率、资本结构比率、存货周转率、销售利润率、资产利润率等进行长期跟踪,并密切关注其发展趋势。同时,旅游组织还要重视对其现金流的分析。财务指标超出正常区间的波动,需要引起危机管理小组的高度重视。

(5)组织内部的沟通与报告。在很多时候,旅游组织危机的各种征兆往往首先被一线员工所发现。如何使这些信息从一线员工传达到管理层以及危机管理小组就显得十分必要。对于旅游组织而言,内部沟通和报告系统效率的高低直接关系到危机是否可以被控制在萌芽状态。在组织层次较多的旅游组织中,信息沟通的时效和准确性往往大打折扣;在扁平化、柔性化的旅游组织中,一线员工则可以直接将自己发现的危机信息及时反映给管理层,对危机预防较为有利。为提高危机信息在旅游组织内传递的及时性和准确性,应明确规定相应的危机信息的沟通与报告制度。随着旅游组织管理信息化的推进,通过内部网的论坛、电子邮件等方式,建立有效的基层员工与高层管理者有效的直接沟通渠道,对于危机信息的报告大有裨益。

(6)专项调查。旅游组织通过召开座谈会,组织问卷调查,开展实地走访等形式可以有效地了解各方面人士的看法和意见,从中发现一些问题。旅游组织内部也可以就一些普遍关注的问题进行专项调查。

(三)危机评估子系统

危机评估子系统的职能在于:在对大量监测到的危机信息进行有效整理的基础上,通过对相关信息的分析,对未来可能发生的危机类型及危害程度作出估计。

1.相关信息的整理

对于收集到的危机信息,需要经过系统的整理才能发挥功效,信息整理应注意如下问题:

(1)对信息的真实性进行甄别。如果不同的信息之间存在着矛盾,那么信息的真实性就必然存在问题。如果信息的来源缺乏客观性,信息传递的环节众多,信息传递过程中干扰较大,信息传递者与信息的内容有很强的利益相关性,则信息的真实性就值得怀疑。因此,对于收集到的危机信息,需要有一个去伪存真的甄别过程,排除那些虚假信息。

(2)对信息进行归类。在对危机相关信息的真实性进行确认的基础上,需要对不同的信息分门别类进行存储,做到信息的系统化、条理化,以便于危机评估工作的开展。

(3)关注重要的危机预警信号。在对相关信息进行整理的基础上,需要对一些危机预警信号格外的关注。

2.潜在危机的评估

对于潜在危机发生的种类及其危害程度的评估,既可以采用定性方法,也可以采用定量方法,或者是二者的结合。以下是几种常见的危机评估方法:

(1)专家意见法。由于时间紧迫或数据资料不全,有些危机的评估无法运用定量分析的方法,而只能运用定性分析。专家意见法是一种较为有效的定性分析方法,通过征询企业内外部有关专家的意见,确定潜在危机的类型及其危害程度。头脑风暴法、德尔菲法是其中较为常用的方法。

(2)危机晴雨表。危机晴雨表是美国学者史蒂文·芬克创立的以危机发生概率和危机影响值分别为横、纵坐标的一种定量分析方法(见图 6-2)。

第Ⅰ象限,红色区域,危机发生率较高,危险程度较大,立即进行危机预报,采取危机预控措施。

第Ⅱ象限,灰色区域,危机的发生率较大,但影响值较小,程度处于中间状态,要小心提防,以免引起不必要的麻烦。

第Ⅲ象限,绿色区域,危机的发生概率和影响值都很小,相对较为安全。

第Ⅳ象限,黄色区域,虽然危机的发生率较小,但一旦发生却影响较大,要密切注意。

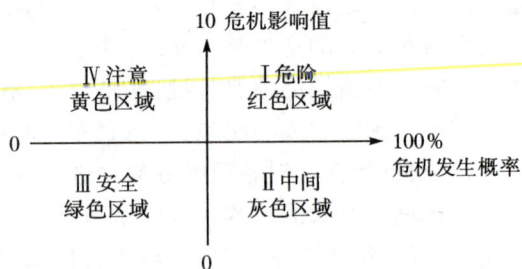

图 6-2　危机晴雨表

(四)危机预报子系统

危机预报子系统的职能在于:根据危机评估的结果,对危害程度较大的潜在危机向旅游组织及各利益相关者发出警报,提请注意,并提前采取预控措施。有效的危机预报子系统要求警报能够被危机反应者和潜在受害者迅速、准确地得知。如果危机反应者和潜在受害者相对集中,可以采取针对局部的警报,以免造成不必要的恐慌;但如果危机反应者和潜在受害者相对分散,则应选择覆盖面广的警报,使警报尽可能到达预定的受众,否则,达不到预期的效果。

(五)危机预控子系统

危机预控子系统的作用是提前对可能引起危机的各种诱因采取措施或对难以避免的危机作好准备,全部或部分地清除危机爆发的诱因,尽最大可能避免危机的爆发或减少危机爆发后的危害程度。对于不同种类的潜在危机,危机预控可以选择以下四种策略:

1. 排除策略

有些危机爆发的诱因属于旅游组织可控制因素,如果管理得当,完全可能在危机爆发之前事先清除危机爆发的这些诱因,将危机彻底排除。排除策略是理想的危机预控策略,可以完全消除潜在危机的危害。如何做到排除策略?首先要实施零缺陷管理,努力提高工作标准。其次,设计良好的防范机制,将可能引发某种危机的诱因逐项列出,并予以清除;同时迅速解决小问题。

2. 缓解策略

在危机诱因不能完全排除的情况下,通过各种措施,将危机诱因控制在一定的限度和范围之内,尽可能减轻危机爆发的直接危害,使危机的长期影响降到最低。

3. 转移策略

如果危机诱因无法排除或者缓解,或者危机诱因的排除具有不经济性,旅游组织可采取转移策略,将自身所面临的危机转移到其他机构。

4. 防备策略

对于那些外部的不可抗力引发的危机而言,防备策略非常有效。危机防备策略包括:对员工的危机预警管理培训;建立危机预警小组并实施其在危机管理中的职责;制订危机管理计划及相关规章制度。

三、旅游危机公关预警系统范例
某国际酒店集团突发事件(骚乱和恐怖活动)危机管理

1.1　介绍

制订突发事件处理计划,确保尽量降低骚乱和恐怖活动可能造成的损失是"预防损失"的重要环节。

1.2　警报级别

根据所感受到的威胁程度可将警报分为四个级别。在确定威胁程度时还应运用自己的判断力,并考虑当地的情况。

"正常或绿色"警报级别

条件:所有公共机构正常运营。

犯罪活动属正常范围,司法体系健全有效。

日常生活没有障碍。

不存在政治局势动荡问题。

本区域内没有恐怖活动。

"黄色"警报级别

条件:警察及其他安全和政府机构发出可能出现恐怖活动或骚乱的警告。

使馆、机场和政府大楼已加强保安措施。

"橙色"警报级别

条件:警察及其他安全机构继续发出可能出现恐怖活动或骚乱的警告。

本区域内出现一些恐怖活动。

发生了反政府示威活动。

政治或经济制度明显退化。

可能会发生政变或恐怖活动。

机场、公共建筑和使馆等地已采取极其严密的保安措施。

"红色"警报级别

条件:安全设施削弱,导致严重的无政府状态,公共机构停止运营。

当地发生恐怖事件、骚乱或抢劫事件。

恐怖活动或其他暴力活动的目标指向平民。

距饭店20英里范围内发生战斗。

日常生活和经营活动受到严重影响。

已发布戒严令/宵禁令。

宣布警报级别的权力

一般来说,总经理应召集行政管理委员会会议,保安部总监也应出席。会议上应收集资料,对目前形势进行评估,并作出预测。总经理应根据对形势的判断向集团营运总监提出"威胁等级"建议。集团营运总监批准后应宣布"警报级别"。

1.3　员工培训

应起草"警报级别"说明并在全体员工中传阅。"警报级别"的摘要应张贴在布告栏中,同时应包括制定该制度的原因和好处。

一般来说,培训只涉及在不同警报级别下发生某些情况时的行动和应对措施。但是,全体员工都必须时刻保持警惕,随时注意异常的情况。一旦发现情况应立即向保安部报告。

1.4　行动计划

一旦宣布警报级别,总经理应根据本手册规定的指导方针制订行动计划。

酒店的行动计划可能在某种程度上不同于本手册中的指导方针。这是为了适应当地的情况和酒店的特殊需求。

下面的检查表中列出了"标准"的任务及执行这些任务的相关员工。总经理应全权负责,并可按照自己认为正确的方式重新分配这些任务。

有些任务是在黄色警报、橙色警报和红色警报下都适用的。但为了完整起见,在每组表格中都重复说明了这些任务。

1.4.1 "黄色警报"标准应急措施检查表

执行人	措 施
总经理	通知集团营运总监。 召集行政管理委员会会议,通知各位委员已宣布的警报级别。 通知员工警报级别。 讨论目前形势,内容涉及以下方面: 上次全楼疏散是在什么时候?现在是否需要再次疏散? 上次炸弹警报发生在何时?现在是否需要再次发布该警报? 是否正在进行重大维修项目或其他建设项目,会影响行动计划的实施或影响保安部、员工、承包商的活动等? 危机管理控制中心是否已准备好在必要时投入使用? 是否需要说明哪些人员安排问题? 执行必要的行动计划,解决上述问题。 与本地区内的其他酒店密切协作,交换信息。
保安部总监	与当地警察局和消防局保持密切联系,尽可能获取更多的信息,并采取相应行动,确保他们可以在必要时提供帮助。 与其他酒店的保安部总监保持联络,交流信息。 检查根据总经理指示加强保安措施的情况,包括:不得在门廊处停车;在入口处和酒店周围安排保安人员;外部承包商的保安问题;车辆搜查;备用通信系统。 检查是否备有炸弹探测器和炸弹探测犬,并确定是否需要使用。 确保所有设备准备就绪,特别要注意对讲机和闭路电视系统。 检查"橙色警报"时应采取的措施并进行演习。
工程部总监	确保应急发电机准备就绪,必要时可以长时间运转。 确保定期为柴油机加满燃料,燃料的存量不可低于66%。 消防及人身安全主任应检查整个消防及人身安全系统,确认没有未完成的维修项目和设备运转工作。
餐饮部总监	检查干货及瓶装水的存货量,确保拥有大量存货。 检查"橙色警报"时应采取的措施并进行演习。
其他各部门总监/经理	提醒所有员工提高警惕,一旦在酒店内、酒店周围或上班路上发现可疑情况应立即向保安部报告。 检查"橙色警报"时应采取的措施并进行演习。

1.4.2 "橙色警报"标准应急措施检查表

执行人	措　施
总经理	通知集团营运总监。 召集行政管理委员会会议,通知各位委员已宣布的警报级别。 召集危机管理小组,对目前情况进行总结分析,并确定除以下行动外还需要采取的其他措施。 通知员工警报级别。 与专业保安机构共同商讨目前局势。最好选择以前曾与公司合作过的顾问公司。 讨论目前形势,内容涉及以下方面: 　上次全楼疏散是在什么时候?现在是否需要再次疏散? 　上次炸弹警报发生在何时?现在是否需要再次发布该警报? 　是否正在进行重大维修项目或其他建设项目,会影响行动计划的实施或影响保安部、员工、承包商的活动等? 　危机管理控制中心是否已准备好必要时投入使用? 　是否需要说明哪些人员安排问题? 执行必要的行动计划,解决上述问题。 与本地区内的其他酒店密切协作并交换信息。 为危机管理小组和应急小组安排额外的员工。
保安部总监	与当地警察局和消防局保持密切联系,并采取相应行动,确保他们可以在危机情况下提供帮助。应记住这些部门的精力有限,而需求可能会很大。应尽可能向他们了解更多的信息。 每天与情报机构保持联络。 与其他酒店的保安部总监保持联络,交流信息。 与签约的保安机构合作,安排后备人员的动员工作,以便情况恶化时可以随时征用。 根据总经理的指示加强保安措施,包括:不得在门廊处停车;在入口处和酒店周围安排保安人员;外部承包商的保安问题;车辆搜查;备用通信系统。 检查是否备有炸弹探测器和炸弹探测犬,并确定是否需要使用。 确保所有设备准备就绪,特别要注意对讲机和闭路电视系统。 根据总经理的指示增派保安员。 检查"红色警报"时应采取的措施并进行演习。
工程部总监	确保应急发电机准备就绪,必要时可以长时间运转。 确保定期为柴油机加满燃料,燃料的存量不可低于66%。 消防及人身安全主任应检查整个消防及人身安全系统,确认没有未完成的维修项目和设备运转工作。 检查"红色警报"时应采取的措施并进行演习。
驻店经理/ 前厅部经理	向酒店客人发出警示通知,内容包括:安全情况;室内保安措施;紧急疏散程序;外国政府为其国民制订的疏散计划;机场接送安排;酒店外的情况;客人各自国家的使馆发出的警告。
餐饮部总监	检查干货及瓶装水的存货量,确保拥有大量存货。 检查"红色警报"时应采取的措施并进行演习。
其他各部门 总监/经理	提醒所有员工提高警惕,一旦在酒店内、酒店周围或上班路上发现可疑情况应立即向保安部报告。 检查"红色警报"时应采取的措施并进行演习。

1.4.3 "红色警报"标准应急措施检查表

执行人	措 施
总经理	通知集团营运总监。 召集行政管理委员会会议,通知各位委员已宣布的警报级别。 召集危机管理小组特别会议,对目前情况、已采取的措施及有关预测进行总结分析。确定需要采取的进一步行动。 通知员工警报级别。 与专业保安机构共同商讨目前局势。最好选择以前曾与公司合作过的顾问公司。 讨论目前形势,内容涉及以下方面: 上次全楼疏散是在什么时候?现在是否需要再次疏散? 上次炸弹警报发生在何时?现在是否需要再次发布该警报? 是否正在进行重大维修项目或其他建设项目,会影响行动计划的实施或影响保安部、员工、承包商的活动等? 是否需要说明哪些人员安排问题? 执行必要的行动计划,解决上述问题。 成立危机管理控制中心,确保可以随时投入使用。 检查有关外籍员工及其家属的要求。 根据具体情况决定是否安排外籍员工的随行家属离开该国。 联络其他酒店,实现资源和信息共享。 与政府高官和旅游局保持联络。 通知公司官员并配合其工作。 为危机管理小组和应急小组安排额外的员工。 关闭舞厅和酒吧。 考虑关闭大堂酒廊,并将客人转移到其他安全的餐厅。
保安部总监	与当地警察局和消防局保持密切联系,并采取相应行动,确保他们可以在危机情况下提供帮助。应记住他们的精力有限,而需求可能会很大。应尽可能向他们了解更多的信息。 每天与情报机构保持联络。 与其他酒店的保安部总监保持联络,交流信息。 与签约的保安机构合作,安排后备人员的动员工作,以便在情况恶化时可以随时征用。必要时征得总经理的批准增派保安人员。 根据总经理的指示加强保安措施,包括:不得在门廊处停车;在入口处和酒店周围安排保安人员;外部承包商的保安问题;车辆搜查;备用通信系统。 检查是否备有炸弹探测器和炸弹探测犬,并确定是否需要使用。必要时升级。 确保所有设备准备就绪,特别要注意对讲机和闭路电视系统。 在可行的情况下,配合有关部门封锁进入酒店的道路,只允许获得许可的员工/客人进入。 在所有入口处增加保安人员,包括停车场、装货区和酒店周围。 尽可能减少员工和客人的出入口数量。 准备路障,以便随时在有关地点设置。 将易燃物品或设备移至酒店内的露天存放区。必要时与工程部互相配合。 另外安排检查所有进入酒店的客人和员工。 确保柴油机燃料、液化气的排放口安全。 确保饭店运输工具的安全存放。

	必要时限制或禁止车辆进入停车场。对允许进入的车辆要认真检查。
	必要时从其他部门借调员工加强保安。
	与消防队及其他相关政府部门保持联系,必要时安排这些部门的官员在酒店内办公。
	如果恐怖活动针对酒店:告诉所有保安主任保持冷静,避免任何可能危及生命或财产安全的行动或言论;将大楼外的保安主任撤回到楼内,将人群的疏导工作交由警察处理。
	如果恐怖活动不是针对酒店的,但发生在酒店附近:告诉保安主任不要卷入任何煽动性的行动中,也不要发表吸引他人注意力的言论。随时准备应付恐怖活动蔓延到酒店区域。
工程部总监	确保应急发电机准备就绪,必要时可以长时间运转。 确保定期为柴油机加满燃料,燃料的存量不可低于66%。 消防及人身安全主任应检查整个消防及人身安全系统,确认没有未完成的维修项目和设备运转工作。
人力资源部 总监	如果已发布宵禁令,应通知本地客人,还应通知住店客人不要离开酒店。 为员工安排往返酒店的紧急交通工具,以防公共交通系统瘫痪。 为不能回家或需留守在酒店的员工安排应急住宿设施。 将外籍员工的地址变更情况通知大使馆,与使馆人员共同商讨有关外籍员工的应急计划。 为住在骚乱波及地区的员工随行家属制定有关安全规定。 确保酒店医务室每天24小时有医务人员值守。 确保将员工档案存放在防火档案柜内。
驻店经理/ 前厅部经理	向酒店客人发出警示通知:安全情况;室内保安措施;紧急疏散程序;外国政府为其国民制订的疏散计划;机场接送安排;酒店外的情况;客人各自国家的使馆发出的警告。 利用前厅部的资源安排前来寻求避难的本城居民。 向各使馆发出客人国籍详细说明。 与当地航空公司办事处联系,了解离境航班的座位情况及机场的安全情况。 必要时,安排或配合其他方面将外籍人士送往各自使领馆。 考虑切断客房外线电话,为客人和员工设立有专人管理的电话。
行政管家	指示客房部主管确保将所有房间的窗帘放下,特别是遮光帘。 通知客人不要从客房窗户向外看。 如果已实行宵禁,应将这一消息传达给大家,并指示客房服务员/主管通知客人宵禁期间应留在酒店内。
财务总监	保存原始记录和备用磁盘,确保电脑部员工熟悉服务器硬盘和备用磁带的紧急关闭程序和安全措施等。 确保锁好防火文件柜或文件架。 考虑到运送现金的安全性及酒店内储备现金的必要性,应停止前往银行存放现金。
餐饮部总监	检查干货及瓶装水的存货量,确保拥有大量存货。 关闭除室内餐厅外的所有餐厅,室内餐厅应加强保安措施。 如果游泳池边的餐厅尚未关闭,此时应关闭。

续表

	了解员工是否愿意在情况进一步恶化时留守，并参与保护酒店的工作。 通知已加入应急组的员工向其组长报到。
所有部门经理	为不能留下的员工安排安全的交通工具，将其送到预定的安全地点。确保员工按时回到工作岗位，并安排车辆到原地点迎接。另外指定一处可迎接员工的备选地点。 制订员工应急计划，因为这类事件可能会持续数小时、数天甚至数周。 向市场传媒部了解标准答案，随时准备应付客人的查询。如果有媒体查询，应将其转给市场传媒部处理。

资料来源：某国际酒店集团危机管理手册[EB/OL]. http://hotelierview.blog.sohu.com/75760178.html.

评价与考核

旅游危机公关预警系统任务完成情况及技能评价考察表

学习目标	评价标准	小组评价 （50%）	教师评价 （50%）	综合得分 （百分制）
理论知识（20分）	掌握旅游危机的含义、旅游危机公关预警系统的内容的程度			
专业技能（20分）	能针对不同类型的旅游危机为旅游组织建立危机公关预警系统			
通用技能（20分）	具有危机分析能力；具有普通文稿写作能力；具有较强表达能力			
任务完成（20分）	××旅游组织危机公关预警系统			
学习态度（20分）	积极主动、创新性强			
综合评价与建议：				

思考与讨论

1. 旅游危机的特征有哪些？对不同的旅游组织有哪些影响？
2. 如何制定一套科学合理的旅游危机公关预警系统？

技能训练题

为某一旅游组织制定旅游危机公关预警系统。

任务二　旅游危机公关处理

情境设计

2017年7月，一段××旅行社导游因游客未购物，而谩骂游客的视频在我国各大网站迅速传播，迅速成为全国网民热议的话题。该事件的发生对××旅行社带来的负面影响是显而易见的，此次危机处理的好坏与否都将对该旅行社带来极大的影响……

请根据以上情境,完成以下任务:

如果你是该旅行社的公共关系经理,你将如何处理此次危机?

任务分析

尽管旅游危机公关预警系统可以帮助我们有效减少或者规避危机的发生,但由于旅游业自身的脆弱性和敏感性,以及日益复杂的环境导致潜在危机的客观存在。危机到来的时候我们不应束手无策,而应学会利用科学的方法解决问题。本任务要求学生能够运用公关的手段处理旅游危机。

任务实施

完成任务的具体操作步骤,建议如下:

步骤一　领受任务

指导教师可根据所学内容与学生具体特点介绍任务的内容、要求、关键点及注意事项。各小组提问,指导教师答疑,各小组正确理解任务,完成任务领受。

步骤二　分析任务

请各小组按指导教师的要求,分析任务的内容,阅读知识链接,制定完成任务的工作程序及任务分配,补充查阅其他相关资料,拟写发言稿提纲。

步骤三　实施任务

各小组具体完成情境中提出的问题,写成发言稿,做成PPT,并作好两方面准备:既作发言准备,又扮演听众,准备提问。作好预演,准备汇报。

步骤四　任务汇报

各小组根据任务的要求,在教室中汇报,各小组相互提问。指导教师及时控制汇报进程,最后进行点评与总结。

步骤五　任务总结

各小组对本次汇报要及时进行总结,形成文字材料,作为作业上交指导教师。指导教师依据该项目任务考查表,给出各小组评价综合得分。

知识链接

"当危机来临时,化解它的利刃其实就藏在每个人的心里,它的名字叫智慧。"

一、旅游危机公关处理原则

1. 公众利益至上原则

在危机处理过程中,应将公众的利益置于首位,以长远发展为危机管理的出发点。要想取得长远利益,在处理危机时就应更多地关注各利益相关者的利益,而不是短期利益。危机处理人员若能以公众利益代言人的身份出现,则对于整个危机的处理来说,就奠定了良好的基础。

2. 全局利益优先原则

在处理危机的过程中,局部利益要服从企业的全局利益。危机可能由局部产生,但其影响则是全局性的,因此必须从全局的角度考虑问题,关键时刻要敢于拿出"壮士断腕"的气概来。

3. 主动面对原则

当危机发生时,旅游组织应立即承担第一消息来源的职责,主动配合媒体的采访和公众的提问,掌握对外发布信息的主动权。如果作为第二或第三消息来源,很容易造成媒体的误导和公众的误解,陷入被动。危机发生之后,不论危机的责任在何方,都应主动承担一定的责任。即使受害者对于危机的爆发负有一定的责任,也不应急于追究,否则容易加深矛盾,不利于问题的解决。在情况尚未查明、公众反应强烈时,旅游组织可以采取高姿态,宣布如果责任在于自己,一定负责赔偿,以尽快消除危机的影响。

4. 快速反应原则

危机的突发性特点要求危机处理必须迅速有效。危机一旦发生,伴随着大众媒体的介入,会立即引起社会公众的关注。旅游组织必须以最快的速度设立危机管理小组,调集训练有素的专业人员,配备必要的危机处理设备或工具,以便迅速调查、分析危机产生的原因及其影响程度,全面实施危机管理计划。由于公众对危机信息的了解愿望是迫切的,他们密切关注事态的发展。旅游组织发布信息必须及时,以便有效地避免各种谣言的出现,防止危机的扩大化,加快重塑形象的进程。

5. 一致对外原则

在危机处理过程中,旅游组织必须指定专人负责进行对外联络与沟通,一个声音对外,以确保宣传口径一致,不出现矛盾或存在差异。在危机处理过程中,最好不要中途换人,因为更换人员需要花费时间重新了解事件真相,在沟通方法与口径上可能与原来不一致,从而引发公众的不信任,对处理危机的诚意产生怀疑。

6. 真诚坦率原则

当危机发生之后,大众媒体和社会公众最不能容忍的事情并非危机本身,而是旅游组织千方百计隐瞒事实真相或故意说谎。旅游组织应尽快与大众媒介取得联系,公布事实真相,不能利用记者不熟悉某一专业的弱点弄虚作假,也不能遮遮掩掩,像挤牙膏一样,否则会欲盖弥彰,不利于控制危机局面。为大众媒体设置障碍是愚蠢的,因为记者可以在最大范围内揭露疑点,从而引起人们的种种猜测,加大危机处理的难度,对恢复形象极为不利。由于有些危机本身就是由于公众误解而造成的,向公众提供真实的信息,通过大众媒介广泛宣传,误解自然就会消失。如果由于各种原因不能完全讲出有关危机的各种细节,但最起码应保证所披露的内容是完全真实的。危机发生给公众造成损失是十分不幸的事情,危机处理人员在同公众接触的过程中,要有诚意,站在受害者的立场上进行换位思考,表示同情和安慰,并愿意承担责任,不要一味地辩解,防止公众产生不信任感。在听取公众的意见时,要让他们倾诉不满,宣泄情绪,以息事宁人,显示对公众的真诚。

7. 补偿性原则

如果旅游组织对公众造成人身伤害和经济损失,应根据"公众利益至上"原则,不仅要承担道义上的责任,而且要根据所造成的损失大小和组织经济承受能力,尽可能地为受害者提供经济补偿和物质赔偿,而不能推卸责任,抱有投机取巧、侥幸过关的心理。

二、旅游危机发生的一般过程

旅游危机是一种不稳定的、不断变化的状态,全部过程从酝酿到解决一般要经历四个阶段。

1. 危机酝酿期

危机酝酿期指的是危机的孕育时期。这个阶段的特征是:各种对组织不利的信息源正在形成,有时会出现一些预兆和端倪,此时如果能察觉,危机就有可能被提前扑灭。危机的酝酿是一个长期的过程,危机发生之前,某些导致日后危机爆发的因素已经悄悄产生,如果这些因素不能及时发现或虽得到了警示却遭到忽视,那么,这些病源就会迅速扩展,最后引发危机。突发事件只是起导火索的作用,它本身并不是危机产生的原因,造成危机的原因已经长期存在,突发事件只是使危机得以迅速爆发的原因。所以,组织必须在平时提高警觉,在事前能够发现,使危机在酝酿期就得以制止。

2.危机爆发期

危机爆发期指的是危机的发生时期。这个阶段的特征是:危机发生后,通过媒介、人员、组织的传播,危机不断扩散,受众知晓率爆炸式上升,组织的形象受到严重的损坏。这一阶段前期,往往会因为一个突发事件而使危机骤然爆发,政府有关部门会派人进行调查、审核,媒体会揭发事故的内幕。事故原因正处于调查中,造成信息"真空",此时信息的内容复杂化,有准确的、有不准确的,有目击的、也有猜测的;信息传播渠道也呈多样化,有从现场得到的,有从相关组织或人物得到的,也有可能是从媒体得到的。在这一阶段的后期,危机的真相基本上公布于众,公众都比较清楚到底发生了什么,有关组织和个人的索赔不断增多,组织不得不设法通过自我分析、自我检讨,采取补救措施以恢复组织形象。这时,如果在事前制订了危机应变计划和加强对员工的危机模拟训练,组织就能及早对危机爆发的速度、强度、方向和时间作出控制。

3.危机的解决期

这是危机得以解决的时期,也是公共关系人员采取行动挽救组织危难之时的关键阶段。这个阶段的特征:通过事态的发展、事件的处理、原因的调查,事情有了结果,公众、媒介的关注逐渐减弱、消失。这就要求处理危机的公共关系人员,一定要专心应付危机事件,要勇于在紧急状态作出正确的决策、采取果断的行动来解决危机。此时的工作重点是控制谣言的散布,转变社会舆论。设立专门的信息发布中心,配合危机解决的具体措施,及时将危机解决工作的最新消息传播给新闻媒介和社会公众。在发布各种消息时,一定要坚持"公开事实真相"的原则以避免新闻媒介和社会公众的猜疑。

4.危机的善后期

这一阶段,危机解决工作即将结束,组织管理层和公共关系人员还需要进行一些具体的工作,妥善处理危机后事和安抚人心。因为危机事件造成的影响,对组织的损失,不可能随着事件的妥善处置立即得以消除,还应做好善后工作,包括:及时提供赔偿损失;把处理危机事件作为起点,主动策划进攻型公共关系活动,以弥补与公众在感情上的裂痕和缺口,变不利为有利。同时,公共关系人员还应对危机发生的原因进行调查,写出详细的调查报告,并提出防止危机重演的计划与具体措施。

三、旅游危机公关处理的流程

危机发生后的处理至关重要。任何一个不谨慎的反应都有可能使旅游组织蒙受更大的损失,而科学的危机公关处理流程则可以帮助旅游组织更快地从危机中恢复。危机公关的处理是组织公共关系工作的一项重要内容,一般由以下六个步骤构成(见图6-3):

深入现场采集信息 → 分析情况制订方案 → 安抚受众缓和情绪 → 联络媒体主导舆论 → 有效行动处理善后 → 重塑形象转危为机

图6-3　危机公关处理的流程

1.深入现场、采集信息

危机的发生往往出乎意料,在极短的时间内,能在社会中产生爆炸性的影响。危机发生以后,旅游组织公关人员应在第一时间,会同相关职能部门,成立危机处理领导小组。危机处理领导小组首先应及时赶赴事故现场,深入到公众当中,尽力查找目击者和当事人,搜集事件综合信息,充分调查分析,掌握事件真相,明确危机事件的性质及责任,多方收集公众对事件的态度、意见及要求等反馈信息。其次,应主动了解第一手的资料,掌握危机发生期间媒体报道的主要方向、消息来源以及对旅游组织形象的影响等,然后迅速将这些信息反馈给宣传和沟通部门。最后,在此基础上写出事故调查报告,为迅速正确处理危机提供参考依据。

2.分析情况、制订方案

根据事故调查报告,及时采取有效措施制订危机处理方案,即如何对待投诉公众、如何对待媒介、如何联络有关公众、如何具体行动等。

3.安抚受众、缓和情绪

对事故所造成的不利影响以及对公众造成的伤害首先应表示诚挚的道歉,在情感上安抚受害者,以获得公众的宽容、谅解。在危机处理工作中,工作人员要富有耐心和同情心,处事要谨慎、冷静,以避免不必要的争执。其次,根据具体受损情况对受害者予以损失补偿。找寻到事件受害者后,需要及时给予一定的精神补偿和物质补偿,以赢得公众的理解与支持。

4.联络媒体、主导舆论

首先,确定新闻发言人,向媒体负责相关信息的发布。危机事态控制以后,危机处理小组还需选定工作人员充任新闻发言人,由其代表组织向公众及社会各界发布事件的处理过程,公布真相。

其次,选择合适的媒体召开新闻发布会,通过正确舆论引导公众。新闻发言人确立后,应该迅速行动起来,尽快将收集到的事件真相等信息资料,通过新闻发布会的形式告知社会各界,向公众介绍危机真相以及正在进行补救的措施,做好同新闻媒体的联系工作使其能及时准确报道事件处理过程,以此影响公众,引导社会舆论,使不正确的、消极的社会舆论转化为正确的、积极的社会舆论,并使持观望态度的公众消除顾虑。同时,当与受害者意见出现分歧、矛盾、误解甚至对立时,组织应该本着以诚相待、先利他人的原则,利用有影响的权威媒体发布正确信息,引导公众,消除误会与隔阂。

5.有效行动、处理善后

旅游组织要调整经营策略,努力降低营运成本,互助合作,共同促销。并利用危机期的淡季加强培训,提高员工素质,加快企业硬软件的更新改造,以崭新的面貌迎接危机后旅游业的全面恢复。

危机妥善处理完毕后,需要认真处理善后工作及遗留事宜。为继续获得公众对组织的支持,应选派工作人员上门回访,了解公众的需求与合理化建议;为挽回社会影响,应利用报纸及相关媒体刊发道歉启事,向公众公开表示道歉。最后,就事件产生的原因、发展情况、处理过程及相关改进措施等写出书面报告,以预防此类事件的再度发生。

6.重塑形象、转危为机

危机的出现,或多或少地都会使旅游组织的形象受到不同程度的损害。虽然危机得到了妥善处理,但并不等于危机已经结束,危机带来的负面影响将仍会在旅游者心中保持较长的一段时间,旅游组织仍需完成以下几个方面的工作:

第一,重建形象。一方面积极宣传所采取的反危机措施以及旅游主管部门采取的使旅游业恢复正常的措施,及时向新闻媒介通告旅游业的复苏计划和具体措施。另一方面可以邀请记者重返目的地,向他们展示所取得的成绩,以抵消危机在旅游者心目中形成的不利形象。

第二,调整促销策略。危机过后会产生新的旅游需求,因此要针对新的机会市场开发新的旅游产品并展开促销活动。在促销时要努力提高旅游业的服务质量,提高旅游产品的性价比。

第三,重新评估自己的危机预警系统,以保证其在危机结束后依然到位。另外通过旅游者感知调查结果反馈,奖励先进,鞭策后进,建立游客投诉服务体系,提高安全保障服务和设施的质量。

第四,对危机爆发的原因、影响机制等进行调查研究,揭示危机预防、危机处理等方面的不足和漏洞,从组织上和功能上完善危机管理系统,总结危机管理的成功和失败之处,并分析原因,为进入下一轮危机管理提供经验和教训。危机后,要尽快恢复社会秩序,使旅游经营走上正轨。

只有当旅游组织的公众形象重新建立时,公共关系工作才能谈得上真正的转危为安,公关危机处理才谈得上圆满结束。

四、旅游危机公关处理范例

无锡市成功应对供水危机

2007 年 5 月 29 日,无锡市区部分地区发生供水危机,虽然供水的影响仅有几天时间,但由于国际国内的关注度高,新闻报道多,对无锡旅游业产生了重要影响,大量旅游团队退团,一时间来无锡的游客锐减,各大景区、宾馆饭店和旅行社的正常经营受到很大冲击,在一定程度上引发了旅游危机。据统计,2007 年 6 月,全市接待入境旅游者、国内旅游者同比下降 50% 左右,市区旅游星级饭店客房率下降 30 个百分点;7 月以后,旅游业主要接待指标同比继续下滑,无锡旅游业面临严峻的考验。冲击来得突然,但无锡市上下各级沉着应对,采取多种措施,在短时间就逐步恢复旅游业的正常态势。无锡市采取的具体举措有:

(1)铁手腕,迅速恢复正常供水。在党中央、国务院和江苏省委、省政府的高度重视和直接指导下,无锡市委、市政府带领全市人民积极应对危机,迅速打响"根治太湖、铁腕治污"的战役,仅用 4 天时间就实现自来水水质达标,通过 40 天的奋战已经取得了战胜水质危机的阶段性胜利。

(2)强沟通,及时发布动态信息。在供水正常后,无锡市政府和旅游主管部门在第一时间内发布正面信息,及时汇总无锡供水及治理太湖的进展情况,通过现代通信手段传递给公众和境内外各地的旅行社,告诉他们可以放心到无锡来旅游。同时在市旅游局和各景区的网站上,每一两天发布一批实时图片和报道,向外界展示太湖水质好转、供水正常、旅游可以得到保证的情况。并通过《中国旅游报》、新浪网等主流媒体加强正面报道,努力把前期新闻媒体大量报道造成的负面影响降到最小,特别是供水正常后,《中国旅游报》采访团专程来无锡,刊发了"太湖仍然美丽,旅游更加精彩"的大篇报道,对无锡旅游市场恢复起了重要作用。

(3)请进来,感受无锡真情实景。发生供水危机后,由于外界对无锡供水的各种报道很多,其中也有一些不实的消息,人们疑虑很多。为能让人们了解无锡的真实情况,在供水恢复正常后,6 月中旬,无锡旅游主管部门就请来 33 个城市 100 家旅行社负责人和新闻媒体记者,开展"牵手无锡,同游太湖"活动,让大家目睹无锡生活如常、景色依旧的真实情况,消除大家原有的顾虑。旅游企业积极主动邀请大客户、大批发商和中间商来无锡实地考察,向他们展示水质好转、旅游完全能够得到保证的情况,用事实说服这些地接社龙头,再通过他们向全国各地的组团社宣传解释,并提供景观质量担保,以稳定无锡的旅游市场。下半年旅游主管部门又邀请主要客源国、地区的境外旅行商和媒体,走进无锡实地感受"太湖依然美丽,旅游更加精彩",请他们为无锡旅游作宣传,多送团。

(4)走出去,重塑无锡旅游形象。在请进来的同时,无锡上下各级主动走出去,围绕"无锡是个好地方"主题积极开展新一轮旅游推广活动。到周边的南京、镇江、常州、扬州等地开展旅游促销互动,到北京、成都等城市开展大型旅游推广活动,让更多的人了解无锡的真情实景。

(5)促合作,联手国内周边城市。战胜旅游危机光靠自身力量有限,无锡市凭着与国内一些城市的良好合作关系,联手国内旅游友好城市帮助无锡共渡旅游危机。与成都开展"万人游无锡活动",在上海、常州、苏州、宁波、杭州、南京、绍兴、南通等周边地区以及江西、山东、安徽、珠海等地区积极组团,策划"太湖环保游"活动,与当地旅行社媒体共同组织"太湖体验行"活动,以活动带宣传、以团队带散客,逐步使无锡旅游恢复正常。

(6)抓机遇,调整优化产品结构。无锡是个比较典型的观光型城市,旅游产品主要以观光为主。供水危机对无锡传统的旅游观光带来的影响较大,无锡市以此为契机,加快旅游产品结构调整,由原来的观光型向观光度假休闲城市转变,大力实施"三品战略":"打造自然景观的精品、文化旅游的名品、度假休闲的新品"。下半年相继推出一批新的农业旅游示范点、名人苑、中国民族工商业博物馆等新景,面向市场推出"生态旅游、文化旅游、休闲旅游"特色线路,通过产品结构的调整吸引更多的游客来无锡。

经过全市上下的共同努力,无锡旅游业很快战胜供水危机的影响,开始全面复苏。据国家旅游局和江苏省旅游局抽样调查,2007年无锡旅游业主要指标除接待入境旅游人数与上年基本持平外,其余较上年均保持一定幅度的增长。其中,全市接待入境旅游人数达76.15万人次,与上年持平。全市接待国内旅游人数达3350.76万人次,同比增长10.5%。全市旅游总收入达445.76亿元,同比增长18.3%。

评价与考核

旅游危机公关处理任务完成情况及技能评价考察表

学习目标	评价标准	小组评价（50%）	教师评价（50%）	综合得分（百分制）
理论知识(20分)	掌握旅游危机公关的处理原则、旅游危机发生的一般过程的程度			
专业技能(20分)	能按照旅游危机公关的处理流程合理地处理旅游危机事件			
通用技能(20分)	具有危机分析能力;具有较强的组织能力;具有较强的表达能力			
任务完成(20分)	××旅游组织危机的公关处理			
学习态度(20分)	积极主动、好学向上、创新性强			
综合评价与建议:				

思考与讨论

1.旅游危机公关处理的原则有哪些?
2.根据范例,讨论旅游组织处理危机时有哪些不同的举措,各有哪些优劣。

技能训练题

就某一旅游危机提出你自己的处理办法。

任务三　旅游危机公关处理中的传播沟通

情境设计

传统的舞狮表演,身着中国服饰的米奇,乐园大门上的春联,餐厅内的中式小吃……作为第一个在中国落脚的迪士尼乐园,香港迪士尼无论从景观设计、营销管理、消费习惯等方面都非常入乡随俗,彰显出浓郁的中国元素。然而,2006 年中国农历春节期间,近 3000 名远道而来且持有合法门票的游客,却被香港迪士尼拒之门外,引起消费者极大不满。暴露了迪士尼乐园售票方式不科学、管理不完善、销售本土化预测不到位等多方面的问题。随后,国内各大媒体对此事全面跟进报道,各大门户网站都推出相关专题,由此一场有关香港迪士尼的拒客风波迅速传遍全国,媒体批判的声音一波高过一波。

拒客风波发生之后,香港迪士尼乐园方面连续进行了三次道歉,并承诺退款。"声音一度哽咽,以手掩鼻,泪眼盈盈……"这是香港迪士尼乐园副总裁安明智 2 月 4 日在新闻发布会上道歉时的一幕场景。

请根据以上情境,完成以下任务:

1.香港迪士尼乐园开业之际遇到了怎样的危机?

2.香港迪士尼乐园在处理这一危机的过程中运用了怎样的传播沟通手段?

3.如果你是香港迪士尼乐园小组负责人,你应该如何做好传播沟通工作?

任务分析

传播沟通在管理的任何时候都十分重要,缺乏良好的沟通,任何管理行为都无法有效地实施。旅游组织危机发生后更离不开传播沟通,它是迅速处理危机的关键。本任务要求学生通过制订危机处理中的传播沟通方案的方式完成学习。

任务实施

完成任务的具体操作步骤,建议如下:

步骤一　领受任务

指导教师可根据所学内容与学生具体特点介绍任务的内容、要求、关键点及注意事项。各小组提问,指导教师答疑,各小组正确理解任务,完成任务领受。

步骤二　分析任务

请各小组按指导教师的要求,分析任务的内容,阅读知识链接,制定完成任务的工作程序及任务分配,补充查阅其他相关资料,拟写发言稿提纲。

步骤三　实施任务

各小组具体完成情境中提出的问题,写成发言稿,有条件的做成 PPT,并作好两方面准备:既作发言准备,又扮演听众,准备提问。作好预演,准备汇报。

步骤四　任务汇报

各小组根据任务的要求,在教室中汇报,各小组相互提问。指导教师及时控制汇报进程,最后进行点评与总结。

步骤五　任务总结

各小组对本次汇报要及时进行总结,形成文字材料,作为作业上交指导教师。指导教师依据该项目任务考查表,给出各小组评价综合得分。

知识链接

沟通是个人和组织都要面对的问题。它是交往、交流、通讯、信息传递的过程,是展示自我(组织)形象的方式,是建立良好关系的手段。

沟通是用任何方法彼此交换信息,即指一个人与另一个人以视觉、符号、电话、电报、收音机、电视或其他工具为媒介交换信息的方法。沟通在我们工作和生活当中无处不在,在旅游组织中更是如此,其生存与发展都与沟通有关。对我们个人来说,沟通已经不再是一种职业技能,而是一种生存方式;对旅游组织来说沟通已经不再是一种简单意义的对外联络和交流,而是提高服务水平和管理水平,凝聚员工,建立协作的团队,树立良好形象的重要手段。

在危机处理中,与公众沟通是十分关键的一环。如果不进行有效的危机沟通,小危机则可能变成大危机,对组织造成重创,甚至使组织就此消亡。良好的危机沟通则有助于缓和与公众之间的矛盾,维护其正面形象,促进危机的尽快解决。危机沟通既是一门科学也是一门艺术,它可以取得危机内涵中的机会部分,降低危机中的危险成分。

一、旅游危机公关处理中的传播沟通对象

在危机处理过程中,对于员工、股东等旅游组织内部公众而言,应学会如何通过有效的沟通安抚他们的情绪,以免祸起萧墙,使旅游组织雪上加霜;对于媒体、游客、政府部门或社会中介组织、供应商、经销商、社区居民等外部公众而言,传播沟通的重点在于改变旅游组织在他们心目中的不良形象。旅游组织应针对不同的对象,确定不同的沟通重点和沟通策略:

1.员工

(1)及时通报情况,让所有员工了解危机真相,稳定军心,以免不必要的猜疑,避免谣言从内向外传播。

(2)设身处地地为员工着想,向员工说明组织会尽一切努力确保他们的切身利益不受危机的影响,或尽量减少危机对他们切身利益的影响程度,使员工能够与组织一起同舟共济,共渡难关。

(3)如员工有伤亡损失,应全力做好救治和抚恤工作。

(4)明确员工对外发表相关言论的统一口径。

(5)采用员工大会、企业简报、内部网论坛、电子邮件等诸多方式加强与员工的沟通,并为员工提供表达个人意见的机会。

2.股东

(1)尽快向股东详细报告危机发生的原因、处理过程、处理结果。

(2)向股东说明危机所带来的负面影响是暂时的、可以克服的,树立股东长远发展的信心,确保股东对旅游组织的长期投资。

(3)对于主要的股东,在危机发生后,可以邀请他们亲临视察,让他们看到旅游组织处理危机的决心和员工的士气,使他们能够给予危机处理必要的支持。

3.媒体

(1)主动向媒体提供危机信息,积极配合记者的采访,正确地引导记者。

(2)在向媒体公布危机信息之前,应在旅游组织内部统一认识,以免引起不必要的麻烦。

(3)指定专门的发言人负责对媒体发布信息,接受媒体的采访。

(4)为了避免媒体的报道不准确,重要事项一定要以书面材料的形式发给记者。

4.游客

(1)通过在大众媒体刊登致歉广告或登门拜访等方式向受到伤害的游客表示诚挚的道歉,并

尽快赔偿有关损失。

(2)认真听取游客对有关事故进行处理的意见和愿望。

(3)邀请游客代表参与危机处理过程,强化与顾客的双向沟通。

(4)通过多种渠道将危机的发生经过、处理过程和处理结果告知游客。

5.政府部门或社会中介组织

(1)危机发生之后,尽快向相关的政府部门或社会组织报告,争取它们的帮助与支持;在危机处理过程中,形成定期报告制度。

(2)主动配合政府部门或社会组织的调查,如实向它们反映情况。

6.供应商

(1)涉及供应商利益的有关危机的消息及时以书面形式通知供应商,并告知供应商危机对他们的业务可能造成的影响。

(2)对于主要的供应商而言,旅游组织应直接派人员前去进行面对面的沟通、解释。

(3)危机处理完毕之后,应以书面形式表示歉意,并对理解和援助旅游组织的供应商表示诚挚的谢意。

7.社区居民

(1)针对涉及社区居民利益的危机,旅游组织应通过地方性媒体刊登公开致歉信,或者派人到居民家中分别道歉。

(2)通过与社区居民中的舆论领袖或其代表进行有效的协商,确定双方都能接受的赔偿金额。

(3)及时向社区居民公布危机发生的原因及其处理结果;向社区居民宣传旅游组织致力于改善社区关系的各种公益计划,如赞助社区活动、向社区开放旅游组织的相关生活服务设施等,以增进与社区居民之间的情感。

二、旅游危机公关处理中传播沟通的 3T 原则

危机沟通的 3T 原则是由英国危机公关专家里杰斯特提出的,即主动沟通(Tell your own tale)、全面沟通(Tell it all)、尽快沟通(Tell it fast)。

(一)主动沟通原则

所谓主动沟通原则,是指旅游组织主动将危机有关信息对外披露。采用主动沟通原则,就意味着旅游组织成为信息沟通的主渠道。此时,公众将旅游组织作为主要的信息来源,别人的声音就无足轻重了。如果在危机发生后,旅游组织什么也不说,公众就很可能用自己的主观臆测来填补所有的疑问,旅游组织有效的危机沟通渠道的缺失将导致谣言四起,各种版本的说法层出不穷,使旅游组织丧失了危机沟通的主动权,为以后的工作埋下了隐患。

(二)全面沟通原则

全面沟通原则是指旅游组织将危机事实全部告知公众。采用全面沟通原则,就意味着旅游组织在对外沟通时讲真话,不隐瞒有关事实。如果将危机相关者分为当事人和旁观者两类,旁观者对危机真实情况可能知情或不知情,当事人对危机信息可采取的策略包括公开或隐蔽两种,则危机沟通策略有四种选择:

1.全盘否认

全盘否认即在旁观者已经知情的情况下,当事人竭力隐藏危机的相关信息。如果旅游组织执行全盘否认的危机沟通策略,实际上是一种自欺欺人的做法,毕竟"纸包不住火",一旦事情败露,对维护旅游组织的形象极为不利。

2.无可奉告

无可奉告即在旁观者不知情或不完全知情的情况下,当事人竭力隐藏危机的相关信息。执行无可奉告策略的基本假设是:有关危机的信息可以被控制住。很多旅游组织在遭遇危机时,总想尽量保持低调,能捂就捂,能避就避,奉行"沉默是金"的处事之道。但由于信息网络的迅速发展,当今社会的透明度比以往任何时候都高,任何秘密都可能暴露出来,因此无可奉告策略带有较大的危险性,一旦危机的有关信息被旁观者知晓,旅游组织就显得十分被动了。况且,旅游组织一旦采取无可奉告策略,往往引起公众的各种猜疑,造成谣言四起,对旅游组织极为不利。

3.被迫承认

被迫承认即在旁观者已经知情的情况下,当事人被迫承认危机的相关信息。一旦旅游组织在危机沟通中到了被迫承认的地步,它必然在公众中形成不诚实的形象,影响相当不好。

4.主动披露

主动披露即在旁观者不知情或不完全知情的情况下,当事人主动向外界公开危机的相关信息。对于旅游组织而言,虽然主动披露相关信息可能产生一定的法律成本,但旅游组织信誉资产的价值要远远高于短期的法律成本,因此主动披露策略往往是有利的。

(三)尽快沟通原则

在实施危机沟通时,旅游组织不但要积极主动、讲真话,还要注意在第一时间进行沟通。如果拖拖拉拉,各种传言往往就有了先入为主的效果。旅游组织要想再改变公众的认识、信念和态度就难得多了。奥古斯丁对此深有体会:"我自己对危机的最基本的经验,可以用六个字概括:'说真话,立即说'。"

三、旅游危机公关处理中的传播沟通技巧

(一)确保畅通的沟通渠道

有效的危机沟通渠道具有全方位的特点。旅游组织应综合运用多种形式的危机沟通渠道,以使公众对危机的实情有正确的认识,避免公众的误解。常见的危机沟通渠道包括以下一些类型:

1.通过大众媒体进行沟通

其具体包括:召开新闻发布会、向媒体提供新闻稿、接待记者采访等。设立专门的接待人员,其职责在于接待各方面来访的公众,包括媒体、政府部门、受害者及其家属、供应商、经销商等。

2.设立热线电话

在危机爆发之后应立即开通并对外公布专门的热线电话,以备公众的投诉和咨询。有条件的,热线电话应24小时开通。热线电话能否发挥良好的作用,取决于热线电话接听人员的素质,为此,旅游组织应对他们进行针对性的培训,并就一些最常见的问题准备规范的答案。

3.企业网站

旅游组织可以在自己的网站澄清危机的有关事实,发布危机处理的最新进展,并就公众关注的各种问题予以明确的答复。在危机处理期间,网站上的有关内容要注意及时更新。

(二)注重与公众的情感沟通

按照马斯洛的需求层次理论,感情和归属的需要是人的需求之一。在危机发生以后,公众除了利益抗争之外,还存在着强烈的情感对抗。如果旅游组织不注意危机对公众的情感造成的影响,则很容易使公众的情绪进一步激化。因此,在解决直接的、表面的利益问题的基础上,注重与公众的情感沟通就显得非常重要。旅游组织应根据所面对的公众的心理特点,采取恰当的情感联谊手段,解决公众深层次的心理问题,平息公众的怨恨心理,强化旅游组织与公众的情感关系。

(三)避免使用生僻的技术术语

对外部公众开展危机沟通时,一味从技术上对危机进行解释,使用大量生僻的技术术语,往往会招致公众的反感和厌恶。枯燥的数据和专业的术语令公众烦躁,唯有用带有感情色彩的语言,简洁明了地概述关键性事实,才能使你的信息易于传播,并显示出组织对公众的关心。

(四)注重双向沟通

危机沟通应该是双向的。旅游组织及时向各界公众沟通信息,可以帮助公众了解危机的实情,避免谣言的产生,使公众认识到旅游组织为解决危机所付出的巨大的努力;而旅游组织建立公众发表自己意见和建议的渠道,则有助于旅游组织了解公众的真实想法,使旅游组织明确危机症结之所在,找到合适的危机解决途径,同时,可以为公众提供一个情感宣泄的机会。在危机处理过程中,一些旅游组织十分注意将危机发生的经过、处理过程、处理结果及时告知各界公众,但却过分依赖这种单向的沟通方式,没有建立有效的信息反馈渠道,结果事半功倍,效果很不理想。

(五)实施持续沟通

许多旅游组织往往犯这样的错误,在危机爆发之初,迫于社会公众强大的舆论压力,它们很注重沟通,希望通过频繁的危机公关尽快控制事态的恶化。但随着危机激烈程度的缓解,它们便减少乃至停止了沟通。事实上,采取合理的途径将危机处理结果向公众传播能够给危机处理过程画上一个圆满的句号。持续沟通是增进与公众的感情、确保旅游组织尽快从危机中恢复过来的有力保障。

(六)树立全员危机公关意识

在危机处理中,尽管有专门的发言人负责对外沟通工作,但旅游组织对危机的基本态度却实实在在地体现在每位员工的精神面貌上,落实在员工的具体行动中。在危机发生后,旅游组织应让全体员工树立危机公关意识,使他们掌握必要的危机公关技巧,与旅游组织的对外态度保持一致,并通过员工的言行举止感染外部公众。

四、旅游危机公关处理中的传播沟通范例

旅游与沟通:应对地震对旅游业的影响

5·12汶川大地震中,信息沟通与交流在危机应对中起着重要作用,正如世界旅游组织在《旅游业危机管理指南》中所指出的那样,"基于诚信和透明原则的信息沟通,是危机管理成功的关键"。面对地震灾害时,旅游危机沟通的特点、功能和管理简单阐述如下。

一、旅游危机沟通面对地震灾害的特点

1.震前无旅游预警信息

地震是突发性的自然灾害,无法预测,游客很难逃避。以目前的地震预测技术,在震前还无法向游客发出地震危机预警信息。

2.震后短期内形成信息孤岛效应和热岛效应

地震刚刚发生的数小时内,人们在室外躲避,无法通过有线电话、网络、电视等媒介获取信息,地面无线通信的中断,导致灾区和外界无法取得联系,出现信息真空,形成"孤岛效应";一旦通信恢复,旅游者的亲人急需了解在异地旅游者的消息,旅行社急需了解自己的客人和员工在旅游地的状况,信息需求量激增,大量信息也通过各种渠道开始传播,形成"热岛效应"。这两种效应都造成信息阻断。在信息"孤岛效应"时期,旅游危机沟通需尽快寻求信息来源突破口。而面对信息"热岛效应"中大量的信息,旅游危机沟通需剔出不真实和不确切的信息;明确每一类信息接收者的信息需求,充分理解他们的感受,谨慎而迅速地处理信息的内容、信息提供的时间等问题。

二、地震危机沟通的复杂性、反复性

一般的危机管理理论把危机管理归纳为预警、识别、隔离、处理、后危机管理五阶段，或者简单地归纳为危机前、危机中、危机后三阶段。而地震余震次数多、持续时间长、次生灾害多，对旅游地的影响常常不止一次，而是二次、三次，因此面对地震的旅游危机管理，不是简单的直线模式，而是形成危机中—危机后—危机中—危机后的反复交叠过程，而且这一过程时间长于其他任何灾害。同时，旅游业受地震破坏后的恢复时间较长（从国际上的经验来看一般为5～8年），因此地震危机后管理阶段的时间和难度也要大大超过一般事件的危机后管理。伴随这一复杂的危机管理过程而进行的危机信息管理也就处于一种长期的动态变化之中。

三、旅游危机沟通面对地震灾害的功能

1.缓解游客及公众的恐惧心理

和其他灾害比较起来，地震难以预测、破坏力极强、游客难以逃避，身心容易受到伤害。地震发生之时，身处野外、异地的旅游者由于对环境、通道不熟悉、语言不通，紧张恐惧心理更甚于常人，其远在他乡异国的亲人也会为此而焦虑担心。此时，及时准确的信息沟通至关重要，第一时间与在外的游客及旅游业工作人员取得联系，告知他们救援的进展，可以缓解游客的恐惧心理；通过电视、报纸、网络等媒体发布地震后游客的救援、救治、疏散和转移情况，可以舒缓游客亲人及公众的焦躁心理。

2.为地震救援提供信息保障

旅游组织如果能够及时向地震救援人员提供各旅游目的地游客的数量、国籍、分布的实时资料，有关目的地的交通、地貌、水文、建筑物等信息，可以保障救援及时迅速开展。

3.恢复旅游市场信心

旅游市场信心的恢复，建立在公众对旅游地安全意识的基础之上。通过地震后旅游地开放信息、游客数量信息的发布，游客活动、当地人生产生活画面的传播，传递旅游地已经恢复安全的信息。通过对恢复重建工作的实时宣传报道，吸引公众的关注并引发旅游兴趣。同时，准确而直接的信息沟通，也可以让旅游合作伙伴及时打消对目的地安全的顾虑。

4.重塑目的地形象

地震是对旅游目的地的基础设施和旅游设施破坏最为严重的一种自然灾害，有的景区甚至因为地震而消失，由此对目的地的旅游形象损害也最为严重。通过信息沟通，可以将目的地恢复重建的信息传递给广大公众，重塑旅游目的地的形象。"5·12地震"，四川成功进行了万名游客大营救的信息，塑造了四川旅游安全救援能力强的正面形象。

四、面对地震灾害的旅游危机沟通管理

1.危机沟通战略——有限理性下的不确定性管理

赫尔伯特·A.西蒙的有限理性学说认为，由于环境的不确定性和复杂性、信息的不完全性，有限理性下的最优选择不复存在。地震后的环境状况异常复杂，高度不确定。休·考特尼认为不确定性有四个层次。地震危机沟通的过程中将会遇到比较罕见的第四层次不确定状况，即信息不明确、救援方式和效果不明确、地质环境状况不明确、市场反应不明确等造成无法预测前景。这种情况下的沟通非常困难，但这一阶段也比较短暂。随着时间的推移和信息量的增加会向其他层次转变。此时的危机沟通管理就是一种在有限理性下进行的不确定性管理。

2.构建信息交流系统

信息交流系统是以旅游局为核心的，跨部门、跨行业的内外两个子系统构成。

(1)外部信息沟通系统。外部信息沟通系统的目的是为了使旅游信息能在旅游管理部门和外界组织、媒体和公众间顺畅地双向传递，以便相关部门和公众迅速了解危机状况，并及时组织危机救援。该系统可进一步划分为两个子系统，一是旅游局与本地媒体、国际媒体、游客和公众之间的信息沟通系统，二是旅游局和政府、公安局、交通局、卫生局、质监局、财政局、文物局、宗教局、林业局、国土资源局、防汛办、民航管理局、铁路局、救援队伍等机构间的信息沟通系统。

(2)内部信息交流系统。内部信息交流系统的目的是为了使旅游相关组织内部的信息能及时交流和更新，并保持一致。该系统建立在国家旅游局和省市旅游局、地方旅游局、旅行社、饭店、景区、度假地、娱乐场所、汽车客运公司、航空公司、铁路运输公司等旅游相关组织之间。

3.建立新闻信息中心

新闻信息中心的功能是和媒体及公众保持经常性的信息沟通，定期向媒体发布旅游信息；地震发生之后，媒体、公众、游客对信息的需求量激增，在这种紧急情况下，一旦落实了事件发生的时间、地点、游客状况等关键问题，应立即召开新闻发布会，通报事态情况和救援方案，开诚布公地告知媒体已经掌握和还未掌握的情况。同时，根据事态发展状况，定时或随机发布新闻，谨慎发布旅游警告。将互联网作为重要的沟通渠道，所有新闻和信息的图片和文字材料，应同步在官方网站上公布。

为保证以上工作的开展，应指定1~2名由高级官员担任的新闻发言人，配备若干名有媒体沟通能力和丰富经验的工作人员、一本同国内外媒体进行联络的花名册、若干电话专线、若干传真群发机、若干联网的多媒体电脑。有关本单位的背景资料，包括地图、照片、文字介绍，应一并发布在官方网站上。为了使该中心在停电或地面通讯中断时也能正常运作，还必须配备发电机和卫星电话。对新闻发言人和工作人员应进行安全保障培训，并定期进行模拟新闻发布会演练。

4.建立旅游业合作伙伴数据库

该数据库应存储旅游业相关各个部门的信息，如主要客源地旅游管理部门、旅行社、旅游经营商、旅游饭店、旅游协会、旅游运输公司的信息，并定期更新。同时，与主要业务伙伴建立有效联络，随时交换游客信息的最新数据。危机发生后，应主动直接地告知旅游合作伙伴危机事件的详细情况。

5.设立紧急呼救中心

该中心的功能是为游客和家人提供咨询救助信息服务，在地震发生之后，可将呼救中心作为热线电话，来回答游客和家人的询问。呼救中心的工作人员应掌握多种语言，对安全救助知识了如指掌，并能熟练应答游客所遇到的紧急问题。

6.加强与游客的安全信息沟通

应将安全注意事项、目的地的交通、救护机构及呼叫号码等资料公布在网站上，并印成小卡片在各旅游目的地游人中心、宾馆饭店、机场、车站码头免费提供。

7.危机后持续交流与沟通

地震危机后阶段持续时间较长，在这一阶段，旅游组织应引导媒体多进行正面报道，重塑旅游目的地的良好形象，如目的地恢复重建、新目的地开放、节庆、会展活动等。总之，旅游是跨文化的交流，它促进了不同国家和地区人民间的相互理解。面对地震危机，快捷、准确、有效的信息沟通，架起了游客及其亲人、目的地及客源地爱心、理解和信任的桥梁，是旅游业变危机为机遇的重要策略。

资料来源：杨振之.旅游与沟通：应对地震对旅游业的影响[EB/OL].(2009-03-05). http://blog.qq.com/qzone/622008556/1236223532.htm.

评价与考核

危机传播沟通任务完成情况及技能评价考察表

学习目标	评价标准	小组评价（50%）	教师评价（50%）	综合得分（百分制）
理论知识（20分）	掌握旅游危机公关的传播沟通的程度			
专业技能（20分）	能撰写危机传播沟通方案			
通用技能（20分）	具有较强的沟通能力；具有较强的表达能力；具有普通文稿写作能力			
任务完成（20分）	××旅游组织危机传播沟通方案			
学习态度（20分）	认真、责任感、灵活性与原则性相结合			
综合评价与建议：				

思考与讨论

1.找一个对你感触最深的旅游危机公关传播沟通原则，谈谈感受。

2.通过对本任务的学习，是否对你的人际沟通也有帮助？请举例说明。

技能训练题

每小组关注一至两个近期发生的旅游危机事件，并跟踪调查其在危机处理过程中的沟通方式，进行优劣势分析，并提出自己的想法。

拓展活动

做一个有危机意识的公关人——疯狂市场

活动简介：这是一个模拟自由竞争市场的团队项目。团队成员将被分成若干个小组，每组5人左右，拥有一部分光电雷阵的资料和一些"资金"，通过穿越光电雷阵的方式获取奖金，最终赚钱最多的小组为冠军。

活动目的：树立危机意识；建立信息共享的有效方式，以最小的成本发挥信息的价值；及时准确把握信息，突破思维定式。

项目七　旅游公共关系谈判

学习目标

知识目标： 了解旅游公共关系谈判的基本原则；

理解旅游公共关系谈判的基本程序、内容；

掌握旅游公共关系活动的各类语言运用技巧；

掌握旅游公共关系谈判策划方案的编制原则、文案构架、写作要点。

能力目标： 能根据旅游公关谈判目标，做好前期准备工作；

能针对不同谈判对象及谈判阶段运用谈判策略；

能根据具体工作情形编制公关谈判方案。

项目分析

每个旅游组织都与社会各行业存在经济、政治或其他各方面的利益关系。能否协调和调整好这些关系对旅游组织来说不仅影响自己的形象和声誉，而且还将直接影响组织的生存和发展。以旅行社业为例，一家旅行社在经营、管理中务必会与许多旅游企业（饭店、景区、车船队和其他旅行社）及相关行业（保险、广告、会展）发生业务关系，为了保证各项事宜得到落实，旅行社需要不断通过双向沟通、协商洽谈来及时和高效地处理各种问题。这种为消除分歧，建立良性关系，谋求共同利益和契合利益的过程实际上就是谈判的过程。

可以说，公共关系和谈判是一个问题的两个方面。公共关系是谈判的前提和基础，而谈判是展开关系、理顺关系、解决关系必不可少、行之有效的手段。二者都是以消除分歧、改善相互关系、取得一致意见或契合利益为出发点。所以，作为旅游公关人员，必须掌握旅游公关谈判的基本原理和技巧，并学会编写谈判方案，指导顺利完成公关谈判。本项目的重点是掌握旅游公关谈判的基本程序、策略与技巧，旅游公关谈判方案编制要点；难点是旅游公关谈判策略与技巧运用。

任务一　旅游公关的谈判

情境设计

天龙湖景区是一个经营了 5 年的 3A 景区，经营状况良好。为了获得更大发展空间，景区管理层正计划对景区进行扩建升级，力争跨入 4A 景区行列。为吸引投资，扩大影响力，景区初步决定吸引旅行社来携手建设、开发景区。风情旅行社是该地区的旅游龙头企业，有着广泛的客户关系网络，目前也正谋求打通旅游产业链上下游，加快行业整合，扩大业务范围，巩固和提升企业形象。趋同的发展思路使两家企业走在了一起。在前期的试探性接触中，双方都对彼此表现出了较大的兴趣。但是，双方在一些问题如产品主题、宣传手段、定价策略、销售渠道等方面产生了一些不同的意见，尤其在效益分配方案方面分歧较大。双方各级部门经过几次零散的交流，都没有取得较满意的结果。最后,大家决定找一个机会,以谈判的形式解决问题,在各方面取得达成一致协议,将项目建设尽早提上日程。接下来,双方都为这次谈判开始忙碌了起来……

请根据以上情境,完成以下任务:

1. 如果你是旅行社市场部经理,作为此次谈判的主要负责人,你该为这次谈判做哪些准备工作?

2. 尝试在旅行社内部组织一次模拟谈判,确定在谈判不同阶段的工作要点。

任务分析

公关谈判是一个动态的过程,目的是通过人际传播和相互交流,观点互换,感情互动,在考虑对方合理利益的基础上去追求己方利益的更大化,实现经济、政治、社会效益等目标。在进行谈判活动时,需要在遵守基本谈判原则的前提下,分析对比谈判双方的优劣势,设计谈判的时间、场所,组织挑选谈判人员,拟定谈判议程,有针对性地制定谈判策略。在谈判推进过程中,谈判人员还要注意洽谈的方法与技巧,灵活运用各种语言艺术,与对方达成一致协议并签字为约。在上面的情境中,景区和旅行社的合作意向在大方向上是一致的,谈判活动主要为了落实细节问题,解决合作中的分歧。

任务实施

完成任务的具体操作步骤,建议如下:

步骤一　领受任务

指导教师解读材料,介绍任务的内容、要求、关键点及注意事项。各小组提问,指导教师答疑,正确理解任务,完成任务领受。

步骤二　分析任务

请各小组讨论材料,阅读知识链接,明确任务的核心、难点,制定完成任务的程序及谈判角色分配,向指导教师汇报。

步骤三　实施任务

指导教师指挥布置谈判场地,指定谈判双方的角色。各小组根据各自立场,制定谈判目标、确定谈判策略,按谈判程序,充分挖掘和阐述双方合作的利益和价值,并发现对方的预期、意图、困境、关注点,用适宜战术去化解冲突,直到双方消除分歧,达成共识为止。

步骤四　任务汇报

有条件,可用摄像形式摄录学生谈判过程,课堂播放,学生自我总结,指导教师点评总结。

步骤五　任务总结

各谈判小组根据谈判结果,以书面形式总结谈判得失,上交指导教师。指导教师依据该项目任务考查表,给出评价综合得分。

知识链接

一、旅游公关谈判的基本原则

谈判原则是旅游公关谈判活动的指导思想,是谈判的策略核心。虽然在具体的谈判过程中有许多谈判策略和谈判技巧可以应用,但是,如果一个谈判活动没有明确的指导思想,则有可能使谈判活动事倍功半,甚至将谈判拖入困境。

(一)平等原则

该原则是指谈判双方应该在地位平等、自愿合作的条件下建立谈判关系,并通过平等协商、公平交易来实现双方权利和义务的对等。谈判各方无论在旅游行业内的地位与实力上有多大不同,但在法律地位上彼此享有的权利、责任和义务应一律平等。当在谈判中出现不同意见、不同观点时,只能通过沟通协商加以解决,而不能采取强硬、胁迫的方式将自己的意识强加于人。平等原则适用于各种类型和层次的谈判。尤其是在涉外谈判上,更应该本着彼此尊重、相互理解、平等对待、充分协商的精神去谋求共同利益,才能建立起友好合作的交往关系。

(二)互利原则

旅游公关谈判不能简单地被看作一个利益争夺的过程,而是一个双方互相沟通、交流、寻求共同发展的过程。在旅游行业各组织业务相互依赖和支持的体系里,不能简单地以输赢论英雄。这条原则要求谈判者要考虑自身的利益和需要,但同时也必须照顾到对方的利益和需要。任何谈判者都应该把"满足对方的最低需要"作为自己的座右铭,无论处在何种谈判压力下,都要设身处地为对方着想,探讨对方提出的每一个要求后面的可能利益。就是说,对对方的要求要问一个"为什么",理解对方的需要、希望、担心和追求。如果谈判者为了维护各自的利益,一味地指责对方、埋怨对方,却不注意寻找双方都可能接受的条件,会使双方的关系愈加紧张、对立,达成协议的可能性变得愈小。

(三)客观标准原则

旅游公关谈判是由具体的人进行的,谈判者的情绪、自尊心、性格、价值观、文化背景等因素不可避免地会影响谈判目标的实现。所谓坚持客观标准原则就是在谈判中要依照独立于各方主观意志之外的客观标准,而不是根据压力来进行谈判,谈判者应当把注意力放在问题的价值上,而不是双方的耐力上。要达到这个目标,谈判者就应该设法引入尽可能多的具有科学性的客观标准和惯例。

客观标准是指与旅游组织运行相关的国际标准、国家标准、行业标准、企业标准、法律条文、政策规定,等等。由于本身具有公正性,它们不容易在谈判中受到攻击。惯例则指旅游组织有关先例、国际惯例、社会惯例。惯例是人们长期形成的约定俗成的习惯,具有双方都能认可的合理性,也能为产生明智的协议打下基础。对客观标准和惯例的引入有利于提高谈判效率,有助于减少和缩小双方分歧的范围。

客观标准原则强调在谈判时,应注意以下问题:力求双方共同寻找客观标准来解决问题;努力找出对方提议的客观依据;注意抓住机会引用对方提出的标准;不要屈服于压力;不要把己方的标准教条化。

(四)科学性与艺术性结合原则

旅游公关谈判是一门综合性的科学,具有特定的理论、原则、方法、策略、步骤。另一方面,谈判又是一个富有创造性的动态的过程。谈判者必须根据谈判对手的实际情况,以富有创造性的方式、方法,因势利导,来推动谈判的顺利进行。科学性是从事谈判的理论前提,而艺术性则是谈判取得成功的重要条件。因此,在谈判过程中既要坚持科学性原则,同时又要讲究艺术性原则,两者有机结合,才能取得成功。

二、旅游公关谈判的准备策划工作

"凡事预则立,不预则废",要想使公关谈判获得圆满成功,必须做好多项准备工作,一般包括以下几个方面:

(一)确定目标

谈判的目标就是在谈判中所要争取的利益目标。根据实施难度和体现利益大小,谈判的目标可分为以下三个层次:

(1)最优期望目标,也称理想目标。这是谈判一方最乐观的目标,它在满足某方实际需求利益之外,还能获得额外的利益。这种"上限"目标往往也是对方所能忍受的最大限度,如果超过这个目标,往往要冒着谈判失败的危险。这一目标在实际谈判中一般难以实现,必要时可以放弃。

(2)最低限度目标,又称现实目标,是谈判一方的底线,是必须达到的保证目标,不能妥协。换言之,最低限度目标对某一方而言,意味着宁愿离开谈判桌,放弃谈判项目,也不愿接受比这更糟的结果。

(3)可接受目标,也称满意目标,即介于以上两个目标之间,可以使谈判一方获得实际需要的利益的目标。可接受目标往往是谈判人员根据各种主客观因素,通过考察各种具体情况,经过科学论证、预测和计算之后所确定的。

(二)分析谈判背景

谈判目标的确定是主观上的认识,与现实目标有一定距离。要缩短这个距离,实现谈判目标,公关谈判人员必须对旅游组织的内部情况与外部环境作比较,收集分析大量的情报信息,以发现机会与风险,捕捉住达成协议的共振点。一般而言,旅游公关谈判中所涉及的背景信息主要包括以下内容:

1.宏观环境信息

谈判是在一定的文化背景、政治氛围、经济环境和特定的社会制度、法律制度下进行的,这些宏观的外围的因素都将直接对谈判进程和谈判结果造成影响。这部分信息主要是国家、地区的经济状况、居民可支配收入、闲暇时间分布、旅游消费特征以及相关旅游行业政策、法律法规、旅游行业标准、旅游商业习惯。

2.微观信息

谈判者为了对比、分析双方各自的核心利益和优劣势,必须了解对方的组织特征、主导旅游产品特点、资产情况、销售情况、市场占有率以及商业信誉、履约能力,等等。搜集信息的渠道有:①上门拜访,实地考察;②对方公开资料,如组织的报表、组织的网站、内部报刊;③公开渠道,如旅游交易会、旅游订货会、旅游博览会。

3.谈判双方的需求信息

谈判者在谈判前还要考虑谈判双方之间的关系,了解各自的需求以及合作愿望。在谈判中,重要性越大,迫切性越强的一方,其谈判实力也就越弱;而越不重要和越不迫切的一方,力量则越强。如果对方的合作欲望越强,越有利于谈判向有利于我方的方向发展。

4.对方谈判人员信息

最后,还要了解对方谈判人员的情况,包括谈判班子成员各自的身份、地位、经历、职业、性格、谈判经验。其中尤其要注意对方的首席代表,掌握其能力、权限、特长、弱点以及谈判风格是什么,对此次谈判倾向性意见如何等。

信息搜集工作可以获得大量信息,而要使这些原始信息为我所用,还必须对其筛选、整理,去粗取精,去伪存真,甚至要做出完整的检索目录和内容提要,以便检索查询,提供谈判活动参考。

(三)人员组织

1.规模

小型谈判和个人谈判无须专门组建谈判队伍,但大型、重要的谈判必须考虑选派一个小组来参加。小组阵容应该依谈判的主题范围、难易程度和重要性而定,规模在4~7人左右。也有的大型谈判活动把谈判人员分成若干个谈判小组,分别负责各个专业的谈判工作。

2.素质要求

谈判班子成员一般要求具有不同知识背景,思维灵活、严谨,有较强自控能力,责任心强,能言善辩,能较好地把握事情的分寸和火候。

3.角色分工

赋予谈判团队不同的角色可以使谈判过程充满戏剧性与节奏感。团队的角色可以分为领导人、黑(红)脸、白脸、死硬者、代打者以及总结人几种,同一个人可以扮演多重角色。具体任务如下:

(1)领导人。领导人不一定是职位最高者,但专业水平应该具有权威性。其主要任务是,指挥团队成员并控制谈判正常运作,与决策高层互动良好,懂得激励并能协调团队成员。

(2)白脸。白脸的主要任务是对对方的要求时刻表现出理解与同情,在策略运用上有时会弃守底线,并造成一种假象来误导对方以为我方立场或原则已经松动,因误判情势而卸下防备心,让我方有机会乘虚而入。

(3)黑脸(红脸)。与白脸唱双簧,是对方心目中的头痛人物。黑脸要全力维护我方论点并否定对方的观点,必要时中止谈判,有时也攻击对方弱点,甚至压迫对方放弃立场。

(4)死硬者。死硬者比黑脸还强硬,谈判中常常坚持己方立场,坚守谈判目标,有时会收回原先的让步或妥协,在必要时,甚至会拖延或阻碍谈判的进行。

(5)代打者。代打者是谈判的秘密武器,在关键时刻出现以扭转局势。尤其当谈判陷入胶着时,代打者可以临危授命,出面缓和气氛,让谈判不至于破局。

(6)总结人。总结人的主要任务是对每一阶段的谈判结果做成结论,以简洁、有说服力的语言来指出对方纰漏,提议突破谈判困境的方法及手段,防止讨论偏离主题太远。

(四)拟定议程

谈判议程本身就是一种谈判策略,主要是确定谈判时间安排和谈判议题。谈判议程可由一方准备,也可由双方协商确定。议程包括通则议程和细则议程两种。

通则议程是谈判双方共同遵守使用的日程安排,一般要经过双方协商同意后方能正式生效。在通则议程中,通常应确定以下内容:谈判总体时间及分段时间安排,双方谈判讨论的中心议题,讨论问题的顺序,谈判中各种人员的安排,谈判地点及招待事宜。

细则议程是己方参加谈判的策略的具体安排,只供己方人员使用,具有保密性。其内容一般包括:谈判中的统一口径,如发言的观点、文件资料的说明等;对谈判过程中可能出现的各种情况的对策安排;针对己方发言的策略,针对己方谈判时间的策略安排、谈判时间期限;等等。

(五)时间、地点、现场安排

1.时间选择

对谈判时间的选择要考虑以下几个因素:

(1)己方准备工作到位程度:如果比较仓促,可以巧妙地拖延一段时间做缓冲。

(2)谈判的紧迫程度:尽量不要安排己方求之不得的谈判。即使有非常紧迫的需要,也要通过适当的方式隐蔽这种紧迫性,以避免在谈判中失去主动。

(3)谈判人员的状态:避免选择身体、情绪和精神处于低潮时的谈判时间,如酒足饭饱之后、舟车劳顿之时,或在度假日期将近之日、身体不适时,等等。

(4)外部季节和环境:注意避免恶劣自然天气。

2.地点选择

谈判地点的选择一般有主场、客场、中立场所三种。

主场的优势主要是:熟识的环境可以使己方增强信心,快速进入状态,便于同上级沟通以及寻求技术支援,也可以利用主场向对方显示自己质量、服务、人员或资金方面的实力。

客场的优势是:便于对谈判对手的基本情况或谈判标的情况进行实地了解,便于在谈判处于困境或准备不足的情况下寻找借口退出,如身体不适、需要请示、资料不清等,为谈判增加更多准备时间。但总的来说,优势远比不过主场。

为了体现公平原则、维护双方的尊严、缓和双方关系,在谈判中双方商讨认同的非任何一方的主场所在地,即中立场所。如果存在多次谈判,可以轮流选择主场,以消除因谈判地点所带来的各种不利因素的影响,形成一个公平的谈判环境。

3.现场安排

一般情况下,对谈判现场不必作特殊布置,但至少应保证以下几点:

(1)谈判室内环境应宽敞、干净整洁、优雅舒适,保证双方以轻松愉快的心情参与谈判。谈判桌上可放置谈判双方旗帜、姓名牌,并备好饮料、茶水、纸巾、烟缸等用品。

(2)谈判室内或附近应设置休息场所,为谈判间隙时谈判人员的休息、交流提供方便。

(3)现场要考虑摄影、摄像的需要,准备各种多媒体设备。

(4)谈判室内不宜设置电话、传真、电脑等设施,以免干扰谈判。

(5)谈判场所的座次安排也十分讲究。长方形桌子适合用于双方谈判,给人以严肃、正规之感;椭圆桌或圆周沙发适用于多方谈判,给人和平共处的感觉,同时便于私下交流沟通。不管哪种桌型,都要突出主谈人的位置,将助手、辅助人员的座次适当安排。

(六)制定策略

制定谈判策略就是选择能够达到和实现谈判目标的途径,即在可以预见和可能发生的情况下应该采取的相应行动和手段。策略不同于决策,它具有主观能动性和动态实践性的特点。一般来说,制定谈判策略时考虑以下影响因素:谈判活动本身的重要性;谈判双方是否有建立持久、友好关系的必要性;双方的实力、谈判特点和风格对比;谈判的时间限制。

通过对这些因素细致而认真的研究分析,可以确定双方的谈判地位,即处于优势、劣势或者均势,并由此确定谈判的策略,如休会策略、以攻为守、不开先例等。

(七)编写谈判方案

上述工作完成以后,应将其编制为谈判方案。一般情况下,谈判方案要包括以下内容:双方相对实力比较评价;谈判目标定位;谈判总体战略;谈判议程;谈判人员、时间、地点;谈判中各阶段的策略安排与调整;谈判备用方案、谈判计划附件等。

制订谈判方案应注意方案的简易性、明确性和灵活性,即方案本身应该简单明了,易于理解和掌握;方案应职责分明,内容清晰,不致产生歧义;方案应留有余地,便于根据实际情况进行具体调整。谈判方案作为核心文件必须妥善保管,防止泄密。

(八)心理准备

除上述实质性准备外,对公关谈判还要有足够的心理准备,尤其是对于缺乏经验的谈判者,"做最好的希望,做最坏的打算"是很值得提倡的一种心态。

首先,谈判者要有自信心,相信自己要求的合理性、所持立场的正确性及说服对手的可能性。自信是谈判者充分施展自身潜能的前提条件。自信才有惊人的胆魄,才能做到大方、潇洒、不畏艰难、勇敢地面对压力和挫折。当然,真正的自信是产生与充分占有信息和对双方实力进行科学分析的基础上的。

其次,作好艰苦谈判的准备。在保持自信的前提下,要将困难考虑得多一些,问题考虑得复杂一些,将对手设想得强硬一些,作好打"持久战"和"攻坚战"的准备。在某些情况下,还要作好谈判破裂的准备,制订好应变方案。只有这样,谈判者才可以调控自身的情绪,使自己能始终理智地把握正确的谈判方向。

(九)模拟谈判

模拟谈判是旅游公关谈判准备工作中的最后一项内容。对一些重要的、难度较大的谈判,为了更直观地预见谈判前景,要从己方人员中选出某些人扮演谈判对手的角色,并从对手的谈判立场、观点、风格等出发,进行想象练习和实际表演,以此改进与完善准备工作。

模拟谈判可以使谈判人员提早进入实战状态,为谈判人员提供客观分析自我的机会,训练和提高谈判人员的应变能力、心理承受能力、临场发挥能力。更重要的是,模拟谈判可以暴露出本方的弱点和可能被忽略的问题,从而可以全面、严格地检验谈判方案,及时修正和调整,提出改进措施。

模拟谈判的内容的选择与确定因谈判类型、风格而异。如果时间、费用和人员因素不允许安排一次较正式的模拟谈判,也可以只让一位人员来扮演对方。要使模拟谈判做到真正有效,关键在于提高模拟的精确度,为此要注意:

(1)让具有丰富谈判经验的人做谈判对象,这些人身经百战,提出假设的可靠度较高。

(2)不偏离主题,必须按照正确的逻辑思维进行推理,遵守谈判思维的一般规律。

(3)必须以事实为基准,所模拟的事实越多、越全面,准确度就越高。

三、旅游公关谈判的实施推进工作

旅游公关谈判因谈判类型和谈判目标的差异,往往具有不同的推进步骤和实施要点,一般来说,可以分为开局阶段、实质磋商阶段和收尾阶段三部分。

(一)开局阶段

谈判的开局阶段主要是指谈判双方见面后,在讨论具体的实质性的内容之前,相互介绍、寒暄以及就谈判外的话题进行交流的时间段。这个阶段可以使谈判各方熟悉彼此,创造一个有利于谈判的良好氛围。谈判人员在这一阶段的主要任务有以下几方面:

1.营造开场气氛

开场气氛往往可以奠定谈判的基调,为了创造良好的交流气氛,谈判人员应该注意几点:

第一,谈判人员是组织形象的最佳代言人,应该以整洁大方的服饰、轻松友好的面部表情、干净利落的体态动作出现在对方面前。双方见面首先应亲切自然握手致意,握手时应注意握手礼仪,目视对方,面带微笑。

第二,双方没有就座前,处于站立状态时是营造开场气氛的最好时机,这时更便于体态语言的发挥,必须给予充分重视。同时,注意一些保持距离的矜持,会给对方留下一个良好的印象。时间长度视双方的融洽程度而定。

第三,语言和行为都不可慌张,可以一边交换名片一边讨论一些非业务性的话题,例如谈谈来访者旅途经历,近期社会新闻,谈判所在地的风光、民俗、天气,等等。这个时候不应该带有任何威胁性的语气,不要涉及个人隐私。如果是已相识的双方,可以加入私人问候以及以往的共同经历。

在这个阶段,主场谈判者应表现得主动些,除了营造良好的气氛,还要注意对方的言行举止,了解对方的性格、态度、风格、姿态等,以把握对方的经验经历、友好程度、合作愿望等,为后面的谈判创造有利条件。

2.交换意见

在谈判人员相继落座,相互介绍成员后,就应该对谈判的议题和程序充分交换观点,集中达成一致意见。内容主要包括:

(1)确定议题。根据谈判目标将与之相关的问题罗列出来,尽量不要遗漏。如果双方议题吻合,就可以将议题确定下来,如果双方差距较大,则需要对哪些议题可列入议程进行讨论。

(2)确定谈判的原则框架。明确在整个谈判过程中双方遵守的解决问题的准则和框架性方案,为在谈判中解决问题提供方向和制约条件。

(3)确定议题顺序。原则框架确定以后,双方就应着手讨论各个细节议题的先后顺序。可以按照议题的重要程度,先易后难;也可按照议题之间的逻辑关系,或议题性质的内容相似性来排列议题之间的商谈顺序。

(4)议题的时间安排。安排每个议题所需时间长度,一般情况下,对己方有利的议题应该安排充裕的时间,不利的议题应该尽可能安排较少的时间。

3.开场陈诉

在正式开始谈判磋商之前,谈判双方应该分别阐明自己对有关问题的看法和原则,陈述自己的立场和目标,简单说明己方的利益,让对方了解自己的目的和意图。但这种利益点不是具体的,而是原则性的。在此阶段,谈判者应该注意以下几个问题:

(1)尽量设法让对方先陈述。对方先进行陈述,我方可以初步判定双方的差距,并可据此相应调整我们的陈述策略。当对方在作陈诉时,一是要认真倾听,同时不断用表情、眼神交流、记笔记等方式表明对对方发言的重视。切忌在对方说话时有浮躁、浅薄之举动,更不要随便打断对方发言。二是在倾听的过程中要努力理清和归纳对方的表达核心,善于捕捉对方言论的关键问题,不能在对方发言后毫无收获。

(2)陈述要突出重点。由于陈述属于谈判接触的初始阶段,相互间对对方的底牌都不太清楚,所以,在陈述时除了言简意赅地讲清楚自己的目的和意图以外,不要发表过多的言论,关键的资料应留待实质谈判阶段再用。我方陈述时,内容要清晰,使用的词汇和概念要准确,不能有歧义,以免对方误解或从中钻空子。陈述重点放在谈判项目的价值上,吸引对方的合作欲望,减少谈判阻力。为陈述准确,陈述时也可以使用书面形式。

(3)陈述要注意细节。在陈述过程中,要尽量均衡双方的时间长度,切忌出现独霸会场的局面,在语气语调上,要尽量心平气和,轻松自然,态度要诚恳,不能使用过激言辞。在陈诉时,不能低头念稿或“自言自语”,而要观察对方的反应,并寻找对方的目的和动机与己方的差别。另外,陈诉的结束语要特别斟酌,要求标明己方的陈诉只是为了让对方明白自己的意图,而不是向对方挑战或强加给对方接受,类似“这是我们的初步意见”“后续问题我们放到后面再细谈”之类的表达就比较理想。

(二)磋商阶段

谈判的磋商阶段指谈判陈述之后到谈判终局之前,谈判各方就本质性事项进行磋商的过程。谈判的磋商阶段是全部谈判活动中最为重要的阶段,投入精力最多,占有时间最长,涉及问题最多。这不仅是谈判主体间实力、智力和技巧的具体较量阶段,也是谈判主体间求同存异、合作谅解让步的阶段。此阶段可以再细化为三个步骤:

1.分歧明示

双方陈述以后,会根据前一阶段谈判各方表述的意见,进一步明确各自的利益、立场和观点。由于这一阶段大家都是从各自的利益和立场出发,各方之间必然存在着矛盾和差距,分歧是在所难免的。因此,及早明确双方的差距就成为谈判过程中的一个必要阶段。

当然,我们要认识到,谈判的分歧有实质性分歧和假性分歧之分,只要谈判人员细心观察和分析,是可以发现和区分这两种分歧的。实质性分歧是原则性的、根本利益上的分歧。对待实质性分歧要认真,要反复研究让步的可能性,并决定是否让步以及让步的步骤和技巧。假性分歧则是由于沟通失误或某方为了在谈判中有较多的回旋余地而人为设置的障碍。对假性分歧,要注意区别对待,对沟通失误产生的分歧应该耐心交流,沉着化解,至于对方虚张声势刻意制造的分歧,不要被动惊慌,而应冷静说理,坚持原则。

一般来说,通过分析双方分歧,判断对方的真正意图后,如果发现双方存在着较大的分歧,谈判者有三种选择:终止谈判,全面谈判,继续磋商。如果双方选择了继续磋商,则谈判进入下一个阶段。

2.交锋及让步妥协

这个阶段的主要任务就是说服对方,缩小差距,消除分歧,是谈判各方进行利益争夺和制约的过程。交锋阶段是谈判的高潮,资料准备是否充足,谈判人选是否胜任,谈判风格是否协调,谈判策略是否合理,公共关系手段运用是否得当等,都将在这一阶段充分显示出来。

在这阶段有几点值得注意:交锋时要善于摆事实,用翔实的资料说明问题;要学会针锋相对,在对方的基础上进行反驳和争论;注意运用公共关系手段,加强沟通与交流;要注意倾听对方的争辩,注意从对方的争辩中寻找突破口;交锋时不要太急躁,不要争吵,不要伤害对方谈判者的自尊心。

当然,交锋阶段不可能无休止,只要谈判双方有共同利益,想达成协议,便会相互作出一定程度的妥协让步,寻求一致的利益。如果谈判的和解时机已经到来,谈判的一方或各方仍互不相让,谈判很可能就会失败。所以从某种意义上说,妥协让步几乎是谈判双方为达成协议而必须承担的义务。当然,让步妥协是有一定范围和限度的,也是要讲策略的,否则就会失误。

(1)让步要明确。每作出一项让步,都必须使对方明白本方的让步是不容易的。不要假设行为自会证明一切,就算你让步了,对方可能没有注意到,或者故意忽略。只有让对方意识到己方的每一次让步都是艰难的,使对方充满期待,才会有让步的效果。

(2)让步要适度。在旅游公关谈判中,一般不要做无谓的让步,每次让步的幅度不能过大。如果让步涉及实质利益,违犯原则框架,不管对方如何强词夺理,都不要轻易让步。在先行让步后,在对方未作相应的让步之前,一般不应作继续让步。

(3)让步要有序。谈判者一般都有一种让步递减心理,也就是说,他们认为开始的大幅度让步是正常的,只有当让步小到一定极限时才可能说明已经没有了让步余地。利用这一心理,原则上应按照从大到小的让步原则进行让步,使对方感觉我方是在竭尽全力满足其要求,也显示出我方的立场和态度越来越坚硬。

(4)让步要有重点。谈判者要了解对手的真实状况,在对方急需的条件上坚守阵地。将具有实际价值和没有实际价值的条件区别开来,在不同的阶段和条件下使用。尽量迫使对方在关键问题上先行让步,在对手要求下先在次要方面或者较小的问题上让步。

3.僵局处理

在谈判磋商阶段,谈判者客观上是存在利益上的差异的,所处的地位也使得其不得无条件随意让步,所以还是会出现双方难以统一,陷于进退两难的境地,即出现谈判僵局。有些谈判者往往会觉得僵局的出现就意味着谈判失败了。实际上,僵局是谈判活动中的一种正常现象,有时还是高明的谈判者可资利用的有力战术。如果必要时,甚至还要学会制造僵局,为我所用。

僵局的产生原因大致有三种:

(1)立场争执:由于谈判人员素质不高、沟通信息存在障碍等原因,双方往往会在态度、诚意、尊重,是否存在偏见或成见等非实质性问题上产生争执。此种僵局撇开了双方各自的潜在利益,抓不住谈判的实质,颇不明智,可称为驴型僵局,处理不好就会成为死局。

(2)利益冲突:双方都各自坚持自己的条件和利益,不肯妥协退让。利益冲突是很正常的,没有利益冲突就没有必要谈判了,这种僵局可称为狐型僵局,成为死局的可能性不大。

(3)合理差距:指双方诚意合作,提出的合作条件也十分合理,但由于产品质量、资金、市场进入性等现实条件有限,无法达成共识,无法继续谈判而形成僵局。这种僵局可称为客观僵局。

谈判的僵局常常具有此消彼长、反反复复的特点,公关谈判者一方面应认识到僵局对谈判带来的害处,也要正视僵局,寻找化解的方案。这里有一些突破僵局的策略和技巧供参考:

(1)转移议题。如果谈判由于某个议题引起争执,而又无法迅速彻底地解决,谈判各方可以暂时搁置僵持的议题,试试双方能否在其他议题上达成共识。这样既可以留出时间让谈判双方冷静地思考陷入僵局的议题,又可以通过对其他议题的解决带动有争议议题的解决,等把其他议题解决好,再在友好的气氛中讨论、解决僵持的问题。转移议题并不是回避矛盾,而是采用迂回战术更好地解决矛盾。

(2)寻求替代方案。如果当原有方案无法达成一致意见时,可以考虑采用寻求替代方案的方式解决。谁能够创造性地提出可供选择的方案,谁就能掌握谈判的主动。这要求谈判者在谈判准备期间就必须构思出更多对彼此都有利的方案。当然,如果对方对新方案更加无法接受,在无其他方案提出的情况下,有可能会迫使双方重新讨论有争议的方案。

(3)暂停谈判。僵局往往会导致谈判者双方头脑不冷静,如果继续谈判或相互对峙,不仅无益于问题的解决,反而有可能导致双方感情彻底破裂。这时候可以考虑暂时休会,以便静下心来,调节精力,缓和情绪,身心放松后再洽谈,会更有利于议题的解决。当然,由于谈判者在谈判桌上带有强烈的角色色彩,有些问题很难通过正式沟通进行,这时候可以乘机利用休息时间,通过私下的感情沟通进行非正式会谈,互相坦诚地交换意见,就有可能突破谈判僵局。

(4)调换人员。有时候,谈判的僵局是由于谈判人员的个人原因所造成的。僵局一旦形成,谈判人员的态度便不易改变,而且这种情绪会蔓延感染,影响谈判进程。为了把持局面,可以考虑变更谈判人员,保证谈判团体的相对稳定性及和谐气氛。新的谈判者以新的姿态来到谈判桌上,在一定程度上能使僵局得以缓解。

(5)借助调解人。当局者迷,旁观者清。在上述方法无效的情况下,谈判双方可以谋求第三方介入调解。第三者不仅可以创建良好的合作氛围,缓和双方的关系,而且可以站在公正中立的立场上协助矛盾各方达成可以接受的解决方案。

(三)结尾阶段

结尾阶段既是一次公关谈判的终结,对下一次公关谈判的到来也有着至关重要的影响。在结尾阶段,谈判结局可以分为真性败局、假性败局、和局三种。

真性败局指谈判各方进入谈判之后,由于种种原因而未能达成协议,最终结束了谈判,即谈判失败。谈判失败会给各方的物质、精力等造成损害,所以应当尽力避免谈判的败局产生。当然,谈判者不能因为害怕失败而不敢谈判或废弃谈判。

假性败局是指谈判各方在谈判进程中,经过一再协商之后,未能达成协议,暂时性终止谈判。从形式上看,谈判已经结束,但却存在重新谈判的可能性。这与谈判的僵局之间有类似之处,都具有暂时性,如果得到破解可以促成和局,否则会导致败局。这时候谈判者应该主动,积极地寻找机会,重新谈判。由于与谈判僵局的类似性,破解僵局的一些方式,也可以变通地用于处理客观性假性败局。

和局则是谈判最理想的结局,体现为谈判各方在谈判进程中经过磋商取得一致意见,谈判的各方都成为胜利者。谈判的和局往往不能只停留在口头上,而是要通过签约的方式来确定双方约定的结果。可以说,签约工作是整个谈判工作的收口和落脚点。签约的形式大致有合同、协议、意向、洽谈纪要和备忘录等几种形式。

在签约前,首先要认真审核协议。在主要条款上要反复斟酌,力求严密、合法,避免出现以下问题:重要条款规定不清楚、不详细,逻辑混乱,相互矛盾,用词含糊、模棱两可;签约主题不明确或不合法,条款不符合法律、条例及行业惯例;没有违约责任条款或者表述不清楚;涉外合同不符合国际通例、公约,内容不适用国家法律;照抄别人合同文本或标准性格局。

其次,确定签字人。一般来说,一般旅游业务只需谈判负责人或主谈人签字即可,重大内容的谈判协议则由企业法人代表签字。

最后,安排签字仪式。仪式的繁简主要根据谈判协议的重要性和双方的态度及关系而定。重大协议的仪式较隆重,签约场所要准备专门签字台,安排领导会见对方谈判组成员,邀请新闻人士参加。仪式要注意安全保卫工作,新闻稿的送发要注意审稿。

在签订谈判协议后,谈判双方要做的就是立即执行,同时应该对此次谈判作总结,审视谈判目标的实现情况、策略运用以及分析总结对手,从中获得经验。

四、谈判的语言运用

旅游公关谈判是语言的艺术,公关谈判中如何恰如其分地运用语言技巧是谈判者必须考虑的问题。

(一)旅游公关谈判语言的基本要求

1.客观性

旅游公关谈判必须以客观事实为依据,使用具有客观性的谈判语言,即具体、准确的语言,能加强谈判的力度,使对方产生"真诚相待"的感觉,消除对方的戒备心理,缩小双方立场的差距,利于双方的进一步交流,也为今后的长期合作打下了基础。谈判双方在谈判前都作了很多准备,对对方的情况都有一定了解。在谈判时如果常常用一些未经证实的信息,如"据说""据传"等作为谈判的依据,其结果很容易使对方抓住谈话漏洞或把柄而导致谈判的被动。除非是出于某种策略需要,才能使用模棱两可或概念模糊的语言,委婉、含蓄表达己方思想。

2.针对性

谈判语言的针对性是指语言要围绕主题,有的放矢,不要漫无边际地四处游击。谈判语言必须符合旅游行业的行业特点和职业道德要求,针对不同对象的性别、年龄、文化程度、性格、兴趣等,选择使用对方能接受的谈判语言和习惯使用的谈话方式。对于专业性较强的谈判,要应注意使用专业术语,以保证正常沟通。如果在涉外谈判中,更要考虑跨国、跨文化语言的特点。

3.逻辑性

逻辑性是指谈判者的语言要符合逻辑规律,表述概念时应准确、清晰;阐述议题时应全面、系统;判断问题时要深入、恰当;总结问题时应衔接、精练;提问时应简单、切题;回答问题时应有理、有据。逻辑混乱的语言容易给对方留下一种"不清楚""素质不高"的感觉,也容易使对方钻空子,使自己陷入被动挨打的境地。为保证语言的逻辑性,谈判者应该在资料准备阶段把工作做充分。

4.论辩性

某种程度上讲,谈判就是论辩的艺术。只有通过辩论,才能找到双方差距,使问题更加明晰,拓展谈判议题的外延和内涵,进而找出解决办法。只有通过辩论,才能展示谈判者的逻辑思维力量对有关问题的独到看法,解决问题的想象空间以及独特的人格魅力。因此,谈判语言的论辩性从一开始便已经融入谈判的本质中了。

5.灵活性

谈判是一个动态过程,瞬息之间,你来我往,唇枪舌剑。在讨论关键问题的短兵相接时,谈判者应该灵活地采用与环境最为契合的表达方式,从对方的眼神、姿态、动作、表情来揣测对方的反应,及时、灵活地调整自己的语言,重新设定说话内容和方式,转移或继续谈判话题,以保证语言更好地服务于谈判目的。

(二)旅游公关谈判语言风格

旅游公关谈判中的语言风格十分灵活,大致可以分为外交、文学、法律、军事几种风格。各种风格特点鲜明,各有所长(见表7-1)。

表7-1 谈判语言风格列表

风格类型	特点	例句
外交风格	得体、灵活礼貌、含蓄	"我们的期限要看谈判的具体进展情况而定。" "我们把刚才的两个方案组合在一起会不会更好呢?"
文学风格	生动、形象优雅、感染	"贵酒店的这项建议对我们来说可谓锦上添花。" "天时、地利、人和铺就了我们这次谈判的成功之路。"
法律风格	准确、严谨规范、简明	"根据《旅行社条例》第十二条,我方认为……" "对你提出的议题,我们对三方面有疑问,第一……"
军事风格	直率、果断自信、威慑	"除非你方改变条件,否则我们将转向司法途径解决" "作为全省唯一的5A级景区,我们可以肯定地说……"

在实际运用中,单一运用某种风格贯穿整个谈判过程是不现实的。公关谈判人员需要针对不同的谈判对象,结合谈判环境,自由组合,综合运用,合理变化谈判语言风格。

(三)语言沟通技巧

1.述说技巧

在谈判中,述说就是说明立场观点,提出合作机会,明示双方利益。述说时要把握以下要领:

(1)概念清楚,表达明确,保证事实、数字、资料准确性。

(2)简明扼要,内容具有条理性、逻辑性,紧扣主题,先谈原则,再谈细节。

(3)措辞得体,注意语速、语音、语调因素对陈述内容的影响。

(4)保持语言弹性,在谈判不同阶段,对不同人员,灵活运用不同风格。

2.提问技巧

提问的核心就是处理好"问什么""何时问""怎么问"几个主要问题。

(1)提前做好提纲,注意问题之间的逻辑性和针对性。话题要有诱发力,能引起对方积极配合。

(2)把握提问时机,在对方发言完毕、发言间歇时,或在议程规定的时间提问。

(3)慎重选择提问内容,不要尽提对方难于应答的问题,不提与谈判内容无关的问题。

(4)一般不连续提数个问题,避免对方避重就轻。

(5)避免使用单一提问风格,灵活运用封闭式、开放式、澄清式、引导式、协商式提问。

(6)方式要委婉,语气要平和,用词要斟酌,切忌咄咄逼人,使之产生防范心理。

3.答复技巧

(1)一般不要用极端肯定或极端否定回答问题。不要滥用"无可奉告"。

(2)不要过急回答对方的提问,听懂对方问题的弦外之音、话外之意。

(3)慎重回答尚未理解的问题,可请他人回答,或者向对方直言不能回答的理由,请对方谅解。

(4)不要答复超出自己权力范围的问题,应礼貌拒答或请示了有关人士后再答。

(5)对不便或不值得回答的问题,可"顾左右而言他"。当直接答复有损本组织的形象,或者可能伤及对方自尊心乃至危及双边关系时,应迅速而巧妙地转移话题。

(6)回答时要有所保留,不可不讲策略地"全盘托出",但也不应给对方追问的兴致和机会。

4.说服技巧

(1)向对方说明之所以选择他为说服对象的理由,使对方重视与你交谈的机会。

(2)努力寻求双方的共同点,强调利益的一致性。共同语言越多,达成协议的可能性越大。

(3)紧抓要害,诚挚地向对方说明如果接受了你的意见将会有什么利弊得失。

(4)说服要耐心,不急于求成,久攻不下的问题可以考虑变换说服角度。

(5)把握好说服时机,在对方情绪不稳或争论激烈时,暂时不要说服,否则会适得其反。

(6)说服要循序渐进由浅入深,从易到难。切忌高压手段强迫对方,要让对方能自由发表意见。

(7)说服注意趋利避害,但不可欺骗对方,让对方了解你并非是在"取",而是在"给"。

(8)用语要朴实亲切,不过多地讲大道理,要运用经验和事实说服对方。

5.论辩技巧

(1)观点必须明确、清晰,态度客观公正,措辞准确严密,忌人身攻击。

(2)保持思路的严密性和逻辑性,要以理服人。

(3)掌握大原则、大方向,不要陷于细枝末节的纠缠之中。

(4)注意个人形象、举止和气度。

(四)其他语言运用技巧

根据相关研究,一个人向外界传达完整的信息,单纯的语言成分只占7%,而55%的信息都需要由非语言的符号来传达。在谈判活动中,这些"不是说话胜似说话"的语言符号其实都是体现个人情感的外在表现形式。由于谈判是面对面的沟通交流,这些符号就成为公关谈判人员透视他人情感、情绪的关键线索,也成为增强自己表达能力的手段。

1.体态语言

体态语言是一种"人体示意语言",即以人的表情、目光、动作、体态来传递信息。大多数体态语言都是在无意识中"发言"的,因而传递的信息较为准确、可靠。公关谈判人员必须学会解译人们的体语密码,更准确地认识自己和他人。以下是一些常见的身体语言:

(1)手臂或腿交叉:表示正处于一种防御的状态;

(2)往后靠:表示厌倦、不耐烦;

(3)抬眉毛:表示惊讶,可能出乎他的意料;

(4)交换眼色:表示可能达到目的;

(5)不断玩弄手指:表示拘谨、紧张;

(6)身体往前倾:表示专心倾听,感兴趣。

当然,必须要注意,有些体态语言是个人的习惯问题,本身没有什么特定含义;有些体态语言在不同文化背景中则具有不同含义;有些经验丰富的谈判者会故意利用体态语言来迷惑对方。因此,要更准确地判断谈判者的内心,还要在仔细观察个人的基础上综合整个现场环境以及谈判对方的所有人的体态语言来判定,否则将有可能误入歧途。

在学会解读他人的身体语言的同时,谈判者也要学会恰当地使用身体语言。在说话时,必须对自己的手势、姿态保持警觉,淘汰负向的身体语言,避免行为和言语出现矛盾,让别人不信任或产生敌意。

2. 副语言

副语言是指伴随话语发生但超出语言特征的附加有声现象,是一种通过语音的高低、强弱、快慢等物理特征来传递信息的特殊交际手段。研究发现,副语言尤其能表现出一个人的情绪状况和态度,影响到人们对信息的理解以及交流双方的相互评价。例如,鼻音、哼声往往会表现出傲慢、冷漠和鄙视,令人不快;而表示气愤的声音则往往是声大、音高,音质粗哑,音调变化快,节奏不规则,发音清晰而短促。事实上,在语言沟通时,同一句话,同一个字,因为使用不同的副语言会造成不同的效果。以礼貌用语中用的比较多的一个"请"字来说,语调平稳,会显得客气,满载盛情;语调上升,并带拖腔,便意味着满不在乎,无可奈何;而语调下降,语速短促,就会被理解是命令式的口气,怀有敌意。

由于副语言近乎人的本能表现,不可能"撒谎",谈判人员可以通过观察一个人的副语言来解读对方情绪状态的"密码"。另外,谈判人员也要注意使用副语言来增强表达沟通能力,提高信息传播的成功率。注意说话时喉部放松,尽量减少尖音、颤音,不要用鼻音说话,消除口头禅,控制说话的速度。

3. 物体语言

除了以上两种语言外,谈判者还要学会通过观察对方对周边各种物件的动作来获取信息。比如有的人在谈判时手中玩笔,可能表示其对所谈的问题毫无兴趣或漫不经心;快速打开笔记本说明发现了重大问题;慢慢打开笔记本是为了表示对对方的关注;将眼镜摘下,反映身体疲劳或对讨论的厌倦;整理服饰或收拾东西,表明本次谈判可能要结束。

五、旅游公共谈判范例

风景区收购谈判的实例与技巧

湖南 WL 旅游发展实业有限公司(以下简称 WL 公司)一直致力于旅游业的投资与经营,当前所经营的项目集中于湘西和黔东南地区。在 WL 公司多年的旅游产业投资过程中,既有因早期盲目决策而付出的沉痛代价,又有因科学决策、合理运作而取得的丰硕成果。

一、谈判主体

确定风景区收购所涉及各项事务分别对应的谈判主体和利益相关群体。景区的经营者为 TT 市旅游局下属的 DH 风景区管理处(管理处为企业法人,其投资来源于市旅游局),但景区收购(含景区资产和经营权)的谈判对象应为 TT 市旅游局。其次,由于该次收购是通过收购 DH 风景区管理处股权的方式实现的,而且是当地的一个重要招商项目。所以还需与 TT 市市政府、招商局、工商局、税务局、国资局等政府机关进行洽谈。再次,由于景区经营过程中存在占用耕地等历史遗留问题,且今后景区的进一步开发建设也不可避免地要面对征用荒地、耕地的问题,所以,还需与景区附近的镇政府、村委会进行接洽,以明确今后的合作关系。

二、谈判目的

在充分掌握了解项目背景信息的前提下,通过合理的分析方法,确认各谈判对象的真实意图和能够对其产生重大影响的因素,以寻求合理的谈判切入点,在有效平衡各方利益的同时取得理想的谈判结果,低成本进入、低成本运营。

如对旅游局来说,希望管理处的股权能够卖个较高的价格,投资方也可以取得理想的收益,它看重的是部门利益和眼前利益。而对于市政府、招商局、工商局、税务局等机关来说，希望借助外来的资金和专业公司的经营，使 DH 景区能够摆脱目前的局面，在短期内成为国内的知名景区，并提高地方知名度，带动地方经济，培养地方税源。而对附近的村镇来说 DH 景区的发展可带动村民脱贫致富，直接获益。

考虑到多方利益，当然在谈判过程中还需根据具体情况及时进行调整。

三、谈判过程

在 DH 旅游区收购谈判过程中，双方先就易达成共识的问题进行磋商，在大部分问题（虽然可能只是一些无关大局的小问题）达成共识的情况下，只是在部分问题（可能却是核心问题）上尚存在较大分歧。

WL 谈判组先绕开了股权收购价格这一最为敏感的问题，先与旅游局洽谈股权分配比例、有形和无形资产价值的确认办法、人事安排等边缘问题，尤其是通过聘请有证券执业资格的会计师事务所对管理处过往经营收益的审计，对其固定资产价值的评估，使 DH 景区的资产价值及其盈利能力有了较为公允的评价，该审计与评估结果，成为随后的价格谈判中可借鉴的客观依据。

与 TT 市市政府、招商局、工商局、税务局等机关的谈判，WL 公司谈判组直接向其阐明公司的投资策略：低成本进入、高起点投入，以及 WL 公司操作旅游项目的能力和入主该项目后大手笔投资的决心，并向其详细解释该策略所能达到的双赢效果，旅游业的发展除了带来巨大的人流、物流、现金流之外，还会伴随产生巨大的信息流，使偏远地区的群众能够更快地接触到外来的先进的思想观念和技术手段，即旅游产业所带来的社会综合效益十分明显。通过上述工作增加了地方政府对外旅游招商引资的紧迫感和决心，增进了对 WL 公司投资策略的理解，增强了对 WL 公司景区经营能力的信心。

有关的村镇领导则从更高的层面、更远的眼光看待 WL 公司这样的专业大公司入主 DH 景区所带来的利益。今后 WL 公司运作下的 DH 景区与附近的村镇是一种合作的、互利的、共荣的关系而不是竞争的、互斥的，甚至是杀鸡取卵的关系。当地村民的生活只可能通过提供服务的方式，随着景区的快速发展，而得到实质性的改善。

经过上述"热身式"的谈判，增进了谈判各方的相互理解。

在就外围问题达成共识之后，虽然尚未就股权转让价格和条件展开正式的会谈，但是 WL 公司提出就已达成的共识，签署一份关于合资经营 DH 风景区的意向性协议（WL 公司占 80% 的股份，旅游局占 20% 的股份），旅游局方面考虑到意向性协议仅是一种粗线条的描述文字，不具法律效用，故同意签署该协议。

在收购方取得较为满意的谈判结果的情况下，他们在市领导的支持下，及时签署正式合同，使成果法律化。待收购方与各个谈判对象达成一致意见时，法律文书也同时完成。随即参与谈判的各方一起在有关法律文书上签字，合同正式生效。谈判的成果得到及时的锁定。

总的看来，就 DH 股权收购这一事例看，该次收购的发起方之所以能够取得较为理想的成果，关键在于参与谈判的人员对谈判核心事务的鉴别能力和谈判过程的设计、组织能力均十分出色。谈判组前期的准备充分，而又有针对性。以所掌握的较为详尽的信息资料为基础，通过科学、合理的分析方法，准确地抓住了谈判的核心问题和环节，并围绕核心内容，有效地设计、组织了谈判的具体实施措施。

资料来源：李征.风景区收购谈判的实例与技巧[J].新闻天地，2003(04)：61-62.

评价与考核

旅游公关谈判活动完成情况及技能评价考查表

学习目标	评价标准	小组评价（50%）	教师评价（50%）	综合得分（百分制）
理论知识(20分)	掌握旅游公关谈判基本程序和旅游公关谈判各阶段策略的程度			
专业技能(20分)	能组织模拟谈判;能进行谈判信息的收集、整理			
通用技能(20分)	具有团队合作能力;具有较强的语言表达能力			
任务完成(20分)	工作完整度;问题解决有效性			
学习态度(20分)	完成任务的态度、责任感			
综合评价与建议:				

思考与讨论

1. 谈判的经费预算应该包括哪些方面?
2. 谈判中,谈判双方会出现哪些非理性的行为?

技能训练题

在你的身边选定若干观察对象,观察各个个体的体态语言、副语言、物体语言的特征,尝试归纳出这些"语言"与个人性格特征的内在联系规律。

任务二　旅游公关谈判方案的编制

情境设计

风情旅行社的小李是刚毕业一年多的大学生,工作表现一直不错。前几天,小李刚刚被提升为门市部经理助理,这次也被安排参加了与天龙湖景区谈判的筹备工作。这天,经理把他叫进了办公室,对他说:"小李,这次的谈判,内容繁杂,任务艰巨。你也参加了好几次讨论了,对这个项目的情况掌握了很多资料。依我看,就由你来给这次谈判起草一份方案书吧,下周一我们讨论。"小李一愣,满脸困惑,谈判还要方案? 以前没听说过啊。经理微笑着递过来几份资料:"谈判方案就是我们的谈判指导书,我这里有几份以前的方案,你好好研究一下,先初拟一个方案吧,这是个学习提高的机会哦。"告辞了经理,小李有些兴奋地打开了这些文件。但是,他很快觉得有一点点沮丧了。因为,这几份文件都不厚,但是上面的好多谈判术语都没见过,格式和框架以前也没有见过。他开始觉得,自己还有很多东西要学习了。

请根据以上情境,完成以下任务:

请帮助小李完成这份谈判方案的编写工作。

任务分析

要想在谈判中取得预期效果和满意结果,在谈判活动正式开始之前,谈判人员必须根据谈判目的、要求和预先拟定的项目、步骤、方式、策略,以及谈判中可能出现的问题、应变的措施等,做出具体的书面材料,也就是谈判方案。情境中的小李在之前可能还没有意识到,谈判人员应该将谈判方案作为旅游公关谈判的一个程序来执行。从实际经验看,小型的、单一的、传统的项目与熟悉客户的谈判一般不需要成型的方案,而新的、复杂的项目就需制订谈判方案了。谈判方案内容可多可少,可简可繁,多为书面形式。

任务实施

完成任务的具体操作步骤,建议如下:

步骤一　领受任务

指导教师介绍任务的内容、要求、关键点及注意事项。小组提问,指导教师答疑,准确理解任务,完成任务领受。

步骤二　分析任务

各谈判小组集体分析任务的要求,阅读知识链接,分析教材范例,列出写作重点、难点及框架。

步骤三　实施任务

根据范例,完成谈判方案编写,遵守写作原则,注意方案写作要点。写完后,制成 PPT 文件,准备汇报。

步骤四　任务汇报

谈判小组 PPT 展示,解读重点。指导教师记录、汇集问题,控制汇报进程,最后进行点评与总结。

步骤五　任务总结

各小组根据指导教师点评,改进自己的文案,上交指导教师。指导教师依据该项目任务考查表,给出各小组评价综合得分。

知识链接

一、旅游公关谈判方案编制要求

由于旅游公关谈判的规模、重要程度不同,谈判方案的内容也不尽相同。但是,其编制要求是基本一致的。

1. 简明具体

谈判方案不需要长篇大论或者犀利的笔锋,其主要内容用简单明了、高度概括的文字加以表述,才利于谈判人员记住其主要内容与基本原则。谈判需要一定的应变发挥,过细的方案反倒会自缚手脚,只有谈判思路和整体要求清晰地印在谈判人员大脑里,在与对方洽谈时才可以自如地对付错综复杂的谈判局面。另一方面,谈判方案的框架和重点又必须与谈判的具体内容相结合,避免空洞和含糊。

2. 灵活机动

谈判方案只是谈判前设想或简单磋商的结果,不可能将谈判过程中所有随机因素都估计到。因此,要在复杂多变的谈判形势中取得比较理想的结果,一是应该设定多种可供选择的谈判目标,制订多种策略方案。二是对可控因素和常规事宜应细致安排,对具有不可控、事项发生没有规律的则留给谈判人员灵活发挥。

3. 周详细致

公关谈判方案属于计划类的文体范畴,有一定的预见性和指导性。但是,它又不同于一般的工作计划。一般的工作计划是对自己工作的单方面的规划、设想,谈判方案则要充分考虑谈判对手的情况,以主张、说明、争取、让步、磋商、交易,最后达到一致为目的。为此,公关谈判方要以综合双方或多方的意愿、情况为出发点。

二、旅游公关谈判方案的结构

谈判方案因谈判对象和谈判目标不同,写作内容也不尽相同,但从结构上看,写作格式大体都由以下几部分构成:

1. 标题

谈判方案的标题一般由事由及文种名称构成,有时还可加上谈判对手名称。如《酒店××市场推广谈判方案》《与××景区市场部代表就门票业务的谈判方案》。

2. 前言与宗旨

谈判方案的前言表明的是谈判的总体构想、原则,说明谈判内容或谈判对象的情况。主旨是谈判的基本目的和指向,是谈判的灵魂,整个谈判应紧紧围绕主旨来进行。

3. 正文

这是谈判方案的重点和核心部分。方案正文的基本内容一般以三部分为重点:①谈判目标、议程;②谈判策略;③谈判焦点、难点。

另外,凡对方案内容有补充说明意义的材料可以作为附件一并附上。

4. 落款

在全文右下空白处写上日期以及执行方案的单位或其主管部门的名称,同时加盖印章。有些谈判方案还应标明呈报单位、审批单位的名称。

三、旅游公关谈判方案编制要点

在公关谈判方案中,要集中解决的问题主要包括谈判议程的安排、谈判目标的确定、谈判策略的布置以及谈判人员的职责分工等内容。

(一)谈判目标

谈判目标从利益大小程度分,一般要有上、中、下三种考虑,即理想目标、现实目标、满意目标。在制定目标时,有几点要注意:

(1)所谓理想目标不仅有一个,可能同时有几项目标,即多个利益点。这就需要将各个目标进行排序,确定是否要达到所有目标。

(2)己方的满意目标要严格保密,绝对不可透露给谈判对手,否则会使对方主动出击,使己方陷于被动。

(3)尽可能使目标在定性的基础上做到量化。

(二)谈判议程

谈判议程可分为通则议程和细则议程。通则议程是谈判双方共同遵守的谈判安排,细则议程则是己方参加谈判有关策略的具体安排,留以自用,具有保密性。不论何种议程,其重点都应该放在谈判的进程控制上,通过对议事日程的安排,保证谈判顺利、严密地进行。一般来说,议程控制在四项左右较理想。

1. 时间安排

时间安排主要包括谈判的总期限、谈判开始及结束时间、谈判休息时间等。大型谈判还要划分各个轮次时间长短、各阶段时间分配、议题讨论时间顺序等内容。

2.日程安排

日程安排包括谈判事项的先后顺序、系列谈判的轮次划分、各轮次人员分工等。

3.谈判议题

谈判议题主要包括谈判议题的分类分层、中心议题、解决议题的框架原则、议题解决的细节要求等。

4.场所安排

场所安排主要包括谈判地内外环境布置、设施设备准备、日常用品安排等。

5.其他事项

其他事项主要包括签约的要求与准备,仲裁人的确定与邀请,谈判人员食宿、交通、游览、休息、赠礼等事项的安排,其他善后事项的处理等。

我方在拟定议程时,要注意几点:议程安排要依据能扬长避短,保证己方的优势能得到充分的发挥;议程的安排和布局要以谈判策略为中心,能够统筹兼顾,引导或控制谈判的速度;议程的安排要注意对方的自尊和利益,以免导致谈判过早破裂。

(三)谈判策略

谈判策略是谈判者对谈判活动的总体规划,可以选择在谈判各阶段灵活使用。谈判策略有自身特点与规律性,针对谈判双方地位对比可能出现的情况,可分出三类策略。

1.己方处于主动地位的策略

(1)规定期限。当对方有众多竞争或己方能满足理想目标时,可以运用时间因素,向对方给出达成协议的时间期限,以此给对方压力,在最后期限突破谈判。

(2)先进后退。运用心理因素,先用苛刻条件让对方降低期望值,再在谈判中逐步优惠或让步。欲用此策略,可在内部安排人员分别扮演"黑脸(红脸)"和"白脸",有进有退,但要掌握"度"。

(3)不开先例。在具有垄断资源或处于卖方市场条件时,优势一方以"因无先例,无法让步"来坚持己方条件。这也是搪塞和应付对方所提的不可接受的要求的简便方法。

2.己方处于被动地位的策略

(1)以攻为守。己方处于劣势时,可以寻找对方弱点,挑剔对方的提议和要求,也可以提出一大堆问题和意见来避开对方优势。

(2)积攒资源。在己方处于劣势时,可以汇聚与己方有共同利益的同盟,利用集体需求防止被对方各个击破。另外,也可以挖掘谈判本身之外但对对方有利的条件,以增强自己实力,获得对方新的让步。

(3)沉默忍耐。认识到自身弱势后,不意气用事,不以牙还牙,多听少说,适当沉默,给对方心理压力,这样可能会打乱对手的谈判计划,出现言不由衷、泄露信息的情况,给己方可利用之机。

3.双方地位平等的策略

(1)私人沟通。在谈判前,积极了解对手的兴趣、爱好、目前的困难等,谈判中有的放矢,通过情感交流,从侧面实现顺利谈判。

(2)假设条件。在谈判的探测阶段,提出某种假设条件,来试探对方的虚实,抓住有利时机促成谈判成功。但是,在提出假设条件之前,应该对假设成真后的结果有正确的估计,否则,一旦假设变成现实,或对方努力地实现这一假设条件时,自己又变动,就会非常被动。

(3)休会策略。如果谈判进行到一定阶段或遇到障碍时,一方或双方可提出暂停谈判,各自重新思考,调整对策,酌情择时续会。

四、旅游公关谈判方案的优选

一般来说,经过不断的分析和推敲,最后都会产生多个谈判方案。公关谈判人员必须对它们进行全面、详尽的比较和优选,从中选出最理想的谈判方案。具体步骤如下:

首先,组织与谈判业务相关的专业人员,依据科学合理的资料,确定出评价谈判方案的标准和方法。

其次,结合谈判的具体内容,运用评价标准和方法对各个方案进行逐一分析和判断,正确区分优劣,从中选出可采用方案。

再次,对评估、选择结果进行进一步的整理,写出评价报告,备负责人定案时参考。

最后,在组织的统一领导下,讨论定案。

优选谈判方案时,要本着严谨认真的精神,充分发扬民主,以确保评价和选择的科学性及有效性。值得注意的是,由于谈判过程中往往存在着时间、经费、信息、人员能力限制,突发偶然因素等情况。因此,现实谈判中不可能存在绝对合理和最优的谈判方案,而只能以相对比较好的目标为标准。

五、旅游公关谈判方案范例
与××酒店就合作措施及促销奖励方案的谈判方案

一、谈判双方背景

对方背景:四星级酒店,设施齐全,风格为欧式古典园林风格和现代设计风格结合;酒店2010年落成,占地面积达48000多平方米;酒店共设有标准房A、标准房B、套房、豪华套房共四种规格,计130间,服务娱乐配套项目齐全;上月客房价格列表(略)。

己方背景:隶属于××旅游集团股份有限公司;注册资金500万元;2015、2016年"中国百强国际旅行社"。

二、谈判主题

长期合作协议之"合作措施及促销奖励方案"。

三、谈判目标

(1)对原有合作条款更新,协商"住宿延期及超额订房"条款。

(2)奖励方案修改,酒店提高促销奖励返点至20%。

四、双方谈判人员分析

我方人员:

王×:谈判全权代表。

李××:负责重大问题的决策。

高××:负责技术问题。

对方人员:

王××:销售部经理,市场经验丰富,综合能力强。

杨×:性格友好,洞察力强,公关能力强。

白×:言辞犀利,遇事不冷静。

五、谈判形式分析

我方优势分析:

(1)百强旅行社,信誉好,经营状况良好。

(2)主要客源为港澳客人,消费能力高。

我方劣势分析:

(1)对方在酒店业也为强者,失去这个合作伙伴对我方不利。

(2)《旅行社条例》对"住宿安排"更为严格。

对方优势分析:

(1)外资品牌连锁酒店,客源多,入住率高。

(2)地理位置好。

对方劣势分析:

(1)两个月前与某旅行社产生过经济纠纷,媒体有过报道,业界形象曾受损。

(2)行业竞争大,附近刚新开一家四星级酒店,其需要稳定和扩大市场。

六、谈判议程

(1)双方进场。

(2)介绍本次会议安排及与会人员。

(3)A:介绍本次谈判背景;

　　B:递交通则议程;

　　C:协商一致长期合作协议条款;

　　D:协商一致促销奖励方式及返点数。

(4)达成协议、签订协议。

七、具体谈判程序及策略

(一)开局阶段

根据现有资料和情况,常用感情交流式开局策略:通过谈及双方以前合作情况,形成感情上的共鸣,分析此次合作背景,把对方引入较融洽的谈判气氛中。

(二)中期阶段

常用假设条件策略,展示我社去年接待量及今年的客源预测量,展示实力,率先提出我方长期合作愿望。

(三)磋商阶段

我方遵循的谈判方式:互惠式让步。

我方除坚持底线利益外,不固执于某一条款的让步,统观全协议,避重就轻,灵活地使对方在其他方面得到补偿。

当我方谈判人员提出让步时,向对方表明有限权力,我方作出此让步是与公司政策相悖。因此,我方只同意个别让步,即对方必须在某个问题上有所回报。

把我方的让步和对方的让步直接联系起来。表明我方可以作出这次让步,只要在我方要求对方让步的问题上能达成一致,一切就好解决。

如果对方对我方劣势作为攻击点,采取"红、白脸策略":高××充当红脸,着眼于对方劣势。王×充当白脸,体谅、理解、着眼对双方合作关系的重视,把握住谈判的节奏和进程,占据主动。

(四)最后谈判阶段

(1)把握底线:适时运用折中调和策略,严格把握最后让步的幅度,在适宜的时机提出最后方案,使用最后通牒策略。

(2)埋下契机:在谈判中形成一体化谈判,以期建立长期合作关系。

（3）达成协议：明确最终谈判结果，出示会议记录和协议范本，请对方确认并确定签约。

评价与考核

旅游公关谈判方案编写任务完成及技能评价考查表

学习目标	评价标准	小组评价（50%）	教师评价（50%）	综合得分（百分制）
理论知识（20分）	掌握旅游公关谈判方案结构及写作原则、编制要点的程度			
专业技能（20分）	能设计公关谈判程序；能根据背景资料撰写谈判方案			
通用技能（20分）	信息收集、整理能力；具有文字写作能力；具有 PPT 制作和解读能力			
任务完成（20分）	任务完成完整度和有效度			
学习态度（20分）	对任务的态度；完成任务的责任感			
综合评价与建议：				

思考与讨论

1. 如何设计谈判方案的替代方案？
2. 如何从时间安排、策略运用方面体现出谈判方案中的焦点、难点？

技能训练题

选定一个旅游企业，通过各种渠道来收集整理其基本信息，然后再整理其合作对象或竞争对手的情况，对比分析双方核心利益和优、劣势。

拓展活动

做一个善于沟通协调的公关人——囊中失物

方法简介：用袋子装着有规律的一套玩具，教师抽出一个，而后给每人一个，通过沟通猜出教师拿走的物品的颜色和形状。

活动目的：让同学们体验解决问题的方法，观察不同人对待同一个问题所表现出来的态度，思考如何达成共识，并进行配合共同解决问题。

项目八 旅游 CIS 与 TDIS 策划

学习目标

知识目标：了解旅游 CIS 设计的具体内容及特征；

了解 TDIS 策划的内涵及发展阶段；

理解旅游 CIS 策划及 TDIS 策划的概念及原则；

掌握旅游 CIS 策划及 TDIS 策划的程序、方法和内容。

能力目标：能对具体的旅游企业进行 CIS 策划或对旅游地进行 TDIS 策划；

能撰写旅游 CIS 及 TDIS 策划书。

项目分析

旅游 CIS 与 TDIS 策划作为全新的理念，在旅游发展中的作用越来越突出。要进行成功的旅游 CIS 及 TDIS 策划，需要具备系统的旅游公共关系理论，并要具备较强的分析应用能力。通过本项目的学习，主要了解旅游 CIS 与 TDIS 策划的兴起及其在我国的发展情况，理解旅游 CIS 及 TDIS 策划的概念，重点掌握旅游 CIS 策划及 TDIS 策划的基本内容及流程，难点是具体进行 CIS 及 TDIS 策划。旅游 CIS 与 TDIS 策划是旅游组织形象塑造的核心内容，也是旅游公关对旅游组织进行形象塑造的具体内容。

任务一 旅游 CIS 策划

情境设计

A 景区从开发至今已经有 30 多年了，在 20 世纪 90 年代曾经有过辉煌的历史。进入 21 世纪，尤其是近几年来，其产品的单一性缺陷显现出来。虽然品牌很大，但是吸引力明显不足。A 景区既有深厚的历史文化资源，又有丰富的自然资源。目前来说，景区开发程度比较低，开发内容不足，基础设施较差，文化表现粗陋，产品陈旧。另外，景区的观景方式也比较简单，缺少趣味性、参与性和体验感。

请根据以上情境，完成以下任务：

1. 讨论旅游 CIS 策划是如何展开的。

2. 讨论旅游 CIS 策划的具体工作内容。

3. 讨论旅游企业应如何开展 CIS 策划工作。

4. 完成以上情境的 CIS 策划书。

任务分析

A 景区目前的状况很显然遇到了发展瓶颈：景区规模不断发展壮大，各种旅游产品也不断开发出来，已经呈现了多元化的特点。但如今人们的旅游方式也发生翻天覆地的变化，旅游者的需要越来越丰富,如今景区显然没有满足旅游者的各方面要求,大多景区整体开发落后,资源开发不全面,开发成效不甚理想。这些都严重制约了旅游业的发展。因此,进行全新的旅游 CIS 策划正当其时。关键的问题在于:如何根据旅游业发展特点和各景区的管理状况,选择一种合适的 CIS 策划方案,以指导旅游业及景区的健康快速发展,真正满足旅游者各方面正当合理的需要。

任务实施

完成任务的具体操作步骤,建议如下:

步骤一　领受任务

指导教师介绍任务的内容、要求、关键点及注意事项。学生分组讨论,指导教师答疑,正确理解任务,完成任务领受。

步骤二　分析任务

请各组成员按指导教师的要求,分析任务的内容,阅读知识链接,制定完成任务的工作程序及任务分配,补充查阅其他相关资料,拟写 CIS 策划提纲。

步骤三　实施任务

各小组具体完成情境中提出的问题,写出 CIS 策划初稿,有条件的做成 PPT。

步骤四　任务汇报

各小组根据任务的要求,在教室中汇报,各小组相互提问,指导教师及时控制讨论进程,最后进行点评与总结。

步骤五　任务总结

各小组对讨论汇报要及时进行总结,形成文字材料,进一步完善策划书,作为作业上交指导教师。指导教师依据该项目任务考查表,给出各小组评价综合得分。

知识链接

一、旅游 CIS

(一)旅游 CIS 的有关概念

CIS(corporate identity system)是 20 世纪 60 年代由美国首先提出,70 年代在日本得到广泛推广和应用,它是现代企业走向整体化、形象化和系统化管理的一种全新概念,也是企业走向市场化、连锁化和规模化的基本条件,是一个企业的灵魂。

目前,国际、国内旅游市场竞争日趋激烈,21 世纪更是市场竞争的世纪,企业参与竞争的焦点已从商品数量、质量、服务的竞争,逐步进入企业形象竞争;突出从全方位、广角度、宽领域展开高层次、体现综合实力的竞争。CIS 涵盖了企业知名度、产品美誉度及企业形象力等诸多要素,企业积极引入 CIS 战略,通过理念识别系统,在观念上革故鼎新;通过行为识别系统,充分展示企业风采;通过视觉识别系统,凸现企业整体形象,进而使企业形象深入公众心中,使企业永远立于不败之地!

所谓旅游 CIS,即旅游企业形象设计识别系统。它是将旅游企业经营理念与精神文化,运用整体传达给企业内部与社会公众,并使其对企业产生一致的认同感或价值观,从而达到形成良好的企业形象和促销产品的设计系统。

(二)旅游 CIS 的具体内容

CIS 的具体内容主要包括:

1. 理念识别系统(mind identity system)

理念识别是企业的精神和灵魂。它是企业最高决策层的思想系统和战略系统,是企业经营理念与精神文化的体现,是企业生产经营过程中设计、科研、生产、营销、服务、管理等经营理念的识别系统。内容包括企业宗旨、企业价值观、经营方针与策略、市场定位、产业构成、组织体制、社会责任、发展规划等。它是企业的灵魂,是CIS设计的根本依据和核心。行为系统和视觉系统的设计都必须充分体现企业经营理念的精神实质和内涵。

2. 行为识别系统(behaviour identity system)

行为识别系统是为企业正常运行所做的全部策略,是企业经营管理实践理念与创造企业文化的准则,是对企业运作方式统一规划而形成的动态识别系统,是以经营理念为基本出发点。其职责对内是制定完善的组织规章制度、管理规范、职工教育、行为规范和福利制度;对外需要进行新市场调研、产品开发,通过开展社会公益活动、公共关系活动、营销活动等传递企业理念,以获得社会公众对企业行为识别的认同。内容包括企业准则、行为方式、管理方法、机构设置、产品研发方向、公关促销手段、公益活动等。企业行为系统是动态的识别系统,它规范企业内部的经营、管理、教育的一切活动,实际就是企业的运作模式。通过这种运作模式,既实现了企业的经营理念,又产生了一种识别作用。即人们可通过企业的行为去识别认知企业。

3. 视觉识别系统(visual identity system)

视觉识别系统是指企业视觉识别的一切事物,是以企业标志、标准字体、标准色彩为核心展开的完整、系统的视觉感知体系,是将企业理念、文化特质、服务内容、企业规范等抽象内容转化成具体符号,塑造独特企业形象的完整识别系统。内容包括企业名称、商标、标准字、标准色、象征图案、传播媒介、宣传口语、制服、旗帜、招牌等。它是企业的静态识别系统,在CIS中最具有传播力和感染力,也最容易被社会大众所接受,占据主导的地位。其作用在于通过组织化、系统化的视觉方案,体现企业的经营理念和精神文化,以形成独特的企业形象。

(三)旅游CIS的特征

1. 客观性

旅游CIS的导入和推广必须建立在严格的市场调查和科学评估的基础之上,实事求是地从旅游企业的实际出发,不能脱离现实凭空想象和虚构。旅游CIS导入产生效果的大小,在相当程度上取决于旅游企业自身的实际状况和企业长期形成的个性形象。

2. 一贯性

旅游CIS的应用实施是一项长期性的工作,是企业长期发展战略的重要组成部分。旅游CIS应以旅游企业远景规划为依据,立足长远,立足公众的社会利益,而不是自身的短期利益。因此,旅游CIS一旦确定,不应轻易改变,即使是企业领导人更换,CIS的基本内容也应尽可能保持一贯性和稳定性。当然,社会在不断发展变化,市场也是不断变化的,CIS的导入和实施不能不处在一个稳中求变的动态发展过程之中。如何在"变"与"稳"中寻求平衡点,到达内外、前后的"对应"和"同一",正是旅游CIS策划与设计的一项重要任务。

3. 统一性

旅游CIS的实施就是要将旅游企业的理念文化、组织管理、经营方针、发展战略、生产规模、技术实力、产品、服务、社会责任等各种信息统一整理,并将这些信息与企业标志、标准字、标准色、特定标语等形象化信息相结合,进而经过系统的、科学的全面策划,通过旅游企业的各种媒体,以各种形式和各种活动,对社会公众作统一性的传达,以便获得社会公众的认同、信赖和支持。

4. 社会性

旅游企业形象只有得到社会公众的认同,才能发挥其效力。旅游企业是社会的一分子,企业的存在和发展都要依赖和仰仗社会的理解、合作和支持。旅游企业的根本利益和社会的整体利益是一致的。旅游企业的宗旨和目标应有强烈的使命感和社会责任感。因此,旅游企业的 CIS 必然有社会的特征,以便于 CIS 在更广泛的范围内被社会认知和传播。旅游 CIS 策划的社会性体现在旅游企业应把社会利益、公众利益摆在首位。

5. 独创性

当今时代是一个个性化的时代,不仅个人的生活,而且组织的运行都在不断地塑造个性特征。CIS 就是要突出企业与众不同的个性,使其在茫茫商海中脱颖而出。如今市场竞争十分激烈,对手如林,旅游企业如不能因势利导,标新立异,就可能在发展中处于劣势,甚至会被淘汰出局。

6. 战略性

"战略"一词本是战争用语,后应用于各个领域,泛指具有全局性、长期性和关键性、重大性的谋划。旅游 CIS 及其导入本身也具有这一特征。旅游企业理念是企业的指导思想,本来就事关企业的全局,是企业的关键之所在。因而,旅游企业应将 CIS 的实施及所要树立的良好形象,从战略的高度来认识,它是一项长期而艰巨的任务。

(四)旅游 CIS 的意义

CIS 是现代企业大规模化经营而引发的企业对内对外管理行为的体现。现如今,国际市场竞争越来越激烈,旅游业之间的竞争已经不仅仅是产品、质量、技术和服务态度等方面的竞争。旅游企业要求得生存就必须从管理、观念、形象等方面进行调整和更新,制定出长远的发展规划和战略,以适应市场环境的新变化。

1. 可以完善旅游企业内部管理机制

多元化、集团化、国际化旅游经营企业为对各下属成员企业进行统一管理,以协调它们之间的行动,树立统一形象,需要引进 CIS。而就所有旅游企业而言,它们面对与日俱增的产品及各种应用设计,需要制作一套方便作业的管理系统,而 CIS 能够简化管理系统的作业流程,缩短新进员工培训和适应作业的时间,使管理更加便捷、规范、富有成效。

2. 可以塑造旅游企业独特文化,增强企业凝聚力

CIS 的导入,有助于旅游企业文化的塑造和更新,从而使企业持续保持生存和发展的活力。企业文化是企业成员所追求的固有价值观、思维方式、行为方式和信念的综合,是企业成员在企业长期生存竞争中逐渐汲取经验教训而发展起来的。它作为企业生命力的一个要素,对企业生存能力有着重大的影响。企业如果没有属于自己的良好的企业文化,在发展中就会缺少后劲。企业文化的作用是强调企业目标和企业成员工作目标的一致性,强调群体成员的信念、价值观的趋同,强调企业成员之间的吸引力和成员对企业的向心力,因此它对企业成员有着巨大的内聚作用,使企业成员团结在企业组织周围,形成一致对外的强大的生存发展力量。所以适时导入 CIS,是旅游企业重塑企业文化的重要途径。

3. 可以提升旅游企业形象与知名度

导入 CIS,通过组织化、系统化和统一化的企业形象策划,可以提升企业形象与知名度,旅游消费者对于有计划的识别系统容易产生组织健全、制度完善的信赖感和认同感,同时对于有优秀的行为识别和独特的理念识别的旅游企业也较容易产生良好的印象。旅游企业为了提高在公众中的形象和知名度,需要积极引进 CIS,进行企业形象策划。

4. 可以强化旅游产品、服务的市场竞争力

旅游企业导入 CIS,通过给人印象强烈的视觉识别设计,有利于创造品牌,建立旅游消费者的品牌偏好。现代企业的竞争,是新技术、新产品的竞争,旅游企业只有不断地进行技术革新,不断开发出新产品,才能使企业抢先占领市场,赢得更多的消费者。而消费者对新产品的认识、理

解、接受以至形成一种新的消费习惯,都需要经过很长的一段时间。良好的企业形象可为新产品的开发铺平通向消费者的道路,因为消费者对企业的信赖使其对企业的产品也有种信得过的感觉,由此增强企业产品的竞争力。

5.可以吸引社会优秀人才

优秀的职工队伍是旅游企业生存发展的坚实基础,在招聘员工时,能否吸收优秀人才,储备高质量的人力资源,以及能否保证企业经营的持续性,避免人事频繁变动,均有赖于企业形象的好坏。导入CIS,通过塑造有个性的企业形象,使企业形象有一定的倾向性和针对性,从而与受其吸引而来的应聘者具有了比较一致的目标和要求;同时由于避免了不确定性,吸收新职员的程序会变得简单,更容易吸收到优秀人才。

6.可以提高旅游企业广告宣传效果

旅游企业传达的信息如果出现的频率与强度充分,广告效果必然提升。企业形象策划的统一性与系统性的视觉要素设计,可加强传达信息的频率与强度,产生倍增的扩散效果。

二、旅游企业 CIS 策划

(一)旅游企业 CIS 策划流程

旅游企业CIS策划与实施是一种循序渐进的计划性工作,整个计划的开展与进行,综合国内外其他企业导入CIS的经验,其工作流程可分为下列五个阶段:

1.企业实态调查阶段

具体把握旅游企业的现况、外界认知和设计现状,并从中确认企业给人的形象认知状况。

2.形象概念确立阶段

以调查结果为基础,分析企业内部、外界认知、市场环境与各种设计系统的问题,来拟订公司的定位与应有形象的基本概念,作为CIS设计规划的原则依据。

3.设计作业展开阶段

将企业的基本形象概念,转变成具体可见的信息符号,并经过精致作业与测试调查,确定完整并符合企业的识别系统。

4.完成与导入阶段

重点在于排定导入实施项目的优先顺序、策划企业的广告活动及筹组CIS执行小组和管理系统,并将设计规划完成的识别系统加以制成标准化、规格化的手册或文件。

5.监督与评估阶段

CIS的设计规划仅是前置性的计划,如何落实建立企业的形象,必须时常监督评估,以确保符合原设定的企业形象概念,如发现原有设计规划有所缺陷,应提出检讨与修正。

(二)旅游企业 CIS 策划具体实施步骤

1.旅游企业 CIS 策划的准备阶段

(1)旅游企业现状分析。旅游企业现状分析包括企业内部环境和外部环境分析。关于企业内部环境的分析,必须先进行意识调查,企业决策层负责人必须与各职能部门主管进行会谈,必要时还需和员工会谈,再进行企业形象调查、视觉审查等活动,找出企业当前面临的问题及对策,使CIS计划中的主题明确化。

企业外部环境的分析,是指对现代社会的分析,如当前市场状况的分析、其他行业的形象分析等相关分析活动,以掌握旅游企业在社会中的地位,并探索、检讨企业今后的出路及发展方向。

(2)旅游企业经营理念和领域的确定。根据对旅游企业现状的把握,随即便可重新审视企业经营理念和未来发展领域。以旅游企业的经营意志和社会、市场背景等为基础,预测10年后、20

年后的情况,以确定企业的业务发展领域。同时,将现存的企业理念与未来经营理念相互对照,据此规划出企业的业务经营范围,并开始着手改善企业形象素质。在外界 CIS 策划专业公司或咨询人员的协助下,设定企业内的组织体制,以及信息传递系统,以塑造新的企业形象素质。

2. 旅游企业 CIS 实际调查与分析

建立旅游企业 CIS 的过程,是一连串相当细密的工作。在这一过程中,必须确立企业 CIS 的施行步骤,以作为日后实施的依据;而调查与分析,就是企业 CIS 导入过程的第一步。

(1)旅游企业实态调查。CIS 调查的第一步,就是展开"企业形象实态调查",调查的主要内容大致有下列几个方面:①社会各阶层公众对旅游企业的整体印象如何;②社会公众对旅游企业形象的评估,是否与旅游企业的具体市场占有率矛盾;③和其他行业活动比较,旅游企业的企业形象中最重要的项目是什么;④哪些地区的公众对旅游企业的整体形象评价好,哪些地区的评价较不好,理由分别是什么;⑤和旅游企业保持往来的相关行业,最希望旅游企业提供的服务是什么,对旅游企业的活动有何意见和建议;⑥目前,旅游企业整体形象有何缺点,未来应塑造出何种形象;⑦旅游业各行业目前的市场竞争力如何;⑧当地的旅游行政主管部门对旅游企业未来的发展有何计划。

对于旅游企业的实态调查工作,可从企业内部与外部两方面着手。有关企业内部的调查工作,包括企业经营理念、营运方针、产品开发策略、组织结构、员工调查、现有企业形象等,都需要逐一加以校对、研究、分析,整理出企业经营的理想定位,再由外部方面进行调查。企业内部调查的重点,主要是和高阶层主管人员的沟通,应以相互信赖和共同发掘问题为基础,将企业经营的现况、内部的组织、管理等正反两方面问题深入探讨,将产品开发设计导入正确的方向。外部方面,有关消费市场与特定对象的分析研究,尤其是竞争对手情报的收集与分析,是产品开发前调查工作的重要方面。

前期调查工作是否客观、准确,是决定企业 CIS 设计成败的关键。因此对于旅游企业而言,应先确定优良的形象调查系统,选拔工作作风正派的员工充任调查员,以调查结果作为依据进行产品设计开发,确定相关方针政策。

(2)旅游企业形象调查。塑造企业良好的组织形象,是 CIS 的主要任务之一。旅游企业在展开形象调查前,必须首先确定,到底什么样的企业形象才算是"良好"的,而塑造和维护企业形象具体需要作哪些方面努力。此外,对目前旅游市场的活动情况及特色,也应仔细研究、分析,进行广泛的调查研究。准确而客观的事前调查,将有助于了解企业未来 CIS 工作的方向,既可提升工作效率,也是提高 CIS 工作成效的有力保证。

3. 制订旅游企业 CIS 规划方案

旅游企业应根据形象调查及分析的结果,重新评估企业理念,构筑新的企业经营战略,即形成 CIS 策划的方针,以指导旅游企业的发展。

旅游企业 CIS 的初级企划书,主要是根据企业的客观事实,找到适合于企业的经营理念,也可以说是对企业管理层的建议书,因此必须具有解决实际及突发问题、改善经营管理体制、引导企业未来发展方向的功能。

旅游 CIS 企划方案必须能针对调查结果,表达出正确的判断,进而提供有关 CIS 的活动指导和改良建议,深入浅出地指出未来企业应该具有的形象,并明示今后一系列的 CIS 策划工作和实施办法。

(1)CIS 企划方案的重心。CIS 企划方案具体由三大部分构成:①企业实态的调查和分析,也就是事前调查阶段。②根据调查结果,开展企划和规划的工作,CIS 策划也属于这部分。③实施管理作业。

企业经营者在推行CIS时,应按照上述的三大部分,循序渐进,切实执行,才能真正发挥CIS的效果。

在提出CIS策划方案的构想之前,我们会先自问一个问题:引进CIS的真正目的是什么?是不是认为公司本身存在着某些问题,必须加以改善?换个角度讲,我们可以说已经看出CIS能解决公司所面临或即将面临的问题。

因此,企划案的内容应该清楚地标示出"问题"和"解决办法"两大重点,并且对具体的实行步骤、方法和预期成果加以说明,如果能列出公司目前的问题,并加以精彩详细的说明,相信就更能打动经营负责人的心。

(2)确定工作大纲。

①主题明确化。每一个企划案都必须有其魅力标题,当然也可以只用"关于本公司CIS引进大纲"为主题,但仍以拟定出企业体具有代表性的魅力话题较为妥当。例如:"为实现公司业务积极活性化与市场扩大占有率的提升";或是"迎接创立周年庆纪念"。

另外,在拟定方针时需有充分周密的思虑与研讨,千万不要因为追求流行时髦而导致判断错误,影响企业整体性的发展。

②拟定具体实施活动办法。经研讨分析后的结论,认为有必要导入CIS时,则需将主题、着眼点、背景等,一一予以评估,因为在导入作业实施的每一阶段,每项工作都环环相扣,因此在全盘作业大纲分类后,须依需要性拟定各种不同活动方式来配合推动。

③编列导入时间预定表。CIS导入作业不是短期的作业,同时在进行中也必须有许多事项的配合,因此要将作业阶段进行的项目与日程时间,进行充分的掌握调配,才能推动作业的顺利进行。

④明确作业组织功能。用什么方式来推动与推选出适合人员来执行导入作业,是不可忽视的事。组织机能必须明确化,例如,在内部设置CIS委员会来负责,工作任务做有效的分配执行等。

另外,CIS导入作业的规划,不妨聘请外界专家协助参与,因为企业形象的塑造是希望能获得社会大众的认同与喜爱,如果全部由内部自己人员推动的话,恐怕会受限于企业本身的主观偏好,而造成闭门造车的缺失。

⑤编列经费。一般而言,所需经费包括调查企划费用、视觉设计费用、各种类项目实施作业费用、内外沟通作业费、评估与管理费,等等,可分由上述各项作业内容预估出大概的金额。但通常在进行CIS作业时,项目的或增或减是避免不了的事,所以在预估经费时要保留一些弹性。

整体来说,CIS的费用具体可分为四方面:一是,企业实态调查及企划费用;二是,设计开发费用;三是,实施管理费用;四是,其他费用,如推行计划时的花费,公司内部信息传递的经费等。

4.旅游企业CIS的设计开发

在企业的最高负责人批准CIS企划案后,即可展开CIS的作业。此时公司内部最关心的,当然是导入CIS后,"企业问题"能否解决,以及用什么方法来推行CIS等。因此,企业可能会设置"CIS推行委员会",并派遣专人来负责此事。

进入CIS的设计开发阶段后,前面各项作业所设定的识别概念、经营理念,都将在这个阶段中转换成系统化的视觉传达形式,以具体表现企业精神。

(1)基本要素与应用设计。基本要素各自的定义和考虑的重点如下:

①企业标志。即代表企业全体的企业标志。对生产、销售商品的企业而言,是指商品上的商标图样,包括抽象性的企业标志、具体性的标志、字体标志等。

要设计出成功而具有良好推广力的企业标志,标志设计必须依照一定的程序展开,一般需要经过以下几个阶段:

一是情况了解。在进行企业标志设计作业之前,必须对企业的经营理念、精神文化,企业的发展前景展望,企业的性质、经营内容、产品特性、服务特色、企业规模与市场地位以及企业在社会公众中的知名度,企业主管对标志设计有何期望与要求等方面的情况认真加以了解,才能找到设计的依据。

二是公众调查。设计新标志或对企业原有的标志进行检讨,对其成功与不足之处作出客观的评价,首先是对市场上同类企业的标志或品牌商标进行收集整理分析,尤其是要对企业的主要竞争对手的企业标志进行分析研究,比较各自的优劣。其次是可以采用对公众进行测试的方式展开一定量度的市场调查,从公众对标志设计题材、造型要素、构成形态、表现形式等方面的好恶程度获取客观的依据,作为设计作业的参考,以便形成正确的思路。

三是意念开发。设计的准备工作完成后,从这个阶段开始正式进入设计作业。根据对企业情况的了解及从公众调查中获得的有关资料的分析结果,可以确定设计的创意方向,进行意念开发。从标志设计的主题素材中选择适当的题材,作为标志设计意念展开的基础。

四是设计绘制。选择能表达企业精神和经营实态的意念做定点深入的垂直发展,确定标志设计的造型要素,反复推敲,不断修改,对多种不同的表现方案进行比较、综合,从而达到最佳的构成形态,同时使之具有一定的寓意内涵。

五是展开应用。企业标志完成全部设计作业后,应送交企业主管做最后的认定,得到认可后即可与视觉识别的其他应用要素展开运用,并进行全面的推广传播。

例如:广之旅国际旅行社股份有限公司的标志(图8-1),整体以"灿烂阳光,怒放红棉,无边绿野"作为企业标记。亮丽鲜明的红、黄、绿三色和洒脱酣畅的几笔,勾画出一个风光无限的旅游

图8-1 广之旅企业的标志

世界,醒目、鲜明,而又极具个性,令人见而难忘。以朗朗上口的"广之旅"作为公司简称,寓意为服务广州市民,接待来广州的八方游客及广阔的旅游空间。按科学方法统一企业的活动内容和形象内容,装扮出一个新鲜活泼的"广之旅"企业形象,以"广之旅,无限风光带给您"为广告词,在1994年香港国际旅游交易会上正式发布。同时利用当时旅游界宣传意识淡薄的时机,随即大张旗鼓在各大传媒做形象广告,使广之旅企业这一新品牌能捷足先登,在短短的时间内迅速深入人心,风靡整个旅游界。

②企业名称标准字。其通常是指公司的正式名称,以中文及英文两种文字定名。以全名表示,或是省略"股份有限公司""有限公司"的情况亦可。具体需要依据企业的使用场合,来决定略称和通称的命名方式。

③品牌标准字。原则上要求以中文及英文两种来设定,要足以代表公司产品的品牌。

④企业的标准色。其用来象征公司的指定色彩。通常采用1~3种色彩为主,也有采用多种

颜色的色彩体系。可以考虑让这种借以传达公司气氛的色彩常常出现,或利用辅助色彩制造更佳的效果。

⑤企业标语。其用以对外宣传公司的特长、业务、思想等要点的短句,如菲利浦公司的"让我们做得更好",海尔集团的"真诚到永远"等。在实际操作中,企业标语与公司名称标准字、企业品牌标准字等附带组合活用的情形也很多。

⑥专用字体。其包括公司主要使用的文字(中文、英文)、数字等专用字体。选择主要广告和产品促销等对外印刷情报所使用的字体,并规定为宣传用的文体。商品群、品牌、公司名称,对内对外宣传、广告的文字都应使用专用字体。

至于CIS的应用设计,则包括公司章类(如名片、旗帜、徽章等)、文具类(如文件、信封、信纸、便条纸等)、车辆运输工具等,服装制服、企业广告、宣传、招聘广告等也是。

(2)设计与开发。CIS的设计与开发,包括下列几点:

一是设计开发的委托方式,包括总括委托方式、指名委托方式、指名设计竞赛方式、公开设计方式。

二是设计开发的作业分配方式,包括基本设计要素及基本设计系统,应用设计要素及应用设计系统。

三是CIS设计开发的程序。需要制定详细的开发程序。

最后进行测试与打样,并开始新设计的应用,编辑设计应用手册。

5.CIS设计应注意的问题及事项

很多企业相信CIS是企业活动所不可或缺的,但是在实施CIS的同时,却发现并没有产生相对的效果,推敲其理由,可能有下列几点:

(1)CIS和高级主管的管理作业有密切的关系。当员工按部就班地推行CIS计划时,他们会发现一件事实:CIS活动中所发现的企业缺点越多,得罪主管的危险性也越大;这个事实,自然使推行CIS的阻力加大。

一般而言,高级主管比较不会当面拒绝员工的建议。一个聪明的主管,在了解CIS的重要性后,一定不会责怪提案者的建议或批评。因此,要使CIS的成效大彰,首先要得到高级主管的了解与赞同。最简单的说服概念是:上司期待的是公司的发展和进步,因此对员工有利于企业的提案,当然应该欢迎。况且,CIS施行成功后,最先受益的还是高级主管。

(2)CIS涉及多种不同性质的科学技术的结合。企业在决定方针、方向、战略之后,活动领域立刻会衍生浓厚的感性问题,因为包括视觉性的设计开发,以及判断、选择、适用及调整公司内的工作情绪等,都是需要感性和人性的工作。新的CIS提案要得到大家的接受与认同,确实须花费一番工夫。

因此,要使这类理性、感性交杂的作业能顺利进行,并逐渐强化,最后达到使公司内外甚至竞争企业也一致赞美的成功境界,就必须仰赖高度的管理技术。

(3)企业体本身往往成为推行上的障碍。CIS是企业本身企业形象的革新,要使自己由消极转向积极,由老化转向年轻,这是不容易做到的。最根本的症结是,大多数的企业并不知道自己的老化程度。

在CIS的科学技术中,"设计"会带来年轻的力量,消灭老化现象,使人有焕然一新之感。换言之,我们可以利用CIS设计造型的力量,潜移默化,以造型来改变企业形象。

CIS的价值在于它内含的资产价值。CIS活动,是一种从头到脚彻底改变企业体质的行为。借着新企业形象的推出,来改善企业的现况,这样一个充满野心与信心的计划,任何企业应该都不会有拒绝的理由。

也正因为如此,CIS更需要企业全体员工在意识形态上的改革,因此如何使员工进行自我革新,也是一项极为重要的工作。

企业若能克服上述种种困难,必能收到CIS所给予的惊人成效,企业远景也必将充满活力与希望。

(4)计划阶段注意事项。CIS导入计划有它预定的实施期限,其中包括许多复杂的项目,因此必须循序渐进,才能得到合理有效的结果与良好的视觉设计系统。所以,要产生良好的CIS作业,在计划阶段应注意下列事项:

①不可仓促进入实施阶段。在企业确认CIS的导入方针前,如果仓促而机械地勉强排定实施计划,反而会产生反面效果。

②设计开发作业的时间必须有弹性。CIS的设计开发作业中,最重要的是在基本设计开发期间,必须由参加设计者充分地检讨。为了能提出优秀的构想,在设计开发作业的最初阶段中,必须预留足够的检讨时间。

③重视逻辑性,循序推进CIS作业。在进行CIS计划时,有关企业问题的探究、调查工作及根据调查结果作判断的过程,如果进行得不理想,对往后内部人员与外界沟通时易产生偏差,也会使得CIS的成效不彰。因此,不论高级主管如何要求赶工、赶时间,CIS作业都必须步步为营,重视逻辑性、整合性、循序渐进地推行。

④变更公司名称、品牌、商标时,必须赶办法律手续,制定充足的作业时间。由于各种法律手续烦琐程度不一,又常常容易被忽略,因此尽早办理,可避免进行CIS作业的延误。

⑤发现CIS计划不合理时,应尽快重新制订。CIS计划的流程安排,必须考虑前后作业间的关联性,因为前面的作业必然会影响到下一步的作业。因此若发现CIS计划中有任何一个环节不合理时,应尽快重新制订。

三、旅游CIS策划范例

桂林香格里拉大酒店CIS策划

一、酒店概述

桂林香格里拉大酒店坐落于如诗如画的漓江河畔,于2010年3月9日正式开业,从酒店可以十分便利地前往桂林最著名的旅游胜地,如叠彩山风景区和正阳步行街,前往桂林两江国际机场也仅35分钟车程。

酒店拥有432间豪华客房,有中餐厅、西餐厅、酒廊、餐厅包房和多功能厅,以及面积约达1800平方米的豪华宴会厅;还有设施齐全的康乐中心等。豪华宴会厅设计豪华典雅,可灵活分割为三个独立的小宴会厅。大宴会厅自带一个贵宾会客室以及一个独立的宴会入口,能够直达酒店大堂和各餐厅酒吧。为适应中小型会议的需求,酒店还设有6间面积50～234平方米不等的多功能厅,大多数均可自然采光。酒店所有的宴会厅及会议室都配有最先进的视听设备,包括两台市内清晰度最高的嵌入式投影仪,此外也是桂林首家提供会议区域无线上网的酒店。

桂林香格里拉大酒店将持续香格里拉著名的"经典会议"服务计划。酒店专业的会议统筹团队与酒店的宴会部、前厅部和财务部紧密协作,负责活动的各项安排。每场会议都将全程安排专职多媒体技术人员和会议专员。酒店还提供多种特色主题茶歇。

二、理念识别系统

香格里拉酒店使命:成为客人、员工和股东的首选。

五个核心价值:尊重备至,温良谦恭,真诚质朴,乐于助人,彬彬有礼。

香格里拉酒店的目标:成为客人、员工和经营伙伴的首选。

香格里拉服务宣言:为客人提供物有所值的特色服务和创新产品,令客人喜出望外。

经营理念:由体贴入微的员工提供的亚洲式接待,为客人提供体贴入微的具有浓郁东方文化风格的优质服务。饭店兼容了当地所特有的文化底蕴,殷勤好客的服务反映着浓郁的地方风情。

顾客满意的四种途径:从客人满意到使客人愉悦,直至建立客人忠实感。主要是通过认知客人的重要性、预见客人的需求、灵活处理客人要求并积极补救出现的问题四种途径来使客人感到愉悦。

员工对顾客的承诺:把赢得客人忠实感作为事业发展的主要驱动力,体现在始终如一地为客人提供优质服务、在每一次同客人接触时令客人喜出望外、行政管理人员与客人保持直接接触、使员工能够在为客人服务的现场及时作出果断决定。

企业对员工的承诺:确保领导者具有追求经营业绩的魄力,发扬团队协作精神,齐心协力、步调一致;使员工能够在为客人服务的现场及时作出果断决定;确保每家饭店乃至整个公司都取得短期和长期的最佳经营业绩;创造一个既有利于员工事业发展,又有助于实现他们个人生活目标的环境;在与人相处时表现出诚挚、关爱和正直的品质;致力于引进先进技术和改进程序,确保服务程序简明易行,方便客人及员工;加强环保意识,保障客人和员工的安全。

对香格里拉酒店理念的推广方法:仪式法、典型法、反复法、理念专题活动四种方法相结合。

(1)在开业前对员工进行培训,开展理念专题活动,给员工灌输企业理念。

(2)制作香格里拉酒店开店仪式,仪式是有关企业理念的口号、宣言等。在每天开店前进行理念仪式。

(3)在日常经营中挖掘激励优秀典型员工,处理批评不合格员工,抓理念典型教育。

(4)采用各种途径对员工反复灌输企业理念,让企业理念深入员工灵魂。

三、行为识别系统

(一)内部活动

1.组织制度

公司采用股份制设董事长一名,总经理一名,总经理助理一名,然后分别是策划、营销、生产、财务、人力、行政、质量各一名总监,采用内部竞争制、平行不干涉制、特派监督制。本公司自经理以下采用等级晋升制,每6个月为一个考核周期,考核项目有出勤、团队组织、业绩、成果创新以及客户意见等。内部管理人员的提升和调动达到90%。

2.人员行为

(1)领导者行为:注意员工与部属的关系;目标管理的计划;你的权力来自哪里;强化团队意识;企业文化的深入。

(2)员工行为。

①员工的仪容仪表。在企业行为中,员工的一言一行,一举一动,都代表了企业的形象。香格里拉服务宣言:为客人提供物有所值的特色服务和创新产品,令客人喜出望外。在这一形象定位下,员工的仪容仪表必须注重:a.生活化。以寻求与社会大众的共同点,使人容易亲近。b.品位化。在生活化的基础上突出香格里拉人审美的品位。

②员工语言。中国是礼仪之邦,日常用语的规范是CIS中的重要环节,因此,推广标准语言是各部门主管的重要工作,推广初期,甚至必须与奖金挂钩。

③员工的对外行为。a.员工的行为符合法律准则。b.员工的行为符合道德标准。c.注重沟通能力。d.主动献爱心,助人为乐。e.认识团队合作的力量。f.不断更新产品知识,拓展服务思维。

3.人才机制

人才是企业发展资源中最根本的资源,"人才资源大于天",桂林香格里拉大酒店将本着"以人为本"的观念,广纳人才,识人、用人、培养人、发展人、形成人才团队。

4.内部文化活动

(1)文化周末活动(学习,展览等)。为宣传公司企业文化,巩固公司在产品和服务方面取得的成果,丰富员工业余文化生活,培养员工对企业责任意识,桂林香格里拉大酒店将围绕"奉献、尊重、沟通、团结"的核心价值观,每三星期开展一次活动,活动内容将突出反映"以人为本、服务至上"的理念,活动主题如下:①服务至上与公司发展学习。②就工作中的某些环节,我们怎样做得更好。③从"以人为本"的角度谈为顾客服务的重要性演讲。④我是公司的一员,我的青春同样精彩心路历程展览。

(2)团队拓展。优秀的团队需要团结、信任、协作,拓展游戏能在轻松的氛围里产生团队互动,每个参与者都有机会回顾并体验自己在活动中所扮演的角色、言行、态度等。经过这样的拓展文化活动,必然让员工间的团队协调性更好,增强了员工的归属感和集体荣誉感,消除彼此之间的陌生感,加强了彼此之间亲近和理解程度。各种争议变得更容易沟通协调,人与人之间思想的融合也变得更轻松。大家变得更愿意发挥集体潜能,共同解决难题。

(二)外部活动

1.市场行为

(1)针对消费者营销活动的行为规范。

(2)相关促销活动、市场调研活动以及各种类型的终端活动。

首先要诚恳。现代营销的核心是沟通,沟通在针对消费者的营销活动中占了巨大的比重。消费者动了心,才会积极响应产品,才会掏钱消费,这一点市场主管必须有一个明确的认识。其次要简洁。活动以易于操作为重,避免烦琐带来的各种不利影响。

2.服务规范

以您满意的微笑就是我们的追求,桂林香格里拉大酒店承担对外接待的部门统称为"窗口",如集团办公室、前台、销售部、电话总机、餐厅等涉外部门。这些部门的具体行为要:

①热情。热情体现出桂林香格里拉大酒店对每一位顾客、朋友的尊重,体现了真诚的本性。

②注意每一个细节。细节最能体现职业素质和职业修养,也是香格里拉大酒店关心顾客、关心朋友的集中体现。

③体现时代精神。

桂林香格里拉大酒店对服务行为规范有三点:

(1)知识服务。要让消费者买个明白,消费放心,知识服务很重要。

(2)档案服务。由客户部接手,帮助客户办理交易手续、了解需求、建立档案,解决客户在购买商品过程中的售前咨询、售中援助、售后服务的全过程;让客户随时都能感受到香格里拉大酒店无所不在的高品质服务。

(3)距离服务。所谓"距离服务",就是导购员与顾客保持一定距离,为顾客提供一个自己可以充分选择的空间,这就是香格里拉大酒店的魅力,顾客未作需要提示时,千万别紧跟在顾客左右,以免顾客产生不自然的心情,让顾客在轻松愉悦的氛围中享受生活。

3．推广策略

在发展推广上有以下几点：

（1）以辐射状在广西各市开花。以桂林市为大本营向各地区辐射，影响广西大地，再以广西为核心辐射中国大地。

（2）以地级城市、省会城市为主要目标城市，重点推广。

（3）选拔负责人辐射范围，负责本地区推广。

（4）持续性推广CIS战略、差异化战略思想。

4．公共关系

公关活动是宣传企业，树立企业形象的大好时机，充分抓好公关活动，以规范的行为来传播企业各类信息。

（1）新闻宣传。新闻宣传主要是媒体报道、新闻发布会、记者招待会等，新闻宣传是隐性的广告宣传，比真正的广告宣传更具威力。与电视台或广播台合作，提供赞助或举办旅游、休闲等活动，提供相关所需信息，树立桂林香格里拉大酒店良好的形象。作好新闻工作，应该注意以下几点：①新闻性：有发布新闻和制造新闻两种。②真实性：具有真实的内容，避免制造噱头。③企划性：发布经过严密的组织，可以延伸到市场活动中并产生销售效应。

（2）文体活动的参与。文娱与体育活动的参与对企业形象的提升，知名度与美誉度的提高有直接的作用，但由于现在文体活动的商业化，因此，对于文体活动，我们必须注意：社会影响力的大小；目标消费者的参与程度；费用；可操作程度；预期效应评估；等等。

作为活动的赞助商或信息传播者出现，能让桂林香格里拉大酒店与其他组织形成良好的合作关系伙伴。文体公关活动必须与市场活动紧密地联结在一起，否则，参与活动没有任何意义。

（3）与旅行社、旅游网站等进行交流联合。

（4）赞助公益活动。依企业实力，有选择地进行。

（5）赈灾济困。可以发动员工参与，激发员工的美德。

四、视觉识别系统

1．企业标志和象征

"香格里拉"和"SHANGRI－LA"正是这五星级酒店的独特标志，在酒店的装修上就可以充分体现出来，在酒店外饰装修上以鎏金正楷大字镶嵌出了"香格里拉大酒店"和字母"SHANGRI－LA hotel"，分别醒目地突出了其企业标志，彰显其国际化的经营管理理念和标准化的服务理念。

2．企业建筑的内外环境

在酒店整体装修上充斥着极为浓重的中国古典元素，并结合了桂林本地区的风景建筑风格与酒店周围的景色相得益彰。同时这也体现了香格里拉大酒店秉承"热情好客香格里拉情"的经营思想，为宾客提供豪华至尊的礼遇和前所未有的体验，让顾客不禁流连忘返。在内部的设计上，中国元素和西方建筑的完美结合，让顾客在住店的同时，无论在房间内外都可以享受到桂林那如画一般的精致。清新的园林美景、富有浓厚亚洲文化气息的大堂，堂皇的大理石地面，以及令人瞠目的威尼斯水晶大吊灯等特征，新客房以暖色调为主，配以时尚的木制家具，鸭绒被、窗帘和靠垫均采用上等的织物制成，以恬静的褐色、金棕色和米色等大地色系为主，衬托出中国海纳百川的怀柔风格。

3．广告设计

广告语："坐拥桂林天然美景，体验细致入微的盛情款待，桂林香格里拉大酒店现已开幕"这是一则发布在桂林人论坛的页面广告,以一个成功男士在桂林香格里拉大酒店享受舒适服务的同时欣赏窗外桂林的天然美景为广告封面,充分体现出了桂林香格里拉的"热情好客香格里拉情"的服务理念和本土化的酒店建筑风格,让人有种置身了桂林的青山秀水之中的感觉。让人不禁联想到这样的词句:于天然风景之中开幕,临幽壁漓江之河畔,点缀以如画之桂林山水,奉以尊荣奢华的设施,以其至善至真的服务,始终如一的关怀备至,让您在桂林香格里拉酒店里享受如家一般的感觉。这则广告设计充分表达出了香格里拉集团本土化的经验理念和至诚的服务。让顾客在住店的同时可以享受到融入桂林的天然美景的奇幻感觉和如家一般至真至诚的服务。

五、应用系统

(1)办公用品:信封,信纸,便签,名片,徽章,工作证,请柬。

(2)内部建筑环境:内部部门标识牌,常用标识,楼层标识,企业形象牌,旗帜广告,POP广告,货架等。

(3)服饰:经理服,管理人员服,礼仪服,文化衫,领带,工作帽,纽扣,肩章,胸卡等。

(4)广告媒体:杂志,电视,报纸,路牌,网络。

(5)公务礼品:T恤,领带,打火机,钥匙牌等。

(6)印刷品:企业简介,年历等。

六、听觉识别系统

听觉识别系统主要包括企业歌曲用于增强企业的凝聚力,强化企业内部的精神理念;广告歌曲、口号、发言人等用于展示企业形象,向外部公众展示企业风貌,以此树立企业良好的公众形象。

1.企业名称应用

企业名称是企业区别于其他企业的重要标志。对每一位到来的顾客,香格里拉的工作人员都亲切地使用"您好!香格里拉欢迎您!""欢迎您光临香格里拉大酒店"等语句表示欢迎和问候,运用听觉识别强化顾客对"香格里拉"的认同感,使顾客由仙境般的香格里拉,联想到香格里拉大酒店优质的服务。

2.企业歌曲运用

在召开会议或准备工作时唱店歌,增强内部凝聚力,让每一名员工学习酒店的精神理念,使员工爱上香格里拉大酒店,并在为顾客服务的过程中体现香格里拉精神,得到顾客对香格里拉大酒店的认同,从而建立顾客忠诚,提升品牌形象。

3.广告歌曲运用

使用《至善盛情,源自天性》电视广告,演绎一个迷路的旅行者在寒冷的暴风雪中苦苦寻找一个落脚点,配以低沉压抑的背景音乐,体现广告中主角内心的恐慌及绝望,而在他最终倒下后,音乐突转轻快,一直跟踪他的狼群聚拢为他取暖。广告运用独特、震撼的手法,突出体现了香格里拉大酒店的内涵,重点表现香格里拉的文化精髓——待客如亲,真心关爱,触动人们内心深处的真诚与善良,唤起共鸣,从而提升香格里拉的品牌价值。

在香格里拉的餐厅或娱乐场所使用有香格里拉特色的音乐,给顾客营造舒适环境的同时,将香格里拉的视觉识别系统植入顾客心中,建立顾客的忠诚度。

4.口号运用

使用"香格里拉——您平步青云的必然选择"的口号,强调香格里拉大酒店的卓越品质,满足顾客对利益的诉求,让顾客朗朗上口,过目不忘。

至善真诚,莫过于对陌生人送上无微不至的关怀,而香格里拉"至善盛情",皆"源自天性",传达出香格里拉的品牌价值和承诺。

资料来源:桂林香格里拉大酒店CIS策划[EB/OL].http://www.docin.com/p-61334587.html.

评价与考核

旅游CIS策划任务完成情况及技能评价考查表

学习目标	评价标准	小组评价（50%）	教师评价（50%）	综合得分（百分制）
理论知识(20分)	了解旅游CIS策划基本内容、内涵;掌握旅游CIS策划书的具体内容			
专业技能(20分)	能对具体的旅游企业CIS进行策划			
通用技能(20分)	具有团队协作能力;具有团队运作、信息收集能力			
任务完成(20分)	纸质作业、PPT,任务问答有效性			
学习态度(20分)	完成任务的态度、责任感			
综合评价与建议:				

思考与讨论

1.归纳旅游CIS的特征。

2.讨论旅游CIS的作用。

3.思考旅游CIS策划的意义。

4.讨论如何进行旅游企业CIS策划。

技能训练题

利用假期(寒假或暑假)对当地某旅游企业如酒店、旅行社、旅游景区的CIS运用情况进行调查并提出修改方案。

任务二　旅游TDIS策划

情境设计

2005年是河南省栾川县最风光的一年,"栾川模式"作为中国旅游业发展最具魅力的名词频频亮相各报纸杂志。在很短的时间内,栾川便创出了自己的旅游品牌和形象,打造了3个国家4A级景区,并获得"中国优秀旅游名县"的称号。八百里伏牛山中这个偏僻的小城从此在中国旅游界名声大振。

2006年栾川县旅游接待人次440万,旅游收入13.5亿元人民币,占全县GDP的21%,和2000年相比,这些数字翻了十倍甚至二十倍。栾川火起来了,栾川县政府的压力却更大了:栾川创造的政府主导、市场推动、全民参与的景区发展模式确实让栾川旅游生机盎然,重渡沟、养子沟、鸡冠洞等许多景区开发后,游人如织,收入攀升;然而旅游资源最好、投入最大、政府期望最高、最能代表栾川旅游品牌的龙浴湾、老君山却相对风景萧条。

戴着伏牛山自然保护区、伏牛山世界地质公园、伏牛山主峰、国家森林公园、4A级景区桂冠的龙浴湾、老君山处在了一个尴尬的位置,与不少开发不错,且相对较小的景区相比,偌大的龙浴湾、老君山倒勉强只算栾川旅游的第二梯队!

这种局面实际上反映了旅游产业系统升级大趋势对"栾川模式"的考验。"栾川模式"后的栾川旅游能不能再上一个新台阶?龙浴湾和老君山如何以山水之胜带动栾川旅游创造辉煌?这些都成了摆在当地政府及景区管理者面前亟待解决的大问题。

请根据以上情境,完成以下任务:

1. 讨论旅游 TDIS 策划是如何展开的。
2. 讨论旅游 TDIS 策划的具体工作内容。
3. 讨论旅游景区应如何开展 TDIS 策划工作。
4. 完成以上情境的 TDIS 策划书。

任务分析

近年来随着我国经济的高速增长,人们收入也持续大幅增长,旅游需求急速上升,直接拉动了旅游业的快速发展;旅游快速发展又推动了旅游产业系统升级步伐;旅游产业系统升级浪潮则毫不留情地把许多旅游方式陈旧,旅游产品落后,缺乏文化内涵的景区抛到市场上煎熬。龙浴湾、栾川县老君山风景区几年来就正经受着这种煎熬。龙浴湾、栾川县老君山景区发展中主要的问题有:一是景区发展脱离栾川作为旅游目的地城市的定位;二是旅游方式多年延续着粗放单一的观光旅游;三是旅游产品、游憩方式和旅游路线组织都不符合以市场为导向的休闲旅游要求。龙浴湾、老君山景区想要取得突破性发展,目前进行全新的旅游 TDIS 策划非常有必要。必须抓住有利时机,借助TDIS 策划对景区的产品及形象进行重新定位,以确保满足旅游者的各种旅游需求。

任务实施

完成任务的具体操作步骤,建议如下:

步骤一　领受任务

指导教师介绍任务的内容、要求、关键点及注意事项。各小组提问,指导教师答疑,各小组正确理解任务,完成任务领受。

步骤二　分析任务

请各小组按指导教师的要求,分析任务的内容,阅读知识链接,制定完成任务的工作程序及任务分配,补充查阅其他相关资料,拟写 TDIS 策划书。

步骤三　实施任务

各小组具体完成情境中需解决的问题,写成初步的策划方案,有条件的做成PPT,并作好准备:扮演听众,准备提问。各组作好预演,准备汇报。

步骤四　任务汇报

各组根据任务的要求,在教室中由各组汇报员汇报,各小组相互提问。指导教师及时控制汇报进程,最后进行点评与总结。

步骤五　任务总结

各小组对本次汇报要及时进行总结,形成文字材料,作为作业上交指导教师。指导教师依据该项目任务考查表,给出各小组评价综合得分。

📖 **知识链接**

一、TDIS策划概述

通过旅游地形象的定位、主题口号的提出、视觉形象的设计与推广等基本形象战略,可以说极大地促进了区域旅游业的发展。于是,形象因素日益成为区域旅游发展的显性因素。为此,各地区为促进经济、文化、旅游业的快速发展,纷纷掀起了形象策划的热潮。

1.TDIS策划的内涵

TDIS全称旅游目的地形象策划系统(tourism destination identity system),是受旅游业CIS策划的启发和广告业的影响带动,以及国内旅游业的迅猛发展(同时伴随有强大的市场竞争)等综合因素的作用下,在对旅游地和旅游景点的传统意义的认识基础上形成的一种全新的形象识别和营销系统。20世纪80年代末,国外学者证明了旅游者选择旅游目的地时主要依据是其对旅游地的感知形象,所以旅游形象成为区域旅游发展的因素之一。

旅游者形成对某一个旅游目的地的感知形象的认可,即旅游者的感知是旅游者对旅游地的资源所释放出来的本我特质的印象。这种感知是不受客观因素影响的。目前旅游者获得旅游地形象的方式主要有以下几种:

(1)从旅游者自身的旅游经历中获得的感知。旅游者来到一个陌生的旅游目的地之后,如果认为这个旅游地非常的不错,那么他就会对它有一种比较认可的心理,而且也会成为他再次光临的主要原因。所以景区、酒店、餐饮等相关部门要做好服务工作,只要做好服务工作,那么这些旅游者下一次还有可能成为你的客户。

(2)从长期的人类社会化过程中形成的对于某地原生形象的感知。这一种感知方式往往来自于前人对后人的影响,当有些人看到一些描写某一景点美景的文章,就会产生旅游动机。比如说李白曾经写过"龙楼凤阙不肯住,飞腾直欲天台去"的诗句,很多人就会想要去看看天台山到底有多美,可以让李白连龙楼凤阙都不肯住。

(3)从促销、广告、公关等诱导形象中获得的感知。这一类感知方式很直接地将旅游者吸引到旅游目的地。

三种感知方式中,大众传播媒介和文学作品、旅游传记等是旅游者获得对陌生旅游目的地形象最容易也是最直接的途径。

旅游地形象包括两方面内容,即旅游目的地品牌形象和旅游企业品牌形象。旅游企业品牌形象是指旅游者对旅游饭店、旅行社、旅游交通和其他旅游产品的经营者的看法和评价;旅游目的地品牌形象是指旅游者对该地区所有产品、服务、设施、环境的总体的所有客观认识、印象、偏见、想象和情感思想的表现。

但是,好的旅游品牌形象不是天生就有的,也不是简单的总结与归纳,它是站在旅游资源可持续发展的战略高度,对旅游资源进行整体的整合规划和设计,依据设计对旅游资源进行整体的塑造和建设,并加以宣传与推广而树立起来的。进行旅游品牌形象设计,可以加深旅游者对旅游地旅游品牌的印象,将旅游整体的竞争实力与风貌等特质予以提炼、升华,塑造独特的旅游品牌文化形象,充分发挥旅游品牌形象功能,从根本上改变目前旅游品牌形象的相似和雷同化、一般化的倾向,推动旅游目的地旅游经济的全面发展,创建名牌旅游产品。

2.旅游地形象策划发展阶段

旅游地形象策划的理论研究起源于20世纪60年代林奇(K.Lynch,1960)提出城市的可识别性和形象性的概念。从20世纪60年代至今,旅游地形象营销的理论获得极大发展。从20世纪 90 年代开始,国内开始探讨地区形象的塑造、宣传和推广问题。进入 21 世纪以来,国内旅游地形象理论研究和实践探索主要围绕着地区营销问题而展开。

近 30 年来,我国旅游发展的理念大体经历了四个发展时期,即资源导向、市场导向、产品导向、形象驱动四个阶段。

第一阶段,是旅游业的兴起阶段,当时商品经济和市场观念尚未形成,旅游市场处于卖方市场,发展旅游的出发点往往根据旅游资源的数量和质量来确定旅游区(点)的建设和有关旅游设施的配套等内容。

第二阶段,是市场导向阶段,对于这个阶段,学术界曾存在争论,即资源与市场二者关系到底如何,现在比较一致的观点则是以市场为导向,但也不能忽视资源的基础作用。

第三阶段,是一个资源、市场、产品、形象策划和营销一体化的综合阶段,可称之为产品导向阶段。它是从分析、研究市场出发,对市场进行细分,确定目标市场,针对市场需求,有资源则对资源进行筛选、加工或再创造,没有资源也可根据市场和本地的经济技术实力进行策划和创意,然后设计、制作、组合成适销对路的旅游产品,并通过各种营销手段推向市场,其核心思想就是"市场—资源—产品—形象—市场"。

当前阶段,旅游工作者和研究者在旅游目的地(景区)的一体化综合开发上,又导入了旅游形象识别系统,更加重视旅游地形象设计在旅游业发展中的作用,注重构造和完善视觉识别系统,强化景点的行销功能,增加其在旅游市场的竞争力。

在当今激烈的旅游市场竞争中,形象塑造已成为旅游地占领市场制高点的关键。旅游产品的不可移动性,决定了旅游产品要靠形象的传播,使其为潜在旅游者所认知,促使其产生旅游动机,并最终实现出游计划。国外旅游研究表明,形象是吸引旅游者最关键的因素之一,"形象"使旅游者产生一种追求感,进而驱动旅游者前往。

二、TDIS 策划的共性与个性分析

1.共性分析

(1)具有相同的感知结构。任何空间地域的旅游地形象的感知主体都是指旅游者、当地居民和策划人员。感知客体都是指旅游地,其中包括与旅游地有关的直接或间接的信息。因此,他们的感知结构相同,本质上都是对人对物(抽象或具体、有形或无形)的感知。这为不同旅游地形象策划采用相似的程序提供了可能。

(2)遵循相似的感知模式。首先,无论对于什么样规模的旅游目的地,旅游者在作出旅游决策时,一般都会首先感知到旅游地的空间位置,进而认知相关的旅游信息。其次,相似地域的旅游地存在形象替代现象。所谓形象替代是指在一定区域内分布着若干旅游地(景区),其中旅游资源级别高、特色突出或者产品品牌效应大或者市场竞争力强的一个旅游地(景区),在旅游形象方面也会更突出,从而对其他旅游地(景区)的形象形成相互替代或遮蔽的效应。由于地理位置上的临近性和旅游地理类型上的相似性,同一地域的旅游地很容易被旅游者尤其是远程的旅游者所混淆并产生相同的感知形象,造成旅游地形象的模糊。还有一个值得注意的问题是,对于不同地域的旅游接待地,信息的高密度传播和渗透都有利于提高知名度从而克服距离远近和景区大小的制约,这对于小规模的旅游目的地或旅游区的宣传和形象传播尤其具有实际意义。

(3)具有相似的策划程序和内容。不同地域的旅游地形象策划一般都遵循下列的格式,首先是前期的基础性调查,该阶段主要包括受众调查、地方性研究、形象替代性分析等基础性工作。其次是后期的实际操作工作。该阶段主要是具体地设计出旅游地的形象系统,包括确定形象定位、核心理念、传播口号、促销途径等,并进行一系列相关的视觉符号设计。

2.个性分析

(1)具有不同的文化基础。不同地域的旅游地在自然、历史、文化、经济等多方面表现出不同的文化基础。大规模旅游地由于其规模大、内容较丰富,能体现复杂性、多元化、整体形象鲜明的特征,而较小规模旅游地则往往只能体现单一性、简单化、以个体形象感知的特征。比如说云南丽江,人们的感知也会非常的多元而丰富,会感知到当地的自然山水、东巴文化,多民族聚居区域,世界文化遗产,等等,而谈到具体的旅游景点或景区,人们往往会首先感知其位置和旅游地类型等。

(2)具有不同的认知规律。相对而言,大规模的旅游地因为数量较少,个性突出,传播的频率相对较高,容易为旅游者所认知,而小范围旅游地的共性多、级别低,传播的频率和力度相对较低,因而不容易为旅游者所识别。这种规律性就是旅游地形象策划人员对小规模的旅游地要设计出鲜明的难以替代的形象,否则产品会缺乏竞争优势。认知规律的不同还体现在旅游地识别内容的差异上。一般旅游者对于大规模旅游地的城市风光、经济活力、环境水平等宏观因素感受较深,而对于小规模旅游地的认识首先是旅游地的类型,其次是印象最深的局部地段,因此,小范围旅游地的规划设计、要素布局、景区管理等环节显得尤为重要。

(3)策划的重点不同。正如同不同空间大小的旅游地的规划重点不同一样,形象策划的侧重点也会有所不同。大规模旅游地的规划以经济、环境等为并行的目标,牵涉面广,偏重政策手段,作为规划应有之意的形象策划必然会考虑整体的形象,一定程度上弱化旅游的主导功能,强调设计核心形象理念,塑造主体的旅游形象,注重引导性。而小规模的旅游地规划在宏观规划的指导下,涉及土地利用等实体性规划,必然更多地考虑旅游服务和交通、功能区分、项目组织等环节内容,重视旅游的主导功能,其形象策划会更多地考虑视觉符号设计系统、宣传口号等实际操作性的内容,注重可操作性。

三、TDIS策划的原则

1.资源特色和市场导向相结合原则

根据认知规律,受到个体形象感知的影响,旅游者对于旅游目的地的空间尺度的旅游地形象认知主要取决于旅游地的自然和人文资源的独特性,因此有独特的旅游吸引力的资源应成为确立旅游地核心形象的主要依据。但在旅游产品竞争日益激烈的今天,市场需求应始终作为定位的重要依据。可以说,资源特色是定位的基础,产品市场需求是定位的导向,两者不可偏颇。

例如,丽江旅游业自20世纪90年代起步开始,特别是在1994年云南省政府滇西会议后得到迅速发展。丽江在"九五"计划的经济社会发展中就明确地提出了"旅游先导"战略,使丽江走上了一条以旅游业为主导的第三产业优先发展之路。通过对丽江的旅游资源的考察可知,丽江拥有着世界文化遗产——丽江古城、世界记忆遗产——东巴古籍、世界自然遗产——三江并流这三项世界遗产的"桂冠",被誉为"东方的威尼斯""人间的天堂""东方爱情之都",以及"欧洲人最喜欢到的地方"等。此外,还有两个项目——泸沽湖母系文化景观和纳西古乐。在众多的资源中,通过与周边区域的对比分析,得出丽江的资源最主要的特色在于世界遗产,这种资源以其丰富与博大具有了世界性的意义和价值,其他的资源虽然也丰富,但相比之下显得比较平常。总体来说,"丽江——永远的世界遗产"是世界给丽江的定位,也是对丽江历史、现实和未来"三位一体"的最准确定位,这是丽江最美、最好的对外形象,无论从资源实际还是市场需求,不管是在现在还是将来,这都是不容选择和改变的事实,是丽江最客观的实际,也是丽江最明确的未来。这对于所有丽江的旅游者而言,都构成了强烈的旅游吸引,市场前景十分看好。

2.整体性和层次性相结合的原则

旅游地形象策划的整体性原则体现在:一是形象策划的内容应该构成一个完整的形象系统,一般应包括形象核心理念、宣传口号、视觉识别系统等内容。二是不同类型旅游地之间应该形成主题的印象,共同打造区域旅游业品牌,增强区域旅游的形象感召力。由于区域旅游包括不同的旅游区,产品类型各有差别。所以从整体上进行策划可以保证它形成整体的印象。

层次性原则是相对于整体性原则而言的,主要指旅游区之间是一种有差别的统一,不同类型的旅游地有重点和次重点的区别,具有等级层次性。在单独靠一种旅游产品很难形成客观的市场规模的情况下,开发二类旅游资源予以补充往往能起到壮大区域乃至地方旅游业的作用。

3.易识别性和难琢磨性相结合的原则

易识别性主要是体现现代旅游地当地的地理文化特色,提升旅游产品在旅游者心目中的形象,易识别性从某种意义上来说就是地方性。只有体现地方性或地方特色的产品才具有生命力,才有更深刻的文化内涵,给旅游者以更加深刻的情感体验。难替代性与地方性息息相关,一般具有地方性的往往就是难以替代的产品,但也有例外。特别是同一文化圈内的旅游地,可能会引起形象替代的现象。在这样的情况下,旅游地只有采取领先定位的策略才能赢得竞争的比较优势。

据对丽江旅游者的问卷调查结果表明,超过60%的游客认为丽江是世界文化遗产城市,30%以上的游客对丽江印象最深的是风景观光型旅游目的地,有不到6%的旅游者认为丽江的特色不够明显,有4%左右的旅游者表示不太了解。这表明了世界遗产对于丽江的旅游形象在旅游者心目中所具有的重要地位,共同形成了丽江形象定位的一级理念。此外,其他的旅游资源对丽江主体的一级理念也不能构成冲击、淡化等负面的作用和影响,所以要不断凸显丽江世界遗产的一级理念,从而造成更加突出的形象体系,避免平庸化,以及被其他同类旅游地所替代。

四、旅游地 CIS 策划

(一)旅游地 CIS 策划概述

了解旅游地形象必须首先考察一个国家或地区旅游的发展历程。现代旅游实际上是背离现代城市而产生的,随着城市工业化进程的迅速发展,导致了诸如环境污染、工作紧张、身心疲惫等所谓"城市病"的蔓延,推动着越来越多的人逃离城市,去寻找乡村、绿野、海滨、温泉疗养地等,追求天然的绿色、生态旅游方式,等等。旅游地的旅游功能随着旅游的发展将会得到进一步的强化,并将进一步带动某些特殊城市的旅游发展,如山水城市、历史古都、文化名城等。

旅游地形象指的是旅游目的地,包括其旅游活动、旅游产品及服务等,在旅游者心目中形成的总体印象。旅游地 CIS 策划是受旅游企业 CIS 策划的启发和广告业的影响带动,以及国内旅游业的迅猛发展等综合因素的作用下,在对旅游地和旅游资源的传统意义的认知基础上形成的一种全新的形象识别和营销系统。目前,国际旅游发达的地区斥巨资研究、设计、推广国家、省或城市的旅游形象的实例不在少数。通过旅游形象的定位、主题口号的提出、视觉形象的设计与推广等基本形象战略可以极大地促进旅游业的发展。

1.旅游地形象定位要以资源分析和市场分析为依据

在进行 CIS 策划前,需要进行详细的调查分析工作。

旅游资源分析包括硬性资源分析和软性资源分析。硬性资源需要分析旅游资源的种类及数量,知名景点及数量,景点风格,气候,地形地貌特点,动植物种类与数量,珍禽异木数量及种类,矿产资源种类及数量,宾馆饭店的数量及档次,主要航线,铁路干线,轮船班次,经济总量,人均产值,旅游业总产值,旅游企事业机构数量,服务业从业人员数量、学历、性别、年龄,旅游网站数量,服务内容及模式,等等;软性资源需分析旅游目的地的历史悠久性,当地著名历史名人,高等院校数量,高科技企业数量与总产值,文化艺术团体种类及数量,传统活动的种类与数量,目前具有的节庆活动类别与特点、运作方式、经济效果等。

市场分析包括国际市场分析、国内市场分析、竞争市场分析。分析的内容主要有:旅游经济发展速度、旅游经济总额占经济收入的比重、人均旅游消费额、总人数、总人次、总收入、停留天数、出游时间特点、出游次数、出入境人数、入境游客流向特点、国籍或省份、性别、年龄、收入、学历、种族、党派、交通方式选择、获知目的地信息的方式等。

2.旅游形象定位要遵循的基本原则

(1)优势集中原则。就是说,当区域或城市具有多种优势时,优势一定要集中,聚焦到某一点上凸显,让其他优势围绕它扩散出光环,而不能抵消和削弱它。

(2)观念领先原则。观念领先是指思想超前,而不是实态的领先,实态的竞争首先是观念的竞争,也即在设计定位时,要有"第一"的思想和创新观念。大连的滨海花园城就是全国第一,先入为主,别地即使后来比它更美更好,也很难竞争于它。因为它已在人们的心目中定了势。美国金门大桥几十年来仍保持世界第一的原因也在于此。

(3)个性专有原则。在同一区域的两地不能拥有同一个定位点,否则会失去个性,即提此及彼,说彼想此,不是幸事。

(4)多重定位原则。这是指主定位下的不同层面的定位。如海南定位旅游基地,定三亚为风光旅游城、文昌为文化旅游城、五指山市为风情旅游城、海口为商贸旅游城,等等。

3.旅游地形象定位语言要准确

旅游形象定位的最终表述,往往以一句主题口号加以概括。如何确定主题口号,并不是一件简单的事情,需要综合考察,并需结合当地旅游资源特点,以凸现当地特色。比如,在开发海南省旅游资源的时候,有人提出"把海南岛建设得像夏威夷一样",那就是说海南岛永远超过不了夏威夷;有人说"把万泉河变成美国的亚马孙河",也就是说万泉河目前不如亚马孙河,还有把博鳌亚洲论坛定位为"水城",这会马上让人想到威尼斯水城,等于给别人做广告,贬了自己,抬高了别人,这是得不偿失的宣传。又比如万泉河漂流,"流"也是不准确的,应该改为"游",即"万泉河漂游"。因为万泉河水并不急,险滩很少,急流不多,是一边漂一边游山逛水的感觉。

4.旅游地形象定位要充分体现个性

旅游地形象的个性是指一个旅游地区在形象方面有别于其他地区的高度概括的本质化特征,是区域自身诸种特征在某一方面的聚焦与凸显。这种特征往往是透过文化这个深层面折射出来的。它可以是历史的、自然的或社会的,也可以是经济的、政治的或民族的。比如巴黎城市形象的个性定位就是时装之都,维也纳就是音乐之城,威尼斯就是水上乐园,香港就是购物天堂,瑞士就是钟表国,埃及就是金字塔等,一个地区或城市的多种特征的聚焦和凸显不是以人们的意志为转移的,也不是谁想聚焦什么和凸显什么就可随意定了的。它是历史遗留、自然所有、社会需求等多种因素沉淀的结果。现在国内许多省市因旅游形象定位不准确,或因某种诱惑而"移位"遭受到的失败教训太多。

5.旅游地形象定位要随时代变化而更新

具体旅游地形象一经确定就具有一定的稳定性和持久性,成为具体旅游地在一个较长时期传播形象和进行营销而反复使用的主题口号。但是,旅游地形象定位并不是一成不变的,时代在变,旅游竞争环境在变,旅游消费者的消费心理和需求在变,旅游地自身也处在变化发展当中。因此,旅游地也必须在考察旅游发展趋势和竞争环境、旅游消费心理和消费需求与旅游地自身的发展情况后,对形象定位作出相应的更新。最值得一提的是杭州。杭州采用"爱情之都"的形象口号,取代以前的"上有天堂,下有苏杭"口号。杭州对其旅游形象的重新定位酝酿已久,出炉"爱情之都"口号,是因为西湖文化的核心是爱情。"上有天堂,下有苏杭"口号,固然曾经发挥过巨大作用,但在新的环境下,仍继续沿用这一对杭州旅游形象特征揭示并不十分清晰的口号,已经显得不够。爱情是美好的事物,是人类永恒的话题,同时又是杭州最鲜明的地方性特征,这个富有人情味和时代气息的形象定位口号,诉求力极强,确实是明智之举。

6. 旅游地形象定位需要群众参与和认可

旅游地形象定位是个比较复杂的问题,要准确定位,仅靠几位专家学者是很难做到十全十美的,还必须要有群众的参与。例如,南京旅游形象怎么定位?以什么口号做南京的"名片"?2002年6月,南京市旅游局决定编制《南京城市旅游形象定位规划》,经过半年多时间的征集与筛选,南京市旅游局确定了四大备选方案:一是南京,世界第一城垣。二是博爱之都——南京。三是王者风范文化绿都。四是南京,力量与韵律之城。以及诸如"体验十朝胜地,触摸近代中国""一半是历史,一半是山水""江南佳丽地,金陵帝王州"等备选条目。以上全是些专家的观点,南京市旅游局专门开通了热线,同时通过媒体广泛征求市民群众的建议。

7. 旅游地形象宣传要抓住表现时机

旅游地形象的表现时机很重要。抓住良机,展现与推广旅游地形象往往可取得事半功倍的效果。重要旅游事件、节假日是景区旅游形象表现的最佳时段。旅游地形象往往是一种心理感知的抽象事物,而重要旅游事件、节假日、娱乐演出、重大庆典等都可将其变成可视、可听、有形、有声、有色的具体事物。例如,云南就抓住"世博会"的良机推出了"万绿之宗,彩云之南"的形象定位,加大对自身旅游形象的宣传。

(二)旅游地 CIS 设计探讨

如今,旅游地形象对于旅游者已不陌生,但旅游业工作人员对其理解仅限于通过旅游目的地的良好景观建设,特别是环境卫生、安全保卫以及相关的服务和管理工作,给予旅游者正面、美好的印象和感受,这种观点只是对旅游地形象的表面理解,而将旅游地形象提升到战略的高度加以系统认识的新观念尚未普及。事实上,国际旅游业发达的地区越来越重视对旅游目的地及旅游资源的形象规划,像澳大利亚、新加坡、我国香港等地是最早推广旅游地形象的国家和地区,取得了很好的效果。"无限的新加坡,无限的旅游业""魅力香港,万象之都"等形象口号已深入人心,对当地旅游的发展起到了极大的推动作用。

1. 旅游地旅游形象设计的核心

旅游地形象设计的核心应首先解决旅游目的地旅游的基本定位问题,即旅游目的地将在旅游者心目中树立并传播怎样的一种形象,它到底是怎样的一个景区,这种形象如何成为吸引人们前来旅游的动力源泉。

关于旅游地形象定位的方法,不同类型的景区有不同的方法,形象定位的最终表述,往往应以一句主题口号加以概括。如何确定主题口号,并不是一件简单的事情,需遵循以下基本原则:

(1)内容源自文脉。即要求旅游地宣传口号的实质内容必须来源于地方独特性,才能避免过于空泛。所谓地方文脉,是指旅游地所在地域的地理背景,包括地质、地貌、气候、土壤、水文等自然环境特征,也包括当地的历史、社会、经济、文化等人文地理特征。因此,要想体现旅游地的独特个性,只有充分挖掘和分析旅游地的文脉,唯有地方差异才是绝对和无限的。特别是对于平淡无奇的旅游景区,一句能够反映地方特性的主题口号仍然可以出奇制胜,让旅游者回味无穷。

例如,都江堰市用著名学者余秋雨先生在游览都江堰、青城山后留下的墨宝"拜水都江堰,问道青城山",作为旅游宣传口号。青城山作为中国道教的发祥地之一,其道家思想、音乐、武术、饮食和养生之道等都有着十分丰富而独特的文化内涵。此口号非常准确、传神地反映了都江堰市旅游资源特色和文化内涵,而且直观、简洁、朗朗上口,能激发游客前来旅游的欲望。

(2)语义表达针对旅游者。旅游地宣传口号的制定必须充分了解游客市场的心理消费需求和偏好。旅游者与一般商品消费者不同,旅游口号的诉求点具有一定的自身内涵,即旅游口号要体现旅游的行业特征,如强调和平、友谊、交流、欢乐,等等,世界旅游日的口号就充分体现出这一特点。从1980年起,世界旅游组织(UNWTO)要为每年的世界旅游日制定一个宣传口号,如"旅游为国际谅解、和平与合作服务""开展青年旅游,让文化和历史遗产,为和平与友谊服务""旅游者自由来往创造团结的世界"等,这些口号都体现了旅游业鲜明的行业特征。

(3)语言要与时俱进,紧扣时代特色。旅游地形象的主题口号在表述方面还要反映时代特征,要有时代气息,即要反映旅游市场需求的热点、主流和趋势。大多数旅游景点将在很长一段时间内要面对以本地游客和区域性游客为主体的客源市场,特别是发展旅游地周边旅游、开展大旅游圈等项目,就更需密切关注客源市场游客的兴趣。当前,康体休闲、亲近自然、郊野派对、康复养生等都是城镇旅游者追逐的旅游形式,也是建立旅游地旅游形象可以加以利用的时代特征。有时,某一时期的重大事件,也可成为用来建立鲜明旅游地形象的素材。例如,清朝时期林则徐曾在广东东莞虎门领导禁烟运动,由此引发了鸦片战争,这一历史事件便成为东莞市1997年面对港澳游客建立相应旅游地形象的诉求点。世界旅游组织制定的宣传口号,2008年"旅游:应对气候变化挑战"、2009年"旅游:庆祝多样性"、2010年"旅游与生物多样性",这些都紧扣了国际社会极度关注气候环境和生物多样性的世界背景。

(4)旅游地广告在形式上可借鉴商业广告。从旅游地市场营销的要求来看,旅游地口号必须首先能够打动旅游者的心,激发旅游者的旅游欲望,要被旅游者永久而深刻地记忆,要能够广泛迅速地加以传播,即要产生商业广告的宣传效应。因此,旅游地形象口号要具备广告词的凝练、生动和影响力。旅游地形象的口号创意也要借鉴广告艺术,用浓缩的语言、精辟的文字、绝妙的组合等形式构造一个有吸引魅力的城市旅游形象。例如,四川省旅游口号是"雄、秀、奇、幽看四川",不失为一句经典的广告语,十分精练地概括了四川最具特色的旅游资源,起到了很好的宣传作用。

2. 旅游地CIS的视觉设计与推广

旅游地视觉设计的基本要素应包括图案、色彩和字体。旅游地口号主要解决旅游形象的基本定位问题,如何将其体现在旅游目的地中,以强化旅游地实际旅游形象,是影响旅游地重游率与形象传播的关键。旅游标志的设计可结合标志性景观,例如,上海的东方明珠就可完整无误地传播其旅游形象。此外,旅游地旅游形象的视觉设计还包括吉祥物,甚至旅游大使的选择。例如,香港旅游形象的设计中就特别选出香港著名演员成龙为香港旅游大使。所有这些相关设计都可通过旅游景区的宣传广告、地名、路名、景区门票、导游图、宣传手册、旅游纪念品等加以表现,营造并强化旅游形象。旅游地CIS视觉设计的效用在于推广,只有将其广泛用于旅游地的各个方面,才能形成旅游地视觉形象的冲击力和传播力。

例如:泰安市面向国内市场推出了"中华泰山,天下泰安"旅游宣传口号,面向海外市场启用"东方圣山,天下泰安"宣传口号。"中华"是民族精神、民族情感的凝聚和象征,泰山是中华民族的精神家园,"中华泰山"打的是"国山"牌,突出的是"国山"地位。"天下泰安"语意双关,既宣传城市形象,借泰山提高泰安的知名度和美誉度,做"留住人"的文章,又取意"泰山安则四海安,泰山稳则四海稳",寄托泰安人对"国泰民安"的美好祝愿和对海内外游客的欢迎之情。泰安市旅游标志设计突出泰山文化内涵,以大汶口文化标志"日、火、山"三元素为主题,以"红、黄、蓝"三原色为主调,利用中国书法的艺术形式,对传统文化进行了再创造,以极富动感的笔触,展现了泰安旅游的活力形象,形成了强烈的视觉冲击(见图8-2)。

旅游地 CIS 可提升旅游地整体形象,应将旅游地 CIS 规划提高到旅游发展战略的高度加以研究与应用。今天,旅游目的地旅游的进一步发展已不能单纯依赖孤立的旅游景点(区),而必须推出旅游地整体的旅游形象,通过旅游地形象的定位、主题口号的提出、视觉形象的设计与推广等基本形象战略来全面发展地区旅游。

五、旅游地形象策划范例

区域旅游形象设计研究——以宁夏回族自治区为例

图 8-2　泰安旅游标志

一、宁夏实施形象驱动模式的重要性

宁夏旅游业至今尚处于后进状态,并非是宁夏缺旅游资源,一个重要原因是缺乏宣传。知名度是旅游业发展的前提,但宁夏至今尚缺乏鲜明的旅游总体形象,宣传力度不够。加之对外交流不多,过去新闻媒体少有报道,导致在全国知名度不高,游客选择旅游目的地很难将其纳入计划。宁夏的旅游资源与近邻的甘肃、内蒙古、陕西虽有较强的互补性,然而宁夏至今尚未能树立起区别于上述三地的独特鲜明的旅游形象,缺乏出游煽动性,各种宣传口号未能突出其能激发大众来宁夏旅游的理念和着力点,亟须有一个鲜明而有说服力和吸引力的旅游形象推介给大众,以在全国旅游地域大系统中形成特色独具、不可替代的旅游目的地。

对宁夏而言,知名度小是劣势,但另一方面,反而更具神秘感和新鲜感,又是宁夏旅游业一个很大的潜在优势,一旦包装宣传好,则更容易激发游客出游。基于宁夏整体经济落后的现状,近期亦不可能在景点建设上进行像东部发达地区那样的旅游大投入,所以宁夏旅游业实现跨越式大发展的一个重要策略就是走不同于其他地区旅游发展的模式——即实施旅游业发展的形象驱动模式,以大宣传来促进大旅游、大产业。为此,首先必须塑造鲜明的旅游总体形象。

二、宁夏旅游总体形象定位

旅游形象定位是个比较复杂的问题,要准确定位,首先应符合其区域的总体形象基础,并从旅游环境、旅游资源特色、旅游市场感应等几个方面进行全面分析和系统综合,然后才能确定区域的旅游形象。

1.宁夏区域形象分析

旅游地所在地的区域形象是旅游形象设计的出发点,区域形象是一个地区文化脉络的内在体现和当地经济和社会发展的外在表现的有机结合。关于宁夏的区域形象特征可描述为:自古为边防要塞;贺兰山下果园成,塞上江南旧有名;天下黄河富宁夏;西夏古王国,东方金字塔(西夏王国遗存最丰富的省份);中国穆斯林省(中国回族最大聚居地);闻名世界的治沙成就——沙坡头奇迹;长城露天博物馆(中国历代长城遗存最丰富的省份);丝绸古道北线;水利天然博物馆;大漠孤烟直,长河落日圆;宁夏红黄蓝黑白五宝等。

2.宁夏旅游环境分析

宁夏处于东部季风区域与西北干旱区域的过渡地带,自然条件的过渡性、多样性造就了塞上自然旅游资源的多样性。宁夏历史悠久,是中华文明的发祥地之一。自古就是西北要塞,是丝绸之路北线的重要组成部分。曾是历史上神秘的西夏王国的政治、经济、文化中心。宁夏地处中原文化的过渡地带,亦是河套文化与丝路文化的交融区,自古至今,中原文化与北方游牧文化的碰撞与发展,悠久的历史文化和独特浓郁的回族穆斯林风情共同孕育了塞外多姿多彩、风格迥异的人文旅游资源。

3.宁夏旅游资源分析

宁夏旅游资源总体上表现为15大旅游景观系列:黄河多样性景观系列;贺兰六盘山岳景观系列;不同类型共聚的湖泊水体景观系列;沙漠景观系列;草原景观系列;森林公园与自然保护区系列;古长城及丝路系列;西夏文化与遗存胜迹的秘境系列;回族风情系列;塞上江南田园农业生态系列;古人类遗址景观系列;古建筑遗存系列;古今灌溉系统系列;当代宁夏风貌系列;宁夏特产风味佳肴系列。

黄河虽非宁夏独有,但它与长城、大漠风光、绿洲、回乡风情和西夏文化相结合,使其不同于其他省的黄河风貌。尤其是"大漠孤烟直,长河落日圆"的神妙意境,催人神游。

新疆、青海、内蒙古、甘肃都有沙漠风光,但宁夏在区位上较接近于我国的东部地区,在景观上与湖、河、塔、寺、陵相配套,具有更佳的观赏性。沙坡头治沙成果更是享誉世界。

西夏文化虽散落于宁夏、青海、甘肃、陕西、内蒙古等地,但最集中、最典型的表现在宁夏。西夏王陵、寺塔、彩塑、碑刻、铸造、雕刻及西夏文字,构成了一个神秘诱人的历史博览地。

宁夏是中国穆斯林之乡,唯一的省级回族自治区。回族同胞特有的生活习俗、宗教信仰和性格特征,以及他们悠久的历史文化和奋进的现实巨变,对中外游客无疑具有较大的吸引力。

以往分析宁夏旅游资源,看到了其大漠风光、塞上江南、西夏文化与穆斯林风情等,但往往又把它们割离开来,因而就降低了宁夏在中国旅游资源大系中的地位。其实,宁夏诸多资源多样性、独特性和高质性的有机融合,共同形成多姿多彩的宁夏塞外风光,散发出特有的神韵,这在中国是独一无二的,这就是宁夏旅游资源的最大特色和优势。

宁夏旅游的特色和优势,在于奇丽的山川、深厚的历史文化和丰富的民俗旅游资源交融一体,概括说就是:雄浑的塞外风光,古老的黄河文化,旖旎的塞上江南,神秘的西夏古韵,奇异的大漠风光,浓郁的回乡风情,悠远的丝路文明。它们共同构成了宁夏奇特、雄浑、秀丽、浩瀚、神秘、淳朴、古老的多姿多彩的旅游资源总体形象。

4.旅游市场感应分析

宁夏旅游形象定位应站在全国这个角度,从旅游者心理感应和需求的角度来考虑,从宁夏所处的周边地区来看,陕西旅游推出的是秦唐历史古迹,内蒙古强调的是草原风光,甘肃则以丝绸之路为宣传重点,宁夏旅游形象设计要符合自己的资源特色和历史文脉,又要对市场有吸引力,在对外进行旅游宣传时,应推崇塞外、塞上,淡化江南理念。塞上灌区渠水盈盈,禾苗青青,遍地绿荫的田园风光,与周围地区黄尘敝空,植被稀少,人烟罕见的半荒景色,形成强烈的对比,这种反差产生一种强烈的视觉冲击感,而构成独具特色的旅游吸引物,使游客慕塞外名而来,享江南景而归。游客不仅观赏到了雄浑的边塞风光,又可欣赏到美如画的江南纤秀水乡景色,既为塞外江南,却又为江南风光所不及,再加上宁夏40年来的现代化建设成就,真正感受到塞上的巨变。使游客低期望值来,高回报率归,获得最大心理满足,回去自然褒奖有加,既有宣传效应,又可招徕回头客,这是一种营销策略。反之,如果重点推塞上江南理念,对于西北地区的游客来说,尚有吸引力,但对广大的东中部旅游出游率高的地区的游客来说,则缺乏煽动性,对于真正地处江南地区的人来说更是如此。

5.宁夏旅游总体形象定位

特色是旅游的灵魂和生命。在全国30多个省、市、自治区中间,宁夏必须找准和突出自身的特色,形成鲜明的、富有个性的旅游形象,并加以精心包装,大力宣传,才可能成为对国内外游客有强大吸引力的旅游目的地。正由于宁夏旅游资源的最大特色和优势是其众多资源交融而成的多姿多彩的塞外风光，宁夏的旅游形象是多侧面、多层次、多样性的结合体。

通过以上的分析，宁夏旅游形象的确定，就要紧紧抓住宁夏的主脉络和资源特色，并易于识别。由此，宁夏旅游形象定位为：多姿多彩的塞外（或迷人的塞外）。

当周围地区都未意识到宣传塞外这个旅游卖点时，宁夏抢占塞外风光、塞外风情形象，为我所用，唯我独尊，以后只要说起塞外，就自然想到塞外有个好地方——宁夏。事实上，塞外两字，本身就蕴涵着多层意思，包含了神秘、雄浑、广袤、奇特、迷人、荒凉、好奇、价格便宜（扣除抵宁交通费的话）等，如果又着重渲染塞外宁夏更是多姿多彩、风情浓郁，对广大国人来说极具吸引力。如果在景点建设包装、接待设施和服务规范方面全面与旅游发达地或国际接轨，并注重旅游者的安全保障考虑，加大宣传促销力度，宁夏将完全有可能成为中国西部旅游线上的一颗明珠，成为中国西部的特色旅游基地，形成出塞外、进回乡、上贺兰、攀六盘、看王陵、观沙湖、漂黄河、游沙漠、购五宝、访长城、寻丝路的多姿多彩的宁夏塞外风情游。

至于在对国外促销上，宁夏可以考虑突出西夏文化的地位，这是宁夏具有垄断性的旅游资源，且有很深的文化内涵，可以长久地吸引海外旅游者和逐步成熟的国内旅游者。

三、宁夏旅游地形象系统策划

1. 理念基础
一级理念：山川奇秀新宁夏，西夏秘境古文明；
二级理念：天下黄河美宁夏，塞上江南好风光。

2. 整体形象
多姿多彩的塞外（神秘的宁夏，迷人的塞外）

3. 宣传口号
基于上述基础理念和整体形象，设计推出一套相关促销口号，以完善和强化旅游形象。形象往往是一种心理感知的抽象之物，与人们的感受有关，不同的人，由于其文化背景的不同，对同一种事物的看法会得出了然相反的结论。因此，形象的树立也是有针对性的，符合特定市场需要的形象，才会对该特定市场具有吸引力。宁夏旅游形象的树立，就是要探讨在旅游者心目中树立并传播怎样的一种形象，使之成为吸引旅游者前来旅游的动力源泉。以下口号可因地适时推出（不同媒体，不同目标市场，不同阶段应推出不同口号）：

（1）国内宣传口号。
①主打宣传口号：宁夏——寻梦不再遥远；宁夏——感觉如此不同。
②系列宣传口号："宁夏——神秘之境，神奇之旅""宁夏——浩瀚、神秘、淳朴""宁夏——神奇而不遥远""宁夏塞外风情游""塞外有个好地方""西北也有江南""回民之乡、好客之风""领略西部风情，感受西夏古韵""宁夏风光美、塞上田园秀""神奇沙漠游、浪漫山水情""游宁夏山水之奇秀，品西夏文化之神秘""让你同时实现穿越沙漠、漂流黄河的梦想""宁夏——寻找刺激与神奇的地方""久居都市生活的你，何不来宁夏！"等。

（2）区内宣传口号："共建山川秀美新宁夏""热爱宁夏、美化宁夏""发展旅游、振兴宁夏""宁夏旅游在哪里？黄河沙漠西夏陵！"等。

（3）海外宣传口号。Ningxia: The marvelous scene of Chinese northern frontier and the mysterious kingdom of the western Xia（中国宁夏：神秘的西夏王国，神奇的塞外风光）；A dazzling pearl on the ancient silk road of northwest part of China（中国大西北古丝绸之路上的一颗璀璨明珠）；A expansive, mysterious, pure Ningxia（浩瀚、神秘、淳朴的宁夏）；The typical desert become oasis——A miracle in Shapotou(大漠绿洲——沙坡头治沙奇迹);Great Wall flourishing in Ningxia(历代长城博物馆)。

4.旅游产品形象

雄浑的塞上风光、旖旎的田园景色、古朴的文化遗存、浓郁的回乡风情交融一体,为多层次、全方位地开展特色旅游活动提供了基础,由此宁夏可推衍出"神奇宁夏十大游":①黄河水上游;②沙漠探险游;③长城访古游;④丝路寻踪游;⑤西夏秘境游;⑥沙湖生态游;⑦回乡风情游;⑧贺兰探奇游;⑨六盘消夏游;⑩银川购物游。

资料来源:刘锋.区域旅游形象设计研究——以宁夏回族自治区为例[J].经济地理,1999(6).

评价与考核

旅游 TDIS 策划任务完成情况及技能评价考查表

学习目标	评价标准	小组评价(50%)	教师评价(50%)	综合得分(百分制)
理论知识(20分)	理解旅游 TDIS 策划的含义;理解旅游 TDIS 策划的基本内容			
专业技能(20分)	能运用旅游 TDIS 策划;能撰写 TDIS 策划书			
通用技能(20分)	具有团队协作能力;具有团队运作、信息收集能力			
任务完成(20分)	纸质 TDIS 策划书、PPT,任务问答有效性			
学习态度(20分)	完成任务的态度、责任感			
综合评价与建议:				

思考与讨论

1.讨论旅游地形象策划有哪些共性与个性。

2.思考 TDIS 策划的原则。

技能训练题

在专业老师指导下,对当地旅游目的地的 TDIS 运用情况进行调查并提出修改方案。

拓展活动

塑造组织形象——阳光下的展示

方法简介:全班同学根据自己学校的组织标识身着相应颜色的衣服,在任课老师的带领下在学校广场拼出学校 CIS 标识图案,并能正确解读学校标识的深刻含义。

活动目的:训练协作能力;体现个人与团队的关系;通过组织标识拼图,培养学生对 CIS 的具体内容及深层次理念的理解能力。

项目九 旅游公共关系专题活动组织

学习目标

知识目标：了解新闻发布会、会议、庆典、赞助、参展、开放参观等六类公关专题活动的基本特点和功能；

理解新闻发布会、会议、庆典、赞助、参展、开放参观等公关专题活动相关文案的编制思路；

掌握新闻发布会、会议、庆典、赞助、参展、开放参观等公关专题活动的基本流程和步骤；

掌握新闻发布会、会议、庆典、赞助、参展、开放参观等公关专题活动的策划方法和技巧。

能力目标：能根据组织公关目标，做好新闻发布会、会议、庆典、赞助、参展、开放参观活动的策划；

能够运用专题活动筹办与实施技巧组织新闻发布会、会议、庆典、赞助、参展、开放参观活动。

项目分析

旅游公共关系专题活动，是指旅游组织、企业为了某一明确目的，围绕特定主题，精心策划的与公众进行重点沟通的公关活动。公共关系专题活动对于改善组织的公共关系状态有着极为重要的意义，往往能够使组织集中地、有重点地树立和完善自身形象，扩大社会影响。成功的公共关系专题活动能够使组织形象出现意想不到的飞跃，是塑造组织形象的有力驱动器。旅游公关专题活动的类型很多，如庆典活动、联谊会、展览会、研讨会、新闻发布会、赞助活动等，这些活动有诸多共性，也形成了操作这些活动的普遍性方法，即一般公关工作法。但是，这些活动又具有不同的公关目标和公关对象，因此也形成了不同的活动程序和技巧。本项目重点掌握各类公关专题活动策划、筹备和实施工作要点；项目难点是各类公关专题活动具体技能的应用和文案写作。公关工作人员必须要在掌握公关主题活动基本程序的基础上，针对组织的具体公关目标，遵循正确的工作原则，有效运用各种技巧，高效灵活地完成各项活动任务。

任务一 新闻发布会的组织

情境设计

2017 年 5 月 20 日，由亚洲品牌论坛中心、香港旅游卫视和广东省企业品牌建设促进会联合主办的 2017 亚洲旅游与酒店品牌论坛暨中国旅游与酒店风云榜颁奖盛典在深圳大中华喜来登酒店盛大举行。在评选揭晓结果中，某著名旅游城市的 A 酒店表现不凡，在"中国最佳商务酒店"中榜上有名。A酒店对此结果十分重视,并决定举办一次新闻发布会,向社会各界告知此事。

请根据以上情境,完成以下任务:

1.酒店该如何筹备这次新闻发布会,该如何突出发布主题?请试拟一份方案。

2.假如你是新闻发言人,你的同学是会议主持人,你们该如何开好这次发布会?

任务分析

新闻发布会是各类组织直接向新闻界发布有关组织信息,解释组织重大事件而举办的活动。旅游组织在发布会上往往会要求与自己密切相关的对象,以及众多不同类型的权威新闻媒体,发布新闻,请记者提问并回答,形成点对点的信息传递。对旅游组织来说,通过新闻发布会沟通信息的方式具有直接流畅、受关注度高、信息传播面广、扩散迅速等优点,是一种理想的公关传播渠道。

从媒体角度来看,新闻发布会也是自己较期待的沟通传播方式。由于新闻发布会的采访条件较好,环境较宽松,发布会上人物、事件都比较集中,时效性又很强,而且参加新闻发布会免去了预约采访对象、采访时间的一些困扰,所以,通常情况下媒体都很重视这些机会。曾有调查表明,媒体获得新闻最重要的一个途径就是新闻发布会,绝大多数媒体都将其列为最常参加的媒体活动。在此情境中,该酒店的新闻发布会就为这种信息交流沟通建立了理想的平台。

任务实施

完成任务的具体操作步骤,建议如下:

步骤一　领受任务

指导教师介绍任务背景及要点,解答学生疑问,帮助其准确理解任务,完成任务领受。

步骤二　分析任务

各小组集体分析任务关键点,阅读和讨论知识链接,分析任务重点、难点,汇报指导教师。

步骤三　实施任务

分析此次发布会的重点,归纳列出记者可能出现的提问及回答思路。

步骤四　任务汇报

学生通过PPT手段,列出新闻发布会筹备重点。小组角色扮演发布会,指导教师控制模拟发布进程,记录问题。

步骤五　任务总结

各小组根据指导教师点评,改进自己文案,上交指导教师。指导教师依据该项目任务考查表,给出各小组评价综合得分。

知识链接

一、新闻发布会与记者招待会的区别

记者招待会和新闻发布会在本质上都具有新闻发布的性质,从历史的角度来看,二者也是相伴而生的,现在国内对两者的称呼上都还有些混用。实际上,二者还是有一定区别的。

记者招待会的形式比较正规、隆重、规格较高,多为政府部门采用。记者招待会往往不先发布新闻,而立足于回答记者提问,招待会时间一般较长。因对方位尊权重,出于礼貌,记者一般很收敛,很少发生在新闻发布会上可能出现的唇枪舌剑。

新闻发布会一般指组织或部门发言人举行的定期、不定期或临时的新闻发布活动。与记者招待会相比规格要低一些,活动时间短,一般半小时至一小时左右。新闻发布会一般采用双向互动,由发言人先发布新闻,后请记者提问,现场给予明确解答。相比记者招待会,新闻发布会的新闻性、时效性、灵活性要强一些,因此常为各社会组织机构、公司企业所采用。

二、新闻发布会策划与准备

(一)确立主题,明确重点

旅游组织整合相关资料与信息,对内外环境和公关目标进行详尽分析,明确发布会的内容消息是否有新闻价值,才能确定发布会的主题。为强调重点,发布会对外应采用简洁明确的宣传语或口号式的标题,并在新闻发布会过程中加以强调和重复。

新闻发布会的主题不宜过多,否则会造成重点不突出,新闻发言人不能把握发布内容,经验不足的记者写报道时也会抓不住问题,突出不了重点,影响发布会的效果。

值得一提的是,组织召开新闻发布会在有些地方需要经过一定的申报、审批程序。对普通旅游组织而言,为了简化工作,可以把发布会的名字定为"信息发布会"或"媒体沟通会"。

(二)时间安排

一般来说,多数平面媒体刊出新闻的时间是在获得信息的第二天,因此发布会的时间尽可能要安排在周一、二、三。除非特殊原因,不要选择周五、周六召开新闻发布会。就具体时间安排而言,发布会的时间一般选在上午10时或下午3时为佳,有利于记者到会。而且应留有时间让记者提问,以保证现场效果和会后报道效果。

发布会在时间上要尽量避开重要的政治事件和社会事件,以避免对这些事件的大篇幅报道冲淡了新闻发布会的传播效果。有一些重大事件的发布也可以以晚宴酒会形式举行,这时应该把新闻发布的内容安排在最初的阶段,以保证媒体的采访工作可以较早结束,确保次日发稿。

(三)地点安排及场所布置

新闻发布会的选址首先要交通便利,方便停车。其次要求硬件设施如电话、传真、网络、照明设备等齐全完备。旅游组织可以选择在内部办公地点举行,也可选择在新闻中心或就近的酒店会议厅举行。

选定会址以后,还要注意会场的环境布置,必要时应选择专业公关设计人员来布置,通过温度、色彩、照明、装饰等要素形成的会场风格要能体现组织的精神和风格,也要使媒体及其他来宾产生宾至如归的感觉。会场应该在入口或入场通道处设签到处,有贵宾到会的情况下,注意合理安排座次。在记者席上要准备有关资料,供记者们深入细致地了解所发布消息的内容。另外,不要让发言人位置设在镜子、窗户或其他有反射光线的背景之前,以防镜头效果受损。

(四)媒体邀请

媒体邀请工作一定由专人负责,对重要媒体及任务实施公关和追踪,确保新闻发布会参与人的数量和质量。

确定好具体时间后,要提前1~2周向媒体发出邀请,邀请规模和数量要适当。联系比较多的媒体可以直接电话邀请,相对不是很熟悉的媒体或发布内容比较严肃、庄重时,可以采取书面邀请的方式。书面邀请不要送得太早,以免埋没于文件堆中,但是,也应给对方留出反应的时间。当然,并非所有记者都能到会,因此要通过电话询问或回执形式确认对方是否与会,确保重要人员不会因自身安排不周而缺席发布会。

在邀请媒体时,注意不能过多透露将要发布的新闻。邀请函中最好不注明会议联系人的全名和个人电话,因为有的媒体可能为了抢稿作提前采访而得到新闻发布会的细节。

(五)主持人和发言人准备

主持人和主要发言人都应该具备良好的外形,有清晰明确的语言表达交流能力以及反应力。

主持人的主要职责是把握主题范围,掌握会议进程,控制会场气氛,化解对立情绪,等等。主要发言人则一般由组织主要负责人或部门负责人担任。发言人需要透彻地掌握本组织的总体状况及各项方针政策,头脑冷静,思维清晰,措辞精确、流畅,力求使发表的意见具有权威性。

(六)媒体资料准备

提供给媒体的资料一般在整理妥当后以文件袋的形式在发布会前发放给新闻媒体,主要资料包括:会议议程;新闻通稿,包括消息稿(字数少,发布快)和通讯稿(篇幅长,分析深入);具有新闻价值的发言稿(以对记者报道有益为标准);组织的宣传材料、新闻背景材料;纪念品(或纪念品领用券);新闻负责人名片(新闻发布后进一步采访联络)。

以上资料一般以书面材料为主,也可以采取另附电脑光盘、U 盘的形式。

三、新闻发布会程序及操作要点

(一)发布会程序

一般新闻发布会的步骤如下:

第一步:来宾签到,接待贵宾,主持人宣布开会;

第二步:介绍应邀参加会议的重要人士和主要发言人,介绍会议议程;

第三步:说明提问规则,发布新闻事件;

第四步:宣布提问开始,并指定提问记者;

第五步:宣布提问时间到,提问结束;

第六步:组织参观或宴请有特别公关需求的人员的个别活动。

(二)发布策略

为了有效发挥新闻信息对媒体的影响,产生正确的导向,可以将要发布的内容按照发布量划分为三种类型,以此确定发布内容的尺度和时间的长短。

1.“全告知性新闻事件”的发布

对体现组织形象、提升组织建设、澄清事件真相的事实,发布内容应毫无保留,通过媒体让公众尽可能了解得更全面、更深入,使新闻发布量最大限度地提高组织的透明度和信誉度。

2.“略告知性新闻事件”的发布

有时候,由于传播环境和传播信息的冲突,法律或政治规范的限制,公众和媒体对事件会产生认识差异,难以很快把握复杂的情况,发布全部或大部分内容就可能产生错觉和误解。因此,在发布会中就需要回避一些细节和内幕,引导公众正确理解事件。随着时间的推移,告知量会越来越大,在一定时机可能变成全告知性事件,新闻发言人不需要再回避什么。对于一些复杂而需要大量解释的问题,可以先简单答出要点,邀请媒体在会后探讨。

3.“隐匿性新闻事件”的发布

如果发布的内容会违背法律、法规、社会道德,或涉及商业机密、行业机密,就不宜公开报道。新闻发言人对这类事件只能回避,采取一定策略和技巧加以隐匿。当然,这种不告知,不是用“无可奉告”去回绝,而是以某种理由回避事实,最好以机智的方式回绝提问,听起来要让记者信服。

(三)现场控制

在新闻发布会举行过程中,可能会有难以预料的情况或变故出现。要确保新闻发布会的顺利进行,发布会的主导者即主持人、发言人要把握几个要点:

1.注意相互的配合

一般来讲,发言人在现场发言首先是进行主旨发言,接下来才回答疑问。若发言人不止一人,事先必须进行好内部分工,一人进行主旨发言即可。对回答提问的准备要分工明确,彼此支持,主持人和发言人必须保持一致的口径。当媒体提出的某些问题过于尖锐或难于回答时,主持人要设法转移话题,不使发言人难堪。而当主持人邀请某位新闻记者提问之后,发言人一般要给予适当的回答。

2.注意语言艺术

首先,要简明扼要。不管是发言还是答问,都要条理清楚、重点集中,让人一听就懂又难以忘怀。不要卖弄口才,口若悬河。

其次,要提供新闻。媒体是为新闻特意而来的,所以,在不违背政策、不泄密的前提下,要善于满足对方获取新闻的需求,要在讲话中善于表达自己的独到见解。

再次,要生动灵活。面对冷场或者冲突爆发在即,讲话者生动而灵活的语言往往可以化险为夷。因此,适当地采用一些幽默风趣的语言、巧妙的典故也是必不可少的。

最后,要温文尔雅。新闻记者大都见多识广,加之又是有备而来,有时候可能会提一些尖锐而棘手的问题。遇到这种情况时,发言人应保持风度,能答则答,绝不要粗鲁打断,甚至恶语相向。

3.注意细节

(1)在新闻发布过程中,有些新闻内容可以用一些现代手段,结合做好的示意图、统计表、幻灯片、音像资料等,以助与会者的理解。

(2)点请记者提问时,应注意不同类型和级别媒体之间的相对公平。请记者提问时,伸出手臂,手掌展开,手指并拢,指向邀请对象,不宜用一个手指来点记者。

(3)为了会间休息兼调节气氛,发布会现场可以设置茶歇,摆放矿泉水、茶、果汁、咖啡等饮品以及时令水果和各类甜品。

(4)如果不是历时较长的邀请记者进行体验式的新闻发布会,主办者一般不需要做住宿及餐饮安排。

四、会后公关工作

第一,发布会后,可以为媒体准备简单的工作餐,最好的形式是自助式,这样可以给媒体提供交流和对组织领导人进行深入采访的机会,也可借机收集记者对会议的接待、服务的意见,发现问题,及时弥补。

第二,搜集发布会后媒体的所有传播情况。对已发稿的记者,给予特别的联系和致谢,加强沟通交流。对于未参加发布会但发布会后可能对此新闻有兴趣的重要媒体,可以联系作专访节目。

第三,整理发布会音像、报刊资料,并在此基础上制作发布会成果资料集,如相关内刊、报纸,统一今后宣传口径。

第四,评测新闻发布会效果,全面收集活动在媒体上的发布情况,将其归类分析,检查有无漏发信息;统计已发表的稿件和记者姓名,计算发稿率,作为今后邀请媒体的参考数据。收集各类公众的反馈信息,总结经验。

五、新闻发布会范例

酒店新闻发布会策划方案

1.会议目的

以我酒店在省内酒店业界首家通过 HACCP(危害分析和关键控制点)国际食品安全认证为新闻由头,塑造、宣传酒店形象,树立酒店品牌,扩大企业影响,加强 HACCP 体系认证的公众受知度,沟通传媒与公众。

2.会议时间:9 月 20 日早上 9:30

3.会议地点:本酒店 5 楼会议厅

4.拟请参会政府领导:(名单略)

拟请参会旅游企业:(名单略)

拟邀请媒体及记者:(名单略)

5.会议流程

(1)9:00 前会场布置完成。

(2)9:30 所有与会人员准点入场。

(3)主持人致欢迎词及开场白,介绍参会的领导及媒体(3 分钟)。

(4)HACCP 体系原理及本酒店建立和实施 HACCP 情况介绍(10 分钟)。

(5)中国质量认证中心×主任为我酒店颁发 HACCP 证书。

(6)酒店领导发言。

(7)省旅游局领导发言。

(8)与会记者提问。

(9)主持人致结束语,记者与与会嘉宾自由交流。

6.会前准备

(1)随时与认证中心保持联系,确保 18 日前完成取证工作。

(2)18 日前完成制作与发放邀请函工作。

(3)会场布置,包括会场的选定、布置、签到台设置、横幅制作等,以及饮料、茶水、水果的准备;会场布置 U 型展示台。会场布置应突出酒店形象,多使用带有酒店标识的宣传画。

7.宣传资料准备

(1)新闻通稿:××执笔,交评审中心审阅,16 日前完成。

(2)HACCP 体系原理及酒店建立和实施 HACCP 情况,××执笔,18 日前完成。

(3)各嘉宾的发言,提前通知到本人,由各嘉宾准备。

(4)参会人员名录。

评价与考核

新闻发布会的组织任务完成情况及技能评价考查表

学习目标	评价标准	小组评价 (50%)	教师评价 (50%)	综合得分 (百分制)
理论知识(20 分)	掌握新闻发布会筹备工作要点、新闻发布会基本程序及推进技巧的程度			

续表

专业技能(20分)	能编制新闻发布会策划方案;对媒体提问预测及应答准备到位			
通用技能(20分)	具有文字表达能力;具有团队合作、协调能力			
任务完成(20分)	策划方案科学性及完整度;模拟发布会合理性及流程正确度			
学习态度(20分)	参与讨论认真积极程度;角色扮演到位程度			
综合评价与建议:				

思考与讨论

1.新闻发布会中,如果有媒体对所发布信息、资料的准确性及真实性有疑问,应该如何应对?

2.有学者在发言人答记者问环节中提出一个"6秒原则",即不管记者问什么问题,必须在6秒以内迅速回答,否则就不合格。请讨论"6秒"的意义和作用。作为发言人,如何努力贯彻这一原则?

技能训练题

请找一份当天的报纸,选择一件具有新闻价值的事件,与同学分别扮演事件当事人和媒体记者,就新闻中你们感兴趣的部分模拟记者提问及回答的过程。

任务二 会议活动的组织

情境设计

君怡酒店是一家具有数十年历史的老牌企业,多年来凭借优越的地理位置和良好的服务在省内外市场上保持着不错的口碑。但是,自去年来,酒店渐渐收到了一些顾客的意见。整理这些意见后,酒店负责人觉得有点意外:顾客的很多意见并不是关于硬件设施和员工服务,而是集中在酒店的门户网站上! 比如有些游客提议应该增加在线预订功能,有的指出网站风格呆板,栏目导航功能欠缺,还有的游客则抱怨网站更新太慢,酒店新闻还停留在半年前,等等。越来越多的反馈信息让酒店负责人开始意识到,在互联网飞速发展的今天,酒店的门户网站已经具有拓展品牌潜力,培育经济增长点的作用,对提高酒店竞争力意义非凡,于是决定对网站进行改版升级。

在确定工作方向后,酒店内部有的人提出应该马上聘请计算机团队来解决这个问题,有的人认为网络公司对酒店运营不了解,应该先对旅游专家和顾客做一次问卷调查,再来分析问题。有的人则认为酒店网站运营尚可,网站改版问题必要性不大。经过思考,酒店管理层决定,先在本月底组织一次讨论会,邀请相关人员讨论网站改版升级事宜,力求使网站成为推广品牌、展示特色、服务游客的良好载体。

请根据以上情境,完成以下任务:

1.为什么君怡酒店要以讨论会的形式来推进网站改版工作,会议应该邀请哪些人参加?

2.酒店该如何作好会议筹办准备以及组织召开工作?

任务分析

作为一种沟通交流方式,会议可以起到集思广益,提高公众参与度的作用,为决策者提供传播愿景、制订战略计划的机制,具有新闻价值的会议还可以成为旅游组织的信息传播源。然而,要使会议具有价值、富有成效,旅游组织必须在确定会议必要性的基础上,通过精心策划组织,遵循清晰实用的会议规则,运用会议技巧,层层推进,增加会议的有效性。本情境中的讨论会是为解决问题而开的,酒店管理部门尤其是公关部门,应该认真准备,精心推进,利用好讨论会这种形式来解决网站改版升级的核心问题。

任务实施

完成任务的具体操作步骤,建议如下:

步骤一　领受任务

指导教师解释任务核心,回答学生对任务的疑问,帮助其准确理解任务,完成任务领受。

步骤二　分析任务

各小组集体阅读知识链接,讨论范例,分析任务要点。

步骤三　实施任务

完成任务后,制成 PPT 文件,准备汇报。

步骤四　任务汇报

各小组 PPT 展示完成情况,组长介绍重点内容。指导教师记录、汇集亮点与不足。

步骤五　任务总结

各小组根据指导教师点评,修改文字内容及 PPT,上交指导教师。指导教师依据该项目任务考查表,给出各小组评价综合得分。

知识链接

在举行会议之前,旅游组织必须明白,没有零成本的会议。如果通过常规例会、电话、电子邮件等方式就可以解决问题,传递信息,那就没有必要再开会。一般而言,可以采用会议形式完成工作的情况是:

(1)需要依靠集思广益获得最佳的决策时;

(2)需要听取多方面的意见,协调多方的合作共同完成某项工作时;

(3)发生重大变革,突发事件,按常规步骤来不及决定时;

(4)传递的内容复杂但是很重要,要求所有的人都要正确理解时;

(5)主题事宜对参加者具有训练价值和激励作用,需要通过身体语言和口头表达来传递信息时。

一、会前准备工作

在决定通过会议形式来解决问题后,就要开始着手准备各项工作,主要内容如下:

(一)制定会议预案

1. 确定会议主题及名称

无论组织什么样的会议,都要确定会议主题,即明确要研究解决什么问题,达到什么目的。议题必须具有必要性、明确性和可行性。每次会议的议题应该尽可能集中、单一,不宜太分散。

会议主题应该通过恰当、确切的名称来体现,概括并显示会议的内容、性质、组织者、参加对象、主办单位或时间、地点、届次、范围、规模等。它既可以用于会前的"会议通知",使与会者心中有数,作好准备;又可用于会后的宣传,扩大会议的效果;更用于会议过程中,使与会者产生凝聚力。

2.确定会议议程

会议议程要确定的主要内容是:根据到会重要人士的情况,确定会议主持人;根据会议的主题,确定会议发言人;围绕会议主题,确定重点发言、讨论主题,并根据会议规模,确定讨论方式;根据会议拟达到的目的,安排相关人员作会议的总结。

(二)确定与会人选

与会者就是参加会议的正式成员,具体地说,确定与会者应考虑其必要性、重要性、合法性。

必要性指与会者必须是与会议直接有关的人员,也就是符合会议确定范围,有权了解会情,提出意见,表示态度,作出决定的人,或者是能提供信息,深化讨论,有助于会议达到预期效果的人。

重要性指与会者要与会议有必然的、直接的关系,有利于会议的进展或扩大会议效果的人员。

合法性指有些重要的会议,与会者必须具有合法的身份和法定的资格。如:旅游公司董事会或股东大会的与会者必须是按照公司法和公司章程正式确定的董事或股东;酒店协会换届选举大会的与会者必须是协会会员;旅游职业教育集团周年庆的与会者首先必须是集团成员单位或理事单位;等等。

(三)准备并检查会议文件

准备和检查会议文件是一项非常艰苦而必要的任务,文件主要包括会议日程、会议通知、会议参阅资料等。检查文件时要认真核对每一项细节,尤其是时间、地点、车辆号码、嘉宾姓名、出席人数、住宿安排、主席台座次等,要确保每一项都与实际相符。确认没有问题以后,向会议主管汇报。

(四)会议通知及邀请

在确定参与人选与准备好会议文件后,应该进行会议通知及邀请工作。这项工作原则上要以文字形式进行。在会议通知书上或邀请函上,要写明以下事项:会议名称、议题;会议召开以及结束的预定时间;会议场所(附导向图)和联系人;其他事项(如有无会议资料,有无停车场,有无就餐安排等)。

(五)会场选择与布置

1.会场选择

会场应该符合组织的形象以及与会者的身份、等级;地点对与会者来说应该方便快捷;会场能保证必要的使用时间;会场费用要符合预算;会场环境舒适,设施设备齐全。

2.会场布置

布置会场要考虑会议的目的、人数、会场的大小等情况,并考虑会议的整体风格和气氛。

(1)座席配置。座席的配置可以参考以下几种方法:

①圆桌形。圆桌或椭圆形桌子可使与会者消除不平等的感觉,有利于互相交换意见。

②口字形。用长或方桌围成一个很大的口字形,适用于比圆桌形更多人数的会议。

③I字形、V字形。与会者更清楚地看到主持人及会场背景,适用于使用多媒体的需要。

④剧场形。主持人和领导坐在讲台一侧,适用于以传达报告情况,多人参加的会议。

(2)座次安排。主席台一般按职务高低排列座次,以主席台座位为准,单数以中间为上,双数中间两人以左为上,然后依次排列。其余与会者的座次安排一般以职务高低或姓氏笔画为序排列。在与会者彼此不熟悉的情况下,应在每个与会者桌上摆放姓名牌,以便他们互相了解、结识。

(3)准备设备和用品。会议设备和用品是指各类会议都需要的姓名牌、文具、桌椅、照明设备、投影和音响设备、茶具、烟灰缸,等等。另外,可以在会议主持人的对面墙壁放置一个醒目的挂钟,会议记录人则可根据需要另外安排一张小桌子。

(六)接站报到

会务组在整理与会者信息后,在会议开始前,要对需要接站的宾客统一调度,安排人员至车站、机场迎接。对于自备交通工具者,应提前告知到达路线。对抵达报到的参会者,会务组要做好报到登记工作,确认和分发住店钥匙、会议资料文件、餐券等资料。必要时,应引导与会者到住宿房间,并简单介绍环境和会议概况。

二、会中工作

(一)签到、入座

签到能帮助工作人员及时、准确地统计到会人数,便于安排各项工作。签到一般有以下几种方法:

1.簿式签到

与会者在预备好的签到簿上按要求签署自己的信息,表示到会。这种方法的优点是利于保存,便于查找,适用于小型会议。

2.证卡签到

在签到证上写明会议名称、日期、座次号、编号等,事先发给与会者,与会者在上面写好自己的姓名,进入会场时,将签证卡交给会议工作人员,表示到会。其优点是比较方便,缺点是不便保存查找。

3.座次表签到

事先制定好座次表,标明与会人员姓名和座位号码,一旦到会就在座次表上销号,表示出席。这样做,与会者还能在签到时就知道自己的座次号,起到引导的效果。

4.电脑签到

利用电脑技术,使与会者通过刷卡就能完成签到手续,快捷准确,适合大型会议。

在签到后,会议接待人员应有礼貌地将与会者引入会场就座。对重要人士应先引入休息室,由领导亲自作陪,会议开始前几分钟再引到主席台就座。

(二)会议推进

在主持人宣布会议开始后,会议就进入了正轨。要使会议在召开过程中前后连贯、层次分明、重点突出,主持人的主导和推进作用不可忽视。主持人应该做到以下几点:

1.直入主题

直截了当地宣布会议的目的和主题,介绍会议的议程及与会者。通常,与会者会提前收到会议文件或通知,但口头说明有助于为与会者明确地限定讨论的问题,而且能够消除在会议开始时人们思绪的混乱状态,集中大家的注意力。

2.有效控制,推进会议

一要控制时间。没有控制好开会时间往往会出现"拖会"或是会议比预定时间提前结束。对此,主持人要根据现场情况作出相应的调整。如果时间不够,或提醒压缩讲话内容,或把大会发言改为书面交流,或精简自己的主持内容。如果时间多余,可安排小组讨论,消化会议内容;可安排现场咨询,解决疑难问题;也可以安排代表发言交流。

二要控制气氛。主持人应该根据会议的类型变换语言和语气,调节会议的气氛。如主持小型座谈会时要力求语言活泼、语气轻松,努力为与会者畅所欲言营造宽松的氛围;主持大型会议时则要力求语言朴实、语气平缓,努力为大会营造庄重严肃的气氛。

三要控制局面。会议主持人要注意紧扣议程,避免走题;观察参会者的反应,并给予反馈;协调参会者的发言,引导与会者沟通交流;及时处理不良现象如随意走动,接听电话等,保持会场的良好秩序。

(三)会议总结

会议总结可以引导会议的良性进展,不至于使会议最终没有任何效果,或乱七八糟、没有任何的条理性。会议总结要做到几点:

(1)剔除小的、次要的问题,确认会议的主要决定和行动方案。

(2)回顾会议议程达成的共识和成果,表明已经完成的事项和待完成的事项。

(3)给与会者一点时间简单说最后几句话。

(4)就下次会议的日期、地点等事项达成一致意见。

(5)对会议进行评估,对与会者表示谢意或赞赏。

三、会后工作

1. 媒体宣传

为扩大会议影响力或通报会议决议,某些会议结束后应该通过新闻发布会等形式来加强与当地新闻界的沟通和合作,加强会议对公众的影响,加速彼此信息的交流。

2. 会后考察参观

会议结束后,可以安排与会者组成访问团、考察团,对与会议主题相关的旅游项目、旅游路线进行实地参观和调研,以深化会议主题,加深沟通交流。

3. 安排与会者返程

大型会议结束后,主办单位一般应为外来与会者提供一切返程的便利,主动为对方联络、提供交通工具,或是替对方订购、确认返程的机票、船票、车票。当团队与会者或与会特殊人士离开本地时,还可安排专人送行,并帮助托运行李。

4. 处理材料,形成文件

会议一结束,就要根据工作需要与有关保密制度的规定,将与会议相关的一切图文、声像材料进行细致的收集、整理,尽快形成各种文件资料,如会议决议、会议纪要等,并及时下发或公布。对应该回收的材料,一定要如数收回;应该销毁的材料,则一定要仔细销毁。

5. 会后工作跟进

会议结束并不意味真正的会议终结,形成的决议要执行下去,落实到位,会议的效果才能真正显现出来。所以,在后期,相关负责人必须要对会议形成决议的执行情况、执行成绩,以及存在问题及时进行了解、监督,并根据情况适当调整。

四、会议活动的组织范例

2009 年第二届中国露营休闲旅游论坛会议议程

12 月 8 日全天	参展企业代表报到及布展
12 月 9 日全天	与会嘉宾报到
12 月 10 日	
	领导嘉宾致辞
9:00—9:20	国家旅游局领导及中国旅游协会领导致辞并演讲
9:20—9:30	海南旅游局领导致辞并演讲
9:30—9:50	中天联合体董事长王宇峰致辞并演讲
	签约仪式

9:50—10:10	1. 中天行、山东省旅游局签订《关于山东省露营地投资的协议》(签约代表发言) 2. 国内外露营机构签订战略合作协议
10:10—10:30	茶歇
	主题发言
10:30—11:00	澳洲露营机构负责人演讲(主题:澳洲露营旅游行业介绍及发展状况)
11:00—11:30	日本露营协会主席演讲(主题:日本露营旅游行业介绍及其发展状况)
11:50—14:30	午餐及午休
14:30—15:00	韩国露营协会主席演讲(主题:韩国露营旅游行业介绍及其发展状况)
15:00—15:30	台湾地区露营协会主席演讲(主题:台湾露营旅游行业介绍及发展状况)
15:30—15:50	茶歇
15:50—16:10	国内露营旅游运营机构代表演讲(主题:露营旅游——中国旅游业新的利润增长点)
16:10—16:30	国内自驾车旅游组织代表演讲(主题:自驾车游客——中国潜在露营群体的先行者)
16:30—17:00	景区代表演讲(如何提升景区服务品质,吸引并留住更多露营旅游人群)
18:30—20:30	招待晚宴
12月11日	
9:00—9:30	中国露营旅游联盟成立仪式
9:30—11:30	座谈——中外露营专家同与会嘉宾互动 主题:中国露营发展的机遇和挑战 邀请发言嘉宾:国家旅游局领导;澳洲、日本、韩国、我国台湾地区露营专家
11:50—15:00	午餐及午休
	参观体验
15:00—17:00	前往海口假日海滩营地参观体验,自由交谈。(与会代表中,中国旅游车船协会常务理事另行参加该协会第七届一次常务理事会议)
17:30—20:00	海口假日海滩营地露天招待酒会
12月12—13日	参会嘉宾对海南景区业务考察,13日下午3点本次论坛全部活动结束

评价与考核

会议的组织任务完成情况及技能评价考查表

学习目标	评价标准	小组评价 (50%)	教师评价 (50%)	综合得分 (百分制)
理论知识(20分)	掌握会议筹备工作要点、会议基本流程及推进技巧的程度			
专业技能(20分)	会议策划筹备能力;会议组织推进能力			
通用技能(20分)	具有应用写作能力			
任务完成(20分)	观点合理、全面;合作愿望及表现			
学习态度(20分)	参与认真程度;积极交流沟通程度			
综合评价与建议:				

旅游 公共关系

思考与讨论

1.一些大型会议往往在主会场之外还设有分会场，请问该如何协调主、分会场的工作？

2.会议进行当中，与会者会有哪些特殊要求？如何解决和应对？

3.如何防止"会虫"现象出现？

技能训练题

选择一个你即将要去参加的会议，观察会议的组织协调情况，尝试记录会议的组织与筹备工作。

任务三　庆典活动的组织

情境设计

2017年4月，在鸟语花香的明媚季节里，A景区喜报连连，先是景区刚刚实现了自开业以来接待总人数突破5000万大关，接着，景区又通过了国家旅游局组织的质量等级评定，从4A级景区荣升成为5A级景区。在景区汇报情况后，政府主管部门讨论了此情况，决定由景区组织承办一次活动，将5A揭牌仪式与接待人数过5000万庆祝活动合二为一，举办一次隆重的庆典。于是，景区管理处开始为这次活动忙开了……

请根据以上情境，完成以下任务：

1.请为A景区设计庆典主题或口号，列出邀请嘉宾名单，写出策划方案。

2.在庆典活动中，如何保证活动开展得隆重热闹又井然有序？

任务分析

庆典活动是组织利用自身或社会环境中的重大事件而举行的公共关系专题活动，目的在于联络公众、广交朋友、增进友谊、扩大影响。一次气氛热烈、隆重大方的庆典活动，就是一次展示自身良好形象的机会，它能够显示旅游组织的实力，体现组织的公关水平和能力，可以增加公众对组织的信任感，还能增强组织内部公众的凝聚力。正是基于这些考虑，A景区才会利用自身发展过程中的契机举行庆典活动。而要保证活动取得理想的效果，必须进行精心策划和组织。

任务实施

完成任务的具体操作步骤，建议如下：

步骤一　领受任务

指导教师介绍任务背景及关键要求。解答学生疑问，帮助其准确理解任务，完成任务领受。

步骤二　分析任务

小组集体分析任务，阅读知识链接，分析教材范例，列出完成任务的重点，难点。

步骤三　实施任务

完成任务，将口号、名单制成PPT文件，准备汇报。

步骤四　任务汇报

各小组选派组员，用PPT展示任务完成结果，并进行重点介绍。指导教师记录、汇集问题，启发其他学生提问。

236

步骤五　任务总结

各小组根据指导教师、同学意见,修改工作结果,上交指导教师。指导教师依据该项目任务考查表,给出各小组评价综合得分。

知识链接

一、庆典活动的主要类型

(一)节庆活动

节庆是利用盛大节日或共同的喜庆事件来表示快乐或纪念的庆祝活动,有官方节庆和民间传统节庆之分。旅游组织往往根据文化传统、风俗习惯、土特产情况等,筹划举办一些特色节庆活动,如上海旅游节、大理三月街、北京地坛庙会、湖南龙舟节、山东潍坊风筝节,等等。

(二)纪念活动

纪念活动是旅游组织利用社会上或本行业、本组织具有纪念意义的日期而开展的活动。如重要历史事件纪念日、本行业重大事件纪念日、社会名流和著名人士的诞辰或逝世纪念日。通过举办这样的活动,可以传播组织的经营理念、经营哲学和价值观念,使社会公众了解、熟悉进而支持本组织。

(三)典礼仪式

典礼仪式包括各种典礼和仪式活动,如开幕典礼、开业典礼、周年庆典、竣工典礼、颁奖典礼、就职仪式、颁奖仪式、签字仪式、捐赠仪式等。典礼仪式的形式很多,并无统一模式,有的非常简单,有的则很隆重、庄严,甚至还有一套严格的程序。

二、组织庆典活动的注意事项

(一)适时

理想的时机选择会增强庆典活动的效果。有些庆典的时间是固定的,如公众节日、纪念日,这些庆典一般只能提前不能推后。有些庆典则要选择时机,如企业举行庆典活动通常要与市场时机结合起来考虑。而开业、竣工等庆典,要考虑有关重要人士能否出席、气候及前后节庆情况等因素。另外,庆典活动还要考虑周围居民生活习惯,避免因过早或过晚而扰民,一般安排在上午10点前后最恰当。

(二)适度

庆典活动是一种礼仪性公关活动。举办庆典活动还要具有精品意识,典礼过多、过滥都会影响庆典活动的质量和效果,其规模、形式要和组织的条件、业务情况大体相符。我国有关方面专门曾作出规定,对大型群体活动要严格控制,认真执行申报制度。

(三)隆重

庆典需要达到一定热烈庄重的程度,既可以鼓舞人心,又可以扩大影响。一般化的庆典活动,无法留给人深刻印象,不可能取得理想的效果。这就要求在现场布置、形式选择、程序安排等环节上下功夫,努力营造隆重热烈的气氛,同时,还要力求有创意。

(四)节俭

庆典活动既要隆重热烈,又要简朴务实,从规模、规格上要严格控制成本,不能一味追求"高、大、全"。奉行"少花钱,多办事"的原则,不能摆排场讲阔气,铺张浪费。

三、庆典活动准备工作

(一)主题及形式策划

首先,公关人员应该挖掘与本组织有本质联系的主题,提炼宣传口号。注意不能牵强附会,不能随意发挥。其次,在确定主题后,要根据组织性质、实力、公关目标等内在因素和场所条件、天气条件等外在因素确定庆典的形式和规模,确定活动形式。如果庆典活动规模较大,可以成立庆典筹委会,专门策划并落实庆典工作。

(二)拟定工作程序及方案

拟定工作程序主要是落实策划任务,明确职责分工。拟定庆典程序时,有两条原则必须坚持:第一,程序的安排要求紧凑、连贯而细致周密,时间宜短不宜长,一般以一个小时为限。这既为了确保公关效果,也是对来宾出席的尊重。第二,程序宜少不宜多。程序过多,不仅会加长时间,而且还会分散出席者的注意力,并给人以凌乱之感。

一般来说,庆典活动的程序大致为:宣布典礼开始,介绍重要来宾,领导或来宾致贺词,主办者致答词,剪彩等。其间可适当散发宣传资料和赠送纪念品或者安排一些助兴节目,以渲染气氛,提高兴致。在拟订活动方案时,一要列出各项筹备工作的要求,制作工作计划的进度表;二要拟订开支预算计划;三要向有关部门办理活动的报批手续。

(三)邀请宾客

庆典活动的影响力与宾客的身份和规模密切相关。邀请宾客的范围一般是本组织的主管领导及业务往来单位、社会知名人士、政府官员、媒体记者、社区负责人、社团代表、员工代表、公众代表,等等。在负责任人审定邀请名单后,应印制精美的请柬,提前5至8天由专人送达对方,以便被邀宾客安排时间。活动前3天,再通过电话核实,看有无变动,对于贵宾在活动前一天要再核实一次。

(四)确定活动关键人物

首先,要确定主持人。主持人可以选择政府部门领导、本组织领导,也可以选择有一定影响的媒体主持人。一般来说,主持人应该形象气质佳,口头表达能力强,具有较强的应变能力,善于沟通与协作,同时也要具备一定的主持风格。

其次,要确定仪式中的致辞、答词、剪彩、揭牌的具体人员,这些人士可分己方和客方两大类。己方人员应是组织的主要负责人,客方人员也应是地位较高、一定声望的知名人士。选择致辞人和剪彩人应征得本人同意,要事先安排好他们的座次或站位。

(五)现场布置

举行庆典仪式的场地可以是主题活动的现场,也可在专业的会议厅,规模应当量力而行。为了烘托出热烈、隆重、喜庆的气氛,要着力美化庆典环境。现场可以悬挂庆典会标、庆祝或欢迎词语,还可充分利用飘空气球、彩虹门、步道旗、花篮及花卉植物、红地毯等,使场地气氛显得隆重、热烈。如果有能力,还可以请由本组织员工组成的乐队、表演队进行现场表演,但是这类活动应当要适度,不要热闹过了头,导致"喧宾夺主"。

(六)宣传工作

旅游组织应该指派专人负责庆典活动的宣传,如设计制作宣传品,拟定活动主题词和宣传语,在会场布置条幅、宣传画。另外,还要印制一些材料,包括本组织情况、活动介绍等,放在特制的包装袋内发给来宾。对记者,还应在其材料中添加较详细的新闻通讯材料,以方便记者写作新闻稿件。

(七)安全保障工作

庆典活动的安全问题包括现场交通道路安全、公共设施安全、消防安全、疏散通道安全等。活动开始前,相关部门应到活动场所和区域实地检查,详细了解整个活动的布置和参与人员的状况,消除安全隐患。如果是重特大型活动或特别规格的安全保卫工作,应由保卫部门向公安部门申报备案,必要时请示增派警力协助维护安全秩序。

四、庆典活动的仪式程序

1. 签到

宾客来到后，由专人请他们签到。签到簿以红色封面、内部纸张以装饰美观的宣纸为宜。工作人员可以在签到时将活动资料和本组织的宣传资料，发给到来的宾客，扩大组织的知名度。

2. 接待引导

宾客签名后，礼仪小姐为其佩带胸花，引导至备有茶水、饮料的接待室，让他们稍事休息并相互认识。本组织人员应在此陪同宾客进行交流，可以谈一些本组织的事情，或者说些对宾客到来表示感谢的话语。

3. 活动开始

主持人宣布活动开始，简单致辞，介绍到场领导和嘉宾并表示谢意。

4. 领导和嘉宾致辞

无论是开幕词、贺词、答谢词，注意要言简意明、热烈庄重，切忌长篇大论。

5. 剪彩

有些大型项目需要剪彩时，应由主持人宣布剪彩人员的单位、职务、姓名。由礼仪小姐将用彩带扎成的花朵相互连着放在托盘上。剪彩者拿剪刀时以微笑向礼仪小姐表示谢意。待剪彩完毕时，转身向四周观礼者鼓掌致意。

6. 配套节目

配套节目可以灵活地穿插在庆典活动的各环节中，如敲锣打鼓、舞狮子、放飞信鸽、放气球、合唱歌曲、放喜庆音乐等，以示庆祝。在允许燃放鞭炮的地区，还可燃放烟花礼炮等，造成喜庆气氛。

7. 参观、座谈或聚会

主持人宣布仪式结束后，即可引导客人参观工程、项目、公司，介绍主要设施或特色商品，以融洽与同行的关系，也可以举行短时间的座谈或请来宾在留言簿上签字。之后，还可以安排舞会、宴会答谢来宾。

8. 赠送纪念品

赠送来宾纪念品可以使来宾有受到尊重的感觉，以此达到感情的交流。赠送的礼品、纪念品可选用本单位的产品，也可在购买或定制的礼品外包装上印上本单位的企业标志、图案、广告语。

五、庆典活动的组织范例

酒店连锁店开业庆典活动方案

一、活动背景、目的及意义

背景：酒店在 H 市第一家门店即将开业，正式进入 H 市市场。

目的：引起市场同行、媒体朋友的关注，增强品牌对外亲和力；加强与本地媒体的互动和交流，为区域市场销售和推广营造良好的舆论环境；与相关政府部门建立良性合作伙伴关系，为后续的市场经营及推广做好铺垫。

二、活动流程

（一）筹备工作

1. 活动规模

参加人数 200～300 位左右。

2. 工作计划拟订

活动流程及方案由公关部于 12 月 5 日完成，完成后交至驻店经理处审核。

3.人员邀请

①旅游局各级领导;②各大旅行社负责人;③政府接待处负责人;④新闻记者;⑤各行业办公室主任。

4.现场布置

(1)场外布置:在酒店大门两侧的马路边上插上带标志的彩旗;在酒店大门两侧放置2个升空气球,气球下悬挂条幅,内容待定;酒店大门上沿挂一条横幅,内容:酒店开业庆典;酒店主楼的墙壁上悬挂祝贺单位的条幅;酒店门口两侧摆放祝贺单位的花篮;周边主干道上增加20条条幅作宣传;酒店大门上悬挂2~4个大红灯笼(增加喜气,烘托气氛);酒店大门右侧搭建一个7m×4m的舞台(舞台布置:以带有酒店logo和活动主题的彩板为背景板,舞台上设麦克风、演讲台、音响一套等);酒店大门入口处设置气球拱门,拱门上设置横幅,内容为活动的主题内容;楼顶放升6个升空气球,气球下悬挂条幅,内容待定;主宾区铺上红地毯。

(2)室内布置:酒店通道必须有醒目的引导标识;签到区设置在大厅入口处,签到桌上摆放签到用品:签到牌、签到簿、签到笔、桌花等;总台、休息区的茶几上摆放鲜花和烟缸;酒店的电梯内悬挂宣传物品。

(二)仪式程序

7:00 筹备组人员到场,检查电源,调试音响设备,舞台布置,所有准备工作最后检查;

8:00 各部门人员各就各位、各司其职,背景音乐循环播放喜庆欢快的乐曲;

8:20 庆典工作人员、礼仪小姐、接待人员在指定位置准备;

8:30 礼仪小姐熟悉接待路线、接待方式和位置等;

9:30 酒店领导迎接嘉宾,礼仪小姐配合签到,佩戴胸花,发放资料,引导嘉宾休息;

10:18 主持人就位,介绍出席的领导和嘉宾名单,宣布仪式开始;

10:20—10:35 驻店经理宣布新店正式开业并致欢迎辞;

10:35—10:50 公司领导致辞;

10:50—11:00 政府部门嘉宾致辞;

11:00—11:05 酒店全体员工宣誓仪式,显示出很强的团队精神;

11:05—11:20 公司领导与重要嘉宾揭牌及剪彩;

11:20 主持人宣布仪式圆满结束;

11:20—11:50 公司领导接受媒体访问;

11:50—13:30 答谢午餐;

结束后向与会人员发放纪念品。

三、后勤保障工作安排

(1)活动经费安排:专人专项进行管理。

(2)活动工作报告:定期通报准备工作进展。

(3)活动安保及应急:10名保安员现场全面监控。

(4)现场卫生清理:10名清洁工,随时清扫,确保现场整洁。

(5)交通秩序:4名保安负责入口交通秩序,专人负责嘉宾车辆停放。

(6)消防:配置灭火器,2名保安员。

(7)电工、音响:主会场配备专业电工一名,发电机一台,专业音响师2名。

(8)防雨措施:准备1座规格为20m×15m的气棚房,以备急用。

四、费用预算

活动预算表

项目	规格	数量	价格（元）	备注
舞台	7m×4m×0.8m	1个	700	含运输、安装
背景板	7m×4.5m	1个	788	含运输、安装
音响		1对	450	调音师一名
红地毯		50平方米	175	含安装
气球拱门		1个	230	含条幅、维护、安装
和平鸽		800只	2240	放飞
氢气球		600个	840	放飞
空飘气球	直径2.5 m	8个	1760	含气球费、条幅、维护、安装
项目	规格	数量	价格（元）	备注
礼炮	高:1.2 m	7门	490	
红绸布		1条		揭牌时用（庆典公司赠送）
签到簿、笔		3本	54	供嘉宾签到
胸花	用鲜花制作	200个	700	
旗袍		10套	500	礼仪小姐穿着
剪彩用具		9套	225	
横幅	1000cm×90cm	20条	1160	主要干道悬挂
花草		若干	300	装饰舞台
彩旗		30面	240	含竹竿、印字
大红灯笼		2个	100	
演讲台		1个		庆典公司赠送
摄像			300	含刻盘
媒体		10人	3000	报纸宣传
礼品		60份	3000	普50份/VIP 10份
合计			17252 元	

评价与考核

庆典活动的组织任务完成情况及技能评价考查表

学习目标	评价标准	小组评价（50%）	教师评价（50%）	综合得分（百分制）
理论知识(20 分)	掌握庆典活动类型及原则、筹备工作要点、基本程序及实施要点的程度			
专业技能(20 分)	能编写庆典策划方案；能设计会场布置			
通用技能(20 分)	具有良好的文字表达能力；具有团队合作、协调能力			
任务完成(20 分)	策划方案科学性及完整度；方案合理性及流程正确度			
学习态度(20 分)	参与认真积极程度；完成任务责任心			
综合评价与建议：				

思考与讨论

1. 庆典活动如何达到既经济节约又隆重热烈的效果？
2. 庆典活动当天，如果出现天气突变，重要嘉宾因故不能出席等意外情况，如何处理？

技能训练题

请观察身边各种仪式、活动，分析其组织过程和现场控制工作。

任务四 赞助活动的组织

情境设计

2017年10月，某市将举办首届城市马拉松赛，目前正在征集赞助商。某旅行社张经理看到这个消息后，意识到这次活动对公司来说是一次不容错过的机会。经过一番了解，他得知很多公司都对这个活动感兴趣，竞争非常激烈。在经过公司内部论后，张经理决定，通过竞争争取成为本次马拉松赛的赞助商之一。

请根据以上情境，完成以下任务：

1. 该旅行社可以具体选择什么方式来实现树立形象、扩大影响的目的？
2. 在赞助活动实施过程中，如何实现公关效益最大化？

任务分析

赞助是社会组织以提供资金、产品、设备设施、服务等形式支持社会事业或社会活动的一种公关专题活动。赞助活动能够提高组织的影响力，树立良好形象，培养与社会公众的良好感情。任何组织的赞助活动都会有自己的具体目的和利益，但是，与广告对公众的生活会产生一定的侵入性相比，赞助活动则可以成为人们生活中的一部分，因此也越来越多地被社会组织所认识并加以重视。实际上，赞助策略的选择和运行已经成为一门艺术，对张经理来说，要在诸多有赞助意愿的企业中争取赞助机会，获得理想的回报，还需要一些破除常规的新思路。这对大多数组织来说并不是一件容易的事。

任务实施

完成任务的具体操作步骤，建议如下：

步骤一　领受任务

指导教师介绍情境的背景、任务的要求及关键点。小组提问，指导教师答疑，准确理解任务，完成任务领受。

步骤二　分析任务

各小组分析任务的要求，讨论知识链接和范例部分，明确任务重点、难点。

步骤三　实施任务

参考教材内容，发挥创造力，提出赞助思路及工作要点，准备汇报。

步骤四　任务汇报

各小组选取代表阐述思路。指导教师记录、汇集问题，引导学生汇报思路。最后进行点评与总结。

步骤五　任务总结

各小组根据指导教师点评,改进方案,上交指导教师。指导教师依据该项目任务考查表,给出各小组评价综合得分。

知识链接

一、赞助活动的公关功能

1.提高美誉度

旅游组织通过高品位的赞助活动,展现组织实力,承担部分社会责任和义务,往往可以得到媒体的赞许和舆论宣传,赢得社会公众的信任,得到政府及其他公众的支持,从而为自身的生存与发展营造相对宽松的环境。

2.提升知名度

赞助活动通过媒体的传播,可以使各类公众对旅游组织形成丰富的品牌联想,公众与赞助者之间的关系会实现增值,因此,赞助已经成为迅速提升品牌知名度的一种重要方式。

3.促进沟通

赞助活动往往可以让公众在轻松的环境下亲身体验旅游组织及其产品,形成互动。这种密切的关系对于品牌来说才是一种真正的赢利,特别当各类公众被看作旅游组织的"自己人"时,最有可能产生亲和力。

二、常见赞助途径和方式

(一)赞助途径

1.赞助体育娱乐活动

体育娱乐活动不仅是社会公众所感兴趣的热点,更是各类媒体所热衷报道的对象。这些活动往往能超越民族、国界和政治因素的影响,培养与公众的良好感情,大大提高组织的社会效益和知名度,可以说是最具魅力和最受欢迎的赞助形式。例如,携程旅行是2016上海国际马拉松赛的赞助商之一。

2.赞助文化教育事业

赞助文化教育事业,既有助于教育事业的发展,提高大众文化素养,为企业树立起关心社会的良好社会责任形象,也有利于赞助者自身的人才招聘、培养和选拔,提供长期发展的后备力量。赞助形式主要有:赞助学校教学活动,设立奖学金,成立基金会,捐赠图书、教学设备,修建教学科研楼馆,赞助科研项目、学术研讨会、学术著作出版等。

3.赞助社会慈善和福利事业

这是旅游组织谋求与政府和社区两大公众最佳关系的理想手段。它能表明组织的社会责任感和高尚品格,容易引起社会公众的好感,赢得良好社会声誉。常见的做法有:救济残疾人,资助孤寡老人,捐助灾区人民,捐赠儿童福利等。

4.赞助社会重大事件和大型活动

随着公关手段同质化现象的日趋严重,常规的公关活动已经很难达到迅速提升组织知名度和美誉度的双重目的。因此,许多旅游组织都把目光聚焦到了某个具体大型活动的赞助形式,以达到树立组织的独特形象,展示组织的文化内涵的目标。如2010年世博会期间,成吉思汗陵景区在上海世博园内赞助了"浪漫世博——鄂尔多斯集体婚礼",独具民族特色的鄂尔多斯婚礼吸引了前来参观世博的很多游客,来自全国的30多家媒体也争先报道本次活动,很大程度地提高了景区的知名度。

(二)赞助方式

1.资金赞助

旅游组织有计划、有目的地拨出一定的资金,向受赞助者提供赞助。它可使受赞助者根据自己的客观需要,对其进行一定限制的支配。

2.产品赞助

旅游组织尤其是旅游企业赞助自己的产品,可以提高产品的知名度,树立产品形象,加深消费者的产品体验。这种方式不仅可以及时地满足受赞助者的需要,也可以减少赞助企业的现金压力,而且不易被挪作他用。

3.服务支持

旅游组织可以为赞助对象提供一些免费服务,即进行义务劳动或有偿劳动,然后以劳务的形式或以劳务所得,向受赞助者提供赞助。它可以更好地调动有关方面的积极性,获得更为广泛的参与。

4.设备、设施赞助

旅游组织可以为一些社会公益事业、大型活动提供一些设备和设施,但往往赞助的是使用权,而非所有权。如在 2005 年"超级女声"举办期间,武汉市的旋宫饭店为活动方免费提供 180 间客房就是这一类赞助方式。

旅游组织进行赞助的途径和形式有很多,公关人员应善于设计出各种新颖的赞助形式,使组织获得最佳的信誉,改善、提高其公关效果。

三、旅游组织在赞助活动中的权利与义务

从赞助项目的拟定、签订赞助合同直至赞助活动的实施,旅游组织都要明确自己在赞助活动中的基本权利和义务。

(一)赞助活动中的权利

一是有自愿参加,依法退出的选择权。任何单位和个人都不得强求旅游组织做各类赞助活动。对于有悖于社会道德、法律法规、行业规范的活动,旅游组织有权不参与。在赞助活动中,一旦发现有弄虚作假、假公济私等行为时,可依照有关规定程序退出赞助活动。

二是有获得部分经费补偿、支配部分赞助费的权利。旅游组织赞助活动的目的,主要是进行公关宣传,扩大企业和企业产品知名度。因此,通过协商获得部分有效的间接补偿,自由支配部分经费成为赞助方的基本权利。

三是有参加相关活动的权利。旅游组织可以参加赞助活动的开幕式、闭幕式、颁奖仪式等。同时也可以对赞助活动提出某些建议,指导活动的正确开展。当然,参与活动的程度还必须征求相关单位的意见,避免妨碍和冲淡活动主题。

(二)赞助活动中的义务

一是要认真审核赞助活动的审批手续、赞助计划、活动主题,确保赞助活动符合国家及行业的法律法规。

二是在赞助活动中涉及宣传内容时,应该提供必要的证件、证明,数据资料,保证内容真实、客观、合法。

四、赞助步骤和程序

(一)调查研究、确定赞助项目

旅游组织的赞助活动可以自选对象,也可以按被赞助者的邀请来确定。无论赞助对象及形

式如何,都应作好深入细致的调查研究。

首先,所赞助的活动必须是经过相关主管部门同意、审批过的活动,活动的举办单位有完整的活动计划、费用预算。

其次,应该从长远的考虑和持续的投入来看待赞助活动。被赞助的活动或团体要有利于自己的生存和发展,活动的主题要符合组织自身的形象定位和发展目标、公关目标。

最后,赞助项目必须是本组织力所能及之事。旅游组织应该重点分析赞助成本与组织效益的比例,视组织的经营情况,考虑赞助的额度和范围,避免使之超出自己所能承受的程度。

(二)制订计划、落到实处

旅游组织在决定进行赞助活动之后,应该着手制订详尽的赞助计划。一般来讲,负责赞助计划的部门主要就是公关部,而各办公室、财务部亦应介入此事。赞助计划主要应明确赞助形式、经费预算、组织管理办法等,使赞助活动有计划、有控制地进行。一般来说,赞助计划可分为两大类:

一类是年度性的赞助计划。旅游组织将赞助作为公关活动的主要形式,最好每年正式制订一次全年度的总体计划和部门计划体系,以及工作流程图。这可以使赞助活动规范有序,有的放矢,也可以从宏观上避免赞助活动产生浪费或损耗。

另一类则是临时性的赞助计划。它主要是针对临时性的邀请、突发性的事件所制订的赞助计划。制订此类计划,也必须坚持深入进行调查研究。本质上讲,它应该算是对年度计划的补充。

(三)实施赞助活动

赞助活动的实施要派专门的公共关系人员负责具体操作,在实施赞助活动过程中,旅游组织要注意以下要点:

一是必须审慎行事。赞助绝非一种单方面的赏赐,而是对双方都有收益的双向活动。在赞助的实施过程中,旅游组织要认真履约,对于受赞助者一定要平等相待,不能趾高气扬,处处讨价还价,令对方产生逆反心理,导致好心办了坏事。

二是必须扩大影响。在实施赞助计划的过程中,不仅要求得到社会各界的理解与支持,而且还要善于运用公关技巧,利用各种传播媒介,在法律、法规允许的前提下,对自己进行适度的宣传,以求扩大本组织的社会影响力,提高自己的知名度与美誉度。不过在宣传时必须讲究技巧,切勿自吹自擂,令人生厌。

三是必须严守承诺。赞助方务要言而有信,兑现承诺,不能出现取消赞助,拖延赞助,削减数额,以次充好,以假充真,以物抵款等情况,否则,不但形成毁约行为,而且还表明自己原先的承诺仅仅是为了沽名钓誉。

(四)活动后期跟进

赞助活动结束后,旅游组织首先应该对照计划,由组织自身和专家共同评测公关效果。评测应该采用定量和定性相结合的方式。定量方面应分析资金赞助、实物赞助的数量和质量,服务赞助的内容、人次、质量与获得的经济效益或后续利益比较;定性方面则应着重检查、收集社会公众、新闻媒体和接收赞助者对赞助活动的看法、评论。通过对赞助效益的分析,最终要对是否达成赞助计划中确立的目标作出实事求是的评价。

另一方面,旅游组织还应该指定专门人员负责收集、整理与赞助活动相关的一切资料,包括各类文件、电话记录、传真材料和信函,以及一切能证明赞助效益的媒体报道、专业评估资料,等等。这不仅是建立专项档案工作一个部分,对今后各类赞助的运作也有十分重要的价值。

五、赞助活动范例

黄陵是中华民族的精神家园、炎黄子孙朝圣之地,是中华文明最早发祥地。物华天宝,人杰地灵,自然资源与人文资源十分丰富。境内有国家5A级景区黄帝陵、4A级景区黄陵国家森林公园、3A级景区万安禅院石窟景区、被誉为古代的高速路的秦直道。它是陕西省首批公布的陕西省旅游强县和陕西省旅游示范县,是陕西北线旅游的龙头。

黄陵国家森林公园距黄陵县城40公里,森林茂密,景色宜人。景区占地4000多公顷,南北跨度26公里,是天然的体育运动天堂和户外比赛的最佳场所。历来高度重视体育事业发展的黄陵县积极与省体育局对接,认真筹划了2016年7月份的"创森杯"黄陵桥山山地户外公开赛和2016年9月份的黄陵"红色记忆·绿色邀约"中国·秦直道自行车比赛的收官赛。

1.赛事提升了景区的知名度和影响力

2016年7月16日—18日,"创森杯"陕西省黄陵桥山山地户外公开赛在黄陵举行,来自上海、南京等全国各地40余支专业队和6000余人的群众队员参加了比赛。比赛线路经过精心设计,从驰名中外的黄帝陵出发,到达黄陵的新景区、被誉"户外天堂"——黄陵国家森林公园。在黄帝陵举行了出发仪式,沿途进行了表演赛,把主赛场放在了黄陵国家森林公园。有自行车交替赛、攀岩、森林穿越、滩涂、水上运动、横渡赛等丰富的比赛项目。比赛线路、比赛项目将景点如珍珠般串联起来,使运动员在参与比赛的同时欣赏到景区的美景。

秦直道被誉为古代高速公路,在距离黄陵国家森林公园不远处就是秦直道。2016年省体育局把"中国·秦直道自行车精英挑战赛"最后一站放在黄陵国家森林公园。专业队300人参赛,骑游人数达到3000人,再次展示了黄陵丰富的旅游资源和体育赛事的无穷魅力,提高了黄陵国家森林公园、秦直道的知名度和影响力,有效促进黄陵县旅游产业的发展。黄陵国家森林公园在赛事前日接待量600人次左右,赛事举办的当天游客人数达到15000人次。随着知名度的提升,赛后慕名而来的游客不断增多,现在日接待量平均在2000人次,周末接待量可达到5000多人次。

2.赛事带动了黄陵景区周边乡村旅游的发展

黄陵县西线旅游景区有黄陵国家森林公园、万安禅院石窟景区、秦直道以及正在开发的双龙古镇。赛事有效地带动了周边乡村餐饮服务业的迅猛发展,有效地带动了当地群众的脱贫致富和经济收入的增长。不仅周边村庄的神龙山庄、蓬莱山庄、香坊、半亩田等农家乐生意火爆,而且距离景区20公里的店头镇餐饮服务业也红火起来。

3.赛事增加了黄陵旅游产业开发的吸引力

通过两次体育赛事,极大地提高了黄陵国家森林公园和秦直道的知名度,投资商看到了黄陵旅游产业发展的潜力,积极洽谈、投资建设黄陵的重点项目。延安旅游集团公司投资6亿元打造"潮塔小镇",投资8亿元建设"黄陵游客服务中心"。招商引资的"小火车"项目正在建设之中。陕西先行文化旅游发展有限公司积极与黄陵县联系,在双龙小镇和秦直道规划建设"秦直道影视基地"和"中国古道博物馆",该项目正在积极规划设计和申报之中。

资料来源:黄陵积极探索"体育+文化+旅游"融合发展新模式[EB/OL].(2016-12-09). http://www.sohu.com/a/121140922_488054.

评价与考核

赞助活动的组织任务完成情况及技能评价考查表

学习目标	评价标准	小组评价（50%）	教师评价（50%）	综合得分（百分制）
理论知识(20分)	掌握赞助途径、方式和赞助方的权利、义务的程度			
专业技能(20分)	信息解读、处理能力；赞助活动工作程序及注意事项			
通用技能(20分)	具有良好的语言表达能力			
任务完成(20分)	工作创新度；问题解决有效性			
学习态度(20分)	接受、完成任务态度；向团队成员学习能力			
综合评价与建议：				

思考与讨论

1. 赞助和捐赠有什么联系和区别？

2. 当旅游企业、组织面对各种活动的赞助邀请时，如何选择和确定赞助活动的具体方式？

技能训练题

请搜索、查询今年国内各类大型活动的信息，注意这些活动是否有赞助计划或方案，如果有的话，分析总结赞助方与所赞助活动之间的内在联系与规律。

任务五　展览活动的组织

情境设计

神通旅行社是华中地区一家主要经营省内长线游的旅行社，在本地市场上属于后起之秀。这几天，市场部的经理张慧陆续收到了一些邀请该社下个月参加各种展会的信件。在这些邀请中，能让张经理感兴趣的只有两三个，其中一个是以往参加过的旅游交易会，在北京举办；一个是本市旅游局组织的线路推介会；还有一个则是以前并没接触过的旅游博览会，地点在广东，而广东省正是神通旅行社明年计划深度开发的客源地。张经理面对这些会展邀请有些犯难，她只有拿着这些信件去和旅行社的高总经理商量，看看有没有必要参展？要选择参加哪一个会展呢？

请根据以上情境，完成以下任务：

1. 神通旅行社应该如何选择合适自己的展会？

2. 如果选定参加广东的旅游博览会，神通旅行社该如何准备和参加这次博览会？

任务分析

展览会，一般是指组织或企业通过集中的实物展示和示范表演，并配之以多种传播媒介的复合传播形式，来宣传产品和组织形象的一种专门性公关活动。展览会具有极强的直观性和真实感，不仅会加深参观者的印象，还会大幅提高组织及其服务和产品在参观者心目中的可信度。同时，展览会还可以吸引众多新闻媒介的关注，由其传播展览会的盛况，取得更大的宣传效果。神通旅行社在认真考察展会邀请后,必须精心筹备,协调好与政府、主办单位、新闻媒体、社会公众、内部员工等多方面的关系,步步推进,才能达到良好的经济效应和形象效应。

任务实施

完成任务的具体操作步骤,建议如下:

步骤一 领受任务

指导教师解读任务背景、任务关键,解答学生关于任务的问题,帮助其准确理解任务,完成任务领受。

步骤二 分析任务

各小组分析任务的要求,讨论知识链接和范例部分,明确任务重点、难点。

步骤三 实施任务

参考教材内容,提出参展思路及工作要点,准备汇报。

步骤四 任务汇报

各小组汇报任务完成情况。指导教师引导学生思路,最后进行点评与总结。

步骤五 任务总结

各小组根据指导教师点评,改进方案,上交指导教师。指导教师依据该项目任务考查表,给出各小组评价综合得分。

知识链接

面对国内外日益繁多的展会机会,旅游组织无论是受邀参展还是主动参展,都必须进行精心策划和组织。

一、展览会考察、策划

在选择展览会时首先要明确参展的必要性和可行性,再决定是否参展以及以何种形式参展。重点考虑以下因素:

(一)明确组织需要

旅游组织选择展览必须确定该展会是否与组织的发展计划相吻合,能否促进企业达到预期的目标。另外,还要考虑展出效率与组织生命周期之间有一定的规律,一般来说,在创业和聚合阶段,展会有事半功倍的效果;在成熟和再发展阶段,展出的效果可能事倍功半;到了衰退阶段,展出往往会劳而无功。当然,企业还要考虑到参展的经费预算,量入为出。

(二)分析展会性质和信誉

每个展览会都有不同的性质,按展览目的可分为形象展和商业展;按行业设置可分为行业展和综合展;按观众构成可分为公众展与专业展;按展出者划分,又有综合展、贸易展、消费展;等等。不同性质展会的影响力、效果截然不同,旅游组织要慎重选择最能实现自己展出目标的展览会。同时,对初次接触的展会,一定要加以仔细调研其资质和背景,要注意防止被"骗展",即组展方虚假设展,骗取展位费。

(三)考察展会水平和影响力

要取得较理想的公关效果,旅游组织必须选择有影响力、富有经验以及行业认知度高的展览会组织者。一方面,可以从展会的招展函、广告以及各项组织计划等方面来评估展会组织者的策划能力和宣传推广能力。另一方面,也可以从行业协会和过往媒体报道中得到有关资讯。另外,参考同行的竞争对手以及本行业带头人的选择,也会是不错的选择。

(四)考虑展会时间、地点

选择展会要注意,如果同时或前不久有同类型的展览会举办,参与者就会大量减少。另外,对一些具有季节性或者时尚性的展出内容,参展时间应与经营季节或流行时间相一致,或稍稍提前。

在地点选择方面,理想的会展地点应该是在经济、交通、信息、人才、服务等方面拥有综合优势的大城市,或者是旅游资源集中区域,以及旅游集散地、主要旅游目的地、客源地。

二、参展准备工作

(一)选定展览题材

展览题材往往决定传播方式、传播规模等要素,旅游组织可以从国内外已经举办的展览会的有关题材中选择,也可以发挥创造力,对已有主题进行拓展、合并、创新。

(二)制订参展计划

在决定参展后,应该制订详细的参展计划,内容主要包括确定参展目的或预期目标,确定参展重点项目,确定在展会期间开展的各种活动,确定人员安排、资金计划及其他筹备工作,如配套资料准备,展品制作,运输等其他工作。

(三)邀请公众

在开展前要有意识地邀请各类公众。可采取直接登门拜访、刊登广告、现场宣传、派发资料等手段,邀请和吸引公众。对媒体公众,要主动提前通告展览会的信息、时间、地点、内容和规模等。

(四)准备展品

选择的参展项目应该具有针对性、代表性、独特性。参展前应将样品、样本、宣传材料准备到位,确保不会在展会中途用完或者最后剩余太多。

三、展览会操作要点

(一)积极与组委会沟通

参展报名之后,要与组委会积极主动沟通,备齐各项资料,以便争取好的展区位置,优先加入展会会刊或参展商名录资料,增强宣传效果。

(二)精心布置展台

展台首先要能反映展出者的形象,要注重展位的材料应用及装修风格,突出视觉效应,彰显个性但又要与整体气氛相协调。其次,展台要注重实用性,不能忽略展示、会谈、咨询等基本功能。

(三)开展现场工作

1.尽力宣传

旅游组织应该最大限度地利用展览时间,努力引起各类公众对组织及产品的注意,吸引专业观众进行咨询交流。工作人员应该精神饱满,热情友善地接待每位参观者,有问必答,要做到专业与热情并存。另外,有意识地重点选择拜访一些目标参展者和潜在公众,相互交换资料,进一步与之建立合作伙伴关系。

2.交流沟通

参展期间要积极参与组委会安排的各项行业交流活动,通过论坛、技术交流会等形式,了解行业的发展趋势以及观察业内的发展动态,收集各种有价值的客户信息和业内信息,大力宣传组织,树立组织及品牌形象。

3.媒介公关

在展览会期间,必须与新闻界保持密切联系,及时提供有关资料,并争取广播、电视和报刊记者的采访来扩大宣传,提高组织的声望。大型的展会可以举行新闻发布会。

4.公众互动

为了吸引观众,可以在展位内举办小型活动,如小型讲座,有奖活动,发送纪念品,甚至新颖的文艺演出。总之,应在有限的时间、场地和经费预算内达到最好的宣传效果。

(四)撤展及后续工作

1.撤展

撤展工作主要包括展品处理,展架拆除,道具退还,回程运输安排,场地交还手续,等等。撤展工作必须在展览会闭幕后开始,通常由展台经理或指定人员办理,但是准备工作必须在展览会期间甚至展览会开幕前就考虑和着手做。

2.致谢

展览会一闭幕,要抓紧向提供帮助的单位和人员致谢,最好是展台负责人亲自通过电话,登门拜访,甚至宴请来表示谢意。对不能亲自致谢的人员和单位要及时发函致谢。

3.宣传

如果展出效果好,可以举行记者招待会或发新闻稿,将有关情况提供给展览会和新闻界,进一步扩大展出影响,加强参观者的印象。

4.展后总结

在展会结束后,要及时收集、整理、分析各种展出、接待资料,合理进行分类研究,跟踪联络重点客户、潜在客户,这项工作最好在展台人员未离开展地时完成。另外,还要完成展出总结、报告、评估,总结成功经验,分析不足和失误,争取在今后展会上操作得更理想。

四、展览会信息收集及评估

在参展过程中,旅游组织应该积极收集信息,重点关注各类公众对举办形式和效果的反应,对组织的认识。主要手段可以参考如下:

(1)展览会过程中,随机找一些参会者座谈,谈论一下对展览会的观后感,广泛收集意见。

(2)在展厅出口处或展位旁设置参观者留言簿,主动征求参观者意见。

(3)设计问卷调查、知识竞赛、有奖征文、有奖征答和观后感,收集各类公众信息。

(4)召集各方面的公众代表座谈会。

(5)收集媒体报道消息,统计媒体数据,列表量化分析报道宣传广度和深度。

(6)展览会结束后,追踪访问或发出调查问卷,总结经验教训,留档保存。

五、展览会的组织范例

××旅行社参加旅游博览会计划书

一、展会背景

××旅游博览会,由××市人民政府主办,省旅游局支持,×市旅游园林局和××展览服务有限公司共同承办。该旅博会创办于2000年,已连续成功举办了17届,是国家旅游局确定的全国重要区域性国内旅游促销活动。

二、参展时间及展位位置

时间:2017年11月25日—27日

参展位置:2E9展位(30平方米)

三、参展目标

(1)与展会主办方、承办方密切合作,展示我社企业形象,营销新推线路。

(2)谋求与业内各界人士更广泛的合作,扩大我社的影响范围,提高影响力,提供与组团社、客源地交流、沟通的平台。

(3)了解、搜集行业状况、竞争对手情况、行业未来发展趋势及营销模式、客户核心需求等各方面信息。

(4)锻炼、提高策划、宣传、营销队伍。

四、参与人员及分工

(1)总负责人:张天经,负责整体指导及决策、指挥等工作。

(2)副总负责人:甘志国,负责整体指导、参展产品设计等工作。

(3)业务总指挥:黄可欣,负责前期策划、宣传品制作、人员调度分工、现场各项工作协调、后勤工作指挥调度、后期工作总结跟进工作。

(4)具体业务洽谈工作:王照春、杨昌杰等五人,负责主要客源区域市场客户的前期通告、会前布展、会中业务洽谈、会后延续等具体业务工作。

(5)技术指导工作:张悦负责现场技术咨询、指导工作。

(6)资产管理工作:程珂男负责一切参展物品的准备、运输、撤展清点工作。张超负责展厅、现场产品的保管、样品登记工作。

(7)财务管理工作:彭丽负责现场支出等财务工作。

(8)后勤服务工作:张达负责展会期间后勤服务工作。

(9)组委会前期协调工作:崔元琪负责展会前期、中期与组委会的联系协调工作。

五、展览会公共宣传策略

(1)制作精美大气的企业展台,展示我社线路和品牌形象。在展台的正上方,从展览馆顶部悬挂一幅宣传双面旗,抢占展馆制高点,吸引观众注意力。

(2)现场邀请参观者在电脑上填写调查表,参与者获赠印有我社 logo 的精美圆珠笔和台历。

(3)在展览馆入口处安排礼仪小姐发放宣传资料,并邀请参观客商参观我社展台。

(4)在会刊上投放两页广告。

六、费用预算

(1)展位费用:36500 元。

(2)伙食费用:900 元(15 人×20 元/人·天×3 天)。

(3)招待费用:5000 元。

(4)员工往返车费:5 人×100 元/人=500 元。

(5)宣传品设计费:6P×350 元/P=2100 元。

(6)宣传品印刷费:10 000 张×0.30 元/张=3000 元。

(7)背景喷绘:制作费 36 平方米×28 元/平方米=1008 元,设计费:500 元,小计:1508 元。

(8)展台制作费:14 个×120 元/个=1680 元。

(9)圆棒架:5 个×40 元/个=200 元。

(10)射灯:9 套×50 元/套=450 元。

(11)旅行社名称标识:1 副×200 元/副=200 元。

(12)洽谈桌椅:2 套×200 元/套＝400 元。

(13)其他不可预测费用:2000 元。

总计:54438 元

七、注意事项

(1)展前列出参展物品清单,来去时依据物品清单整理东西,以免丢失或遗漏。

(2)展示期间关注笔记本摆放和演示,防止被人偷窃。

(3)关注被邀请代理商的行踪,何时到达并及时接待。

(4)所有参展人员要自始至终坚守各自岗位,不得假借任何借口离岗、串岗、迟到、早退,不得在现场吃东西、抽烟、闲聊,要求统一穿着我社制服,佩戴胸卡。

(5)展出期间每天开晨会和晚会,布置和总结一天工作。

评价与考核

展览会的组织任务完成情况及技能评价考查表

学习目标	评价标准	小组评价(50%)	教师评价(50%)	综合得分(百分制)
理论知识(20分)	掌握展会考察要点、筹备及组织实施工作的程度			
专业技能(20分)	信息收集、整理能力;展会实施过程中的组织			
通用技能(20分)	具有团队合作能力;具有良好的语言表达能力			
任务完成(20分)	工作完整度;问题解决有效性			
学习态度(20分)	认真虚心交流;积极参与讨论			
综合评价与建议:				

思考与讨论

1. 旅游企业在参展过程中,如何控制成本?

2. 如果旅游组织是会议的承办方,如何筹办组织一次展览会?

技能训练题

请收集、整理旅游行业常见展会,以规模、影响力等因素为标准,列出若干各旅游类展会排行榜。

任务六　开放参观的组织

情境设计

2017 年 4 月 24 日,广州希尔顿逸林酒店举办了开放日活动。此次活动旨在推广酒店及其人才管理理念,与当地酒店专业的教育机构建立长期良好的合作关系,吸引优秀的专业人才并建立人才储备;同时,为酒店专业的学生提供深入了解酒店、接近实际专业的机会,为学校与用人单位、未来的酒店员工与其管理者建立一个双向沟通的平台。

请根据以上情境,完成以下任务:

1.请为酒店设计一条参观路线,编写解说词。

2.如果你是酒店公关部工作人员,你和同事该如何保证此次活动顺利进行?

任务分析

旅游组织参观活动主要是邀请内外公众(主要是外部公众)参观本组织的工作条件、环境设施、成就展览等。其目的是增进组织与公众之间的双向了解;消除某些公众对组织的偏见和误解;亲善社区关系,增强组织与公众的联系。这种向公众立体性、全面地展示组织的过去、现在和将来前景,往往比任何强大的宣传手段都更具说服力量。当然,对外开放参观无形中也会对组织产生一种压力,促使管理者努力提高管理水平,促使全体员工注意自身的言行,使组织的总体素质得以提高。情境中的酒店对外举行开放参观是一种很好的公关手段,也是一项很繁杂的工作,需要在主题、路线、解说各方面进行精心策划,认真执行。

任务实施

完成任务的具体操作步骤,建议如下:

步骤一　领受任务

指导教师介绍材料,介绍凯宾斯基饭店背景资料,引导学生关注任务关键点。小组针对材料或任务提问,指导教师答疑,完成任务领受。

步骤二　分析任务

请各小组讨论材料,指导教师必要时补充酒店业务知识,学生阅读知识链接,分析任务核心、难点,制定完成任务的方法和方式,上报指导教师。

步骤三　实施任务

小组负责人组织同学完成任务,指导教师调动讨论气氛,观察了解各组进程,引导各组讨论方向。

步骤四　任务汇报

学生展示路线,模拟解说,并阐述完成接待任务要点,要求简单明了,重点突出。最后,指导教师点评总结。

步骤五　任务总结

各谈判小组完善任务,将成果上交指导教师。指导教师依据该项目任务考查表,给出评价综合得分。

知识链接

组织开放参观有多种类型,最常见的是围绕一个主题,选择特定时间对公众进行开放。公众可以是具有组织性和聚集性的特定公众,也可以是松散型的普通公众。无论组织哪种类型的开放参观,要使开放参观活动取得理想的效果,旅游组织就必须要把握以下关键环节。

一、准备策划工作

(一)确定开放参观活动的主题

开放参观活动的主题就是组织所要达到的目的和希望取得的效果。常见的开放参观活动主题有:扩大组织的知名度,提高美誉度;促进组织的业务拓展;和谐组织与社区的关系;增强员工或家属的自豪感。主题的立意可以是多方面的,旅游企业和组织参观活动要根据公关目标来确定主题,才能给参观者留下深刻的印象。

(二)安排参观的内容

旅游组织对外开放参观的内容一般是其发展历史、工作条件、运作特色、经营业绩等方面。如酒店的开放参观内容可以设置为:酒店的成长轨迹、工作环境和工作流程以及服务、娱乐、福利、培训、卫生等设施。从形式上也可以成立主题展览室,以陈列资料、模型、样品等实物来展示以上内容。内容的安排要合理,有张有弛、动静得宜,尽量避免重复。对年老体弱的来宾,活动行程安排不宜太紧,以免劳累过度,并视情况安排接待人员陪同照顾。

(三)选择开放参观的时机

开放参观的时间最好能安排在对旅游组织具有特殊意义的日子,如开业典礼、周年纪念节日等。另外,还要选择公众方便的时间开放,如对社区公众开放时间可以选择在节假日进行。开放性的空间如露天的旅游景区则要考虑季节和气候因素。

(四)确定参观对象及规模

参观活动的对象既要考虑其代表性,重视特定的目标公众,同时也要考虑自己的承受能力。旅游组织可以通过大众媒体传播参观信息,邀请一般市民参观,也可以专函邀请与本组织有特殊利害关系的团体和公众,如行政主管部门、社区公众、消费者公众、同行业领导和专家等。尽可能邀请媒体参加,并为他们的采访报道提供便利条件。

在参观规模方面,可以通过事先联系、提前预约、主动邀请等方式掌握参观人数,重要来宾更应逐个落实。如果是较大规模的团体参观,最好制订一个计划,安排好接待次数、每次参观人数和开放时间等。

(五)安排工作人员

开放参观活动要确定专人善始善终地做好各项工作。要组织挑选和训练接待人员、陪同人员和讲解员,最好由内部的公关人员牵头,成立一个开放参观活动工作小组。

大型的开放参观活动,应该有高层主管人员参与,最好成立一个专门的活动筹备委员会,成员应该包括领导、公关人员、行政人员、业务部门人员等。

(六)确定路线

一般来说,对参观路线的选择要求做到:项目要能激发参观者兴趣,满足参观者求知、求新的需求心理,尽量给公众留下坦诚的印象。参观项目设置要合理,宜在同一方向或相对集中,以缩短参观点之间距离,节省旅行时间。项目的类别和风格要尽可能避免重复,充分发挥互补作用,增强路线设计的艺术性。注意保密工作,防止出现意外事故,保证工作秩序的正常进行。

(七)制作资料及辅助设施

这方面的工作包括编制来宾登记册,设置展牌、展室,编写解说词,准备视听材料,设计、制作纪念品等。另外还要准备好停车场地、休息场所、会议厅、用餐点等。这项工作不仅要精益求精,而且要能够充分体现组织的风格与特色。

二、接待参观要求和注意事项

(一)迎接

工作人员可在旅游组织办公楼下、企业门前或景区入口处迎接,也可根据情况到车站、码头、机场迎接,规格主要视来访人员的身份而定。欢迎队伍的年龄、性别、职务构成最好与来访者大致相当。如果是大规模的团队,在具体的活动过程中,还应提前制作好团标,发放后统一佩戴,便于集体行动。涉外接待要注意外事纪律和国际礼仪。

(二)介绍概要

参观前,可发给参观者一份简明的说明书,介绍参观的内容,尽量图文并茂,内容要考虑一般公众的文化水平和接受能力。另外,也可以通过提前观看幻灯片、录像片、沙盘模型等进行介绍。必要时,请组织负责人讲话,帮助观众了解参观对象的概况。

(三)参观接待要点

第一,在引导、讲解参观过程中,必须设置明显的路标作为导向,安排专人做向导,沿计划好的参观路线进行参观,并对重要内容给予讲解。讲解要求简明扼要,介绍情况要实事求是,数字、材料要确切,避免长篇大论。在参观者可能最感兴趣的地方,安排专人作集中的讲解,耐心解答来宾问题。有条件的,还可以让参观者亲手操作,实地体验。

第二,在参观行进中,负有引导任务的工作人员应走在主客的外侧,也就是左前方。与客人同方向行走时,应主动让道;必须超前时,要向客人招呼。如果有摄像、摄影,应尽量避免挡镜头,并积极配合新闻工作者。如果客人带摄影、摄像设备,应介绍现场最佳拍摄点。

第三,组织者要考虑参观者的身体条件和审美兴致,处理好行与游、动与静的关系,使整个考察观光过程节奏合理,不要将时间安排得太紧,以致客人感到过于疲劳。

第四,注意把握参观时间。对于时间较长的参观,中间要安排适当的休息,准备好休息室,备足茶水,还可准备签名册,以作纪念。参观最后阶段可以预留一点自由活动时间,但工作人员应陪同主要客人活动,并明确集合地点、时间及有关注意事项,对年老体弱者要安排随员照顾。

第五,如果参观范围较大,比如在旅游景区接待参观者,必须要做好与各站联络协调工作。随团活动的工作人员,要与上、下接待点保持密切联系,随时通报情况(如陪同领导的意见、客人的要求等),使各站服务之间有机衔接,确保行程按计划有序进行。

第六,在参观过程中,如果参观者提出特殊要求,工作人员要先与有关管理人员或负责人商讨后再作答复,以免妨碍正常工作或发生意外问题。

第七,参观过程中或临近结束时可以赠送纪念品。纪念品具有一定的传播作用,有助于使参观活动产生持久效果。赠送纪念品要了解对方的爱好和忌讳,最好是本组织制造的或刻印有本组织名称的地方或民族特色物品,不宜送高级礼品。团体接待中馈赠礼物最好事先给对方领队讲明,以防使对方感到措手不及。

三、参观后安排

参观活动结束后,要收集参观者意见,可以设置公众留言簿或意见簿,也可以适当安排组织领导与公众见面,组织座谈,请他们谈谈观后感,提出意见和建议,便于组织改进工作。对可以采纳的意见,整理分析后提交给有关部门,还要把实施情况及时反馈给提议者并致谢。另外,还要做好住宿与餐饮安排,返程票务订购,以及物品托运等工作。在后期还可以致函向来宾道谢,或登报鸣谢。

四、参观活动的组织范例

景区接待"踩线团"参观考察方案

近年来,在市政府和旅游局的支持下,我景区在省内外的知名度不断提升,市场形象逐渐强化。为进一步扩大影响力,增加宣传力度,今年 8 月 20 日,景区邀请由苏、浙、沪地区多家旅行社领导及目标客户组成的"踩线团"参观考察我景区。此次踩线团由 100 人组成,鉴于踩线团人员多,考察时间短,为顺利开展工作,特制订以下接待方案:

一、组织领导

景区成立接待工作组,全面负责接待的组织、协调和筹备工作。工作组下设接待组、参观组织组、材料组、宣传报道组。

工作组名单:(略)。

二、工作职责

(一)接待组

(1)负责接送站、返程票订购。

(2)负责食宿安排,编制印发服务指南。

(3)负责座谈会、午餐用餐组织安排工作。

(4)购置及印制凉帽、资料袋,定制、发放纪念品。

(5)组织合影。

(二)参观组织组

(1)确定参观路线;挑选和培训定点优秀讲解员。

(2)负责参观人员乘车编排。

(3)组织参观,负责参观引导、讲解及用车安排(统一乘坐 2 台大巴车)。

(三)材料组

负责景区基本情况介绍、线路推介、报价单、协议合同等材料的编写、印制工作。

(四)宣传报道组

(1)负责跟踪报道、摄影摄像,并与媒体保持联系。

(2)负责宣传及欢迎标语条幅的制作、悬挂。

三、日程安排

7:00 在机场迎接考察团。

7:50 在景区管理处举行欢迎仪式。(参加人员略)

8:15 在 A 宾馆一楼大厅用早餐。

8:45 参观,路线:景区入口→银杏坡→竹博物馆→停车→游客中心 A(停车、换乘)→民族大院→银通阁(停车)→景区标志(停车,合影)→穆王府→游客中心 B(开始步行)→观礼台→双驼峰→双龟戏龙(北口出,大巴接)。

每台大巴车上安排负责人 1 人,负责行车及停车点介绍情况。景区内交通安排:游客中心 A,分 4 辆中巴车换乘;游客中心 B,所有游客步行。

11:45 在 A 宾馆一楼大厅用午餐。

12:30 在 A 宾馆休息。

13:30 参观《××××》拍摄现场。

15:00 在管理处三楼会议厅召开座谈会。市旅游局王局长及景区管理处杨主任介绍景区经营情况,推介重点资源,发放宣传册、招商册,赠送纪念品和纪念资料,双方自由交流。

18:00 在 A 宾馆一楼大厅举行欢送宴。（参加人员名单略）

评价与考核

开放参观活动任务完成情况及技能评价考查表

学习目标	评价标准	小组评价（50%）	教师评价（50%）	综合得分（百分制）
理论知识（20分）	掌握开放参观准备工作和接待工作要点的程度			
专业技能（20分）	能编写开放参观方案；能编写解说词、介绍参观对象			
通用技能（20分）	具有团队合作能力；具有良好的语言表达能力			
任务完成（20分）	工作完整度；问题解决有效性			
学习态度（20分）	完成任务的态度、责任感			
综合评价与建议：				

思考与讨论

1. 在开放参观活动中，对媒体公众应该如何安排接待？

2. 在对外开放参观活动中，可能会出现哪些意外情况，如何处理？

技能训练题

你所在学校要举行"开放日"，请为其设计活动路线、讲解词，并列出开放日的接待方案。

拓展活动

做一个创新思维的公关人——头脑风暴

方法简介：先给学生分组，5～7人一组。教师指定一样物品，如钢笔、手机、黑板，等等，让学生在一分钟之内尽可能多地写下它的用途。每个小组指定一人记录本组的想法。一分钟后，推选出本组最有想象力、最新奇、最具有建设性的想法。想法最多、最新奇的小组获胜。

活动目的：激励学生创造性思考，提高对各种意见的组合和改进能力。

项目十 旅游公关人员承担的角色与素质培养

学习目标

知识目标：了解旅游公关人员承担角色的基本含义及一般要求；

了解旅游公关人员的一般职责及特殊要求；

理解旅游公关人员的角色要求及礼仪要求；

掌握旅游公关人员承担的角色及应具备的基本素质。

能力目标：能认知旅游公关人员所承担的角色；

能遵守旅游公关人员的职业操守；

能运用旅游公关人员的素质与礼仪；

能运用旅游公关人员的具体素质要求；

能制订旅游公关人员素质培训计划。

项目分析

所谓旅游公共关系人员是指从事旅游公共关系这一特定职业的专业人员。他们需要通过严格的专业培训和一定的实践锻炼，才能胜任旅游公共关系工作的要求。通过本项目的学习，需要了解旅游公关人员承担角色的基本含义及其对从业人员的一般要求和特殊要求；理解旅游公关人员的基本礼仪要求。重点掌握旅游公关人员所承担的角色和旅游公关人员应具备的基本素质；难点是旅游公关人员角色的运用。总之，只有通过明确的角色定位和良好的素质培养，才能成为一名合格的公关人员。

任务一 旅游公关人员承担的角色

情境设计

某旅行社公关经理，姓赵，40多岁，上任时以绝大多数选票当选，但在两年之后却失败了。除了其他因素外，言语的不慎，没有处理好与同事特别是下属的关系是其重要的原因。比如他在旅行社业务报告中为了树立自己的形象，这样写道："上级曾十二次派工作组来社里扭转经营亏损局面，结果还是老样子。自从本人接过这个烂摊子以后……"后面的文章可想而知，事情传开，全旅行社员工的积极性很受打击。再如有一天，赵经理看见一位女工买饭没有排队，当时脱口而出："你给我排到后面去，一点公德都不讲。"实际上这名女员工并不是来买饭的，所以气愤地说："经理您也应该把事情弄清楚再说话吧。"如果此时赵经理及时认错还来得及，但他却接着说："有则改之，无则加勉嘛。再说，你站在队伍里，妨碍秩序，你还有理？"气得对方差点落下眼泪。就这样，到最后这位赵经理已经再没有安身之处，只好自动辞职了。这位赵经理不懂得交内的道理，更不懂得口才艺术，不清楚公关人员所扮演的社会角色，这是他失败的原因之所在。

请根据以上情境,完成以下任务:

1.讨论应如何分析旅游公关人员的角色。

2.讨论旅游公关人员应具备哪些角色及要求。

3.讨论在以上情境中旅游公关人员都扮演了哪些具体的角色。

任务分析

赵经理失败的最主要原因显然是对公共关系职业缺乏足够的认识,对于公共关系人员的角色定位不明确造成的。旅游公关活动的内容是多方面的,既包括对内、对外联络协调工作,又要策划、举办或参加各种公关活动。旅游公关人员在旅游企业中有着特别的职务地位,任务决定了其必须扮演多种不同的角色。作为旅游业公共关系人员必须能够胜任实际工作的多重身份,协调好组织内外关系,才能真正做好旅游公共关系工作。

任务实施

完成任务的具体操作步骤,建议如下:

步骤一　领受任务

指导教师介绍任务的内容、要求、关键点及注意事项。各小组提问,指导教师答疑,正确理解任务,完成任务领受。

步骤二　分析任务

请各小组按指导教师的要求,分析任务的内容,阅读知识链接,制定完成任务的工作程序及任务分配,补充查阅其他相关资料,分析旅游公关人员的角色及要求。

步骤三　实施任务

各小组具体完成情境中需要解决的问题,写成发言稿,做成 PPT,作好发言和提问准备,准备汇报。

步骤四　任务汇报

各小组根据任务的要求,在教室中汇报,各小组相互提问。指导教师及时控制汇报进程,最后进行点评与总结。

步骤五　任务总结

各小组对本次汇报要及时进行总结,形成文字材料,作为作业上交指导教师。指导教师依据该项目任务考查表,给出各小组评价综合得分。

知识链接

一、旅游公关人员承担角色的基本含义

角色是指人在社会上所处的地位,从事的职业,承担的责任以及与此有关的一套行为模式,如公关人员、导游员、教师等。

角色知觉主要包括两个方面,一是可根据某人的行为判定他的职业,如公关人员、学生、商人、艺术家等;二是对有关角色行为的社会标准认识,如对公关人员这一角色,一般认为其行为标准应该是干练、性格活泼、待人热情等。

对旅游公关人员的角色一般可从以下几个方面着眼:

(1)感情或情绪。作为公关人员应该是情绪稳定,讲话慎重,谈吐文雅,仪表堂堂。

(2)目的与动机。公关人员应以热忱服务为宗旨。

(3)对社会的贡献。作为公关人员,通过自身的公关努力,更好地实现社会组织的目标。

(4)在社会上的地位。公关人员是社会组织对外联系的桥梁与纽带。

每个人在社会上都扮演着各种角色,每种角色都有一定的行为标准,每个人都应当正确地认识这些标准,并根据自己扮演的不同角色实现角色行为的转变,以与环境相适应。

二、旅游公关人员承担的角色分析

(一)旅游公关人员的角色要求

1.人格和谐

和谐的人格应该是理智而不冷漠;多情而不滥情;活泼而不轻浮;豪放而不粗鲁;坚定而不固执;勇敢而不鲁莽;稳重而不寡断;谨慎而不胆怯;忠厚而不愚蠢;干练而不世故;自信而不自负;自谦而不自卑;自尊而不自骄。

2.情绪稳定

旅游公关人员应处事沉着、坚定,临场不乱,无论对自己还是对他人,都要有良好的情绪。部分研究者在考察企业领导者的私人生活后认为,一个企业的成功领导者即使在"离婚率"统计上也是低的。

3.坦诚宽容

旅游公关人员应心胸宽广,豁达,善于容人,遇事不怨天尤人。

4.开朗乐群

旅游公关人员应善于制造氛围,既能激发自己,又可激励他人。

5.精明果敢

旅游公关人员应独立性强,智力高超。高智力是优秀领导者的必要条件。

6.有领导欲

旅游公关人员应开朗、自信,喜欢管理,敢于并愿意承担公共关系职业所应承担的责任。

(二)旅游公关人员的一般职责

旅游公关人员在旅游业企业组织中的职责具体包括以下几个方面的内容:

1.建立与媒体、社会团体、顾客以及政府之间的联系

当然,旅游公共关系部门不仅仅是本机构的代言人,了解顾客、旅游企业员工以及其他不同相关团体的态度和需求也是它的重要职责。为了增进彼此间的交流,旅游公关人员需要与团体代表、顾客、员工、社会公益组织以及报纸杂志和广播电视等大众传播媒介建立并保持良好的合作关系。

2.负责收集资料

另一方面,旅游公关人员也为旅游企业的管理层、决策层提供资料,使其及时了解公众的态度和与其他组织或机构有关的必须解决的问题,为旅游企业组织管理层、决策层充当助手或参谋。

3.筹备旅游企业信息发布会

良好的公众舆论的形成要依靠良好的媒介关系的支持。旅游企业组织的产品或服务如果能成为新闻报道的热点,便会形成具有公众影响力的舆论话题,也能获得较高的社会知名度。旅游业公共关系人员通过与报纸、杂志、广播、电视、互联网等大众传播媒介的记者、编辑等建立广泛社会联系,通过撰写新闻稿件以及现场报道等方式,可以积极宣传和塑造旅游组织的形象。

4.为旅游企业领导与社会公众进行接触做好参谋

旅游公共关系人员一般直接安排企业发言人讲话的时间;讲话稿往往也是由他们准备的。他们代表旅游企业出席社会性活动,在会议或公共集会上安排播放介绍性影片、幻灯片或其他可视资料,还负责筹备大型的会议等。

在大型旅游机构中,旅游业公共关系方面的主管往往同时也是该机构的副总裁之一。他可

能需要与其他主管一起确定机构的总体规划和政策。在旅游公共关系部门,还有专门的公关人员负责研究、撰写和准备各种资料,保持与外界的联系,回答各种质询。

在小型旅游机构的公关人员经常需要做个"多面手"。他们不仅负责与外界的联系、准备各种资料,还要帮助市场销售部门解决广告问题,并参与市场推广工作等。

(三)旅游公关人员承担的具体角色

旅游公关人员在旅游企业中有一种特别的职务地位。任务决定了其所应扮演的角色,不同角色可以诠释旅游公关人员行为的多样性。

旅游公关人员的角色可以分成三大类共十种。

1. 人际关系方面的角色

(1)挂名首脑。旅游公关人员是一个旅游企业的象征,这种角色要求他带有鼓舞人心的性质,参加一些社会活动或仪式,旅游业组织公关部经理一般直接由公司副总担任,具有较高的职权,但一般不涉及重大信息的处理和决策,更多的是充任最高领导的助手或参谋。

(2)组织者。作为一个组织者,要负责进行激励、引导,负责训练、评价、提升、表扬、批评、干预、开除,等等。旅游公关人员的风格、远见等都影响着旅游业组织的工作效率。

(3)联络者。旅游公关人员要在自己所处的内外网络中参与信息沟通活动。他是一个组织层次上的连接钩、中介或者桥梁。

2. 信息处理方面的角色

(1)信息接受者。旅游公关人员是一个信息接受者,其所获得的信息具体可分为五类:

①内部业务信息:通过标准的业务报告、下属特别报告、对组织进行的观察等获得。

②外部事件的信息:如旅游消费者、人事联系、竞争者、同行、供货者、市场变化、政治变动、工艺技术发展等方面的信息。这些信息可通过下属、同业组织及报纸、杂志等大众传播媒介获得。

③分析报告。

④各种意见倾向信息:通过参加会议,阅读旅游消费者来信,浏览同行业报告,并从各种同事和下属的意见建议中获得。

⑤压力信息:即从旅游企业下属的申请,外界的要求,上级的意见、质询等获得。

(2)信息传播者。把外界信息传给旅游业组织或把内部信息从一个下属传给另一个下属或在组织内部各部门之间传递。这里的信息有两类:①事实类信息,即有公认标准的信息;②价值标准类信息,以主观信念为标准,旅游公关人员要去选择过滤。

(3)发言人。将旅游业本组织信息向组织周围环境进行传播。这里有向上和向外两种方式。旅游公关人员要维护员工权益,要与外界达成信息平衡,要能成为本企业的专家。

3. 决策方面的角色

(1)企业家。在职权范围内充当本组织许多变革的发起者和设计者。这种角色包括视察、找出问题、决策和执行等相关方面。

(2)故障排除者。处理突发事件以及其中含有的不可控因素的变化。在这里应注意以下几点:①识别故障类型;②把握处理故障的有利时机,以减少损失和扭转局面;③优先处理故障的必要性;④适时发挥旅游公关人员的影响力。

(3)资源分配者。旅游业组织资源具体包括时间、金钱、材料、设备、人力、信誉。旅游公关人员需要合理分配相关资源,以节省旅游业组织人力、物力、财力开支,实现效益的最大化。

(4)谈判者。这与上面几项角色均有联系,或者说,因为具备以上职能,使旅游公共关系人员成了谈判者,负责与外界交涉以及交流等,为组织创造良好的外部生存环境。

三、旅游公关人员承担角色范例

里根总统——平民总统形象演讲设计

有人说,美国前总统里根在政治生活中的成功,很大一部分得益于他的明星生涯,娴熟的公关技巧使他经常以潇洒自如、谈笑风生、幽默风趣的风度出现在美国公众面前。然而,这些出色的表演并非完全出自他个人的创造。在他身边,有一个公关班子,为他"编剧"、为他"导演"、为他"设计"每一身服装、动作和表情。甚至在他来华访问之前,为了在中国公众面前树立一个"平民总统"的形象,他的公关班子还专门为他策划了一次特别的公关活动。

事情是这样的:来华之前,公关人员根据里根的授意,给他找了一个中国"平民"留学生。她是一位上海姑娘,从复旦大学毕业后去美攻读硕士学位,其父是一位商店营业员,其母则是一家工厂的临时工,所以,从家庭和个人出身来看,可谓是真正的"平民"了。里根在白宫亲自会见了这位留学生,亲切地跟她聊了不少家常,并告诉她自己即将访华,到时会去复旦大学演讲,最后问她:"你有什么口信要我带去么?"这个留学生沉思片刻,然后说:"请您代我向谢希德校长问个好吧。"当里根总统到了复旦大学时,他在谢希德校长的陪同下步入小礼堂。面对一百多位师生代表,里根在开始正式演讲之前,说道:"来华之前,我碰到一位你们复旦大学在美的留学生,她要我代她向谢希德校长问声好。"随即,他转向谢校长:"现在,这个口信带到了,请您打个电话告诉那位女同学,她的电话号码是……"这个开场白,立刻博得了全场热烈的掌声。

这是多么出色的表演!一位美国总统,竟如此认真负责地替一位极其普通的中国学生万里迢迢地带口信问候她的校长,居然还记住了她在美国宿舍的电话号码。请看一看,这就是公关!如此精心设计的公关活动、如此缜密的细节安排,自自然然地就树立起一个一诺千金的"平民总统"形象。由此可见,早就洞悉了社交公关奥秘的成功人士,是非常善于利用公关手段来达到自己的目标的。也许,这就是他们成功的奥秘吧!

资料来源:公关案例汇总[EB/OL]. http://www.360doc.com/content/10/0807/12/2222256_44288654.shtml.

评价与考核

旅游公关人员承担的角色任务完成情况及技能评价考查表

学习目标	评价标准	小组评价(50%)	教师评价(50%)	综合得分(百分制)
理论知识(20分)	掌握旅游公关人员承担角色的角色要求和一般职责的程度			
专业技能(20)	能运用旅游公关人员的角色要求			
通用技能(20)	具有团队协作能力;具有团队运作、信息收集能力			
任务完成(20)	纸质作业、PPT,任务问答有效性			
学习态度(20)	完成任务的态度、责任感			
综合评价与建议:				

思考与讨论

1. 讨论旅游公关人员角色分析的着眼点。

2.讨论旅游公关人员所承担的主要角色。

技能训练题

利用课余调查当地相关旅游企业,分析其公关部人员的具体职责,根据其职责不同,试分析其所扮演的具体角色。

任务二　旅游公关人员的素质培养

情境设计

俗话说得好:"言为心声。"结结巴巴、啰啰嗦嗦、语无伦次、言之无物的谈吐,很少不令人讨厌的;而谈吐不俗、能言善辩、文采飞扬、不温不火的言辞总是让人身心愉悦。这就是公关场合中为何会有人与人差别的原因所在了。社交公关才能最高的,往往是那些被称为具有"绅士风度"的人。他们待人接物时礼貌得体,知识丰富并且善于辞令,时而妙语如珠,时而幽默风趣。他们在任何交际场合都能给人愉快,受人欢迎。即使发生了不愉快的事,他们也能冷静自恃,以适当的方式泰然处之。他们总是具有一种特殊的吸引力,并且,这种吸引力将不断地随着他们的口才魅力而得到加强。因此,具有一副好口才,等于社交公关活动成功了一半。

请根据以上情境,完成以下任务:

1.讨论现实中对于旅游公关人员有哪些基本素质要求。

2.由于公关工作的特殊性,讨论现实中对于旅游公关人员有哪些特殊要求。

3.讨论对于旅游公关人员有哪些礼仪方面的具体要求。

4.讨论在实际公关活动中旅游公关人员应具备哪些方面的素质。

任务分析

不同的职业对于从业人员有不同的要求,只有符合这些要求的人,才能真正胜任这种工作,不符合要求的人,则不能胜任这种工作。公关活动的内容是多方面的,既包括对内、对外联络协调工作,又要策划、举办或参加各种公关活动。随着社会的不断发展,公共关系事业在我国已进入一个崭新的阶段,公共关系在社会组织发展中所起的作用越来越重要,从事公共关系工作的人员也越来越多,公共关系职业化的程度也得到了很大的提高,这就给公共关系工作人员提出了更高、更全面的要求。

由于旅游公共关系工作的特殊性,决定了旅游公共关系从业人员必须具备较高素质要求。旅游公共关系工作实质就是做人的工作,每天要处理大量的人际关系,这项工作的复杂性和难度远比一般技术工作大,对于旅游公共关系人员的素质和能力有很高的要求。要做好公关工作,详细分析公关人员应具备的素质十分有必要。

任务实施

完成任务的具体操作步骤,建议如下:

步骤一　领受任务

指导教师介绍任务的内容、要求、关键点及注意事项。各小组提问,指导教师答疑,正确理解任务,完成任务领受。

步骤二　分析任务

请各小组按指导教师的要求,分析任务的内容,阅读知识链接,制定完成任务的工作程序及任务分配,补充查阅其他相关资料,拟写发言稿提纲。

步骤三　实施任务

各小组具体完成情境中需要解决的问题,写成发言稿,做成 PPT,并作好发言和提问准备,准备汇报。

步骤四　任务汇报

各小组根据任务的要求,在教室中汇报,各小组相互提问。指导教师及时控制汇报进程,最后进行点评与总结。

步骤五　任务总结

各小组对本次汇报要及时进行总结,形成文字材料,作为作业上交指导教师。指导教师依据该项目任务考查表,给出各小组评价综合得分。

知识链接

一、旅游公共关系人员的一般要求

这是对旅游公共关系人员的基本要求,主要包括知识、基本素质等方面的要求。

(一)知识

知识是形成能力、提高素质的基础。公共关系活动是一种复杂的社会活动。一般说来,越复杂的社会活动越需要科学知识的指导。从公共关系的过程来看,其信息采集、活动策划、意见整理、效果评估等各个方面都涉及诸多的学科知识,对于旅游专业公关人员来说,这些学科知识只是一种辅助型的知识,但却缺一不可,故可谓不求精而求其多。旅游公共关系是一个交叉、边缘性学科,其理论和方法有许多都来自于相关学科,而且在实践中还要借助更多的学科知识和技术手段,去解决各种错综复杂的公关问题。因而,旅游公共关系专业人员如不广泛地学习、吸收和掌握社会、人文科学众多方面的知识、本领,不仅无法适应实际工作的需要,而且也难以深入、透彻地学习、掌握公共关系方面的专业知识,更谈不上应用这些专业知识去创造性地解决实际问题。

旅游公共关系人员是否具备良好的知识及结构,将直接影响到工作水平的发挥及整体职业素质的提高。旅游公共关系工作由于其自身的特点,要求公共关系人员既要精通专业知识,也要有广博的一般知识,这样才能在工作中应付自如。从旅游公关人员的工作服复杂性和其知识结构予以分析,对其知识的要求无非是"广博"二字。概括地说,旅游公关人员的知识包括以下几个方面:

1. 一般知识

这是指与旅游公共关系密切相关的学科知识,主要包括:新闻学、管理学、社会学、传播学、政治学、经济学、广告学、市场学、法律学、统计学、计算机应用、心理学、社会心理学及外语等。

2. 专业知识

专业知识主要是旅游公共关系的基本理论和实务知识,具体包括:公共关系学概论、公共关系传播、公关心理学、公共关系的组织与管理、公共关系实务、公共关系方法与技巧、公共关系的调查方法、公共关系的分析与评估、公共关系案例分析、公共关系社交礼仪等。

3. 操作知识

操作知识主要指写作、摄影、演讲、谈判、编辑、礼仪、电脑操作等有关知识。

4. 业务知识

旅游公共关系人员必须掌握与本组织职能有关的业务知识,如本企业的服务方式、服务质量等。对本组织了解得越全面、细微,对开展旅游公共关系活动就越有利。

现代社会是信息爆炸、知识爆炸的社会,旅游公关人员再勤奋也不可能全部掌握所需的公共关系知识,但每个旅游公共关系人员都应以此为目标激励自己,不断地学习,不断地吸收最新的公共关系理论、实务知识和公共关系技巧,努力使自己成为知识结构合理的公关人员。

在此需要强调的是旅游公共关系人员的知识及结构是一个动态的、开放的结构,旅游公共关系人员要随时学习、借鉴、吸收其他学科的新技术、新知识,不断丰富、调整、更新、完善已有的知识结构,以适应旅游公共关系的不断发展。

(二)基本的素质要求

素质主要包括生理素质和心理素质。

1.生理素质

生理素质是指旅游公共关系人员的身体状况和仪表。由于旅游公共关系人员要经常与社会各界打交道,接触人员多,因此,旅游公共关系人员的身体要健康,体格要强健。因为多数情况下旅游公关工作不是一项按部就班的工作,不可能像其他工作一样成天是八小时的工作时间,一般都是不定期的工作。特别是在一些大型的公关专题活动中,高强度长时间的突击性工作是家常便饭。据中国国际公共关系协会 2002 年的行业调查显示,整个行业人均周工作时间为 47 小时,人均日工作时间超过 9.4 小时;而 2009 年公关行业调查报告显示,人均周平均工作时数接近 46 小时。国内某知名公关公司总监这样说,公关行业是具有挑战的行业,需要能持续作战的人员。这就意味着连续加班,挑灯夜战。可见作为一个旅游公关人员,具备一个健康的身体是相当重要的。旅游公共关系人员相当于组织的"门面",是组织的一面镜子,这就要求旅游公关人员相貌要端庄,风度要自然,谈吐要流畅。生理素质在旅游公共关系人员应具备的素质中不是最重要的,但也是不可或缺的,一般说来,没有哪个组织愿把相貌难看、身材不佳的人作为自己的形象代表。

2.心理素质

心理素质是旅游公关人员应具备的基本素质,主要指旅游公共关系人员所具有的性格、气质、能力等方面的特点。好的公关人员首先应该有热情、开放、外向等良好的心理素质,唯有如此,才能做好人际沟通和交流;其次应该具有宽容、稳定、大方的心理素质,唯有如此,才能应对各种复杂环境与情况。心理素质的主要构件是气质和性格。人的气质和性格是由先天遗传和后天培养两个方面影响形成的,旅游公共关系专业人员应该在社会实践中发扬自己的气质和性格中的优点,克服缺点和弱点以适应旅游公共关系工作的需要,努力培养自己健康的心理素质。

(1)气质。人的气质大致可分为四种基本类型,这几种类型与人的高级神经活动基本类型相适应:胆汁质对应兴奋型,多血质对应活泼型,粘液质对应安静型,抑郁质对应荏弱型。因此,多血质的人工作热情而稳重,善交际而不急躁,是旅游公共关系专业人员的理想人选;胆汁质的人也可从事公共关系职业;而抑郁质和粘液质的人则与旅游公共关系职业要求距离较大。但人的气质形成有遗传和社会实践两方面的影响,旅游公共关系人员应该而且可以在社会实践中发扬自己气质方面的优点,克服自己气质方面的弱点以适应旅游公共关系职业的需要。

(2)性格。性格与气质有相通之处,性格一般分为外向型与内向型两种,多血质与胆汁质者多为外向型性格,粘液质和抑郁质者多为内向型性格。外向型性格适宜旅游公共关系职业。需要注意的是性格的基本类型如何还不是最主要的,重要的是要有耐心、容忍、大度、毅力、兴趣等性格特征,切忌举止咄咄逼人,言语夸夸其谈,行为好为人师。

(3)能力与技能。能力是指完成某种活动所必需的个性心理特征。旅游公共关系人员应具有综合能力,即通常所说的多才多艺,或者起码要具有某些特殊的本领,这样才能胜任工作。当然一个人的本领是可以培养的,有条件的应接受专门的训练,没条件的也应该而且必须在实际公关业务活动中进行自我提高。

能力与技能二者既有联系,也有区别。能力是指完成某种活动必需的、直接影响活动效率的个性心理特征。而技能是指通过练习而习得的习惯化了的行为方式。例如,说某人打字速度很快,我们可以说他有打字的技能,而不能断定他有计算机的操作能力。因为打字的速度可以通过平时的练习而得以提高,而要判断一个人是否具有计算机的操作能力,则要了解他是否掌握了计算机的有关知识,并能熟练地运用以及掌握这些知识和操作的速度及保持的时间等。所以,技能是能力形成的基础,并促进能力的发展,而掌握一定的技能又总是以一定的能力为前提的。

要把旅游公共关系工作做好,旅游公共关系专门人员必须要具备一定的能力和技能,具体包括:组织能力、宣传能力、应变能力、社交能力、创新能力等。技能方面主要有:打字、设计、文字编排等。

二、旅游公共关系人员的特殊要求

旅游公共关系人员的特殊要求主要包括两个方面,一是指某些特殊专业知识、能力等;二是对不同类型旅游公共关系人员的要求。

(一)特殊专业知识与能力要求

不同的组织,其性质、特点、任务、目标是不同的,这就要求从事公共关系的工作人员应具备相应的专业知识和专业能力、技能。比如,从事金融组织公共关系的工作人员应掌握某些金融知识,具有较强的分析判断能力及资金的拆借能力;从事旅游组织公共关系的工作人员就应掌握一定的旅游基础知识,具有较强的旅游业务能力。此外,当组织开展某些特定的公共关系活动时就需要公共关系人员了解相应的一些知识。如企业的产品从内销转为外销,组织需要开展国际公共关系。这时,公共关系人员就要了解外销国的政治、经济、法律、风俗习惯及国际市场营销、国际经济关系、国际公共关系等方面的知识和情况。

(二)不同类型旅游公共关系人员的要求

1.对专业旅游公共关系人员的要求

这类人员主要是指旅游业各类组织的公共关系部门的领导者及工作人员。对领导者的要求较高,既要了解旅游公共关系的基础知识,又要了解有关的领导知识,既要具备旅游公共关系人员所具有的一般能力,又要具备领导能力,通俗一点讲,就是要有企业家的头脑,演讲家的口才,宣传家的技巧,外交家的风度。对于旅游专业公共关系人员则要求知识渊博,足智多谋,能力全面,技巧高超,经验丰富,在旅游公共关系活动中起骨干和中坚作用。

2.对非专业旅游公共关系人员的要求

现代组织中强调全员公共关系,即组织中每一位员工,时时刻刻都要具有公共关系意识。除专业从事旅游公共关系工作以外的组织员工则是非专业旅游公共关系人员。这些非专业旅游公共关系人员应该具有公共关系意识,有一定的专业基础知识,具有一定的能力,需要掌握一些专门技术等。

三、旅游公共关系人员的礼仪要求

礼仪礼节是人们在社会生活中约定俗成的行为规范。在旅游公共关系活动中,礼仪礼节反映一个组织的形象,反映旅游公共关系人员的个人修养。因此,旅游公共关系人员掌握基本的礼仪礼节是旅游组织公共关系活动获得成功的重要条件。公关日常交往的礼仪主要要求如下:

1.见面的礼节

(1)称呼。称呼反映了人与人之间的关系与情感的密切程度,适当的称呼对人际交往会产生良好的影响。一般来说,在公关场合,对男性应称先生;对未婚女性应称小姐,对已婚的女性应称女士,表示尊敬可称夫人,对不了解其婚姻状况的女性称女士。对有一定职务、职称的人,应按职务、职称称呼,如李董事长、张总经理、王处长、徐教授等。若不知应如何称呼时,可称之为某老师。上级对下级、长辈对晚辈、老师对学生可直呼其名。

正确、适当的称呼,不仅反映着自身的教养、对对方尊重的程度,甚至还体现着双方关系达到的程度和社会风尚。正确地称呼对方务必注意一要合乎常规,二要入乡随俗这两点。

另外,还应对生活中的称呼、工作中的称呼、外交中的称呼、称呼的禁忌细心掌握,认真区别。生活中的称呼应当亲切、自然、准确、合理。

在工作岗位上,人们彼此之间的称呼是有特殊性的,要求庄重、正式、规范,一般以交往对象的职务、职称相称,这是一种最常见的称呼方法。比如张经理、李局长。

国际交往中,因为国情、民族、宗教、文化背景的不同,称呼就显得千差万别。一是要掌握一般性规律,二是要注意国别差异。

在政务交往中,常见的称呼除"先生""小姐""女士"外,还有两种方法,一是称呼职务(对军界人士,可以以军衔相称);二是对地位较高的称呼"阁下"。像教授、法官、律师、医生、博士等,因为他们在社会中很受尊重,可以直接作为称呼。

在英国、美国、加拿大、澳大利亚、新西兰等讲英语的国家里,姓名一般由两个部分构成,通常名字在前,姓氏在后。对于关系密切的,不论辈分可以直呼其名而不称姓。比如:俄罗斯人的姓名有本名、父名和姓氏三个部分。妇女的姓名一般婚前使用父姓,婚后用夫姓,本名和父名通常不变。日本人的姓名排列和我们一样,不同的是姓名字数较多。日本妇女婚前使用父姓,婚后使用夫姓,本名不变。

最后,在使用称呼时,一定要避免以下几种失敬的做法:

一是错误的称呼。常见的错误称呼无非就是误读或是误会。误读也就是念错姓名。为了避免这种情况的发生,对于不认识的字,事先要有所准备;如果是临时遇到,就要谦虚请教。而误会,主要是对被称呼的年纪、辈分、婚否以及与其他人的关系作出了错误判断。比如,将未婚妇女称为"夫人",就属于误会。相对年轻的女性,都可以称为"小姐",这样对方也乐意听。

二是使用不通行的称呼。有些称呼,具有一定的地域性,比如山东人喜欢称呼"伙计",但南方人听来"伙计"肯定是"打工仔"。中国人把配偶经常称为"爱人",在外国人的意识里,"爱人"是"第三者"的意思。

三是使用不当的称呼。工人可以称呼为"师傅",道士、和尚、尼姑可以称为"出家人"。但如果用这些来称呼其他人,没准还会让对方产生自己被贬低的感觉。

(2)握手。握手是在社交场合中,相互见面和离别时表示热情、礼貌、致意的常见礼节,也是一种国际通用礼节。

握手时要用右手,身体向前微倾,面带微笑双目注视对方。握手时不要戴着手套(女性除外),不要东张西望或与他人谈话,握手时间不宜过长,也不可匆匆一握,敷衍了事。

握手是有先后顺序的。在上下级之间、长辈与晚辈之间、男女之间、身份职位高低者之间、主客之间,当上级、长辈、女性、身份职位高者和主人伸出手时,方能与对方握。如对方无握手之意,可点头示意。

握手是大多数国家相互见面和离别时的礼节。此外,它还含有感谢、慰问、祝贺或相互鼓励的表示。握手的标准方式是行至距握手对象 1m 处时,双腿立正,上身略向前倾,伸出右手,四指并拢,拇指张开与对方相握,握手时用力适度,上下稍晃动三四次,随即松开手,恢复原状。与人握手,神态要专注、热情、友好、自然,面含笑容,目视对方双眼,同时向对方问候。

握手作为一种礼节,还应掌握四个要素:

一是握手力度。握手时为了表示热情友好,应当稍许用力,但以不握痛对方的手为限度。在一般情况下,握手不必用力,握一下即可。男子与女子握手不能握得太紧,西方人往往只握一下妇女的手指部分,但老朋友可以例外。

二是先后顺序。握手的先后顺序为:男女之间,男方要等女方先伸手后才能握手,如女方不伸手,无握手之意,方可用点头或鞠躬致意;宾主之间,主人应向客人先伸手,以示欢迎;长幼之间,年幼的要等年长的先伸手;上下级之间,下级要等上级先伸手,以示尊重。多人同时握手切忌交叉,要等别人握完后再伸手。握手时精神要集中,双目注视对方,微笑致意,握手时不要看着第三者,更不能东张西望,这都是不尊重对方的表现。军人戴军帽与对方握手时,应先行举手礼,然后再握手。

三是握手时间。握手时间的长短可根据握手双方亲密程度灵活掌握。初次见面者,一般应控制在 3 秒钟以内,切忌握住异性的手久久不松开。即使握同性的手,时间也不宜过长,以免对方欲罢不能。但时间过短,会被人认为傲慢冷淡,敷衍了事。

四是握手禁忌。不要在握手时戴着手套或戴着墨镜,另一只手也不能放在口袋里。只有女士在社交场合可以戴着薄纱手套与人握手。握手时不宜发长篇大论,点头哈腰,过分客套,这只会让对方不自在,不舒服。与基督教徒交往时,要避免交叉握手。这种形状类似十字架,在基督教信徒眼中,被视为不吉利。与阿拉伯人、印度人打交道,切忌用左手与他人握手,因为他们认为左手是不洁的。除长者或女士,坐着与人握手是不礼貌的,只要有可能,都要起身。

(3)介绍。介绍是社交场合相互了解的起点,是结识朋友的重要形式,介绍礼仪包括介绍他人、自我介绍和被他人介绍。

①介绍他人。为他人作介绍时应先准确了解介绍双方的身份、地位、姓氏,最好还应介绍一些被介绍人与众不同的优势与特长。在正式场合受到尊重的一方有了解的优先权。即把身份低的、年纪轻的向身份高的、年纪长的介绍,把男性介绍给女性。介绍时被介绍的一方应起立(身份高者、年纪长者、女性除外),双方可以相互握手或点头示意或交换名片,以增进双方的了解和信任。

②自我介绍。当有人来访或参加聚会时应进行自我介绍。一般情形下,先要提醒对方注意。如说声"您好"或点头致意,得到回应后再介绍自己的姓名、身份。自我介绍切忌自我炫耀、自吹自擂,态度要谦虚,语言要得体,可同时递上名片。

③被他人介绍。为你介绍的人一般是主人或与你熟悉的朋友。当别人为你介绍时,要主动以礼貌的语言向对方问候或点头示意。在未被介绍给对方时,不宜加入别人的谈话,显得比较唐突而有失礼貌。

2.拜访的礼节

这是积极发展横向联系、结交新朋友、联系旧相识的重要方式。

拜访要事先预约,以防徒劳或扰乱主人的计划安排。拜访时间尽量避开用餐、上下班和休息时间,特别是临时走访。拜访要按时或提前几分钟到达。敲门力量应以主人能听到为宜,进门后不要用脚关门,待主人示意后坐下。若遇主人家有老人或其他客人,应主动打招呼或点头示意。在主人家言谈举止要彬彬有礼,不可随地吐痰,东走西瞧,未经主人同意,不要乱翻乱动主人的东西,未经主人示意最好不要抽烟。交谈中声音大小应适度,避免高谈阔论、毫无节制的发笑。拜访时间要因具体情况而定,如果是老朋友或主人情绪尚好,时间可长一些;如果主人对话题不感兴趣或漫不经心或未往水杯中加水,则应告辞。出门时应与主人告别,请主人留步。拜访时不要衣冠不整,如穿拖鞋、背心等。

3. 接待的礼节

这是扩大交往范围、发展横向联系的重要方式。主人应在客人来之前作些必要的准备,如整理一下房间,准备茶水、饮料等。如是远道而来的客人要留有一定的休息时间,再安排其他的活动。客人到来,应放下手中的工作,起身相迎,握手问候,让座沏茶。如果一时无法亲自陪客,应向客人解释,并请人作陪,不要把客人单独留在房中闲坐。在与客人交谈时,主人不再往杯中加水或减少谈话或不断看表或当面打哈欠,则暗示客人告辞。客人告辞时,主人要待客人起身告辞时方可起身相送,一般送至门口,贵客或远方来客要送至车站或码头,分别时邀请客人有空再来,车船启动后方可离开。

4. 交谈的礼节

在与他人交谈时表情要自然,态度要诚恳,语气要亲切,表达要得体,言辞要准确,姿势要端正,音量要适中。切忌交谈中手舞足蹈,对他人指指点点或心不在焉或表现出不耐烦的情绪。

谈话时与他人的距离要适当。如果是非常熟悉的朋友、同事,距离可近些;如果是一般的朋友或是领导或长者,距离可远些。心理学中将这两种情况的距离定位 0.45～0.75m 和 0.75～1.20m。

交谈时要让上级或长者引入话题,聆听他人谈话要认真,目光应有礼貌地注视对方,不要轻易打断他人的讲话。当自己发表意见时,语音、语速要适当,语气要谦虚,不要盛气凌人。

在社交场合,最好选择大家都感兴趣的话题,如果只谈个别人知道的事情,就会有人受到冷落。公共场合谈话不要涉及不愉快或荒诞或庸俗的内容,不涉及他人隐私。与女性谈话时,不要询问年龄、婚姻、衣饰价格、身体胖瘦等话题;与男性谈话时,不要涉及财产、收入、履历等;不要议论他人宗教信仰和政治信仰,不要对他人说三道四。

5. 乘车的礼节

主宾不同车时,主人车辆在前,客人车辆在后,上车时要为年长的、地位高的及女性打开车门,并将他们安排在最好的位置。一般说来,司机后右侧靠窗的位置是最安全的好位置,而司机座后的位置是最差的位置。下车时,也要为年长的、地位高的及女性打开车门。

6. 送礼的礼节

在人际交往中,人们经常通过赠送礼品来表达谢意和祝贺、慰问等心意,以增进友谊。赠送礼品时,应当考虑对方的身份、地位、文化、风俗习惯等,否则容易起到不良的作用,"投其所好"是赠送礼品最基本的原则。在对外交往中,如不了解对方喜好,稳妥的办法是选择具有我国民族特色的工艺品。中国人司空见惯的风筝、二胡、笛子、剪纸、筷子、图章、脸谱、书画、茶叶,一旦到了外国友人的手里,往往会备受青睐,身价倍增。礼不在重而在于合适,有时送太贵重的礼品反而会使受礼者不安。

(1)赠礼的方式一般以面交为好。西方人在送礼时十分看重礼品的包装,多数国家的人们习惯用彩色包装纸和丝带包扎,西欧国家喜欢用淡色包装纸。向外国友人赠送礼品时,既要说明其寓意、特点与用途,又要说明它是为对方精心选择的。不要画蛇添足地说什么"小意思,实在拿不出手"等话,这种过谦的说法,会大大减低礼品的分量。与中国人的习俗不同,在西方国家接受礼物后应即刻表示感谢,并当面拆看,不论其价值大小,都应对礼物表示赞赏。

(2)赠礼要适时。在有些国家,在对方送礼时才能还礼;在有的国家(如日本),要选择人不多的场合送礼;而在阿拉伯国家,必须有其他人在场,送礼才不会有贿赂的嫌疑。在英国,合适的送礼时机是请别人用完晚餐或在剧院看完演出之后。在法国,不能向初次结识的朋友送礼,应等下次相逢的适当时机再送。

（3）由于各国习俗不同，赠礼的种类和方式也有差异。日本人将送礼看作是向对方表示心意的物质体现。礼不在厚，赠送得当便会给对方留下深刻印象。送日本人礼品要选择适当，中国的文房四宝、名人字画、工艺品等最受欢迎，但字画的尺寸不宜过大。所送礼品的包装不能草率，哪怕是一盒茶叶也应精心打理，但日本人忌讳打上蝴蝶结。中国人讲究送烟送酒，而日本人却送酒不送烟。中国人送礼成双，日本人则避偶就奇，通常用1、3、5、7等奇数，但又忌讳其中的"9"，因为在日语中"9"的读音与"苦"相同。按日本习俗，向个人赠礼须在私下进行，不宜当众送出。

与美国人交往，有两种场合可通过赠礼来自然地表达祝贺和友情，一是每年的圣诞节期间；二是当你抵达和离开美国的时候。如是工作关系可送些办公用品，也可选一些具有民族特色的精美工艺品。在美国，请客人吃顿饭，喝杯酒，或到别墅去共度周末，被视为较普遍的"赠礼"形式，只要对此表示感谢即可，不必再作其他报答。去美国人家中做客一般不必备厚礼，带些小礼品如鲜花、美酒和工艺品即可，如果空手赴宴，则表示你将回请。

欧洲国家送礼不大盛行，即使是重大节日和喜庆场合，这种馈赠也仅限于家人或亲密朋友之间。来访者不必为送礼而劳神，主人绝不会因为对方未送礼或礼太轻而产生不快。德国人不注重礼品价格，只要送其喜欢的礼品就行，包装则要尽善尽美，忌讳用白色、棕色或黑色的纸包装；法国人将香槟酒、白兰地、糖果、香水等视为好礼品，体现文化修养的书籍、画册等也深受欢迎；英国人喜欢鲜花、名酒、小工艺品和巧克力，但大多对装饰有客人所属公司标记的礼品不大欣赏。

阿拉伯国家对中国的工艺品相当喜欢，造型生动的木雕或石雕动物、古香古色的瓷瓶、织锦或香木扇，绘有山水花鸟的中国画和唐三彩，都是馈赠的佳品。向阿拉伯人送礼要尊重其民族和宗教习俗，不要送古代仕女图，因为阿拉伯人不愿让女子的形象在厅堂高悬；不要送酒，因为多数阿拉伯国家明令禁酒；向女士赠礼，一定要通过她们的丈夫或父亲，赠饰品予女士更是大忌。

7. 名片的使用礼节

名片是国际交往中用以介绍身份的一种常用礼仪信物。名片由于文字简洁，文明脱俗，使用方便而流行于世，现已成为人们对外交往中不可缺少的交际手段。适时地使用名片，不仅能起到介绍身份的作用，而且使人显得彬彬有礼。

名片的印刷格式很多，主要有两种：竖式和横式。竖式的行序由右到左，字序由上到下；横式的行序则由上到下，字序由左到右。两者的行序内容由以下部分组成，分别为：持片人的单位、姓名、职务（或职称、学衔）、详细地址（包括邮编、电话、传真号等）。身份高者可只印单位、姓名、职务三项。商用名片一定要印上通信地址、电话、传真，甚至在背面印上账号和业务经营范围等。

名片的规格一般长9~10cm，宽5.5~7cm，主要用白色纸卡，也有用花色卡的。在对外交往中，一定要印中外文，一般是正面印中文，背面印外文。

名片只限于初次见面时自我介绍使用。在握手寒暄后可交换名片。递送名片时，要将名片上的文字正对对方，以便对方接受时观看名片内容。需要特别指出的是：切忌重复递送名片，否则有遗忘对方的失礼之嫌。

接受名片时，要表示恭敬，使对方感到自己很受重视。要仔细看一遍，不明白的地方可以请教。如同时与许多人交换名片，可按座位顺序排列名片，以便谈话时不会弄错对方的姓名，显得从容有礼。当把名片放在桌上时，绝不可把别的东西压在名片上，对方会认为这是侮辱性行为。

当想得到对方的名片，或对方忘了给名片时，不应直截了当地索取，而应以请求的口吻礼貌地提醒对方。

在对外交往中，可用名片作礼节性通信往来，表示祝贺、感谢、介绍、辞行、慰问、吊唁等。使用时视不同情况,在名片左下角用铅笔标上表示一定含义的法文小字母。如祝贺对方节日时,在名片上注上 p. f.(祝贺)。也可以写上简短的,如"婚姻美满"等字样。送花、赠花时,把名片夹在花束中,既简洁又雅致。礼仪用词缩写字样有:敬贺 p. f.(pour felicitation),谨谢 p. r.(pour remerciement),谨唁 p. c.(pour condoleance),介绍 p. p.(pour presentation)(注:介绍时,介绍人名片上标 p. p.,后面应再附上被介绍人的名片),辞行 p. p. c.(pour preader conge),恭贺新年 p. f. n. a.(大小写均可)(pour feliciter le nouvel an)。

8. 电话礼仪

电话是一种常用的通信、交往工具,掌握打电话的礼节是旅游公共关系日常礼中的重要内容,特别是电话接待直接影响组织给予对方的第一印象。接电话时首先向对方问好,并告知自己的单位或身份,避免对方打错电话或搞不清身份的麻烦。其次,电话用语应文明礼貌,态度要谦逊,语音、语调应柔和,使对方感到亲切、友好,必要时应作必要的重复或做记录。通话应由对方结束,如需自己结束,应向对方解释、致歉。等对方放下电话后再放下电话以示尊重。

打电话应选择适当的时间。往办公室打电话应避开临近下班的时间;往家里打电话应避开吃饭、休息的时间。通话时应通报自己的姓名、身份和工作单位,必要时询问对方是否方便,通话内容应简明扼要,不要占用对方太多的时间,通话完毕后应道声"再见",然后轻轻放下电话。

电话接待礼仪常识主要有以下几方面的问题:

(1)电话铃声响两声后,必须接听。如果超过 3 声铃响,再接电话,必须先说:"对不起"或"对不起,让您久等了。"

(2)接听电话首先应该说"您好!"然后报出自己公司名称,再询问对方来电原因。

(3)接听电话时必须保持足够耐心、热情。注意控制语气、语态、语速、语调,语言亲切简练、礼貌、和气。要具有自己就代表公司的强烈意识。

(4)要仔细倾听对方的讲话,一般不要在对方话没有讲完时打断对方。如实在有必要打断时,则应该说:"对不起,打断一下"。

(5)对方声音不清楚时,应该善意提醒:"声音不太清楚,请您大声一点,好吗?"切忌不要在电话中大声喊叫。

(6)如电话打进来了,对方要找的同事不在,礼貌的做法是先向对方说明情况,再询问对方名字,并考虑如何处理;如果要求对方不要挂断时,一定要不断向对方打招呼,表示还在照顾这个电话,同事回来后,应立即转告并督促回电。接听电话时应该做好详细的电话记录。

(7)转接电话,首先必须确认同事在办公室,并说:"请您稍等"。

(8)转接电话时,按键应该短促干脆,不要过长时间按着(一般不超过一秒钟),拨完分机号码后,轻轻挂上电话。

(9)谈话结束时,要表示谢意,并让对方先挂断电话。不要忘了说再见。

(10)如果谈话所涉及的事情比较复杂,应该重复关键部分,力求准确无误。

四、旅游公共关系人员的素质

(一)良好的职业道德

旅游公共关系人员一般直接代表他们所服务的社会组织,他们的品德往往被看成是组织形象的缩影,旅游公关人员的职业道德主要包括以下几个方面:

1. 恪尽职守,真诚务实

塑造组织的良好形象,为组织的生存和发展创造良好的环境,为公共关系事业的发展作出贡献,是对旅游公共关系人员的基本要求。因此,衡量从事旅游公共关系工作的人员是否有职业道德,最重要的是要看其对旅游公共关系工作是否有敬业精神。尽心尽责,恪尽职守就是这种精神的具体表现。这要求旅游公共关系人员热爱本职工作,对工作要极端负责,能充分履行本职工作的社会责任、经济责任和道德责任。不能从事任何与本职工作无关的或相悖的事,不能违反国家的法律,不能泄漏组织的机密或损害组织形象。那些玩忽职守、自由散漫、无组织无纪律的行为,都是不符合旅游公关人员职业道德要求的。

2.努力学习,有效工作

旅游公共关系工作要求从事本工作的人员必须具备一定的真才实学,即要有一定公共关系理论和实务知识水平,并能在工作中灵活运用。旅游公共关系人员只有积极钻研业务,努力学习,才能不断提高工作水平,才能创造性地、有效地工作。那种不学无术,碌碌无为,工作中不负责任,办事不认真,以致给工作造成损失,损害组织形象的行为,是不符合旅游公共关系人员的职业道德要求的。

3.廉洁奉公,不谋私利

旅游公共关系工作是服务于公众、服务于组织、服务于社会的工作,旅游公共关系人员只有为公众、组织、国家谋利益的义务,没有为个人谋取私利的权利。旅游公共关系工作的性质决定了旅游公共关系人员拥有广泛的社会关系,并且有一定的权利。这种关系和权利,不仅对组织有利,对个人也十分有用。因而,廉洁奉公,不谋私利,对于旅游公共关系人员而言,显得尤为重要。旅游公共关系人员必须始终把国家利益、组织利益放在首位,在任何时候都不能以公关名义谋取私利。那种利用职权营私舞弊、损公肥私,甚至贪污受贿、敲诈勒索的行为,都是与旅游公关人员职业道德要求背道而驰的。

4.公道正派,谦虚团结

公共关系事业是高尚的事业,献身于这一事业的人,应该要有高尚的品德。旅游公关工作的职业特点要求从事本工作的人必须作风正派,办事公道,公私分明,不拿原则做交易。那种吹吹拍拍、夸夸其谈、傲慢自大、个人第一、追名逐利的行为,都是背离旅游公关人员职业道德要求的。

旅游公共关系工作还是重要的群体工作。因此,团结友爱,相互合作,相互支持,互相尊重,是工作顺利、事业成功的可靠保证。在待人接物方面,应保持耐心、尊严、谦虚和节制,言谈举止要大方,衣着要得体,有民主作风,能平等待人。

(二)较强的工作能力

1.处理人际关系的社交能力

旅游公关工作要求通过协调人与人之间的关系,实现组织与公众的友好相处,真诚合作,从而把组织置于"人和"的环境中。旅游公关人员应善于与人交往,倾听各方面的意见,以自己的热情态度、真诚感情、踏实工作以及高超的待人处事艺术,赢得公众的喜爱、重视和信任,与公众建立起紧密的关系网络;旅游公关人员还要善于打破存在于社会交往中的各种人为障碍,正确处理各种人际关系,广交朋友,以利于及时解决组织与社会公众之间的矛盾和冲突,处理各种纠纷,消除一切不利于团结的因素。

2.组织协调能力

任何一个组织在发展过程中都与社会各界保持着纵横交错、千丝万缕的联系,构成错综复杂的关系网络。要处理好这种关系,需要公关人员的组织与协调。旅游公关人员应该善于认识人的优缺点,与人打交道,应鼓励和尊重他人,充分发挥人的才智;还应该同上级、同事和睦相处,彼此乐于合作,有效地交换意见,耐心倾听、虚心接受他人的意见和建议。一个协调能力强的人,既能理顺组织内部的各种关系,发挥组织的整体效能,又能理顺组织外部的各种关系,使外部关系成为自愿为本组织效力的环境条件。

3.宣传推广能力

宣传推广也是旅游公共关系的一项重要工作。善于宣传推广是旅游公关人员不可缺少的能力之一。宣传推广能力主要包括:能把本组织各项工作中有新闻价值的素材报道出去,包括挖掘素材和撰写新闻稿件;熟悉多种新闻媒介、传播媒介和各种宣传技巧,能熟练运用于宣传组织形象的工作之中;擅长言辞,善讲善辩,以富有逻辑的思维、抑扬顿挫的语调、幽默的语言、丰富的感情,说服和感化社会公众,争取各界朋友。

4.应变能力

旅游公共关系工作所面临的组织内外环境都是动态的,随时可能发生意想不到的事情或者突发事件,许多事情都无法按事先拟定的程序去完成。这就要求旅游公关人员思维要敏捷,具有接受反馈、适时反应的应变能力,能够在主客观情况变化的瞬间,趋利避害,争取最佳公关工作效果。

5.创造策划能力

从初级公关事务到高级公关策划都与旅游公关人员的创造性有关,对于一个具体的公关活动,如果没有提前的创造策划,那么,这项公关活动一定会降低层次,难以取得理想的效果。旅游公关人员如果缺乏创造策划能力,那只能是一个单纯的接待员或联络员。

所谓创造是指首创前所未有的事物,对旅游公关活动来说,主要是指首次设计出能帮助组织塑造形象的活动。策划是指根据创意和实际情况与现实环境,对组织的形象进行计划、布置,审时度势,抓紧机会,有计划、有步骤地推出。社会组织的每一项重要的公关活动都需要公关人员热情地创造、冷静地策划,旅游公关人员必须具有很强的创新意识,要时时处处注意捕捉信息,进行创造性思维,同时还要学会冷静地分析现状,以科学的态度面对现实,认真进行可行性研究,从而使组织的公关活动取得成功。

(三)稳定健康的心理素质

旅游公关人员必须具有较高的心理健康水平,所谓心理健康就是指要有正确的处世态度,积极向上的热情,充满希望的干劲,勇往直前的开拓精神。稳定健康的心理素质主要有以下几个方面的要点:

1.内紧外松的外交型心理

据心理学研究表明,人们在交际中一般有两道防卫圈:一个为外圈,一个为内圈。有些人外圈紧、内圈松,这就是所谓内向型性格,他们不擅长同不太熟悉的人交往;另一种是外圈松、内圈紧,这就是所谓外向型性格,他们能顺利地与陌生人交往,萍水相逢也能一见如故,比较容易与不熟悉的人建立关系。这种人比较适合做公关工作。公关工作就是要擅长与人打交道,旅游公关人员应具有一见如故的性格魅力,具有类似外交家的心理。

2.快乐而稳定的情绪

所谓情绪,是指人因需要是否获得满足而产生的一种情感体验。具体有消极情绪与积极情绪之分。在人际交往中情绪的变化往往影响到对对方的评价是否客观正确,同时也会因为你的情绪异常而引起对方的不良反应。毫无疑问,这些都将直接影响到关系的建立与发展。旅游公关人员要有快乐而稳定的情绪,能给对方带来愉悦感,使对方乐于与你接触、与你建立关系,乐于接受你的观点,使旅游公关工作更加靠近目标,获得成功。

3.豁达宽和的性格

旅游公关人员在实际工作中要与各方面的公众打交道,与社会各方联络沟通,在其性格方面最重要的是要豁达宽和。体现在工作中就是要具有十分的耐心、充分的宽容精神和顽强的自控能力。十分的耐心是指说服公众的工作要有耐心,要通过细致的劝说使公众在没有强迫感的情况下接受组织的意见,同时在听取对方意见时也要有耐心,要有凝神倾听他人意见而不流露出厌烦或思想不专的表情。充分的宽容精神,主要是指能够容忍别人不同的意见甚至是对立的意见,能够容忍别人暂时的误解,随时保持谦和的态度,与不同性格、不同习惯、不同爱好、不同观点的人和平共处,求同存异。顽强的自控能力主要指能在激烈的矛盾冲突场合保持清醒的头脑,在任何情况下,与公众打交道,既不放弃原则又保持灵活的态度,而不是得理不让人或是咄咄逼人。

4. 良好的个人气质

气质是指一个人的典型的、稳定的心理特征。对于旅游公共关系工作来说,旅游公关人员的最佳个人气质是所谓的多血质类型的人,这类人的情绪反应迅速而不持久,动作快而灵活,外部表现明显。

总之,旅游公关人员的最佳心理表现应是:乐观外向,轻松兴奋,心平气和,善于并乐于与人交往;同时又有理智,重实际,不感情用事,精明能干,富于事业心。这样的人往往具有一种独特的个人魅力,易于吸引公众,社会公众也愿意与之交往,能在不露声色中左右公众,从而达到自己的目标。

(四)强烈而自觉的公关意识

公关意识是公关理论、公关原则内化为内在的习惯和行为规范。它一旦形成,将作用于旅游公关人员的言行,从而使其言行符合旅游公关的要求。旅游公关意识是由以下几种意识构成的:

1. 形象意识

这是旅游公关意识的核心。旅游公关活动的总体目标是塑造和宣传组织形象。作为旅游公关人员首先必须有一个十分坚定而明确的形象意识,十分清楚知名度、美誉度对组织存在与发展的价值,在处理日常公关事务、进行旅游公关活动或公关策划时,要始终不能忘记塑造组织形象这一总体目标。

2. 公众意识

旅游企业组织的形象是针对公众而言的,公关工作也是面向公众的,离开了公众,公关将会失去对象,失去意义。作为具有公众意识的旅游公关人员,应时刻想着公众、时刻想到影响公众、吸引公众,并获取公众的好感与支持。他们在与公众进行交往时会经常把方便让给公众,尽自己最大努力去满足公众各方面的要求,真正把公众视为"上帝",在与公众交往时尽可能满足公众各方面的合理要求。

3. 互惠意识

旅游公共关系是旅游业组织与公众之间的一种互利关系。旅游公关工作既要满足公众的要求,尊重公众的利益,但又不能忘掉本组织的利益,也要维护好组织的利益。旅游公关工作将这种共同获益的关系建立在更加透明、真诚和互惠的基础上。具有互惠意识的人不否认自己具有利己的目的。但是在争取自己利益的时候,绝不采取欺骗他人、坑害公众的做法。他们与公众之间,以利益为纽带,平等相待、互惠互利。

4. 长远意识

组织形象的建立不是一朝一夕的事,形象的维护更是一件持之以恒的工作。具有长远意识的旅游公关人员,能够非常清楚眼前利益与长远利益的关系,处世办事不贪小便宜,他们目光远大,胸襟开阔,办事讲策略、有计划,能以暂时的吃亏换来长远的利益。

5. 真诚意识

组织形象的塑造,主要靠良好的产品、优质的服务。但对服务对象要有真诚意识,这种意识要在旅游公关人员的公关活动中体现出来。真诚可以赢得公众的同情、支持和信任,真诚可以争取创造发展的机会。具有真诚意识的人待人接物诚恳热情,勇于将事实真相告诉给公众,哪怕对自己不利。他们勇于承认并主动检讨自己的不足与过失,能虚心地听取别人的意见。

6.沟通意识

旅游公共关系的活动就是要与大众沟通信息、沟通感情。作为旅游公关人员必须树立沟通意识。具有沟通意识的旅游公关人员会在日常事务中自觉地通过各种方式与途径,广泛密切地与公众进行沟通。在沟通时,他们不但交流合作的意向,而且沟通感情,特别是在公众出现困难时更要主动进行沟通。

(五)较高的思想政策水平

旅游公共关系的一个重要工作是进行信息处理,旅游公关人员要想在杂乱无章的信息中理出头绪来,得有较高的政策水平。可以说,旅游公关人员的理论政策水平直接决定着其工作务实的质量。有人认为,公关人员只需能说会道、能写会编,只要口与手来掌握公共关系技术就可以了,其实更重要的是用脑,是思想政策水平。具体地分析,旅游公关人员的政策水平包括三个方面:一是要掌握国家的有关方针政策,并使自己的工作不与之相违背;二是对自己组织内部的有关方针政策要能熟悉运用,并使自己的工作能为实现组织目标而服务;三是要能适当地利用其他社会组织的有关政策和方针,使自己的工作尽可能顺利进行。也许要求每一个旅游公关人员都有较高的思想政策水平并非十分的必要,也不现实,但是如果思想糊涂,缺乏理论,不懂政策,就无法把握公共关系时机,更无法做好旅游业组织决策层的参谋,充其量只能成为旅游公共关系实务的一种辅助。

五、旅游公共关系人员的培养

旅游公共关系工作在一定意义上说是一种手段,手段的成功与否关键在于人的运用与把握。公关人员的素质并非天生的,而是后天有意识、有组织地不断加强教育培养、培训的结果。

(一)旅游公共关系人员的培养方式

1.通才型旅游公共关系人才

所谓通才型旅游公共关系人才就是知识面广,有较合理的知识结构,有良好的心理素质和综合能力素质,在工作中能独当一面,能较好地处理复杂问题的公关领导人才或专职管理人员。

2.专才型旅游公共关系人才

所谓专才型旅游公共关系人才就是比较精通于某方面或几个方面的公关技术技能,如编辑、写作、设计创意、市场调查、绘画摄影、设计广告等。这类人才是公关工作不可或缺的人才,是某方面的专家,较适宜于公关工作中某些具体的业务工作。

(二)旅游公共关系人员的培养途径

1.学校正规的教育培训

这是一条专门培养公共关系人才的正规途径,也是社会培养公关人才的一种方式。在这种方式下,可以系统地学习公关理论,潜心研究公关技巧,掌握信息传播工具,并参加适当的实践与模拟活动。教育机构正规培养的优点是:课程学习安排具有系统性和科学性,专业基础知识学习具有广泛性和厚实性。

2.在职培训

在职培训是中国公关教育培训中最受欢迎的形式之一,其主要特点是:教学的现实针对性较强,周期短,见效快;学生的学习目的明确,且已有实践经验,故易于理解、接受和领悟,而且能学以致用。在职培训的主要方式有:

(1)短期培训。短期培训是由高校、企业或行业组织(如公关协会、公关公司)举办,时间长短不一,有半月、一月、半年等。培训对象是在旅游企业有一定实践经验的人员,培训目标和重点是旅游公共关系专业基本理论与知识,着力于理论水平的提高。此外还有岗前培训,主要是进行专题讲座与报告,属于角色培训。

(2)见习培训。这种方式的特点是在实践中学习与提高,让见习者在一段时间内充任本组织或外部组织公关人员的助手,见习并实际参与旅游公关实践,学习别人处理旅游公关事务的技术和方法,增强感性认识。

(3)聘请专家、学者指导。聘请旅游公共关系专家来组织指导和咨询,帮助解决旅游公关工作中的疑难问题,对旅游公关人员进行业务的实际辅导和点拨。这种方式针对性强,启发性大,实际效果好。

(4)其他培养形式。如组织员工参加自学考试、函授教育及电视广播教育,并为之提供参加辅导、面授等的条件,多途径多形式地提高其旅游公关专业理论水平和业务水平。目前最主要的形式就是资格证书考试。

早在1953年,美国著名公共关系专家爱德华·伯内斯就看到不合格的公关人员滥竽充数的危害性,提出对公关从业人员实行职业许可证制度,以保证公关职业的权威性。但直到1965年美国公共关系协会才开始实行专业资格认证制度,到20世纪80年代中期,该协会11700名会员的1/3获得了APR称号。

相比而言,英国公共关系协会主持的CAM考试虽然比美国的APR要晚,但其影响力更大。CAM是传播(communication)、广告(advertising)和市场(marketing)教育基金会的缩写。

CAM考试分两个等级,第一等级有7门考试课程:市场学、广告、公共关系媒介、调查与行为研究、传播实践、商业与经济环境。公关、广告和市场营销人员只要通过其中6门课程考试,就可获CAM传播研究证书,获此证书后再参加第二等级考试。第二等级的考试分开进行,针对公共关系人员的考试课程有4门——商业组织公共关系、非商业组织公共关系、公共关系战略、管理资源,考生只要通过其中3门就可获得CAM公共关系文凭和公关从业资格。该项考试和专业资格不仅英国认可,而且得到国际广告协会的正式承认。已经有越来越多的外国人报名参与这项考试。

(三)旅游公关人员的考核方法

考核就是指组织对本单位公共关系人员的思想、品行、技术业务、工作态度、工作能力、工作绩效以及健康状况等进行评价。

1.考核内容

考核内容主要有德、勤、能、绩四个方面。

德:即思想政治素质,包括是否遵守国家政策、法律法规,是否具备良好的职业道德和社会公德,以及敬业精神、奉献精神、廉洁自律和团结协作精神等。

勤:即勤奋精神,包括工作出勤率、工作积极性等。

能:即完成各种公共关系专业性活动的能力,包括知识水平、业务水平、表达能力、交际能力、分析判断能力、组织管理能力、预见反应能力、应变耐久力、开拓与创新能力等。

绩:即工作的实绩(数量与质量),包括工作业绩、工作效率、工作质量等。

2.考核方法

考核的方法要坚持科学性原则,即做到客观、公正、全面。常见的考核方法有量表评定法。所谓量表评定法是以一种标准化的等级量表为工具,采用组织评、群众评、自己评等多种途径,对公关人员进行全面评定的方法。

比如,要对某单位旅游公共关系人员进行评价指标体系中的一项指标——专业知识的考核,可设计一些相关表格,由考核人员对公关人员的表现打分。量表评定法的优点是评定项目设计严格,定义明确,计量方法统一合理,评定结果既可以反映一个人的实际水平,又可以进行相互间的比较。因此,这是一种比较好的判定方法。

六、旅游公关人员素质培养范例

如何进行公关角色定位?

公关角色是指与人们的某种公关地位和身份相一致的一整套权利和义务的规范和行为模式。社交是一个广阔的现实舞台,在这个舞台上表演的是各种活生生的公关角色。在现实生活中,许多人由于角色扮演不当而引发角色冲突,造成个人心情不畅和人际关系的失调。为此,要想进行成功的社交公关,首先应明确自己所扮演的是什么样的角色。

英国女王维多利亚,与其丈夫阿尔伯特相亲相爱,感情和睦。妻子是一国之君,忙于公务,而丈夫却不太关心政治,对社交缺乏兴趣。有一天,女王办完公事,深夜回到卧房,见房门紧闭,就敲起门来。问:“谁?”答:“我是女王。”门未开,再敲。问:“谁?”答:“维多利亚。”门未开,再敲。问:“谁?”答:“你的妻子。”门开了,维多利亚走了进去。这则故事是否真正发生过,现在恐怕难以考证,但说明一点,即女王回家,场合变了,角色变了。她在宫廷上,在王公贵族面前是女王。但是在家里,在阿尔伯特面前只是他的妻子。人际交往,公关往来,总是要在一定的场合进行的。因此,说的话与场合相适应是最起码的。比如你在公司是经理,但在公园里就是游客,在家里就是丈夫、父亲。不同的场合,不同的对象,角色就不同,交谈方式就应该相应发生变化。同样,不同的社会地位,角色自然不同。和地位高的人交谈,常使自己有一种自卑感,从而是木讷口钝,思想迟缓。但有人走到了相反的极端,即对上级阿谀奉承,溜须拍马。这两种态度都是不可取的。实际上,和地位高于自己的人说话,应该采取尊敬的态度。一则他的地位比自己高;二则他的能力、知识、智慧也很可能高过自己,应该向其表示敬意。需要注意的是,必须保持自己独立的思想,不要做个应声虫。与地位较低的人谈话,也不要趾高气扬,应该和蔼可亲,庄重有礼,避免用高高在上的态度来同他谈话。当然也不要显得过于亲密,以致使他太放纵。

有个恒温器推销商 M 到一家园子里种满鲜花的农户家里去推销恒温器。他敲了门,出来了一位老太太。当她听说对方是个推销商后,立刻就把门关上了。M 想了想,伸手又敲了敲门。老太太很生气,打开门就要赶他走。他满脸微笑:“很抱歉惹您生气了。但我今天来不是推销恒温器的,而是想买一些鲜花。”老太太一怔,很怀疑地盯着他。没等老太太说话,M 又讨好地说:“我注意到您养的那些法国玫瑰非常棒,想买几束。”老太太有些不解和好奇:“你怎么知道我种的是法国玫瑰?”M 觉察到了这一点,马上答道:“因为我自己也种花,而且我必须承认我从来没见过这么棒的法国玫瑰。”老太太毕竟经验丰富,她并没有被 M 的奉承所迷惑,而是又问了一句:“你自己有花,为什么还买呢?”这个问题很难回答,但 M 毕竟久经沙场,他很冷静地回答:“因为我种的玫瑰没有红色的,而且品种也没有您的好,而今天,我要送几束给我的女朋友。当然,您最清楚,在这个时候,送法国红玫瑰是最好不过的。所以……”听了 M 的这番话,老太太才彻底消除了对 M 的疑惑。这时,M 的眼睛四处一打量,发现这家农舍有一间很好看的奶牛棚。于是灵机一动,说道:“事实上,我敢打赌,您养花赚的钱,比您丈夫养奶牛赚的钱多。”老太太听了这话,非常高兴。她兴奋地告诉 M,她真的比她丈夫赚的钱多。不一会儿,老太太邀请 M 参观她的花棚。参观时,M 注意到她使用了一些小机械。于是,他很内行地向老太太介绍了一些养料和掌握某种温度的方法,并向她请教了几个问题,片刻间,他们就愉快地谈到了恒温器。她征求 M 的意见,想知道是否真的值得买一台恒温器……M的回答当然是肯定的。两星期后,老太太的那鲜花就在恒温器的保护下,茁壮地成长。M推销了恒温器,老太太得到的将是更多更好的鲜花,真是皆大欢喜。从这个例子中,M看到推销商这一角色很不受欢迎时,并不退缩,而是灵活转换了公关角色,成为一个购买者和热心人,再加上他"投其所好",抓住对方感兴趣的话题,接近对方,赢得对方的赞赏和信任,从而在融洽的交谈环境中,达到此行的目的。

资料来源:公关案例汇总[EB/OL]. http://www.360doc.com/content/10/0807/12/2222256_44288654. shtml.

评价与考核

旅游公关人员的素质与培养任务完成情况及技能评价考查表

学习目标	评价标准	小组评价（50%）	教师评价（50%）	综合得分（百分制）
理论知识(20分)	能领会旅游公关人员的一般要求与特殊要求;能领会旅游公关人员的礼仪要求;能领会旅游公关人员的具体素质要求			
专业技能(20分)	能运用旅游公关人员的基本礼仪要求;能运用旅游公共关系人员的基本素质要求			
通用技能(20分)	具有团队协作能力;具有团队运作,信息收集能力			
任务完成(20分)	纸质作业、PPT,任务问答有效性			
学习态度(20分)	完成任务的态度、责任感			
综合评价与建议:				

思考与讨论

1. 思考旅游公共关系人员的一般要求。

2. 讨论旅游公共关系人员应具备哪些素质。

3. 讨论应如何为社会培养合适的旅游公共关系人才。

技能训练题

调查本地旅游酒店或旅行社从业人员的构成,从学历以及资历等方面分析其是否具备旅游公关人员素质要求。

拓展活动

公关人员基本素质——气质类型测验

方法简介:通过分组,测定学生的气质类型,根据测试结果,具体分析各种气质类型的个性特点,再结合学生不同个性特点,为每个学生分析是否达到旅游公关工作所要求的性格,并提出改进建议。

活动目的:通过对学生的气质测定,可以有针对性地培养学生各方面的能力,调整自己的个性,以更好地适应旅游公关工作的要求。

附录　公关员国家职业标准

1. 职业概况

1.1　职业名称:公关员

1.2　职业定义:从事组织机构信息传播、关系协调与形象管理事务的调研、策划、实施和评估以及咨询服务的从业人员。

1.3　职业等级:本职业共设五个等级,分别为初级公关员(国家职业资格五级)、中级公关员(国家职业资格四级)、高级公关员(国家职业资格三级)、公关师(国家职业资格二级)和高级公关师(国家职业资格一级)。

1.4　职业环境:室内。

1.5　职业能力特征:具有一定的分析、推理、判断、表达、交流和运算能力,学习能力强,形体知觉好。

1.6　基本文化程度:高中毕业(或同等学力)。

1.7　培训要求

1.7.1　培训期限

全日制职业学校教育,根据其培养目标和教学计划确定。

晋级培训期限:初级公关员不少于 120 标准学时;中级公关员不少于 100 标准学时;高级公关员不少于 80 标准学时;公关师不少于 60 标准学时;高级公关师不少于 40 标准学时。

1.7.2　培训教师

培训公关员的教师应具有本职业公关师职业资格证书三年以上或相关专业中级及以上专业技术职务任职资格;培训公关师的教师应具有本职业高级公关师职业资格证书或相关专业高级专业技术职务任职资格;培训高级公关师的教师应具有本职业高级公关师职业资格证书三年以上或相关专业高级专业技术职务任职资格。

1.7.3　培训场地设备:标准教室和会议室。

1.8　鉴定要求

1.8.1　适用对象:准备从事本职业工作的人员,以及正在从事本职业工作的专业人员。

1.8.2　申报条件

——初级公关员(具备下列条件之一者):

(1)经本职业初级公关员正规培训达规定标准学时数,并取得合格证书。

(2)连续从事本职业或相关职业(新闻、广告、营销、管理、秘书)2 年以上。

(3)取得经劳动保障行政部门审核认定的,中等以上职业学校公共关系或相关专业(新闻、广告、营销、管理、秘书)毕业证书。

——中级公关员(具备下列条件之一者):

(1)取得本职业初级公关员职业资格证书后,连续从事本职业或相关工作(新闻、广告、营销、管理、秘书)2 年以上,经本职业中级公关员正规培训达规定标准学时数,并取得合格证书。

(2)取得本职业初级公关员职业资格证书后,连续从事本职业或相关工作(新闻、广告、营销、管理、秘书)3年以上。

(3)具有公共关系专业或相关专业(新闻、广告、营销、管理、秘书)大学专科以上学历,并从事本职业工作1年以上。

——高级公关员(具备下列条件之一者):

(1)取得本职业中级公关员职业资格证书后,连续从事本职业或相关工作(新闻、广告、营销、管理、秘书)2年以上,经本职业高级公关员正规培训达规定标准学时数,并取得合格证书。

(2)取得本职业中级公关员职业资格证书后,连续从事本职业工作3年以上。

(3)具有大学本科学历,并连续从事本职业或相关工作(新闻、广告、营销、管理、秘书)2年以上。

(4)具有公共关系本科学历,并从事本职业工作1年以上。

——公关师(具备下列条件之一者):

(1)取得本职业高级公关员职业资格证书后,连续从事本职业工作4年以上,经本职业公关师正规培训达规定标准学时数,并取得合格证书。

(2)取得本职业高级公关员职业资格证书后,连续从事本职业工作5年以上。

(3)具有公共关系本科学历并连续从事本职业工作5年以上,或具有大学本科学历并连续从事相关工作(新闻、广告、营销、管理)6年以上。

(4)具有公共关系(方向)硕士以及MBA、MPA学位并从事本职业或相关工作(新闻、广告、营销、管理)1年以上。

——高级公关师(具备下列条件之一者):

(1)取得本职业公关师职业资格证书后,连续从事本职业工作5年以上,经本职业高级公关师正规培训达规定标准学时数,并取得合格证书。

(2)取得本职业公关师职业资格证书后,连续从事本职业工作6年以上。

(3)具有公共关系本科学历并连续从事本职业工作10年以上,或具有相关专业(新闻、广告、营销、管理)本科学历并连续从事本职业工作12年以上。

(4)具有公共关系硕士(方向)及以上学历或MBA、MPA学位并连续从事本职业工作5年以上。

(5)具有大学本科学历,职业表现突出者或担任本职业高级管理职务(总经理或总监以上职务),为职业发展和行业建设作出重大贡献的资深专业人士,须由国家职业资格工作委员会公关专业委员会两名委员推荐。

1.8.3 鉴定方式

鉴定方式分为理论知识(含职业道德)和技能操作考核两种方式。理论知识考试采用闭卷笔试方式,技能操作考核:公关员采用闭卷技能笔试方式;公关师、高级公关师采用现场实际操作方式。理论知识考试和技能操作考核均采用百分制,皆达60分以上者为合格。

公关师和高级公关师还须进行专业评审,具体如下:

——公关师:

(1)需提交一份专业技术报告(涉及本职业的、能反映专业能力的项目建议书、研究/开发成果或论文等),并需附上由两位公共关系或相关专业副高级专业技术职务任职资格及以上职称或已获得高级公关师资格两年以上的专家意见书);

(2)由评审委员会对其所提交的专业技术报告和现场答辩进行审核和评判。

——高级公关师:

(1)需提交一份专业技术报告(涉及本职业的、能反映专业能力的项目建议书、研究/开发成果或论文等),并需附上由两位公共关系或相关专业正高级专业技术职务任职资格或已获得高级

公关师资格三年以上的专家意见书);

(2) 由评审委员会对所提交的专业技术报告和现场答辩进行审核和评判。

1.8.4　考评人员与考生配比

公关员考试(考核)均按每20名考生配一名考评员。公关师和高级公关师考评人员与考生配比:理论知识考试考评人员与考生人员配比为1∶10;技能考核为1∶5;专业评审需同时不少于3名评审委员会委员。

1.8.5　鉴定时间

公关员各等级的理论知识考试(包括职业道德考试)时间为90分钟。公关员各等级技能考核时间为120分钟。

公关师理论知识考核(包括职业道德考试)时间为90分钟,技能操作考试时间为90分钟,专业评审时间为30分钟。

高级公关师理论考试(包括职业道德考试)时间为90分钟,技能操作考试时间为60分钟;专业评审时间为60分钟。

1.8.6　鉴定场地设备:标准教室和会议室。

2.　基本要求

2.1　职业道德

2.1.1　职业道德基本知识

2.1.2　职业守则

(1)奉公守法,遵守公德;

(2)敬业爱岗,忠于职责;

(3)坚持原则,处事公正;

(4)求真务实,高效勤奋;

(5)顾全大局,严守机密;

(6)维护信誉,诚实有信;

(7)服务公众,贡献社会;

(8)精研业务,锐意创新。

2.2　基础知识

2.2.1　公共关系基础理论

(1)公共关系的含义。

(2)公共关系的要素。

(3)公共关系的职能。

(4)公共关系的工作程序及其原则。

2.2.2　公共关系的发展简史

(1)中国公共关系的发展简史和现状。

(2)国际公共关系发展史。

2.2.3　公共关系职业道德规范

(1)公共关系职业道德规范的形成过程。

(2)公共关系职业道德规范的内容和基本要求。

2.2.4　相关法律、法规知识

(1)合同法的相关知识。

（2）反不正当竞争法的相关知识。

（3）消费者权益保护法的相关知识。

（4）涉外经济法的相关知识。

（5）广告法的相关知识。

（6）知识产权法的相关知识。

（7）著作权法的相关知识。

（8）劳动法的相关知识。

（9）国家有关新闻出版、信息传播等方面的法规。

3. 公关员工作要求

本标准对初、中、高级公关员和公关师、高级公关师的技能要求依次递进，高级别涵盖低级别的要求。

3.1 初级公关员

职业功能	工作内容	能力要求	相关知识
一、沟通协调	（一）接待联络	1. 能按礼仪规范进行接待活动 2. 能答复电话问询 3. 能起草贺信、贺电、请柬	1. 日常礼仪的基本内容和要求 2. 接待来访的程序和基本要求 3. 社交礼仪文书的类型和文体
	（二）演讲介绍	1. 能准备组织演讲材料 2. 能简述组织基本情况	1. 演讲的类型和功能 2. 演讲的基本要求
	（三）公众关系处理	1. 能处理简单问询 2. 能进行事务性联系	1. 公众关系协调原则 2. 公众关系协调的一般方法
二、信息传播	（一）媒介联络	1. 能准备媒介联络资料 2. 能收集、整理、制作新闻剪报	1. 与媒介交往的原则和方法 2. 新闻剪报的基本要求
	（二）新闻发布	1. 能准备有关新闻资料 2. 能联络新闻发布会场事宜	1. 新闻发布的程序 2. 与新闻发布有关的礼仪要求
三、调查评估	（一）方案准备	1. 能准备调查和评估所需资料 2. 能承担调查的联络工作	1. 调查的目的和意义 2. 调查的基本程序
	（二）方案实施	1. 能进行一般性文献调查 2. 能进行问卷的发放与收集	文献调查法的步骤与技巧
	（四）数据统计	能对调查数据进行简单的统计和整理	数据统计的简单方法
四、活动管理	（一）策划准备	1. 能准备策划所需资料 2. 能安排策划会议	1. 专题活动的类型、特点 2. 专题活动策划的一般程序
	（二）活动实施	1. 能联络活动现场 2. 能绘制活动场地布置图 3. 能使用投影仪、幻灯机、照相机和摄像机	1. 会场布置的基本知识 2. 印刷品的一般制作过程 3. 投影仪、幻灯机等设备知识

3.2 中级公关员

职业功能	工作内容	能力要求	相关知识
一、沟通协调	（一）接待联络	1.能按礼仪规范进行中外接待 2.能撰写社交公关文书	1.中外礼仪的基本内容和要求 2.社交文书的类型和写作要求
	（二）演讲介绍	1.能介绍组织的历史和现状 2.能组织小型演讲活动	1.演讲的基本技巧 2.演讲活动的程序
	（三）公众关系处理	1.能处理日常公众问询 2.能与主要公众进行信息沟通 3.能安排领导与公众进行沟通	公众关系协调的主要方法和基本要求
二、信息传播	（一）媒介联络	1.能进行媒体联络 2.能安排记者采访 3.能追踪监测采访结果	1.记者职业特点 2.新闻传播的基本程序 3.新闻追踪和监测的基本要求
	（二）新闻发布	1.能检查发布资料的准备情况 2.能接待现场媒体采访活动	新闻发布的性质、特点
	（三）宣传稿编写	1.能撰写新闻通讯稿 2.能编写组织内部刊物 3.能编写组织对外宣传册	1.新闻稿的类型和撰写要求 2.新闻编写的基本要求 3.公众的特点和心理需求
三、调查评估	（一）方案准备	1.能提供与调查相关的背景资料 2.能起草小型调查方案	1.小型调查的基本程序 2.调查方案的写作要求
	（二）方案设计	1.能设计小型观察调查提纲 2.能设计小型访谈提纲 3.能设计媒介文献调查方案	1.调查方法的类型与特点 2.调查方法的运用及其原则 3.调查问卷文案写作知识
	（三）方案实施	1.能用观察法进行调查 2.能用访谈法进行调查 3.能进行各种媒介的文献调查	1.观察调查法的步骤与技巧 2.访谈调查法的步骤与技巧
	（四）统计分析	1.能对调查数据进行统计分析 2.能编制调查评估图表	1.常用的数据统计的方法 2.调查评估分析的原则和方法
四、专题活动	（一）活动策划	1.能制订简单策划方案 2.能编制行动方案和时间表	1.专题活动目标和主题的确定 2.策划构思的方法
	（二）活动实施	1.能按要求执行活动方案 2.能收集活动物品市场信息	1.音像宣传品制作的有关知识 2.活动物品的市场信息
五、危机处理	（一）舆论监测	1.能监测媒体负面报道 2.能监测公众关系中的消极信息	1.危机管理的基本概念 2.危机处理的程序和技巧
	（二）危机传播	1.能应对日常公众投诉 2.能准备危机传播材料	1.危机传播管理的原则 2.危机处理中的新闻发布要点

3.3　高级公关员

职业功能	工作内容	能力要求	相关知识
一、沟通协调	（一）接待联络	1.能制订接待计划 2.能负责业务谈判接待工作	1.接待程序、特点和基本要求 2.谈判知识和技巧
	（二）演讲介绍	1.能介绍组织政策和远景情况 2.能组织演讲活动，充当主持人	1.演讲类型、功能和基本要求 2.主持人的功能和基本要求
	（三）公众关系处理	1.能制订外部公众沟通计划 2.能制订内部公众沟通计划	1.公众关系沟通的原则和策略 2.公众关系沟通的主要方法和基本技巧
二、信息传播	（一）媒介联络	1.能规划媒介数据库的建设 2.能安排记者采访组织或代表组织接受记者采访 3.能制订简单媒介传播计划	1.信息传播的基本原则 2.中国媒介特点 3.媒介传播组合及传播技巧
	（二）新闻发布	1.能制订新闻发布计划 2.能组织新闻发布活动	新闻发言人制度的内容和要求
	（三）宣传稿编写	1.能编写各种新闻稿件 2.能起草组织内部刊物及音像资料的编写方案	1.内部沟通的原理和方法 2.内部通讯的设计原则
三、调查评估	（一）方案准备	1.能洽谈和承接调查项目 2.能撰写调查项目方案 3.能撰写评估项目方案	1.调查项目的要求和技巧 2.各种调查的基本程序 3.评估的原理及其应用
	（二）方案设计	1.能设计观察调查方案 2.能设计各种调查问卷 3.能设计实验调查方案	1.各种调查方法的取舍原则 2.各种调查方法的原则及技巧
	（三）方案实施	1.能执行调查方案的实施工作 2.能执行评估方案的实施工作	1.实施调查的知识与技巧 2.实施评估的知识与技巧
	（四）报告编写	1.能对调查数据进行分析 2.能撰写小型调查报告 3.能撰写小型评估报告	1.数据统计类型、方法与技巧 2.调查报告的类型和写作技巧 3.评估报告的类型、写作技巧

续表

职业功能	工作内容	能力要求	相关知识
四、活动管理	（一）活动策划	1. 能组织小型活动的策划工作 2. 能起草简单的策划建议书 3. 能对活动效果进行基本预测	1. 主题构思的技巧 2. 策划创意的技巧 3. 大型活动相关的政策法规
四、活动管理	（二）活动实施	1. 能对中型活动进行管理 2. 能制订具体的行动方案 3. 能编制活动预算 4. 能对中型活动进行现场监控	1. 可行性研究的方法 2. 专题活动的流程管理 3. 预算的基本常识和技巧
五、危机处理	（一）舆论监测	1. 能对媒介负面报道进行分析 2. 能提出危机处理意见	1. 危机的处理程序 2. 危机预警的基本原则
五、危机处理	（二）危机处理	1. 能根据危机管理计划进行危机处理工作 2. 能根据危机管理计划进行危机传播管理	1. 危机管理工作要点 2. 危机期间媒介关系的协调与沟通
六、公关咨询	（一）一般性咨询	能处理日常工作中的咨询工作	1. 公关咨询的工作原理 2. 咨询业务的一般工作流程
六、公关咨询	（二）咨询建议	能起草日常服务公关建议书	公关建议书的写作技巧

3.4　公关师

职业功能	工作内容	能力要求	相关知识
一、传播沟通	（一）业务沟通	1. 能制订和审定业务洽谈策略 2. 能进行高层次的业务谈判	1. 业务沟通的特点和基本要求 2. 业务洽谈的工作流程及技巧
一、传播沟通	（二）公众协调	1. 能负责制订全年公众沟通计划 2. 能单独承担主要公众关系（政府、行业、社区等）的协调工作 3. 能有效地进行客户关系管理	1. 长期沟通规划的原则 2. 政府、行业、社区等重要对象的工作特点和沟通渠道 3. 客户关系管理的原则与方法
一、传播沟通	（三）公关传播	1. 能制订并执行媒介传播计划 2. 能运用传播工具进行公关传播 3. 能撰写各种专题性新闻稿件 4. 能有效地进行媒介关系管理	1. 媒介概况和新闻报道原则 2. 新闻传播的方式方法 3. 媒介沟通与投放技巧 4. 媒介关系管理知识

职业功能	工作内容	能力要求	相关知识
二、创意策划	（一）客户需求测评	1. 能准确把握客户的市场环境并作出符合实际的判断 2. 能客观分析客户公关工作中需改进的环节	1. 市场信息和数据分析的知识 2. 组织竞争战略的有关知识
	（二）公关策划	1. 能根据客户需求制定有效的公共关系战略和计划 2. 能起草大型公关策划建议书，并提出创意性计划和行动方案 3. 能进行一般性的案例研究分析	1. 公关创意策划的基本方法 2. 决策过程及其理论 3. 创造性思维的有关知识 4. 客户所属行业的市场状况 5. 案例研究的原则和方法
三、策略管理	（一）公关调查	能运用各种调查研究方法与工具发现一个组织面临的各种公关问题	1. 市场调查的一般知识、方法和步骤 2. 定性与定量的分析方法 3. 调查工作涉及的有关法规
	（二）媒介管理	1. 能规划媒介关系工作框架 2. 能建立并维护媒介数据库 3. 能开展积极的、形式多样的媒介关系活动	1. 媒介关系的工作内容 2. 媒介关系的工作技巧 3. 媒介数据库的有关知识
	（三）市场传播	1. 能运用发布、巡展、论坛、培训等传播工具进行市场传播 2. 能实施全年市场传播计划和行动方案 3. 能帮助组织规划市场传播战略和策略	1. 产品发布、巡展、研讨、论坛、培训等工作的程序、内容和技巧 2. 市场营销的知识和工作原理 3. 整合营销传播的基本理论和技术原理
	（四）企业传播	1. 能利用媒介传播、事件策划、品牌战略等工具进行形象传播 2. 能实施全年形象传播计划和行动方案 3. 能帮助组织规划品牌战略	1. 媒介传播、事件策划、品牌战略的工作原理和工作技巧 2. 组织战略、组织文化、组织运作与管理的基本内容
	（五）公共管理	1. 能制订政府关系工作计划 2. 能建立与政府、行业、社区之间良好的工作渠道 3. 善于并保持经常性的沟通	1. 政府关系、社区关系的工作原理和工作技巧 2. 最新政策动向和产业动向 3. 组织赞助的程序和应用
	（六）公关评估	1. 能结合组织的目标，对公关工作的中、长期效果进行评估 2. 能从公关活动的效果出发，鉴别日常公关工作的薄弱环节	1. 组织管理与绩效评估的有关知识、方法和工具 2. 数理统计与分析的基本知识
	（七）网络公关	1. 能运用互联网技术，加强与各类公众的交流与沟通 2. 能及时更新组织网站上的内容资料，构建网上的沟通平台	1. 网页设计的有关知识 2. 网络营销的有关知识

续表

职业功能	工作内容	能力要求	相关知识
四、项目管理	（一）项目确认	1.能有效地进行项目沟通 2.能快速对公关需求进行鉴别 3.能进行商业合同谈判	1.市场环境的有关知识 2.高级商务谈判的策略与手段 3.跨文化传播的有关知识
	（二）项目竞标	1.能客观分析客户工作中存在的薄弱环节 2.能有效进行项目沟通 3.能把握项目竞标的各种变化	1.公关市场预测的基本知识 2.客户关系管理知识 3.项目竞标的工作内容和工作流程
	（三）项目执行	1.能独立承担项目小组的管理工作，并进行全案跟踪和监控 2.能进行现场的有效管理和监控，并灵活处理各种变化	1.流程管理的原则与方法 2.目标管理知识 3.时间管理知识 4.财务管理知识
	（四）项目评估	1.能有效统筹项目实施的有序性与完整性 2.能在项目结束后与客户保持积极的沟通并总结实施经验	1.项目管理的核心原则 2.项目评估方法与手段
五、危机管理	（一）计划制订	1.能制订危机管理计划 2.能协调危机中相关方面的关系	危机管理计划的撰写要求
	（二）危机处理	1.能及时处理危机事件 2.能主持危机管理计划的实施 3.能监控危机事件信息传播	1.危机管理的工作程序和技巧 2.危机传播中的新闻发布要点
	（三）危机传播	1.能起草危机管理预警方案 2.能承担危机传播管理工作	1.危机管理预警方案的要点 2.危机传播管理工作内容
六、管理咨询	（一）公关公司管理	1.能开展公司的业务管理 2.能对公司业务、财务、人力资源、客户服务等进行有效的管理	1.企业管理的主要内容 2.企业财务、税法、劳动法、合同法等有关的法律知识 3.人力资源管理知识
	（二）公关部门管理	1.能协调公关部门的各项工作 2.能对公关部门业务、人力资源和组织战略决策进行管理 3.能为组织管理层提出公共关系的策略建议 4.能协调公关部门与其他部门以及外部公关公司的合作	1.服务营销与品牌管理知识 2.组织形象识别系统（CIS）知识
	（三）专业咨询	1.能对组织公共关系的状态进行策略分析 2.能对组织的公关战略提出建设性建议和成熟的实施方案 3.能对组织的中长期公关计划提出指导性的策略建议	管理咨询的原则、程序和方法的专门知识

职业功能	工作内容	能力要求	相关知识
七、培训指导	（一）培训	1. 能对中级专业人员进行培训 2. 能对非专业人员进行日常培训 3. 能编写专业培训讲义	培训的有关知识
	（二）指导	能对公关员进行业务指导	案例教学法

3.5 高级公关师

职业功能	工作内容	能力要求	相关知识
一、传播管理	（一）舆论监测	1. 能及时掌握公众舆论动向，并指导组织建立相应的资料库 2. 能对组织与各主要公众间的关系状态进行整体定位	1. 舆论调查的有关知识 2. 舆论分析的原理和技巧 3. 公共关系状态定位研究
	（二）传播沟通	1. 能审定全年公关传播计划，指导公关传播计划的执行 2. 能制定中长期公关传播战略和规划	1. 长期传播计划的基本内容及其特点 2. 公共关系战略与规划
	（三）关系协调	1. 能监控与各主要公众关系，维持良好的沟通渠道 2. 能指导客户关系管理	1. 公众关系的沟通原则和策略 2. 主要公众对象的特征和工作环境
二、策划研究	（一）创意策划	1. 能主持大型公关活动策划 2. 能对公关建议书提出专家意见 3. 能审定大型公关活动方案 4. 能评判公关活动效果	1. 大型活动的有关政策法规 2. 创新思维的工作原理 3. 策划的基本理论和原则 4. 创新管理的基本知识
	（二）公关研究	1. 能综合进行公众舆论研究与分析，并提出科学建议 2. 能独立进行公关案例研究 3. 能主持开发公关工作工具	1. 舆论及传播研究的有关知识 2. 案例研究与分析 3. 各种研究手段的有关知识 4、专业发展趋势
三、危机管理	（一）预案策划	1. 能审定危机管理预警方案 2. 能主持或审定危机管理计划	主持或审定危机管理计划的要点
	（二）预防与规避	1. 能主持危机管理工作 2. 能提供危机管理建议 3. 能独立提供危机管理顾问服务	1. 公关咨询工作原理和流程 2. 各种应急技巧训练知识
	（三）危机管理培训	1. 能进行危机管理训练 2. 能根据情况的变化对危机管理预案进行不断更新	1. 专业培训的基本要领 2. 培训工具的有关知识

续表

职业功能	工作内容	能力要求	相关知识
四、网络公关	（一）网络舆论调研与评估	1.能运用现代传播技术把握组织与公众的关系状态 2.能对互联网不同公众反应进行整理,建立数据库并及时更新	1.现代通讯科技的有关知识 2.网络传播的形式、特点和功能等方面的有关知识
	（二）网络工具使用	1.能使用网络工具,建立组织与公众的互动平台 2.能规划并审定网络公关计划	与网络传播有关的法律与法规
	（三）网络监测与维护	1.能监测网上公众的反应 2.能采取多种互联网沟通手段,保持与公众间日常的积极互动	1.网络监测的有关知识 2.网络设计与网络安全方面的有关知识
五、组织管理	（一）公关公司管理	1.能独立承担专业公司的运营 2.能对公司业务、财务、人力资源、客户服务等进行有效监督 3.能开拓公司新业务和新客户 4.能规划公司企业文化建设	1.企业战略、管理等有关知识 2.营销、质量管理等有关知识 3.企业使命和社会责任的有关知识
	（二）公关部门管理	1.能主持公共关系部门工作 2.能对公关部门的业务、人力资源和公关战略进行有效的监督	1.卓越公共关系标准 2.项目预算知识
六、战略咨询	（一）环境监测	1.能组织和指导对组织的各类公众进行分门别类的分析,并分别建立相应的资料库 2.能负责对组织与各主要公众间的关系状态进行整体定位与把握	1.消费者权益保护法和组织社团法规等方面的法律知识 2.相关行业的有关知识
	（二）问题诊断	1.根据组织目标,能指导对组织公关整体运作效果进行评估 2.能对影响组织环境的因素进行分析和研究	管理决策的有关知识
	（三）战略建议	1.能负责对组织与各主要公众间的关系进行调整和改善提出建设性建议 2.能指导撰写并审定组织与公众间关系的咨询报告和建议案	1.战略管理的有关知识 2.组织文化建设的有关知识
	（四）趋势预测	1.能从组织环境的视角把握组织的公关特征 2.能提出组织公关运作应注意的主要问题清单 3.能对组织的中长期公关计划提出指导性的策略建议	战略公关和国际公共关系知识

职业功能	工作内容	能力要求	相关知识
七、培训指导	（一）培训	1.能对高级专业人员进行培训 2.能对组织领导人进行高级培训 3.能编写专业课件	1.培训方案的编制方法 2.专业课件开发的有关知识
	（二）指导	能对公关师进行业务指导和专业指导	1.公关职业的前沿知识 2.专业指导的有关知识

参考文献

[1] 李兴国.公共关系实用教程[M].北京:高等教育出版社,2005.

[2] (美)拉铁摩尔,等.公共关系:职业与实践[M].朱启文,等,译.北京:北京大学出版社,2006.

[3] 万国邦,李荣新.公共关系教程[M].北京:机械工业出版社,2009.

[4] 张岩松,王纯磊.公共关系实践教程[M].北京:清华大学出版社,北京交通大学出版社,
2009.

[5] 张岩松.新型现代公共关系实用教程[M].北京:清华大学出版社,2008.

[6] 杨俊.新型实用公共关系[M].北京:经济科学出版社,2010.

[7] 居延安.公共关系学[M].上海:复旦大学出版社,1989.

[8] 王乐夫.公共关系学概论[M].北京:高等教育出版社,1999.

[9] 熊源伟.公共关系学[M].合肥:安徽人民出版社,2003.

[10] 吉姆·麦克纳马拉.管理者公共关系手册[M].刘海梅,等,译.北京:中央编译出版社,
1999.

[11] 张国强,胡红卫.实用公共关系学[M].长沙:中南大学出版社,2004.

[12] 尹德涛,宋丽娜.旅游问卷调查方法与实务[M].天津:南开大学出版社,2008.

[13] 廖晓静.旅游公共关系理论与实务[M].郑州:郑州大学出版社,2004.

[14] 李祝舜.旅游公共关系学[M].武汉:华中科技大学出版社,2008.

[15] 杜炜.旅游公共关系[M].北京:旅游教育出版社,2005.

[16] 谢苏,王明强,汪瑞军.旅游企业公共关系[M].北京:旅游教育出版社,2004.

[17] 甘朝有,王连义.旅游公共关系学[M].天津:南开大学出版社,1999.

[18] 李晓.旅游公共关系学[M].天津:南开大学出版社,2008.

[19] 姜华.饭店公共关系[M].武汉:武汉理工大学出版社,2010.

[20] 国家旅游局人事劳动教育司.饭店公共关系[M].北京:旅游教育出版社,2006.

[21] 谢苏.旅游公共关系[M].武汉:华中师范大学出版社,2006.

[22] 赵桂毅.旅游公共关系[M].北京:中国林业出版社,2008.

[23] 黄继元.旅游公共关系学[M].昆明:云南大学出版社,2004.

[24] 刘德兵,刘春.旅游公共关系[M].北京:科学出版社,2007.

[25] 李洁.旅游公共关系[M].修订版.昆明:云南大学出版社,2001.

[26] 杨哲昆.旅游公共关系学[M].2版.大连:东北财经大学出版社.2002.

[27] 王湜.旅游公共关系[M].北京:化学工业出版社,2007.

[28] 刘代泉.旅游公共关系[M].重庆:重庆大学出版社,2002.

[29] 张舒哲,刘颖珊.旅游公共关系[M].北京:旅游教育出版社,2006.

[30] 郭寰.旅游公共关系学[M].昆明:云南教育出版社,2002.

[31] 王文君.饭店市场营销原理与案例研究[M].北京:中国旅游出版社,2004.

图书在版编目(CIP)数据

旅游公共关系/张昌贵主编.—2版.—西安：
西安交通大学出版社,2017.7(2019.12 重印)
ISBN 978-7-5605-9929-8

Ⅰ.①旅… Ⅱ.①张… Ⅲ.①旅游业-公共关系学-
高等职业教育-教材 Ⅳ.①F590.65

中国版本图书馆 CIP 数据核字(2017)第 187632 号

书　　名	旅游公共关系(第二版)
主　　编	张昌贵
责任编辑	史菲菲

出版发行	西安交通大学出版社
	(西安市兴庆南路 1 号　邮政编码 710048)
网　　址	http://www.xjtupress.com
电　　话	(029)82668357　82667874(发行中心)
	(029)82668315　82669096(总编办)
传　　真	(029)82668280
印　　刷	陕西金德佳印务有限责任公司

开　　本	787mm×1092mm　1/16　**印张** 18.875　**字数** 454 千字
版次印次	2011 年 8 月第 1 版　2017 年 8 月第 2 版　2019 年 12 月第 3 次印刷(累计第 5 次印刷)
书　　号	ISBN 978-7-5605-9929-8
定　　价	39.80 元

读者购书、书店添货,如发现印装质量问题,请与本社发行中心联系、调换。
订购热线:(029)82665248　(029)82665249
投稿热线:(029)82668133
读者信箱:xj_rwjg@126.com